고쳐 쓴 한국 현대사

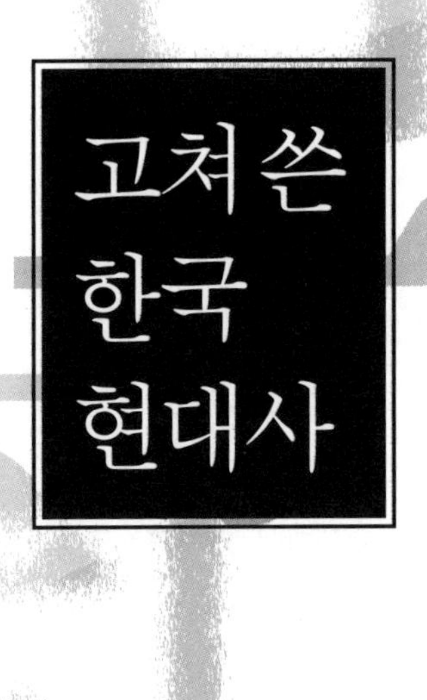

고쳐 쓴 한국 현대사

강만길 지음

창비

| 책머리에 |

1984년에 출간된 『한국근대사』와 『한국현대사』를 쓰기 시작한 것은 1981년 1월 초부터였다고 기억된다. '10·26사태'로 박정희정권이 무너진 후 전두환·노태우 등을 중심으로 하는 이른바 '신군부'가 12·12사태, 5·17 계엄확대, 광주민중항쟁 탄압 등을 통해 집권한 후 '숙정'이란 이름으로 사회 각 부문의 민주세력에 엄청난 횡포를 부리던 때였다. 나도 이 횡포에 몰려 대학의 교단에서 쫓겨난 실업자였다.

20년 가까이 강의해온 우리 근·현대사를 '귀양살이' 기간을 이용해 책으로 엮어내리라 단단히 마음먹고 시작한 일이지만, 대학의 도서관조차 이용할 수 없었던 악조건에서 책을 쓰기란 참으로 어려웠다는 기억이 지금도 생생하다. 원고가 완성된 1984년 초에 또 한 차례 된서리를 맞고 어렵게 책이 출간되었으나 기대 밖의 반응이 있어 쓸 때의 괴로움을 다소 잊게 해주었다.

군부의 횡포 아래서도 민족민주운동은 줄기차게 계속되었다. 그 결과 1980년대 후반기로 오면서 짙은 먹구름이 서서히 걷히고 민주주의 발전에 일정한 진전이 나타나기 시작했다. 그리고 이 진전은 학문 쪽에, 특히 우리 근·현대사 연구에 획기적이라 해도 좋을 성과를 가져다주었다.

예를 들면, 『한국현대사』에서는 일제 식민지시대의 공산주의운동을, 그것도 1920년대의 활동에 한해서 조심스럽게 서술했다. 그러면서도 그것이 당시의 개설류나 시대사류에서는 처음 시도된 것이 아닌가 한다. 당시는 개설류나 시대사류를 쓰는 역사학자 일반의 인식 자체가 일제 식민지시대의 공산주의운동을 민족해방운동사의 일환으로 인식하는 경우가 드물었고, 그런 역사인식을 가진 연구자가 있다 해도 공산주의운동사를 개설류나 시대사류에 넣을 경우 그 책이 걸려 출판될 수 없다는 생각이 일반적이었다. 또 1920년대의 공산주의운동은 그런대로 다소 연구되어 있었으나 1930년대의 그것은 거의 연구되어 있지 않았다. 그러나 그후 불과 10년 사이에 개설류나 시대사류에서 일제시대의 공산주의운동을 넣는 것은 예사로운 일이 되었다. 뿐만 아니라 1930년대 이후의 혁명적 노·농운동이나 공산당 재건운동, 그리고 동북항일연군의 활동과 조국광복회 활동 및 통일전선운동에 관한 연구도 급진전했다. 이런 업적의 대부분이 주로 30대의 젊은 연구자들에 의해 이루어졌고, 이들을 중심으로 '진보 역사학계'라 할 만한 것이 성립되기도 했다. 놀라운 변화요 성과라 하지 않을 수 없다.

한가지만 더 예를 들자. 『한국현대사』가 '8·15 공간'의 민족운동사적 흐름을 통일민족국가 수립운동의 추진에 맞추어 건국준비위원회 활동, 좌우합작운동, 1948년 남북연석회의를 중심으로 줄기잡은 것에 대해, 그때만 해도 권력 쪽과 극우세력의 탄압을 우려하여 만류하는 동료학자들도 있었다. 그러나 10여년이 지난 지금에는 그러한 줄기잡음에 의한 통일민족국가 수립운동을 다룬 학위논문이 나왔는가 하면, 그 운동들이 우리 현대사 위에 당당한 위치를 차지하게 되었음은 말할 것도 없고, 그런 줄기잡음이 오히려 '어중간한' 방법론이라 비판받는 경우도 있게 되었으니 실로 격세지감을 금할 수 없다.

이런 변화에 따라 우리 근·현대사가 다시 씌어져야 한다고 생각하면서도 『한국근대사』와 『한국현대사』가 그 자체로도 어두웠던 한 시기의 역사책으로서 제 구실을 어느정도 한 것에 만족하고, 또 1980년대 이후 엄청나게 생산된 연구업적을 수용하기도 벅차서 고쳐 쓰기를 포기할까도 생각했다.

그러나 1970년대까지의 연구업적과 역사인식을 바탕으로 씌어진 『한국근대사』 『한국현대사』의 '역사 보는 눈'은 아직도 생명력을 가질 뿐만 아니라, 당시는 특수한 관점이라 할 수 있었던 것이 지금에는 보편적 관점으로 되어가고 있다. 특히 1980년대 후반기 이후의 세계사적·민족사적 변화에 따라 『한국근대사』와 『한국현대사』를 쓸 때 세워진 우리 근·현대사에 대한 관점과 방향이 오히려 더 강조되고 있기도 하다. 결국 1980년대 이후의 연구업적을 나름대로 소화하면서 고쳐 쓰기로 했다.

『고쳐 쓴 한국근대사』는 특히 문호개방 전후의 사회경제사 부분에서 지난 10년간 남한 역사학계에서 생산된 업적은 물론이고 전에는 이용하기 어려웠던 북한 학계의 성과를 수용했다. 또 『고쳐 쓴 한국현대사』에서는 특히 일제 식민지시대 민족해방 운동사를 1930년대 이후를 대폭 강화하면서 전면적으로 다시 썼다. 그리고 8·15

이후사 부분에서도 통일민족국가 수립운동과 1980년대의 전두환·노태우 정권 시기의 정치·경제·사회·문화 부분이 추가되었다.

『한국현대사』를 쓸 때에 비하면 우리 현대사에 '북한사'를 넣을 수 있는 학문 내외적 조건이 조금은 나아진 것이 사실이다. 그럼에도 고쳐 쓴 현대사에서도 '북한사'를 넣지 않고 '남한사'만으로 서술하기로 했다. 그 이유는 지금 일부에서 시도되고 있는 것과 같이 8·15 이후의 우리 민족사를 남한사를 중심으로 하고 북한사를 일부 덧붙이는 방법이나 남한사 따로 쓰고 북한사 따로 써서 하나의 책으로 묶는 방법은 옳지 않다는 생각 때문이다.

8·15 이후 남북지역의 역사적 전개가 각각 고유한 역사성을 가진다는 인식을 바탕으로 하고 그 위에서 남북의 8·15 이후사를 둘이 아닌 하나의 역사로 용해시켜 대등한 위치와 같은 분량으로 다루어야 한다고 생각한다. 그러나 아직은 학문 내외적으로 그렇게 쓸 수 있는 조건에는 이르지 못하고 있는 것 같다. 또 그런 역사인식에서 8·15 이후의 우리 역사를 볼 때 하나로 된 남북의 역사를 '한국'현대사로 이름 짓기가 어렵다는 문제도 있다.

사소하다면 사소한 문제 하나를 짚고 넘어가야 하겠다. 이 책들에 나오는 중국과 일본의 고유명사 표기에 관한 것인데, 원칙적으로는 어느 나라를 막론하고 그 나라에서 읽는 대로 적어주는 것이 옳다고 보며 점차 그렇게 적는 추세이기도 하다. 그러나 중국어의 경우 우리가 한자음으로 읽는 데 너무 익숙해져 있고 그 원음을 찾는 것이 너무 벅차기도 해서 한자음대로 적되 필요한 경우만 원음을 괄호 속에 병기하기로 했다. 일본어, 특히 훈독(訓讀)의 경우는 일본말을 그런 한자를 빌려 표기했을 뿐이라는 점을 감안하여 모두 원음대로 적어주었고, 음독(音讀)의 경우도 대체로 원음 표기를 하되 일부 우리 한자음 표기를 혼용했다. 편법인 줄 알면서도 이렇게 할 수밖에 없었던 데에 대해서 독자 여러분의 양해를 구한다.

처음 책을 쓸 때의 한정된 몇분의 도움과는 달리 이번에 고쳐 쓰는 작업에는 고려대학교 박사과정에 있거나 거쳐간 한국 근·현대사 전공자들이 총동원되다시피 하여 도와주었다. 그분들의 도움이 없었으면 고쳐 쓰는 작업은 불가능했을 것이다. 그밖에도 1980년대의 교육 부분을 쓰는 데는 김용일씨, 노동운동과 문화 부분은 각각 정이환·신두원 씨의 도움을 받았다. 많은 분들의 도움이 있었지만 잘못되거나 부족한 점은 전적으로 지은이의 책임이다. 고쳐 쓰는 작업에 도움을 준 분들, 그리고 창작과비평사의 정해렴·고세현 씨 등 여러분들께도 거듭 감사한다.

1994년 1월 9일

강만길

|『한국현대사』 책머리에 |

문호개방 이전의 조선왕조 후기와 개화기의 역사를 다룬 앞서의 『한국근대사』에 이어 다시 일제 식민지시대와 해방 후의 분단시대를 다룬 『한국현대사』를 내어놓게 되었다.

이 책의 체제와 저술 의도는 『한국근대사』와 같다. 서술체제는 일제 식민지시대사를 식민지 통치정책의 시행과정과 그것에 대항한 민족해방운동의 추진과정, 그리고 식민지 경제정책의 전개과정, 식민지 사회·문화정책과 그것에 대응한 민족문화운동 등의 네 부분으로 나누어 일종의 분류사적 방법으로 서술했다.

해방 후 분단시대의 경우도 민족사의 불행한 부분으로서의 분단체제의 고정화과정과 그것을 극복하고 민족의 재통일을 달성하기 위한 노력으로서의 민족통일운동의 전개과정, 그리고 식민지경제가 휩쓸고간 후 자본주의경제의 재건과정과 그 취약점, 분단시대의 사회 및 문화 체제와 그 제약성 등의 네 부분으로 나누어 서술했다.

역사서술에서 편년체적인 방법을 피하고 일종의 분류사적 방법을 택한 것은 역사를 정치·외교사 중심으로 쓰는 폐단을 줄여보자는 데도 그 목적이 있지만, 그 경우 특히 어떤 사실을 '역사'로서 선택하여 쓸 것인가 하는 문제를 다시 한번 진지하게 생각하지 않을 수 없었다.

일제 식민지시대의 역사는 독립운동사 부분에서 연구가 어느정도 진전되었으나 아직 체계화하지 못했고, 경제·사회·문화 등 기타 부분의 연구는 통사 및 시대사 서술을 뒷받침해줄 만한 단계에는 거의 나아가지 못하고 있는 것이 사실이다. 이 때문에 일제 식민지시대사를 지식인 일반이 부담없이 읽을 수 있게 쓰기란 그야말로 쉬운 일이 아니었다. 식민지시대만을 다룬 개설류의 책이 나올 법하다.

해방 후 분단시대 부분이 이 책의 절반을 차지했다. 아마 역사서로는 비교적 많은 분량이 서술된 것이 아닌가 싶다. 이 시대에 대한 역사학 쪽에서의 연구성과는 지금까지 거의 없었고 주로 사회과학 부문에서의 연구업적에 의존할 수밖에 없었다.

우리 역사학이 동시대 연구를 적극적으로 진행하지 않고 있을 뿐만 아니라, 사회과학 측의 연구성과를 역사적으로 종합 정리하는 데도 그 구실을 다하지 못하고 있는 실정 아래서 해방 후의 분단시대를 역사의 시대로서 개설화 내지 시대사화하기는 정말 어려운 일이다. 그러나 일제 식민지시대를 통해 민족사학자 박은식(朴殷植)이 자기의 시대를 『한국통사(韓國痛史)』와 『한국독립운동지혈사(韓國獨立運動之血史)』로 정리한 사실만을 보더라도 분단시대 역사학이 당연히 담당해야 하는 부분의 연구 및 서술을 기피하고 있음이 명백하다 할 것이다.

오늘날의 역사학이 자기 시대로서의 분단시대를 연구 및 서술의 대상으로 삼아야 하는 가장 중요한 이유는 곧 그것이 분단극복에 이바지해야 할 책무를 가지는 데 있을 것이다. 그런 사실을 지적하면서도 이 책 역시 분단체제를 조금도 넘어서지 못한 분단시대사밖에 서술하지 못했으니 부끄러움을 금할 수 없다. 다만 분단현실을 기피하지 않은, 분단체제에 매몰되지 않은 서술이 되게 하려 어느 정도 노력했지만, 그것이 부끄러움의 일부라도 메울 수 있으리라고는 생각되지 않는다.

앞서의 『한국근대사』와 이 『한국현대사』 두 권의 책은 본의 아니게 교단을 물러나 있는 답답한 시간 속에서 씌어졌고, 그 시간은 지금도 계속되고 있다. 역사로서의 현실을 기피할 수 없는 한 사람의 연구자로서 그 역사를 객관화하면서 서술할 만한 능력이 얼마나 갖추어졌는지 전혀 가늠할 수 없지만, 원고가 수중을 떠나는 지금에는 좀더 낫게 쓸 수 있었는데 하고 후회하는 마음이 크다.

『한국근대사』의 경우와 같이 참고문헌은 책을 쓰면서 직접 참고한 문헌만을 들었음을 밝혀두고, 분류사적 방법을 택했기 때문에 내용이 다소 중복되지 않을 수 없었음을 변명하고 싶으며, 특히 경제부분에서 역사책이면서 통계표가 너무 많이 들어간 점, 근대경제의 이론적인 면을 소화하지 못한 점, 상당히 애는 썼지만 원자료를 직접 이용하지 못함으로써 통계숫자에 다소 차질이 있음을 알면서도 바로잡지 못한 점 등을 고백한다. 앞으로 가능한 한 바로잡을 것이다.

필자의 사정으로 예정보다 출간이 1년 이상 늦어졌다. 창작과비평사에 거듭 감사한다.

1984년 5월 7일
강만길

차례

| 일러두기 |

1. 1판 집필 이후 밝혀진 연구결과를 바탕으로 인물의 생몰년 등을 일부 수정하거나 추가했고 인용된 표의 오류도 바로잡았다.
2. 1판에서 각 절 뒤에 두었던 참고문헌을 2판에서는 본문 마지막 한 곳에 모았다.
3. 중국과 일본의 고유명사는 다음과 같이 표기했다.
   - 중국 지명은 한자음대로 쓰고 한자를 병기했다.
   - 근대 이전의 중국 인명은 한자음대로 쓰고 한자를 병기했으며, 경우에 따라서 원음도 괄호 안에 함께 표기했다.
   - 현대의 중국 인명은 원음대로 쓰고 한자를 병기했다.
   - 일본의 지명, 인명 등은 훈독의 경우 원음대로 적었고, 음독의 경우도 대체로 원음대로 표기하되 일부 우리 한자음 표기를 혼용했다.

제1부

식민지배와 민족해방운동의 추진

제1장

식민통치의 실상

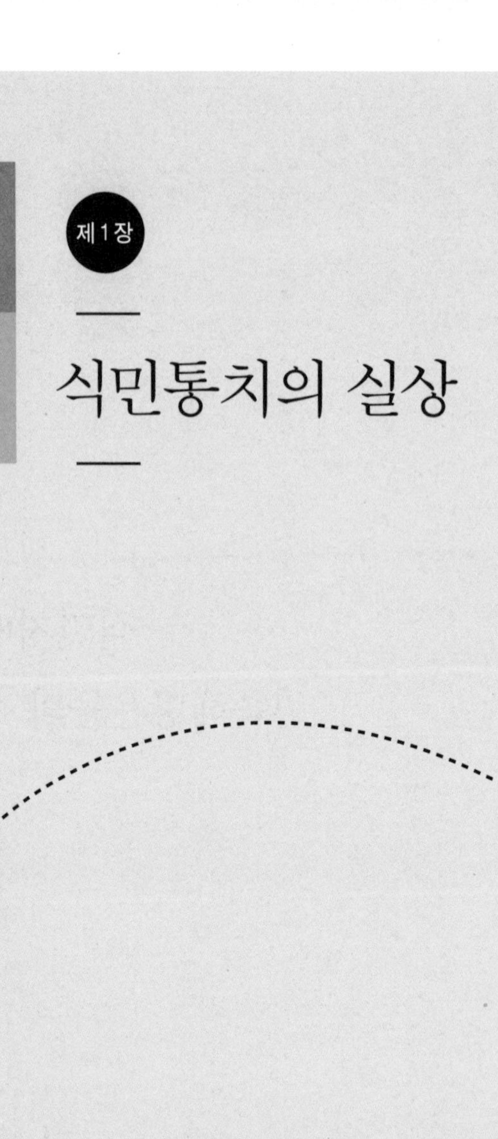

만 35년 동안 지속된 일본의 한반도에 대한 식민통치는 대체로 '합방'에서부터 3·1운동까지의 제1기와 3·1운동 이후 '만주사변'(1931)이 일어나기까지의 제2기, 그리고 '만주사변' 이후부터 일본이 패전해서 물러가기까지의 제3기로 나눌 수 있다.

제1기는 흔히 무단통치(武斷統治) 시기로 불린다. 식민지화에 반대하는 의병전쟁과 애국계몽운동을 탄압하기 위해 군사활동·정치활동·문화활동 일체를 금지하고 공포분위기 속에서 행정·경제·사회·문화 면에 걸친 식민통치의 기반을 마련해가던 시기였다. 헌병경찰제도가 한반도 전체를 철저히 장악하여 그 주민들이 숨도 크게 못 쉬게 했다. 그러한 탄압정책 아래서도 민족적 저항운동은 끊임없이 계속되었고, 마침내 3·1운동과 같은 전국적·전민족적 민족해방운동이 폭발했다.

제2기는 이른바 '문화정치(文化政治)' 시기로, 3·1운동에 놀란 일본이 무단통치만으로는 결코 조선민족을 지배할 수 없음을 알고 '문화정치'를 가탁한 민족분열정책으로 바꾸어간 시기이다. 헌병경찰제도를 보통경찰제도로 바꾸고 조선어 신문의 발간을 허가했으며 집회와 결사를 어느정도 허용했다. 한편 친일파 양성책을 강화하여 민족해방운동전선을 분열시키는 데 어느정도 성공한 시기였다.

이 시기를 통해 민족해방운동 세력의 일부는 절대독립 및 독립전쟁 노선에서 이탈하여 식민통치 아래에서의 자치권을 주장하거나 민족운동의 방향을 문화운동으로 바꾸는 개량주의운동으로 전환했다. 특히 이 시기 이후 실시된 이른바 지방자치제는 '합방' 당시 일부 왕족과 정치인에 한정되었던 친일세력을 지주층·지식인층 등으로 확대시켜 식민통치의 기반을 한층 더 공고히하는 데 도움을 주었다.

제3기는 이른바 '타이쇼오(大正) 데모크라씨' 시기가 끝나고 파쇼체제로 넘어가면서 일본이 침략전쟁을 만주사변·중일전쟁·태평양전쟁으로 확대하고 식민지 조선에 대해 전쟁 협력을 강요하던 시기이다. 침략전쟁을 본격화한 후 식민지 조선에서는 일본의 파쇼체제가 그 본국보다 오히려 더 강화되었다. 어느 식민지에서도 볼 수 없던 창씨개명(創氏改名)의 강요, 민족 언어의 말살과 같은 야만적인 정책이 실시되었다.

식민지로 전락하기 이전의 대한제국시기에는 아직 군주주권체제를 정면으로 부정하는 정치운동은 일어나지 않았으나 신민회(新民會)와 같이 공화제를 표방한 정치단체도 생겨 국민주권주의운동이 일부 나타날 조짐이 있었다. 그러나 식민지시기로 들어서면서 어떤 형태의 정치활동도 허용되지 않았고 따라서 정당도 존재할 수 없었다.

이 때문에 전체 식민지시기를 통해 국내에서는 민주주의적 정치훈련을 쌓을 기회를 전혀 가질 수 없었고, 민주주의적 자질을 갖춘 정치지도자도 제대로 양성될 수 없었다. 식민지 기간 35년간은 한반도 지역의 역사가 바야흐로 전제군주체제를 청산하고 민주주의 정치체제를 이루어가야 할 시기였다. 그러나 식민지배로 민주주의적 정치훈련을 쌓을 기회가 완전히 박탈된 채 군국주의 지배체제가 그대로 지속되었다.

또한 일본의 조선에 대한 식민통치는 8·15 후 한반도가 남북으로 분단될 소지를 만들어놓았다. 일본의 식민통치는 사회·경제적으로 민족자본과 민족부르주아지의 성장을 억압했다. 그리고 그 자본주의 발달의 낙후성과 강압정책은 조직되고 훈련된 프롤레타리아트의 성장을 억제했다. 어느 계급도 독자적으로 민족해방운동을 주도할 수 없게 한 반면 철저한 민족분열정책으로 두 계급간의 분열을 심화시키는 데 주력했다.

태평양전쟁 말기의 일본은 이미 전쟁수행 능력을 잃었음에도 이른바 '본토결전(本土決戰)'을 내세워 소련의 참전과 한반도 진격을 초래했고, 미국은 소련군의 전체 한반도 점령을 막는 데 급급하여 38도선을 제의했다. 이 때문에 전쟁 후 한반도를 미·소 양군이 분할 점령했고, 분할 점령은 국토 분단, 민족 분단으로 연결되었다.

일본의 한반도에 대한 식민지배가 남긴 최대의 정치적 피해는, 바야흐로 근대사회로 접어든 한반도의 주민이 민주주의적 정치경험을 쌓을 기회를 완전히 박탈당하여 8·15 후의 한반도에 민주주의 정치형태가 정착하는데 큰 타격을 준 한편, 한반도가 남북으로 분단될 소지만을 만들어놓은 점에 있었다.

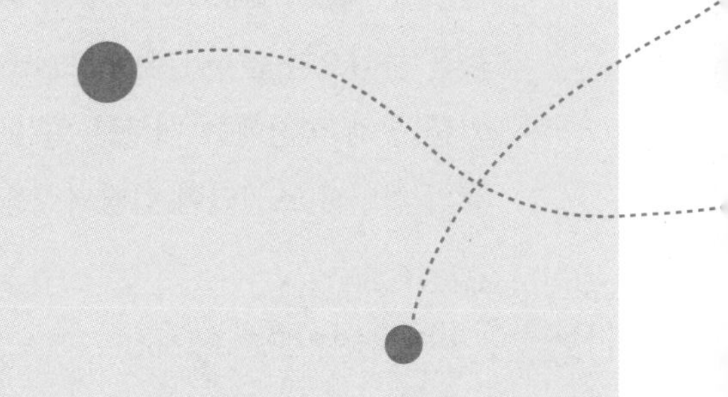

제1절 무단통치의 탄압

조선총독부

'합방'으로 대한제국은 멸망하고 한반도는 '조선'이라는, 일본제국의 한 지방으로 전락했다. 통감부가 총독부로 바뀌어 본격적이고 완전한 식민지배가 시작되었다. 조선총독은 일본 천황에게 직속되어 일본 내각의 통제를 거의 받지 않고 행정권·입법권·군대사용권 등을 모두 행사하는 식민지 지배의 절대권력자였다. 조선총독에는 육군이나 해군의 대장(大將)만이 임명되었다. 초대 총독에는 '합방' 당시 통감이던 테라우찌(寺內正毅, 1852~1919)가 그대로 눌러앉았고, 이후 전체 식민지시기를 통해 8명의 조선총독이 교체되었다.

'합방'이란 미명에도 불구하고 조선을 일본 헌법의 적용범위 밖에 두어 조선인은 기본적인 인권조차 보장받지 못했다. 전제군주와 같은 권력을 장악한 조선총독은 일본 군부는 물론 정계에서도 그 비중이 큰 위치였다. 일본 수상을 거쳐 조선총독이 되는 경우도 있었고, 반대로 조선총독을 거쳐 일본 수상이 되는 경우도 있었다. 따라서 그들의 정치적 야심 때문에 업적 중심의 기만적이고 가혹한 식민정책을 실시하는 경우가 허다했다. 심지어는 현직 총독이 사기죄로 파면된 예도 있었다.

조선총독부의 행정기구로 '합방' 당초에는 대한제국시기의 중앙정부 관제를 그대로 이어받아 내무부·탁지부·농상공부·사법부 등을 두었으나 곧 국(局)으로 격하시켰다(1919.8.20). 전체 식민지시기를 통해 국장에는 대부분 일본인이 임명되었고, 예외로 한두 사람의 친일파 조선인이 임명되었을 뿐이다.

1910년 7월 23일 통감으로 부임하는 테라우찌의 행렬

한편 지방 행정조직은 전국을 13도(道) 12부(府) 317군(郡)으로 나누었다. 도장관(道長官), 즉 뒷날의 도지사(道知事)에는 상당수

의 친일 조선인이 등용되었다. 도장관의 보좌역으로서 민정 파악을 담당했던 참여관(參與官)에는 모두 갑신정변 이후의 친일 조선인이 임명되었다. 통감부시기에는 각도의 조선인 관찰사 밑에 일본인 참여관을 두어 지방행정의 실권을 쥐게 했으나, '합방' 후에는 도장관을 대부분 일본인이 차지하고 그 밑에 조선인 참여관을 두어 실권 없는 자리로나마 친일파를 우대했다.

조선총독부 본부의 관리는 상하를 막론하고 대부분 일본인으로 채웠고, 지방관청도 도와 부의 간부직원은 모두 일본인이었다. 군 단위에 가면 조선인 군수가 어느정도 있었으나 군 행정의 실권은 일본인 내무국장이나 재무국장이 쥐고 있는 경우가 많았다. 면(面) 단위에 가서야 비로소 면장 이하의 직원이 대부분 조선 사람이었다. 그러나 같은 관리라 해도 일본인과 조선인 사이에 대우의 차이가 컸다.

조선총독부는 대한제국 때의 황족이나 친일고관을 '우대'하고 또 식민지 통치에 조선 사람도 참여한다는 명분을 내세우기 위해 총독의 자문기관으로 중추원(中樞院)을 두었다. 정무총감(政務摠監)을 의장으로 한 중추원에는 1급 친일파 15명을 고문으로 임명하고 2급 친일파 20명을 찬의(贊議), 그밖의 35명을 부찬의에 임명했다. 뒤에 찬의와 부찬의를 합쳐 참의(參議)로 바꾸었다(1921). 중추원 고문에는 이완용(李完用, 1858~1926)·송병준(宋秉畯, 1858~1925) 등 '합방'의 장본인들이 임명되었으나 그것도 허울뿐이었다.

우선 중추원의 의사규칙에 의하면 의장인 정무총감의 허가 없이는 발언할 수 없었고, 또 같은 사항에 대해서도 한번 이상 발언할 수 없도록 제한되어 있었다. 의장이 의사종결을 선포한 뒤에는 아무도 의사에 대한 발언을 할 수 없게 되어 있었으며, 그것마저도

3·1운동이 일어날 때까지 한번도 소집되지 않았다. 귀족칭호와 은사금을 받고 '합방'을 성사시킨 후 식민통치의 들러리 노릇을 하면서 일신의 영화를 누린 중추원 고문, 중추원 참의야말로 전체 식민지시기를 통해 가장 두드러진 민족반역자들이었다.

헌병경찰 일본이 조선에서 헌병경찰제도를 만든 것은 '합방' 이전부터였다. '합방'을 준비하면서 '한국 주차(駐箚) 헌병에 관한 건'을 만들어 "한국에 주둔하는 헌병은 주로 치안유지에 관한 경찰업무를 장악한다"고 규정함으로써 악명 높은 헌병경찰제도가 시작되었다(1907.10.7).

'합방'이 되면서 '조선총독부 경찰관서관제(警察官署官制)'가 공포되어 일본군의 조선주둔 헌병사령관이 경무총감(警務摠監)이 되고 각도의 일본군 헌병대장이 경찰부장을 겸임했다(1910.10.1). '합방' 전에는 일본 헌병이 주로 도시에 집중 배치되었으나 '합방' 후에는 분산배치제로 전환되면서 농촌지방에까지 헌병 분견소(分遣所), 헌병 파출소를 설치했다.

여기에 순사 주재소, 순사 파출소까지 두어 그야말로 전국 방방곡곡에 헌병과 순사가 배치되지 않은 곳이 없게 했다. 이것은 '합방'에 반대하여 전국적으로 일어나는 항일운동을 진압하기 위한 것이었다.

전국이 헌병경찰의 강력한 통제 아래 들어가면서 헌병이나 순사의 수도 급격히 증가했다. '합방'되던 1910년에 헌병대 본부에서 헌병 분견소까지의 헌병기관이 전국에 653개 처, 그 인원이 2019명이었으나 1911년에는 935개 처에 7749명으로 1년 동안에 인원이 3배 이상 증가했다. 경찰의 경우 1910년에는 경무총감부에서 순사 파출

경성 헌병대 본부

소까지의 경찰관서가 전국 481개소 그 인원이 5881명이었으나 1911년에는 678개소 6222명으로 증가했다.

헌병과 경찰의 인원상의 비율은 1910년에는 경찰 74.4 대 헌병 25.6이었으나 1년 뒤인 1911년에는 헌병 55.5 대 경찰 44.5의 비율로 바뀌었다. 불과 1년 사이에 헌병 병력이 얼마나 증가되었는가, 헌병경찰로서의 성격이 얼마나 강화되었는가를 짐작할 수 있다.

헌병경찰은 첩보의 수집, 의병 '토벌', 범죄의 즉결처분과 민사쟁송의 조정, 집달리업무, 세관업무, 산림감시, 민적업무, 우편호위, 검역·방역업무, 강우량 측정, 밀수입 등 경제단속, 노동자 단속, 일본어 보급, 농사개량업무 등 통치행정 전반에 관한 사항을 직접 간접으로 관장했다. 특히 고등경찰은 조선 안의 사찰과 정보업무 이외에 만주·노령·중국·미주 등지에까지 그 손길을 뻗쳤다.

헌병과 경찰을 막론하고 조선인이 상당수 포함되어 있었음도 간과할 수 없다. 1910년의 경우 헌병 인원 2019명 가운데 조선인이 1012명으로 거의 절반이었다. 이들 조선인은 모두 헌병 보조원(補助員)으로서 각 헌병관서에 배치되어 일본 헌병의 앞잡이 노릇을 했다. 같은 해의 경찰요원 5881명 중에는 조선인 3493명이 포함되어 있었다. 이들은 경무관·경시(警視)·경부(警部) 등 간부급이 약 120명, 통역이 58명, 순사가 181명, 순사보가 3131명이었다. '합방' 당시 전국적으로 일어난 반대운동을 탄압하고 식민지 통치체제를 세워나가는 데 결정적 역할을 한 헌병경찰제도의 하급요원 절반이 조선인이었던 것이다.

전국의 산간벽지에까지 설치된 헌병 분견소, 순사 파출소에 많으면 10명, 적어도 5~6명씩 배치된 헌병경찰은 앞에 열거한 것들을 포함해서 30종에 이르는 업무를 취급함으로써 조선인의 모든 일상생활에 관여했다.

'합방' 당초의 조선총독부는 이같이 방대한 조직과 인원과 권한을 가진 헌병경찰만으로도 부족하여 일반 문관 관리와 각급학교의 교원까지도 금테를 두른 제복과 제모에 칼을 차게 하여 주민과 학생들을 위압했다. 그것으로도 불안해서 다시 전국의 요소마다 많은 정규 병력을 배치했다.

조선주둔 일본군은 통감부시기에 이미 약 1개 사단이나 되었으나 '합방' 후에는 2개의 정규사단이 파견되어 용산(龍山)과 나남(羅南)에 본부를 두고 전국의 중요도시에 연대병력 혹은 대대병력을 배치했다(1915). 진해(鎭海)와 영흥만(永興灣)에는 해군기지를 두어 군사적으로도 한반도를 완전히 장악했다.

일본이 대한제국을 '합방'한 후 일반 경찰로써 '치안'을 유지하지 못하고 유례가 없는 헌병경찰제도를 실시할 수밖에 없었던 것은 '합방'반대운동이 그만큼 치열했기 때문이었다. 일본은 한반도 점령을 '병합'이라 표현했지만 헌병경찰제도를 실시했다는 한가지 사실만으로도 그것이 군사적 점령이었음을 반증하고 있다.

강압정책 일본이 한반도를 점령했을 때 가장 적극적으로 대항한 것은 군대해산 후 전력이 강화된 전국의 의병부대들이었다. 따라서 식민지 지배체제를 정착시키기 위해서는 무엇보다도 의병항쟁을 탄압하는 일이 급선무였고, 그것을 위해 감행한 것이 일본군의 이른바 '남한대토벌작전'이었다.

한반도의 북부지방에 있는 의병부대는 '합방'을 전후해서 만주와 연해주 지방으로 옮겨갔다. 그러나 삼남지방, 특히 지리산과 전라도 해안지대에서 활약한 의병부대에 대해서는 일본 정규군의 조직적이고 대규모적인 '토벌작전'이 실시되었다. 1909년 9월부터 약 2개월간에 걸쳐 자행된 이 '작전'에는 일본군 보병 2개 연대와 해군함정까지 동원되었다. 이를 직접 목격한 황현(黃玹, 1855~1910)은 『매천야록(梅泉野錄)』에서 그 실정을 이렇게 썼다.

"일본군이 길을 나누어 호남지방의 의병을 수색했다. 위로는 진산·금산·김제·만경으로부터, 동쪽으로는 진주·하동, 남쪽은 목포로부터 사방을 그물 치듯 포위하여 마을을 수색하고 집집마다 뒤져서 조금이라도 의심이 나면 모두 죽였다. 이 때문에 행인이 끊어지고 이웃의 왕래도 끊겼다. 의병들은 삼삼오오 도망하여 흩어졌으나 숨을 곳이 없었다. 굳센 자는 나와 싸우다 죽어갔고 약한 자는 도망하다가 칼을 맞았다."

'남한대토벌작전'은 '합방'을 앞두고 의병활동을 근절하려는 데 목적이 있었다. 그러나 의병 '토벌'을 빙자하여 일반 민간에 대해서도 철저히 탄압했고, 이 '작전'을 통해 전국을 공포분위기로 몰아넣으면서 식민지 지배의 기초를 잡아갔던 것이다.

한반도를 점령한 일본은 의병뿐만 아니라 애국계몽운동 계열에 대해서도 탄압을 가했다. 이 운동은 주로 언론활동과 민족교육활동을 중심으로 전개되었으므로 이 부분에 대한 조선총독부의 탄압 또한 철저했다.

통감부시기에 이미 '신문지법'(1907.7) '신문지규칙'(1908.4) 등을 만들어 애국계몽운동과 항일운동을 통제했지만, '합방'과 함께 『황성신문(皇城新聞)』『대한매일신보(大韓每日申報)』 등 신문 전체를 폐간시키고 조선총독부의 어용신문인 『경성일보(京城日報)』와 그 것의 한글판인 『매일신보(每日申報)』만을 두었다.

뿐만 아니라 '합방'을 전후해서 서적에 대한 대대적인 폐간·발매금지·압수 처분이 내려졌다. 『초등대한역사』와 같은 초등과정의 교과서를 비롯해서 『동국역사』 『월남망국사』와 같은 역사서와 『이순신전』 『프랑스 혁명사』 등이 판매금지되었다. 『서북학회월보』 등 애국계몽운동 잡지들은 모두 폐간되었다.

애국계몽운동의 모체가 된 대한협회·서북학회 등 각종 단체도 탄압을 받아 끝내 해산되었다. '합방' 전에 이미 '보안법(保安法)'이 제정 공포되어 결사(結社)에 대한 정부의 해산권이 주어졌다(1907.7). '합방'과 함께 '집회 취체에 관한 건'이 공포되어 정치적인 집회가 금지되면서(1910.8), 곧 애국계몽 단체 전체가 해산되었다(1910.9).

조선총독부는 또 대한제국시기에 왕성했던 근대적 민족교육에 대한 열기를 철저히 탄압했다. 통감부시기에 이미 각종 '학교령'을 만들어 자유로운 교육활동을 통제했고, 관립학교를 증가시키는 한편 일본인 교사를 배치하여 일본어 교육을 강화했다. 그러나 민족교육 활동이 결정적으로 타격을 받은 것은 일본이 '사립학교령'(1908.8) '서당에 관한 훈령'(1908.8) 등을 만들어 서당 및 사립학교의 설립과 교과서 채택을 감독하면서부터였다. 특히 사립학교령은 그것이 공포되기 이전에 설립인가를 받은 학교까지도 모두 6개월 이내에 다시 인가를 받게 했다.

이 때문에 1909년 6월말까지 인가를 출원한 1995개 학교 중 설립이 인가된 학교는 겨우 820개 학교뿐이었다. 그것도 종교계 학교가 778개교였고 민족계 학교는 42개교에 불과했다. 사립학교령은 또

학부대신의 명령을 위배하거나 유해하다고 인정되는 학교의 폐쇄를 명할 수 있도록 규정했다. 1908년 현재 전체 사립학교가 약 5천 개교였으나 사립학교령이 적용된 후인 1910년 8월에는 1900여개교로 줄어들었다.

애국계몽운동을 탄압했음에도 불구하고 그 뿌리를 뽑을 수 없게 되자 조선총독부는 '안악(安岳)사건'과 '총독암살미수사건'을 날조하여 애국계몽운동계 인물을 대거 검거했다(1911). '안악사건'은 안중근(安重根, 1879~1910)의 동생 안명근(安明根)의 독립운동자금 모금사건을 계기로 하여 황해도 지방의 유력인사 160여명을 검거 탄압한 사건이다. '총독암살미수사건'은 애국계몽운동계의 비밀결사 신민회를 탄압하기 위해 날조한 사건으로 기독교도 등 약 6백명을 검거하여 그 가운데 105명에게 유죄판결을 내렸다.

일본은 '합방'을 전후하여 의병전쟁과 애국계몽운동을 탄압했으나 그 줄기는 끊어지지 않았다. 애국계몽운동계의 항일운동은 3·1운동으로 이어졌고, 의병전쟁계의 항일운동은 만주지역의 무장독립운동으로 연결되었다.

제2절 '문화정치'의 실상

경찰기구의 강화 일본은 한반도를 강점한 후 문화의식이 오히려 높은 조선민족을 지배하기 위해 무단통치 방법을 택했다. 그러나 그 가혹한 통치체제 아래서도 불과 10년이 못되어 3·1운동과 같은 거족적인 항쟁이 일어났다. 이에 당황한 일본은 일단 강력한 군사력을 동원하여 이를 탄압하는 데 성공했으나, 무

경무총감부 청사(1929년)

단통치 방법만으로 조선민족을 지배하지 못할 것으로 판단하고 정책을 바꾸었다. 겉으로 유화정책을 쓰면서 그것을 통해 민족해방운동전선을 분열시키고 약화시키는 정책으로 전환한 것이다.

관료주의와 형식적 행정의 타파를 통한 서정(庶政) 쇄신, 조선인 관리의 임용 및 대우개선을 통한 민족차별 철폐, 언론·출판·집회의 자유 인정을 통한 민의 창달, 교육·산업·교통·경찰·위생·사회제도 개선을 통한 민복 증진, 지방자치제의 실시를 통한 민풍(民風) 함양과 민력작흥(民力作興), 조선의 문화와 관습의 존중 등을 내용으로 하는 '문화정치'를 내세웠다.

또 조선총독부의 직제를 개정해서 총독을 "육해군 대장으로 보임한다"는 조목을 없애고 문관도 총독으로 임명할 듯이 꾸몄다. 그러나 이후 8·15 때까지의 조선총독 6명이 모두 육해군의 대장 출신으로 임명되었다.

무단통치를 '문화정치'로 바꾼 가장 두드러진 증거가 헌병경찰제도를 폐지하고 보통경찰제도를 채택한 데 있다고 했다. 그러나 실제는 무단통치기의 헌병이 '문화정치'기의 경찰로 옮겨 앉았고 군경의 병력도 훨씬 증가했다.

헌병경찰을 폐지하는 법령에 의하면 헌병의 장을 총독부의 경무총감에 임명하고 조선헌병대 소속의 헌병이 조선총독부의 경찰관에 임명되는 경우 복무연한에 관계없이 예비역에 편입시켰다. 또 조선인 헌병보조원을 대량으로 양성하여 헌병대와 경찰서에 배치했다. 실질적으로 헌병경찰제도가 그대로 연장될 수 있는 길을 열어놓았던 것이다.

헌병경찰제도의 폐지와 3·1운동 후 활발해진 민족해방운동을 탄압하기 위해 조선주둔 일본군 쪽에서는 "조선을 지배하는 데는 최하 5개 사단의 병력이 필요하다" 하여 새로운 사단의 설치를 주장했다. 군대 증강은 이루어지지 않았으나 대신 경찰병력이 크게 증가했다.

우선 경찰관서의 경우 3·1운동 전의 1918년 무단통치기에 751개소였으나 '문화정치'기인 1920년에는 2716개소로 3배 이상 불어났다. '합방' 직후인 1910년 12월의 통계에서 경찰관서와 헌병기관을 합쳐 1134개소였던 것과 비교해볼 만하다. 또한 경찰 인원도 1918년에는 약 5400명이었으나 1920년에는 약 1만 8400명으로 역시 3배 이상 증가했다. 경찰 예산도 1918년에 약 8백만원이던 것이 1920년에는 약 2400만원으로 역시 3배 증가했다.

'문화정치'를 표방했으면서도 이 시기에 고조되어가던 반일운동과 사회주의운동을 탄압하기 위해 "국체(國體, 혹은 정체政體)를 변혁하고 또 사유재산제도의 부인을 목적한 결사를 조직하거나 그 정을 알고 이에 가입한 자는 10년 이하의 징역 또는 금고에 처한다"는 조항으로 시작되는 치안유지법(治安維持法)을 만들었다(1925). 또 "무정부주의자, 공산주의자와 기타 운동자"를 단속한다는 이유로 결사의 자유를 완전히 박탈했다.

교원이나 문관들이 칼을 풀고 헌병의 경찰행위는 일단 없어졌으나 모든 경찰기구가 불과 1~2년 사이에 3배로 증가하여 1군 1경찰서, 1면 1주재소 제도가 확립되었다. 치안유지법에 의한 '특고형사(特高刑事)'와 사복형사·밀정 들의 민족해방운동 요원 및 지식인·학생에 대한 감시와 체포가 크게 강화되었다.

헌병경찰제도를 폐지하여 유화정책을 쓰는 체하면서도 보통경찰을 대폭 증가시켜 식민통치체제를 한층 더 강화한 점, 치안유지법을 제정하여 사상통제와 사회운동에 대한 탄압을 강화한 점에 '문화정치'의 기만성이 있었다. 그리고 '문화정치'의 표방을 통해 친일세력을 확대시켜 민족해방운동전선을 분열시켜간 점에 '문화정치'의 또 하나의 기만성이 깃들어 있었다.

친일파의 양성

3·1운동 후의 '문화정치'가 기도한 민족분열정책은 새로운 친일파 양성정책으로 나타났다. 일본은 '합방' 전에도 이미 일본 유학생, 정치망명자 및 고급관리의 일부를 협박 매수해서 친일파로 만들고 이들을 '합방' 과정에서 적절히 이용했다. 그러나 '합방' 후에는 이들 가운데 극히 일부만을 식민지 통치에 참여시키고 그밖의 대부분은 실권 없이 '우대'하는 정책으로 일관했다.

3·1운동이 폭발하자 당황한 일본은 친일파들을 앞장세워 사태수습에 이용하려 했다. 그러나 이들의 활동이 전혀 효과를 거둘 수 없었을 뿐만 아니라 3·1운동의 열기 속에서 오히려 그 일부가 친일대

열에서 이탈하여 친일세력이 약화되었다. '합방' 때 이용한 친일파만으로는 3·1운동 후의 식민통치에 도움이 되지 않음을 알게 된 일본은 새로운 친일세력을 양성하여 식민지 통치에 이용하고 민족해방운동전선을 분열시킬 정책을 세웠다.

3·1운동 직후 폭탄세례를 받으며 부임한 총독 사이또오(齋藤實, 1858~1936)는 '조선 민족운동에 대한 대책'을 구상하면서 다음과 같은 친일파 양성책을 고안했다.

첫째, 일본에 절대 충성을 다하는 자로써 관리(官吏)를 강화한다.

둘째, 신명(身命)을 바칠 친일적 인물을 물색하고 이들을 귀족·양반·유생·부호·실업가·교육가·종교가들 사이에 침투시켜 친일단체를 만든다.

셋째, 각종 종교단체에서 친일파가 최고지도자가 되게 하고 일본인을 고문으로 앉혀 어용화한다.

넷째, 친일적 민간인에게 편의와 원조를 제공하고 수재교육의 이름 아래 친일적 지식인을 대량으로 장기적 안목에서 양성한다.

다섯째, 양반·유생으로 직업이 없는 자에게 생활방도를 만들어 주고 이들을 선전과 민정정찰에 이용한다.

여섯째, 조선인 부호에게는 노동쟁의·소작쟁의를 통해 노동자·농민과의 대립을 인식시키고 또 일본자본을 도입해 그것과 연계를 맺도록 해 매판화시켜 일본 측에 끌어들인다.

일곱째, 농민을 통제 조종하기 위하여 전국 각지에 유지가 이끄는 친일단체 교풍회(矯風會)·진흥회(振興會)를 만들어 국유림의 일부를 불하해주는 한편 입회권(入會權, 수목채취권)을 주어 회유 이용한다.

사이또오의 구상은 거의 그대로 실현되었다. 우선 일본 측은 '신명을 바칠' 직업적 친일파의 양성에 어느정도 성공하여 이들을 친일여론 조성, 친일단체 조직, 독립운동가 적발과 정보수집, 독립운동에 대한 파괴활동, 대외선전, 독립운동가 포섭과 변절 설득 등에 광범위하게 이용했다. 친일여론을 조성하기 위해 교풍회·국민협회(國民協會)·대동동지회(大東同志會) 등이 조직되었다.

대지주계급과 예속자본가들의 친일단체로 대정친목회(大正親睦會)·유민회(維民會) 등이 만들어졌다. 유생들의 친일단체로 대동사문회(大東斯文會)·유도진흥회(儒道振興會)가 생겼고, 농민운동을 약화시키기 위한 어용단체로서 조선인소작회상조회(朝鮮人小作會相助會)가 만들어졌다.

식민지 지배당국에 의한 친일파 양성은 곧 민족분열정책의 일환이었다. 3·1운동 후 사회주의사상이 들어오면서 조선인 사회에도 지주·자산가 계급과 소작인·노동자 사이의 이해 대립이 첨예화해 갔다. 조선총독부는 이를 기회로 사회주의노선과 소작농민 및 노동자에 대한 탄압을 강화하는 한편 지주와 자산가 계급을 보호하여 그들을 개량주의자 혹은 친일파로 만들면서 민족해방운동전선을 분열 약화시켜갔다.

참정권과 '지방자치'

3·1운동 후 민족해방운동의 열기를 식히고 더 많은 친일파를 양성한 조선총독부는 민족분열정책을 더욱 효과적으로 추진하기 위해 민족 부르주아지의 일부를 물산장려운동·문화운동·자치운동 등 개량주의운동으로 이끌려 했다. 그것을 효과적으로 추진하기 위해 조선인에게도 참정권이나 자치권을 허용할 것처럼 선전했다.

식민지배 아래서 조선인에게 참정권을 주는 방법은 조선의회(朝

鮮議會)를 따로 만드는 방법과 일본의회에 조선 대표를 참가시키는 방법이 가능했다. 그러나 일본은 처음부터 어느 쪽도 허용하지 않을 생각이었다. 다만 지방행정의 자문기관을 두어 참정권 부여를 선전하고, 그것을 통해 친일파의 폭을 넓혀감으로써 완전독립·절대독립 노선을 고수하는 민족해방운동전선을 혼란시키는 데 목적이 있었다.

조선총독부 쪽으로부터 참정권 문제가 발설되자 일부 친일파들은 그것에 호응하여 소위 참정권 청원운동을 벌여 민중의 반일감정을 딴 곳으로 돌리려 했다. 그러나 그 주동인물 중 민원식(閔元植, ?~1921)이 양근환(梁槿煥, 1894~1950)에게 살해되었을 뿐 효과를 거두지 못했다. 이에 조선총독부는 그 본래의 계획대로 지방제도를 일부 개편하고 거기에 자문기관을 두어 지방자치에 대한 훈련을 한다고 선전했다.

3·1운동 후의 지방제도 개편과 함께 만들어진 자문기관은 행정기관에 둔 부협의회(府協議會)·면협의회(面協議會)·도평의회(道評議會)와 교육기관에 설치한 학교평의회 네 가지였다. 이 가운데 일본인이 많이 사는 부의 협의회원은 완전 선거제였으나, 면협의회의 경우 도시화 과정에서 일본인과 조선인 지주가 많아진 전국 24개의 지정면(指定面)만 선거제였고, 나머지 약 2500개 보통면의 협의회원은 모두 군수가 지명했다.

도평의회의 경우 회원의 3분의 2를 부·면 협의회원이 뽑은 후보자 중에서 도지사가 임명했고, 나머지 3분의 1도 소위 '학식과 명망이 있는 사람'을 역시 도지사가 임명했다. 학교평의회는 부와 군에만 두었다. 학교평의회의 부회원은 선거제였으나 군회원은 면협의회원이 뽑은 사람 중에서 군수가 임명했다.

도지사나 부윤(府尹)·군수가 임명하는 회원의 대부분이 친일적 인사였음은 말할 것 없고, 선거제의 경우도 일본인의 당선 확률이 훨씬 높았다. 우선 선거권이 1년에 부세(府稅)나 면부과금(面賦課金)을 5천원 이상 납부한 자로 제한되어 있었기 때문에 일본인과 조선인 지주 및 자산가와 부유한 상인만이 선거권을 가질 수 있었다. 1920년의 경우 조선에 있는 일본인 45명 중 1명이 부·면 협의회원이 되었으나 조선인은 2800명에 1명이 그 회원이었다.

의결기관이 아닌 자문기관의 협의회를, 그것도 선거회원보다 임명회원이 많게 하여 일본인이나 친일적 조선인이 임명될 문을 넓혀놓았다. 일본에서는 유권자 납세액이 3원이었는데도 조선에서는 5원으로 올려 조선인의 선거권을 극도로 제한한 가운데 도·부·면 협의회를 구성했다. 결국 조선인의 참정권을 내세우고 '자치제에 대한 훈련'이라 선전한 것이 '문화정치'기의 '자치제'였으나, 사실은 친일파 양성책 내지 민족분열정책의 연장에 지나지 않았다.

문화운동과 자치론

민족해방운동전선을 약화시키고 민족분열을 획책하기 위해 구상된 '문화정치'의 또 하나의 책략은 3·1운동으로 높아진 민족해방운동의 열기를 문화운동 쪽으로 유도하여 절대독립론·독립전쟁론적 분위기를 약화시키는 일이었다. 3·1운동 후의 민족해방운동전선에서는 절대독립론·독립전쟁론이 지속된 것과 함께 독립준비론·실력양성론과 외교독립론도 나타났다. 처음에 일본은 이 모두를 용납하지 않았으나 점차 온건론인 독립준비론·실력양성론을 이용하려 했고, 그것을 문화운동으로 연결시키려 했다.

3·1운동이 적어도 국내에서는 별다른 결실을 맺지 못한 반면, 사

회주의운동이 대두하자 국내 민족주의자의 일부는 한때 운동방향을 잃게 되었다. '문화정치'를 표방한 일본은 이를 틈타 민족운동의 방향을 문화운동 쪽으로 유도하기 위해 종교운동·수양운동·사교운동·생활개선운동·농촌계몽운동 등을 적극 장려하는 한편, 그 운동의 주동자를 포섭하는 데 수단과 방법을 가리지 않았다.

적극적 독립운동노선에서 한걸음 물러선 일부 우파 민족주의자들이 나아갈 길은 타협주의와 더 나아가서 친일적 노선이 될 수밖에 없었다. 그리고 이들의 타협주의는 '문화정치', 문화운동과 논리를 같이하는 '민족성 개량' '실력양성' '자치주의'로 나아가게 되었다.

상해(上海)의 임시정부운동에서 이탈해 귀국한 이광수(李光洙, 1892~1950)는 『동아일보』에 「민족개조론(民族改造論)」(1922)을 썼다. 이 글에서 그는 '합방' 전의 독립협회운동이 실패한 원인의 하나가 그 운동이 정치적 색채를 띤 점에 있었다 하고 교육의 진흥, 산업의 발전, 민중의 진작 등을 민족개조운동의 방법으로 내세웠다. 그는 이 글에서 현대의 조선인은 "허위되고 공상과 공론만 즐겨 나타(懶惰)하고 서로 신의와 충성이 없고, 일에 임하여 용기가 없고, 극히 빈궁하고, 이런 의미로 보아 이 개조는 조선민족의 성격을 현재의 상태에서 반대방면으로 변환하는 것이라" 했다.

이후 그의 '민족개조론'은 식민통치를 인정하는 범위 안에서의 '자치론'으로 나아갔다. 『동아일보』 사설에 5회에 걸쳐 발표된 그의 「민족적 경륜(經綸)」(1924)은, 식민지배 아래서 조선인이 정치적 생활을 가지지 못하게 된 첫째 원인은 일본이 그것을 허가하지 않은 데 있다고 보았다. 그러나 두번째 원인은 "병합 이래 조선인은 일본의 통치권을 승인하는 조직 밑에서 하는 모든 정치적 활동, 즉 참정권·자치권의 운동 같은 것은 물론이요, 일본정부를 대수(對手)로 하는 독립운동조차도 원치 아니하는 강렬한 절개(節介)의식이 있었던" 때문이라 했다. 그리고 그 대안으로 "조선 내에서 허(許)하는 범위 안에서 일대 정치적 결사를 조직하여야 한다는 것이 곧 우리의 주장이다"라고 했다.

이광수의 민족개조론·자치론은 개인적인 경륜이 아니라 국내외의 민족운동전선에 이미 형성되어 있던, 따라서 민족해방운동전선 분열의 요인이 되기도 했던 독립준비론·실력양성론의 하나의 귀결점으로서 나타난 것이었다. 민족개조론자·자치론자 이광수가 곧 철저한 친일 이론가 및 행동가로 바뀌어간 사실은 그것이 본래 민족해방운동의 한 방법론이 아니라 '문화정치'시기 민족분열정책의 한 변형이었음을 말해주는 것이라 하겠다.

제3절 침략전쟁기의 수난

식민지 파쇼체제

1930년대로 들어서면서 식민지 통치체제는 '문화정치'의 기만정책 시기가 끝나고 파시즘의 시기로 접어들었다. 이 시기는 일본 본국의 정국도 소위 '타이쇼오(大正) 데모크라씨' 시기가 끝나고 파시즘 체제로 전환되어가는 때였다. 세계공황의 여파로 궁지에 몰린 일본 독점자본주의가 그 돌파구를 찾기 위해 대륙침략을 본격화해가던 시기이기도 했다.

본격적 대륙침략의 계기를 '만주사변'(1931)에서 연 일본은 이후 다시 중일전쟁(1937)으로, 마침내 태평양전쟁(1941)으로 그 침략전쟁을 확대시키면서 철저한 군국주의 파쇼체제로 바뀌어갔다. 따라

1937년, 베이징에 입성하는 일본군

서 그 식민지 조선은 일본 본국보다 더욱 심한 파쇼 통치체제의 광란 속으로 휘말려 들어갔다.

식민지 파쇼체제의 강화는 먼저 군사력과 경찰력의 증강에서 시작되었다. '문화정치' 시기에 2개 사단이었던 조선주둔 일본군은 '만주사변' 후 곧 1개 사단이 증가되었다. 중일전쟁기를 거쳐 태평양전쟁 말기에는 약 23만명의 일본군이 조선에 배치되어 전국토를 완전 장악했다. 한편 경찰 병력도 '만주사변' 후 1932년에 2948개 관서(官署)에 2만 229명으로, 태평양전쟁이 일어났을 때는 3212개 관서에 3만 5239명으로 증가하여 파쇼 통치체제를 강력히 뒷받침했다.

파쇼체제 강화의 또 하나의 방법은 철저한 사상통제로 나타났다. "일본의 국체 및 정체의 변혁과 사유재산제도를 부인하는" 민족해방운동자 중심의 치안유지법 위반자를 감시하기 위해 조선사상범보호관찰령(朝鮮思想犯保護觀察令)을 만들었다(1936.12).

중일전쟁을 도발하면서 조선중앙정보위원회(朝鮮中央情報委員會)를 두고 지식인에 대한 개인적 정보를 수집하는가 하면(1934.7), 총독부 경무국의 주도로 조선방공협회(朝鮮防共協會)를 조직하여 "공산주의사상 및 그 운동을 박멸하고 일본정신을 고양하게" 했다(1938.8). 또한 '전향자'들의 단체인 시국대응전선사상보국연맹(時局對應全鮮思想報國聯盟)을 만들어 "사상국방전선(思想國防戰線)에서 반국가적 사상을 파쇄 격멸하는 육탄용사"가 되기를 강요했다(1938.8).

태평양전쟁을 준비할 무렵에는 이 '사상보국연맹'을 개조하여 '야마또쥬꾸(大和塾)'를 만들고 '사상범'으로 지목된 사람을 모두 가입시켜 '사상전향'을 강요했다(1941.1). 1943년 현재 야마또쥬꾸는 91개 지방에 걸쳐 회원 5400명을 거느리고 있었다. 한편 태평양전쟁을 준비하면서 조선사상범예방구금령(朝鮮思想犯豫防拘禁令)을 공포했다(1941.2).

태평양전쟁 중에는 사상통제가 한층 더 강화되었다. 전시임을 내세워 '국체변혁죄(國體變革罪)' 등의 형량을 크게 높인 조선전시형사특별령(朝鮮戰時刑事特別令, 1944), 3심제를 전면 폐지하고 민사·형사 전반에 걸쳐 2심제 원칙을 세운 조선총독부 재판소령 전시특례(裁判所令戰時特例, 1944) 등이 만들어졌다. 특히 '국정변란죄(國政變亂罪)'에 관한 형벌규정이 강화되었다.

파쇼체제 강화의 또다른 방법은 '전시체제'를 강조하면서 국민생활 전반을 철저히 통제하는 것이었다. 중일전쟁을 도발한 뒤에 만든 국가총동원법(國家總動員法)이 조선에도 적용되었다(1938.5). 또 중일전쟁 도발 1주년을 맞아 국민생활 통제의 모체인 국민정신총동원조선연맹(國民精神總動員朝鮮聯盟)이 결성되었다(1938.7). 이 '연맹'은 각 직장연맹을 두는 한편 지방행정기구에 따라 도연맹, 부·군연맹, 읍·면연맹, 동·리연맹 등이 조직되어 각 행정기구의 장이 그 책임자가 되게 했다.

지방연맹 밑에 10호(戶)를 표준으로 '애국반(愛國班)'을 만들어 세대주가 그 반원이 되도록 했다. 1942년 4월 현재 전국 36만여의 '애국반'에 448만명의 반원이 있었다. 이 '애국반' 조직을 통해 전체 조선인은 식민지 지배체제 아래 완전히 장악되었다. 따라서 국내에서 민족해방운동은 거의 발붙일 곳이 없는 상태로 되었다.

더구나 이 '애국반'은 정기적인 '반상회(班常會)'를 열어 일장기 게양, 신사참배, 일본 천황의 궁성에 대한 배례, 일본어 상용, 방공 방첩, 애국저금 등을 강요했고, '일본정신발양주간(日本精神發揚週間)' '근로보국주간(勤勞報國週間)' '저축보국주간(貯蓄報國週間)' 등을 계속 만들고 실천시킴으로써 국민을 긴장하도록 해 힘겨운 침략전쟁을 이끌어나갔다.

민족말살정책

침략전쟁이 중일전쟁으로 확대되면서 일본은 소위 '내선일체(內鮮一體)'를 강조하여 조선민족의 '황국신민화(皇國臣民化)'정책, 즉 조선민족성 말살정책을 본격화했다. "우리들은 대일본제국의 신민(臣民)이다" "우리들은 합심하여 천황폐하에게 충성을 다한다" 등을 내용으로 하는 이른바 「황국신민서사(皇國臣民誓詞)」라는 것을 만들어 항상 이를 제창하게 했을 뿐만 아니라 심지어는 식량배급이나 기차표 구입 때도 이를 일본어로 외우게 했다.

'합방' 후 조선민족에 대한 일본어 교육을 계속 강화하면서 일본어를 '국어'(國語, 코꾸고)라 부르게 하고, 우리말은 '조선어'라 하여 일부 가르쳤으나 중일전쟁 도발 후 이것마저 모든 학교교육에서 폐지했다(1938.4). 일본어 상용을 강제하여 소학교 학생들에게까지도 일본어 '상용카드'를 발급하여 '조선어'를 사용하면 벌을 받게 했다.

침략전쟁이 궁지로 몰리면서 일본의 조선민족 말살정책도 그 횡포를 더해갔다. 조선 사람을 일본식의 성과 이름으로 바꾸게 한 소위 '창씨개명(創氏改名)'을 단행하기에 이르렀다. 이같은 횡포에 항의하여 죽음을 택하는 조선인도 있었다. 하지만 창씨개명을 하지

조선신궁에 강제로 참배하는 조선 학생들

않으면 각급 학교의 입학이 허가되지 않았고, 각종 행정기관에서 사무 취급을 거부당하는가 하면, 심지어는 식량과 기타 물자의 배급 대상에서 제외되었으며, 조선식 성명으로 우송된 화물의 수송이 금지되는 등 일상생활 전반에 걸쳐 막심한 탄압을 받았다. 이 때문에 주어진 기한 안에 약 80%의 조선인이 창씨개명에 응하지 않을 수 없었다.

일본은 어용학자들을 동원하여 조선의 민족성을 근원적으로 말살하기 위한 이론으로서 '일선동조론(日鮮同祖論)'을 강조했다. 일본민족과 조선민족이 같은 조상에서 나왔다는 이른바 동조동근사상(同祖同根思想)은 이미 '합방' 무렵에 그 침략을 합리화하기 위해 일본의 어용사학자들을 시켜 조작하고 퍼뜨린 것이었다.

그러나 침략전쟁이 막바지에 다다랐을 무렵에는 그것을 '내선일체 및 동조동근론'으로 바꾸어 조선인의 민족의식을 잠재우고 '일본정신'을 주입하는 데 이용했다. 조선민족과 일본민족이 고대에는 같은 민족이었다고 내세워 일부 조선인 지식인으로 하여금 이를 시인하게 하고, 일본의 조상신이라는 '아마떼라스 오오미까미(天照大神)'의 신주(神主)를 조선인 가정에도 걸어놓고 예배할 것을 강요했다.

광적인 조선민족 말살정책은 침략전쟁에 뛰어든 일본이 조선민족의 저항을 막고 마지막까지 전쟁협력을 강요하려는 데서 나온 것이었다. 일본의 말과 글을 상용하고 일본식 성명을 쓰며 일본 신사에 대한 정기적 참배를 강요당하면서도, 일본이 패배하는 마지막 순간까지 국내에서는 비록 그 규모는 작고 또 분산적인 것이었지만 항일운동이 꾸준히 계속되었다. 그런가 하면 상당수의 조선인, 특히 지식인들은 자발적으로 '황국신민'화하여 침략전쟁의 수행에 적극 협력한 경우가 많았던 것도 사실이다.

인력의 강제수탈

일본은 '만주사변' 때부터 이미 전쟁인력의 부족을 느껴 장차 조선인에 대해 징집제를 실시할 것을 구상했다. 그러나 일반적으로 반일정신이 강한 조선청년을 무장시키는 데 따르는 위험부담 때문에 이를 실시하지 못했다. 침략전쟁이 중일전쟁으로 확대된 뒤에는 위험부담을 안고라도 지원병의 형태로 조선청년을 전쟁에 동원하기로 하고 육군특별지원병령(陸軍特別志願兵令)을 공포했다(1938.2).

'지원병령'에 따라 징병령이 실시되기 이전 1943년까지 1만 8천 명가량의 조선청년이 일본군에 '지원'했다. 이들 가운데는 일시적 흥분으로 철없이 지원한 경우도 있었지만, 지원병제도를 성공시키기 위한 일본 측의 교묘한 술책과 전시하의 농촌 피폐에 못 견딘 청년들이 '살길을 찾기 위하여' 지원한 경우가 많았다. 지원병제도의 실시를 쌍수로 환영한 이른바 '지도계급 인사'들은 막상 지원해야 할 단계에 가서 남을 권하고 제 자식은 모면하게 함으로써 '지원병'은 소작농민의 아들들이 대부분이었다.

지원병제도로 문을 연 조선청년의 전쟁동원은 태평양전쟁이 막바지에 다다른 1944년에는 마침내 징병제로 바뀌어 패전할 때까지

일본군 위안소

약 20만명이 징집되었다. 또 이른바 '학도지원병'제도(1943)가 강행되어 약 4500명의 조선인 전문학교 학생, 대학생이 침략전쟁터로 끌려갔다.

침략전쟁시기의 일본이 조선인의 희생을 대량으로 강요한 또다른 경우는 모집·징용·보국대(報國隊)·근로동원(勤勞動員)·정신대(挺身隊) 등을 통한 노동력의 강제수탈이었다. 침략전쟁이 아직 본격화하기 전에는 농촌에서 쫓겨난 조선의 값싼 노동력을 '모집'이라는 형식으로 일본의 토목공사장이나 광산에 집단동원했다. 그러나 중일전쟁 이후에는 국가총동원법(國家總動員法)을 공포하고 이어 국민징용령(國民徵用令, 1939)을 실시하여 많은 조선인을 침략전쟁 수행을 위한 노동력으로 강제동원했다.

1939년부터 1945년 전쟁이 끝날 때까지 일본의 전쟁노동력으로 강제동원된 조선인이 113만명으로 집계된 자료가 있는가 하면 146만명으로 된 자료도 있다. 1백만이 훨씬 넘는 조선인이 침략전쟁 말기에 강제동원된 것이다. 이들은 탄광에 제일 많이 투입되었고, 다음은 금속광산·토건공사·군수공장 등에 노동력으로 투입되어 많은 사상자를 내었다.

한편 중학생은 물론 초등학생까지도 '근로동원'에 끌어내어 군사시설 공사에 동원했다. 또한 전쟁 막바지에는 여자정신대근무령(女子挺身隊勤務令, 1944.8)을 만들어 12세에서 40세까지의 여자 수십만명을 강제동원했다. 이들을 일본과 조선 내의 군수공장에 보내 일하게 하는 경우도 있었지만, 그 상당한 인원을 중국과 남양 지방의 전쟁지구로 보내 군인 상대의 위안부가 되게 하는 만행을 저질렀다.

강제징용된 조선인은 공사장에서 군대식으로 편성되어 군대와 같은 규율로 통제되었다. 도망을 막기 위해 공사장 주변을 고압전류가 흐르는 철조망으로 둘러 강제수용했다. 군사기밀에 관한 공사인 경우 기밀을 지킨다는 이유로 공사가 끝난 후 집단학살한 예도 있었다. 평양의 미림(美林)비행장에서는 징용된 노동자 8백명을 4년간 혹사하다가 공사가 끝날 무렵 집단학살했고, 쿠릴열도에서도 징용된 5천명의 노동자를 역시 기밀누설 방지를 핑계로 학살했다고 한다.

패망의 길에 들어선 일본 군부의 조선인 노동자에 대한 만행은 그야말로 광적인 것이었다. 예를 들면 류우뀨우(琉球)섬에 끌려간 조선인 노동자 약 1700명은 배에 태워진 채 미군의 폭격 앞에 내던져져 전원 사망했다. 이 섬에 미군이 상륙할 무렵에는 조선인 노동자가 도망 혹은 투항할 것이라 하여 모두 동굴 속에 가두어 학살했다.

1930년대 이후부터 태평양전쟁이 끝나는 1940년대 중반까지 약 15년간은 일본 자체도 유례가 드문 파쇼체제 아래서 침략전쟁에 미쳐 날뛴 시기였지만, 파시즘의 횡포는 식민지 조선에서 훨씬 더 난

폭했다. 식민지 지배의 절정을 이룬 파쇼체제의 광란은 식민지 주민 개개인의 생활을 파멸로 몰아넣었음은 물론 정치·경제·사회·문화 등 각 분야에 걸쳐 조선민족으로 하여금 해방 후의 민족국가 건설에 대비할 한치의 여유도 주지 않았다. 그 침략전쟁은 해방 후의 한반도가 분단될 소지만을 만들어놓았다.

제2장

민족해방운동의 전개

식민지시기 35년간 끊임없이 계속된 민족해방운동을 체계적으로 정리하기란 쉬운 일이 아니다. 민족해방운동의 전체 과정은 관점에 따라 여러가지로 구분될 수 있겠으나 우선 시기적으로는 대체로 다음과 같은 세 단계로 정리할 수 있다.

첫째, 3·1운동을 기점으로 하여 일어난 1920년대 전반기의 임시정부 활동과 만주·연해주 지방의 무장항쟁, 둘째, 1920년대 후반기 국내에서 왕성하게 일어난 대중적 노농운동과 조선공산당운동, 그리고 민족협동전선운동으로서의 국외의 민족유일당운동과 그 연장선상의 국내 신간회(新幹會)운동, 셋째, 1930년대 일본제국주의의 파쇼화와 코민테른의 조선공산당 해체 및 재건 지시를 계기로 한 국외전선에서의 민족통일전선운동과 무장유격활동, 국내 공산당 재건운동 및 혁명적 노농운동의 전개과정, 그리고 건국동맹의 성립 등이 그것이다.

3·1운동 후의 민족해방운동은 흔히 독립운동 혹은 민족주의운동으로 불린 우익운동과, 사회주의운동 혹은 공산주의운동으로 불린 좌익운동으로 나뉘어 따로따로 정리돼왔다. 그러나 민족해방운동사 연구의 진전과 그것에 의한 역사인식의 진전에 따라, 민족해방운동의 전체 과정을 좌우익전선의 분립과 대립을 극복하고 해방 후의 통일민족국가 수립을 지향하면서 민족통일전선을 수립하기 위한 운동의 연속선상에 있는 것으로 보는

관점이 차차 자리잡아가고 있다.

아직 좌우익 노선의 분립이 뚜렷하지 않았던 시기에 일어난 3·1운동을 공화주의를 지향한 부르주아 계급이 주도한 그야말로 거족적 운동이었다고 보는 데는 이견이 없다. 그러나 1918년에 결성된 이동휘 중심 한인사회당의 존재에 주목하는 경우 3·1운동의 결과 성립된 임시정부도 보기에 따라서는 우익 노선과 좌익 노선의 합작 및 통일을 지향한 운동이 최초로 결실을 이룬 것이라 할 수 있다.

新幹會創立總會

십오일밤청년회관에서개최
민흥회와신간회의합동성립
民興、新幹合同完成

긔보=조선민흥회(朝鮮民興會)와 신간회(新幹會)의합동의 사명을 가지고 민흥회위원(民興會委員)명명과신간회 창립준비위원(新幹會創立準備委員)이 십이일오후두시부터 시내 관수동(觀水洞)백사십삼번디에회집하야 합동하기로 한결과회명(會名)은 신간회(新幹會)를 채용하기로하고 강령(綱領)도 신간회의강령을 그대로 승인하고 그날밤일곱시부터 발긔회(發起會)를 열엇는데 민흥회 발긔인편부와 신간회발긔인편부가 그날밤여덟시부터 신간회 사무소(新幹會事務所)에회집하야발긔대회(發起大會)를열고 신석우(申錫雨)씨의사회하에규약(規約)대회세측(大會細則) 지회세측(支會細則)등의 초안을 심의하고 십오일오후일곱시에 긔독교중앙청년회관(基督敎中央靑年會館)에서 창립대회(創立大會)를열기로하고 좌긔 창립준비위원십이인을 선거하야 일체 창립에관한사무를위임하기로한후 동일시경에 폐회하니이로써 조선민흥회와 신간회의의 합동은완성되엇다더라

(사진은신간회발긔총회광경)

◇創立準備委員
權東鎭 [illegible] 崔善益 申錫雨 權泰錫 [illegible] 洪命憙 張志暎 [illegible] 安在鴻 [illegible]

신간회 창립준비위원회와 조선민흥회가 합동하여 2월 15일 신간회를 창립하기로 한 것을 보도한 조선일보 기사

3·1운동을 계기로 활성화한 만주지방의 무장항쟁을 임시정부의 군무부가 직접 지휘하지는 못했다. 그러나 그것은 서로군정서·북로군정서 등을 통해 임시정부와 일정하게 연결되었고, 고려공산당운동도 그 주류가 초기의 임시정부에 참가함으로써 임시정부운동을 좌우익전선 통일운동의 일환으로 볼 수 있다.

초기의 임시정부운동은 좌익 노선과 적극투쟁 노선을 포용하지 못함으로써 이들이 모두 이탈했다. 임시정부를 다시 통일정부로 만들기 위한 국민대표회의가 실패하여 임시정부운동은 약화했지만, 이후에도 전체 민족해방운동전선의 좌우익 노선 통일을 위한 운동은 계속되었다.

국외전선에서 임시정부운동이 약화하고 국내전선에서 민족개량주의 노선이 등장한 데 대응하여 민족해방운동전선은 1920년대 후반기에 민족협동전선을 지향하는 민족유일당운동과 그 연장으로서의 신간회운동으로 발전한다. 이 시기의 조선공산당운동도 이 협동전선운동에 적극 참여했다는 사실이 중요하다.

1920년대 후반기의 이 민족협동전선운동은 1930년대로 들어서면서 주객관적 조건의 변화에 따라 한때 와해되었다. 그러나 일본제국주의의 파쇼화와 대륙침략에 대응하기 위해, 특히 해외전선의 경우 바로 민족통일전선 노선으로 다시 발전해갔다. 1932년 중국지역 전선에서 한국대일전선통일동맹(韓國對日戰線統一同盟)이 성립되는 것을 그 구체적인 사례로 들 수 있다.

1930년대 중엽 이후 파시즘의 등장에 대응하면서 국제공산주의운동이 반파쇼통일전선 노선으로 전환되고 일본제국주의의 대륙침략이 본격화함에 따라 우리 민족해방운동전선도 좌우익 노선을 막론하고 민족의 해방을 전망하면서 전체 노선을 민족통일전선 방향으로 잡아가고 있었던 사실이 또한 실증되어가고 있다.

일본제국주의의 직접통치에서 벗어나 있던 해외전선, 특히 중국 관내전선의 경우 국제공산주의운동의 통일전선 노선과 직접 연계됨이 없이도 1935년에 한국대일전선통일동맹을 발전적으로 해체하고 대신 통일전선정당인 조선민족혁명당을 성립시켰다.

이후 1937년에 이른바 임정고수파 중심의 한국국민당이 민족혁명당에서 이탈한 세력과 함께 우익전선 통일전선체인 한국광복운동단체연합회를 발족시켰다. 한편 민족혁명당을 중심으로 한 좌익전선 통일전선체인 조선민족전선연맹이 결성되었다가 이 두 단체의 통일을 위한 전국연합진선협회(全國聯合陣線協會)가 한때 성립되었다.

전국연합진선협회가 그대로 민족통일전선체로 정착되지는 못했다. 그러나 그후 중국 관내전선에서는 1943년 이후 임시의정원과 임시정부가 한국독립당·민족혁명당·무정부주의단체 등에 의한 통일전선정부로 바뀌어갔다. 통일전선정부로서의 임시정부는 또 중국공산군 지역 연안(延安)에 성립된 조선독립동맹 쪽과 통일전선을 이루기 위한 교섭을 진행하여 일단 이에 합의하였으나 일본제국주의의 패망으로 중단되었다. 그러나 이 계통의 민족통일전선운동은 '8·15 공간'에서 통일민족국가 수립운동으로 연결되었다.

한편 만주전선에서는 1920년대 우익전선 중심의 운동에 이어 1930년대에는 좌익전선 중심의 유격대 활동이 일어났다. 그것은 중국공산당이 주도하는 동북인민혁명군·동북항일연군으로 발전해갔지만 이 무장항쟁에서 조선인의 활동은 컸다. 특히 1930년대 후반기 이후에는 이 무장항쟁이 민족통일전선운동으로 전환되어갔고, 1936년에는 그 일환으로서 '재만한인조국광복회'가 성립되어 독자성 있는 민족통일전선운동을 펴나갔다.

1930년대 이후의 국내전선에서는 좌익전선에 의한 공산당 재건운동과 그 일환인 혁명적 노동·농민조합운동이 추진되었다. 당초 이 운동은 조선공산당을 해체시킨 코민테른 제6차대회 결정에 의한 '좌편향' 노선으로 추진되었으나, 1935년의 7차대회 이후 통일전선 노선을 일정하게 수용하면서 광범위한 반일·반파쇼통일전선을 수립하려는 노선으로 일부 전환되어갔다. 또한 식민지시기 말기에는 공산당 재건운동과는 따로 국내 좌우익세력의 연합에 의한 건국동맹(建國同盟)이 결성되어 해외전선, 특히 중국 관내전선과의 연결을 기도하여 일부 성공하기도 했다.

민족통일전선 결성의 방법론과 특히 그 헤게모니 문제 등에 여러가지 이견과 난점이 있었음에도 불구하고, 3·1운동 이후 우리 민족해방운동의 전체 과정은 좌우익의 대립을 극복하고 민족해방 후의 통일민족국가 수립을 지향한 민족통일전선운동의 연속선상에 있었다고 볼 수 있다. 이 운동은 미·소 양군이 국토를 분할 점령한 '8·15 공간'에서도 좌익 통일전선운동인 민주주의민족전선의 활동과 중간파 통일전선운동인 좌우합작위원회 활동, 그리고 또 그것들의 합작에 의해 이루어진 1948년의 남북협상으로 연결되었음을 알 수 있다.

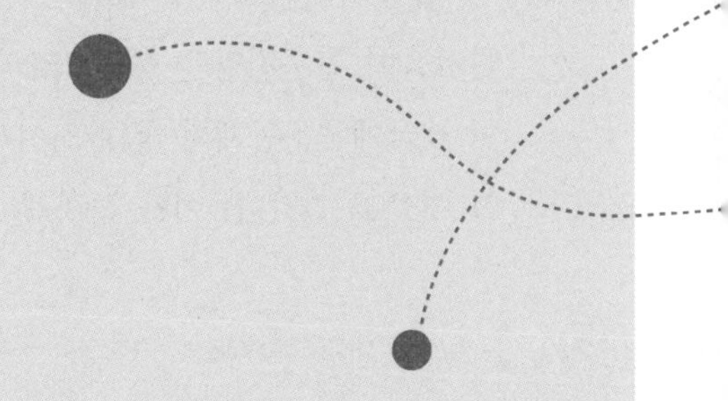

제1절 3·1운동과 초기 임시정부 활동

3·1운동

일제 식민지시대의 본격적 민족해방운동은 3·1운동을 기점으로 시작된다고 볼 수 있다. 그리고 1920년대 전반기의 민족해방운동은 대체로 민족부르주아계급이 주도한 공화주의운동이었다고 할 수 있다. 3·1운동은 흔히 제1차세계대전 종결과 함께 미국이 주창한 민족자결주의에 자극되어 토오꾜오 유학생들의 2·8선언이 먼저 나오고 뒤이어 서울에서 종교계를 중심한 민족대표들이 독립을 선언한 것으로 이해되고 있다.

그러나 사실 민족자결주의는 주로 유럽 패전국의 식민지 문제에 적용하기 위한 원칙이었을 뿐, 뒤늦게 참전하여 전승국의 대열에 끼인 일본의 식민지 조선의 독립문제에 도움을 줄 만한 것은 아니었다. '민족대표'의 일부도 이 점에 대해 어느정도 이해가 있었던 것 같으며, 민족자결주의 원칙은 그들에 의해 하나의 기회로 이용되었을 뿐이었다.

3·1운동 본래의 원인과 추진력은 역시 '합방' 이전 민족운동의 연장선상에서, 그리고 '합방' 후 10년간 민족의식의 변화·성장과 사회경제적 여건의 변화에서 구해야 하며, 2·8선언에 일부 보이는 것과 같이 3·1운동 2년 전에 일어난 러시아혁명의 성공이 특히 청년 지식인들에게 일정한 영향을 주었다고 볼 수 있다.

'합방' 후 의병전쟁의 남은 병력과 애국계몽운동계의 독립전쟁론자들이 만주지방을 중심으로 독립운동기지 건설을 준비하는 동안 애국계몽운동계의 국내 잔여세력은 대규모 독립운동을 펼 기회를 엿보고 있었다. 이를 눈치챈 조선총독부는 이들을 탄압하기 위해 소위 안악(安岳)사건, 105인사건을 만들었다. 그 때문에 민족해방운동 대열이 상당한 타격을 받았으나 이후에도 비밀결사 등을 통해 기회를 기다리다가 1차대전 종결 후의 민족자결주의 선포를 하나의 기회로 이용했다.

종교계를 중심으로 하는 애국계몽운동계 국내세력의 독립선언이 일시에 전민족적 호응을 얻을 수 있었던 것은 일본의 식민통치 10년이 전체 조선민족의 생존을 그만큼 위협했기 때문이다. 우선 자산가계급에게도 일본의 식민통치가 준 타격은 컸다.

문호개방 이후 일부 선진적 민족자본가층이 형성되어갔으나 화폐정리사업과 '합방' 후의 회사령 등에 의해 다시 큰 타격을 입었고, 토지조사사업을 통해 특히 중소지주층과 자작농층이 입은 타격은 컸다. 이 때문에 아직 예속되지 않은 민족자본가층과 지주층이 식민지 경제구조의 정착과정에서 그 진로를 봉쇄당하고 새로운 돌파구를 찾고 있었다.

농민들의 경우 사정은 더욱 절박했다. 조선왕조 후기 이래 점진적으로 발달해오던 농민적 토지소유가, 많은 반발에도 불구하고 강행되어 1918년에 끝난 토지조사사업으로 결정적인 타격을 받았다. 상층농민은 자생적 자본주의화의 담당층으로 성장할 길이 철저히 봉쇄되고 오히려 소작농으로 전락하기 시작했으며 소작조건 역시 악화일로에 있었다. 극히 일부의 지주층을 제외한 조선농민 전체가 식민통치 10년의 피해를 깊이 입고 있었던 것이다.

1910년대에는 일본의 독점재벌자본이 아직 본격적으로 진출하지 않았고 그 대신 소규모의 공장과 매뉴팩처가 압도적으로 많았다. 그 때문에 노동자의 수는 점점 증가하면서도 노동조건은 극도로 나쁜 상태에 있었다. 특히 임금수준에서는 조선인 노동자와 일본인 노동자 사이에 큰 차이가 있었다. 대체로 조선인의 임금은 일본인의 2분의 1 내지 3분의 1에 지나지 않았다. 낮은 임금과 긴 노동시간, 비인간적 대우, 민족적 차별 때문에 1910년대에도 이미 파업이 자주 일어나고 있었다.

식민통치 10년 동안 노동자·농민은 말할 것도 없고 중소지주·민족자본가 등 사회구성원 각계각층이 그 피해를 직접적으로 그리고 구체적으로 입었다. 이 때문에 그들의 정치의식과 사회의식이 급격히 높아져갔다. 여기에 기회를 포착한 일부 학생·종교인·지식인 들이 불을 지르게 되자 항일 민족해방운동은 삽시간에 전국적·전민족적 운동으로 확산되어갔다.

3·1운동의 발전과정은 대체로 3단계로 나누어볼 수 있다. 제1단계는 상층 부르주아계급인 '민족대표' 33인 혹은 48인이 독립을 선언하여 이 운동에 불을 지른 단계이다. 이들은 대체로 애국계몽운동계의 국내세력, 즉 신지식인층 및 종교인, 식민통치와 이해관계를 달리하던 민족자본가층 및 일부 지주층으로 구성되어 있었다. 그 숫자에 관계없이 민족대표들은 이들 사회계층을 대표했다.

일반적으로 식민지에서 초기 단계 민족해방운동은 민족자본가 및 지식인층의 주도 아래 일어났으며 3·1운동의 경우도 그러했다. 다만 애국계몽운동계의 민족운동 방법론을 이어받은만큼 이들도 비무장주의·무저항주의 단계를 넘어서지 못했다. 이들의 역할은 대중운동을 현장에서 지도하는 데까지 나아가지 못하고 독립을 선언하는 데 그쳤다.

이들 민족대표는 독립선언문에서도 식민지배 아래서의 민족자본가와 농민·노동자층의 이해관계를 구체적으로 지적하지 못했고 대중운동을 적극적으로 유도하지 못했다. 청년·학생층이 먼저 추진

3·1운동 당시 동대문을 가득 메운 시위 군중

한 계획에 이들은 뒤늦게 참가했다가 결정적 순간에 후퇴했다. 그럼에도 불구하고 무단통치 아래서 대규모 항일운동을 유발하는 데 일정한 몫을 담당한 것은 사실이었다.

3·1운동의 제2단계는 민족대표의 독립선언에 이어 주로 청년·학생, 교사 등 지식인, 도시 노동자 및 상인층에 의해 이 운동이 전국 주요도시로 확산된 단계이다. 독립선언에 그친 민족대표의 3·1운동을 전국 주요도시로 확산한 중계역은 학생과 젊은 지식인 들이 담당했고, 여기에 도시 노동자·상인 등이 호응했다. 전국 주요도시에서 상인들이 철시(撤市)로 호응했고, 특히 노동자층의 대응은 민감했다.

이 무렵에는 이미 전국에 20여개의 노동조합이 조직되어 있었지만, 이들 노동조합이 독립선언을 사전에 연락받은 것 같지는 않다. 그럼에도 3월 2일 서울에서 일어난 노동자 4백여명의 시위를 비롯해서 평양·겸이포 노동자들이 시위했고, 3월 22일에는 남대문 부근 노동자 약 8백명이 '노동자대회'의 깃발을 들고 시위했다. 이후에도 전국 각지에서 노동자 시위가 계속되었다.

제3단계는 이 운동이 주요도시로부터 다시 전국의 각 농촌지방으로 확산된 단계이다. '민족대표'들의 독립선언문에는 토지조사사업의 수탈성이나 농촌·농민 문제가 전혀 지적되지 않았고, 그 문장도 농민들이 이해하기 어려운 것이었다. 그럼에도 불구하고 식민지배 아래서 해를 거듭할수록 소작농으로, 농업노동자나 화전민으로 전락해간 농민들은 이 운동에 적극 참여하여 전국 방방곡곡의 시골 장터에서 거의 1년 동안이나 만세시위를 계속했다.

민족대표들이 최고 3년형을 받았다가 일본의 회유정책으로 형기 전에 모두 풀려난 데 반해 시위에 참가했던 민중의 피해는 컸다. 시위는 평화적인 방법으로 시작되었으나 일본이 무력으로 탄압함으로써 폭동화했고 희생도 그만큼 컸다. 약 2백만명으로 추산되는 시위 참가자 중 공식 집계만으로도 7500여명이 피살되었고, 4만 6천여명이 검거되었으며 약 1만 6천명이 부상했다. 또한 49개 처의 교회와 학교, 715호의 민가가 불탔다.

3·1운동은 조직적이고 통일적인 운동이 되지 못하고 비무장운동이 될 수밖에 없었다. 비록 민족해방을 달성하지는 못했으나 일제 식민지시대 민족해방운동사에 여러가지 중요한 역사적 의의를 남겼다.

첫째, 이 운동은 대외적으로는 항일운동이요 대내적으로는 공화주의운동이었다. '합방' 전의 애국계몽운동기부터 신민회운동 등을 통해 이미 공화주의운동이 일부 나타나고 있었다. 3·1운동에 불을 지른 민족대표도 대부분 공화주의를 지향했고, 이 운동에 참가한 청년 지식인들도 대체로 공화주의 지향자들이었다. 이 운동의 결실로 수립된 임시정부들도 우리 역사상 최초의 공화주의정부였다. 3·1운동을 전후한 항일운동에 대한제국의 부활을 목적으로 하는 복벽주의(復辟主義)운동도 있었다. 그러나 그것은 이후의 민족해방운동 과정에서 모두 도태되었다.

둘째, 3·1운동은 무장독립운동을 본격적으로 유발하는 계기가 되었다. '합방' 이전의 민족운동이 의병전쟁과 애국계몽운동의 두 갈래로 진행되었고, 그것이 '합방' 후에도 독립전쟁론과 실력양성론으로 나타나 각각 준비단계에 있었다. 3·1운동은 만주지방에서 준비되고 있던 무장항쟁의 불길을 당기는 계기가 되었다. '민족대표'에 의해 비폭력운동으로 출발한 이 운동은 학생·농민·노동자층이 주도하는 과정에서 폭력화했다. 그러나 조직화·무장화되지 못함으로써 큰 성과 없이 막대한 희생만을 냈다. 이에 교훈을 얻은 많은 청년들이 만주·연해주 지방의 무장운동단체에 가담하기 위해 망명했고, 이들이 독립군에 가담하면서 무장항쟁이 본격화했다.

셋째, 3·1운동은 대중운동을 고양하고 민족해방운동의 방향을 바꾸어놓는 중요한 분수령이 되었다. 3·1운동까지의 대중운동은 부르주아민족주의에 의해 지도되었다. 그러나 이 운동에 대거 참가했던 노동자·농민층의 정치의식·사회의식이 크게 높아져서 이후의 민족해방운동전선에서 그들이 독자적 운동과 노선을 가지게 되었다. 1920년대를 통해 노동운동과 농민운동이 크게 발전했고 그 바탕 위에서 국내 사회주의운동이 대두하게 되었다. 그것이 또 이후의 민족해방운동전선에 중요한 몫을 차지하게 되었다.

넷째, 3·1운동을 계기로 민족해방운동전선에는 그 방법론을 두고 뚜렷한 구분이 나타났다. 만주·연해주의 독립운동 기지를 중심으로 하는 독립전쟁론과 일부의 외교독립론이 비교적 선명히 구분되었고, 다른 한편 종래의 절대독립론이 계속 주장되는가 하면 실력양성론·독립준비론에 근거한 개량주의 노선이 나타나서 전체 민족해방운동전선에 혼선이 빚어졌다.

초기의 임시정부 활동

3·1운동 이전에도 민족해방운동 총본부로서의 정부 수립의 필요성이 이미 제기된 바 있었으나 그것이 구체화한 것은 이 운동을 전후한 시기였다. 정부수립운동은 세 지역에서 추진되었다. 먼저 연해주의 블라지보스또끄에서 교포사회를 바탕으로 이미 성립되어 있던 한족중앙총회(韓族中央總會)가 대한국민의회(大韓國民議會)로 개편되어 정부 형태를 갖추었다(1919.2).

두번째로 정부가 조직된 곳은 중국 상해(上海)였다. 이곳에서는 3·1운동 이전에 이미 독립운동단체 신한청년당(新韓青年黨)이 조직되어 빠리강화회의에 김규식(金奎植, 1881~1950)을 파견하는 등 활동을 펴고 있었다. 국내에서 3·1운동이 일어나고 많은 독립운동가들이 상해로 모이게 되자 '독립임시사무소'를 설치하고 1천여명이 모여 임시의정원을 구성했다(1919.4.10). 이후 대한민국임시헌장(大韓民國臨時憲章)을 선포하고 선거를 통해 국무원을 구성했다. 이 정부 역시 민주공화제를 채택했다. 임시의정원을 구성한 의원들은 국내와 연해주·중국령·미국령 등 11개 지방의 대표가 각 지방 선거회를 통해 선출되었다.

세번째 정부는 서울에서 조직되어 세칭 한성정부(漢城政府)라 했다. 3·1운동 직후 서울에서 계획되어 '13도 대표자'의 이름으로 「국민대회 취지서」와 6개조의 양법이 명시된 「선포문」을 발표한 이

1920년 1월 1일 대한민국임시정부 및 임시의정원 신년축하회 기념 사진. 둘째줄 중앙이 이시영, 그 오른쪽이 안창호, 그 왼쪽부터 이동휘, 이동녕, 신규식이 자리하고 있다.

정부 역시 민주제를 채택했다.

임시정부가 세 곳에 세워지자 자연히 그 통일 문제가 제기되었다. 노령정부는 상해정부에 대해 상해의 지리적 이점을 살려 외교부와 교통부만 그곳에 두고 정부와 의정원은 교포가 많이 살고 있는 간도나 연해주 지방으로 옮김으로써 통일정부를 구성할 것을 제의했다.

이에 대해 상해정부는 임시정부의 위치는 우선 상해에 두되 정부의 의사나 거류민의 여론에 따라 자유로이 위치변경을 할 수 있게 하며, '상해임시의정원'과 '연해주국민의회'를 합해 의회를 구성하되 연해주에서 절대로 그곳에 두기를 주장하는 경우 이에 응한다는 조건으로 통합교섭에 응했다.

이 무렵에는 한성정부 집정관총재 이승만(李承晩, 1875~1965)이 이미 워싱턴에 사무실을 차리고 한성정부의 정통성을 주장하고 있어서 노령정부와 상해정부의 통합만으로는 정부의 단일화가 이루어질 수 없는 사정이었다. 이에 한성정부를 포함한 세 정부의 통일 교섭이 추진되었다.

교섭과정에서 상해와 연해주에 설립한 정부를 일체 해소하고 국내에서 13도 대표가 창설한 한성정부를 계승할 것, 정부의 위치는 당분간 상해에 둘 것, 상해에 설립한 정부가 실시한 행정은 유효임을 인정할 것, 정부 명칭을 '대한민국임시정부'로 할 것, 현재의 각원(閣員)은 총사퇴하고 한성정부가 선임한 각원들이 정부를 인계할 것 등이 통합정부 수립원칙으로 제시되었고, 그것이 합의되어 결국 한성정부의 정통성을 인정한 상해임시정부가 성립되었다.

상해의 통일정부는 한성정부 수반 이승만을 임시대통령으로 하고 노령정부의 대표 격인 이동휘(李東輝, 1872~1935)를 국무총리로 하여 성립되었다. 세 정부 사이의 이해관계를 넘어 결국 이승만을 수반으로 한 한성정부의 정통성을 인정하는 통합정부가 쉽게 이루어진 것은 민족해방운동 총본부로서의 임시정부 성립을 열망하는 민족적 여망이 뒷받침된 때문이었다.

상해임시정부의 성립은 또 이 시기의 민족해방운동전선에 이미 성립된 좌익전선과 우익전선, 무장항쟁 노선과 외교독립 노선이 합작한 민족해방운동의 총지휘부로서 통일전선정부가 출범한 것이라 할 수 있다. 그러나 임시정부가 상해에 위치함으로써 결국 외교독립론 중심의 정부가 되었고, 좌익전선이 곧 이탈하여 우익전선 중심의 정부가 되었다. 상해임시정부는 우리 역사상 최초의 공화주의 정부였다는 점에 일정한 의의가 있었으나 민족해방운동 총본부의 역할을 다하지는 못했다.

초기 상해임시정부의 두드러진 활동은 크게 두 가지로 나누어볼 수 있다. 그 하나는 연통제(聯通制)의 실시이며 또 하나는 외교활동이다. 임정의 국무원령 1호로 실시된 연통제는 국내의 경우 서울에 총판(總辦)을 두고 각 도에는 독판(督辦), 군과 부(府)에는 군감(郡監)과 부장(府長), 면에는 면감(面監)을 두도록 조직되었고, 간도지방에는 독판부(督辦府)가 설치되었다.

연통제는 상해에 위치한 임시정부가 국내 및 간도지방과 연락을 취하기 위해 만든 연락망이었다. 이 연락망은 임시정부의 운영비를 조달하려는 데 일차적 목적이 있었으며, 내무총장 관할 아래 두어 임시정부의 지방행정조직의 성격을 가졌다고 할 수 있다.

임시정부는 의정원 결의에 의해 국내외 20세 이상 남녀 동포에게서 1인당 1원씩의 인구세(人口稅)를 징수하고 독립공채(獨立公債)를 발행키로 결정하여 연통제를 통해 이를 실시했다. 그러나 일본 쪽의 철저한 감시와 탄압 때문에 연통제는 일부 지방에만 조직되었고, 그것도 면 단위까지 조직되기는 어려웠다. 더구나 1921년에는 이 조직이 일본경찰에 발각되어 전면적으로 무너졌다.

외교독립 노선 중심으로 출발한 상해임시정부는 당연히 외교활동에 역점을 두었다. 임시정부의 외교는 국제연맹으로부터 독립을 보장받고 그것에 가입하는 데 일차적 목표를 두었다. 그러나 그것이 불가능해지자 중국·미국·영국·소련 등 각국으로부터 개별적 승인을 받는 데 이차적 목적을 두었다. 이 목적을 위해 빠리위원부, 구미(歐美)위원부, 런던위원부 등을 두고 북경과 우수리(烏蘇里) 등에도 임시외교위원을 두었다. 그러나 실제로 활동을 계속한 것은 미국에 있던 구미위원부뿐이었다.

미국에 설치된 구미위원부는 외교활동뿐만 아니라 구미지역에서 임시정부의 행정도 대행하며 미주지역 동포들로부터 성금과 공채금을 받아 유지되었다. 그 활동은 주로 선전용 간행물의 발행과 강연회 개최 등이었으며, 특히 미국의회를 통해 한국문제에 대한 미국정부의 관심을 높이려 노력했다. 그러나 구체적인 효과는 없었고 미국을 비롯한 구미열강의 승인을 얻는 데도 역시 실패했다.

한편 임시정부는 소련정부와 비밀조약을 맺었다(1921). 빠리강화회의에서 드러난 열강의 무성의에 실망한 임시정부가 약소 피압박민족의 해방을 내세운 소련의 도움으로 독립군을 양성하려 한 의도와 대한민국임시정부를 통해 공산주의를 동양에 선전하려 한 소련의 의도가 합치된 결과였다. 이후 소련정부는 한국임시정부에 40만 루블의 자금을 제공했다. 이 자금의 일부를 국무총리 이동휘가 자의로 처분했다 하여 말썽이 되었다. 나머지는 국민대표회의 자금으로 사용되었고 일부는 국내로 들어오기도 했다. 그러나 국민대표회의 실패 후 임시정부와 소련정부의 관계는 단절되고 말았다.

임시정부의 중국정부에 대한 외교적 교섭은 일찍이 쑨 원(孫文, 1866~1925)의 광동정부(廣東政府)와 이루어졌다. 두 정부가 서로 승인하고 한국의 학생을 중국 군관학교에서 교육받게 하는 데 합의했다. 그러나 임시정부가 요구한 차관과 독립군 양성을 위한 조차지(租借地) 문제는 승인되지 않았다.

다만 쑨 원으로부터 "북벌계획이 완성된 뒤에 시기가 오면 전력으로 한국 광복운동을 돕겠다"는 약속을 받았다. 이후 쟝 졔스(蔣介石, 1887~1975)의 국민당(國民黨)정부와 관계가 계속되어 만주지방의 교포를 보호하는 데 도움이 되었다. 특히 윤봉길(尹奉吉, 1908~32) 의거를 계기로 적극적인 후원을 받았으며, 중일전쟁 발발 후에는 광복군을 양성할 수 있었다.

임시정부는 만주나 연해주 지방에 있는 많은 독립군 단체들을 직접 통어하지 못했고, 이 때문에 이 지방 독립군의 전력이 통일되지 못했다. 임시정부는 독립전쟁을 '최후의 수단'으로 정했다. 의정원의 일부 의원들이 군무부(軍務部)의 만주 혹은 연해주 이전, 적극적인 군대양성, 독립전쟁의 즉시 개시를 건의했으나 재정문제를 이유로 응하지 않았다.

독립전쟁, 즉 무장투쟁을 미룬 임시정부는 심한 정쟁과 파쟁 속으로 휘말려들었다. 특히 외교독립론에 바탕을 둔 이승만의 국제연맹 위임통치론은 정쟁의 가장 큰 불씨가 되었다. 임시정부 안의 서북파(西北派)와 기호파(畿湖派)의 대립은 파쟁의 중심을 이루었다.

북경(北京)을 중심으로 신숙(申肅, 1885~1967)·신채호(申采浩, 1880~1936) 등 독립전쟁론자들이 군사통일회의(軍事統一會議)를 열고 이승만을 불신임하면서 임시정부 활동과 독립운동 전체의 방향전환을 위한 국민대표회의 개최를 주장했다. 상해 세력의 일부와 만주·연해주 지방 세력이 이에 호응했다.

해외 동포사회의 70여 단체 대표 1백여명이 모여 국민대표회의를 개최했다(1923.1). 이 회의에서는 지금까지의 민족해방운동 과정 전체를 반성하고 임시정부를 운동의 실천에 맞도록 개조하자는 개조파(改造派)와 현존의 임시정부를 해체하고 새로운 정부를 수립해야 한다는 창조파(創造派)로 나뉘어 팽팽히 맞섰다. 결국 국민대표회의는 결렬되고 창조파는 새로운 정부를 만들어 연해주로 갔으나 소련의 지원을 얻지 못하여 흐지부지되고 말았다.

국민대표회의 결렬로 크게 타격을 받은 임시정부는 이승만을 탄핵하고 헌법을 개정했다. 대통령제를 없애고 국무령제(國務領制)로 바꾸어 일종의 집단지도체제로 전환했다. 임시헌법의 적용범위도 종래의 '인민'에서 '광복운동자'로 좁히는 등 현실에 맞게 체제정비를 서둘렀다. 그러나 이후에는 민족해방운동 전체를 통괄하는 정부라기보다 하나의 개별 독립운동단체로 변하는 침체기에 들어가게 되었다.

3·1운동을 계기로 노동자·농민·청년·학생층이 광범위하게 민족해방운동의 주력으로 성장해갔다. 그러나 상해임시정부는 이들을 어떻게 조직하고 훈련하여 운동의 전력으로 삼아야 할 것인가에 대한 뚜렷한 정책을 수립하지 못했다. 계속 '광복운동자' 중심의 정부로 유지하려 한 점에 그 한계성이 있었다. 임시정부에서 이탈한 신채호의 경우 민족해방운동전선에 새로 부상한 이들을 '민중'으로 이해하고 「조선혁명선언」에서 혁명으로서의 민족해방운동은 '민중혁명'이어야 한다고 설파했다.

만주·연해주 독립전쟁

'합방'을 전후한 시기 일본군의 초토화작전으로 국내에서의 활동이 불가능하게 된 의병부대들이 간도와 연해주 지방으로 옮겨갔고, 애국계몽운동계열의 인사들도 대거 이 지역으로 옮겨가서 독립전쟁을 준비했다. 그 결과 3·1운동을 계기로 서간도지방에 30여개, 북간도지방에 40여개의 민족해방운동 단체들이 성립되었다.

이들 중에는 서간도의 대한독립단(大韓獨立團)과 같이 복벽주의 노선의 단체도 일부 있었으나 같은 지방의 서로군정서(西路軍政署)와 같이 그 중요 단체의 대부분은 상해임시정부를 지지하는 공화주의 노선의 단체였다.

국토가 완전식민지로 되어 국내에 해방구를 갖지 못한 조건 아래서, 1860년대부터 교포사회가 형성되었고 특히 '합방'을 계기로 이주민이 급격히 증가했던 간도 및 연해주 지방이 독립전쟁 기지의

신흥무관학교의 군사훈련 광경

적지로 인식되었다. 간도지방에 설치된 독립전쟁 기지 중 대표적인 것의 하나는 신민회 중심의 애국계몽운동 계열 인사들이 집단적으로 이주해 건설한 서간도의 삼원보(三源堡) 기지였다.

'합방' 직후 이곳으로 이주한 이동녕(李東寧, 1869~1940)·이상룡(李相龍, 1858~1932)과 이회영(李會榮, 1867~1932)·이시영(李始榮, 1869~1953) 등은 경학사(耕學社)란 항일단체를 조직하고(1911) 군사교육기관으로 신흥강습소(新興講習所, 1913년에 신흥학교)를 설치했다. 경학사는 부민단(扶民團)·한족회(韓族會)로 발전했다. 한편으로 군정부(軍政府, 뒷날의 서로군정서)를 두어 운영한 신흥학교는 3·1운동 때까지 1천여명의 졸업생을 배출했다. 3·1운동 후에는 신흥무관학교로 개칭되어 1920년 8월에 폐교될 때까지 약 3천명의 독립군을 양성했다.

이밖에 신민회계의 이동휘가 중심이 되어 훈춘현(琿春縣)의 사도자(四道子) 부근에서 3천명 이상의 독립군을 소련제 무기로 무장시켜 양성했고 밀산(密山)의 산속에 무관학교를 세웠다. 주변의 6500호 교포사회로부터 의연금을 거두고 구한국군 장교들을 교관으로 하여 교포청년 1500명을 훈련시키며 독립전쟁을 준비했다. 서일(徐一, 1881~1921) 등의 북로군정서(北路軍政署)는 김좌진(金佐鎭, 1889~1930)을 교장으로 한 사관연성소를 두고 4백여명의 독립군을 양성했다. 의병장 출신 홍범도(洪範圖, 1868~1943)의 대한독립군도 연길현(延吉縣) 명월구(明月溝)를 중심으로 독립군을 양성했다.

이 시기 간도·연해주 지방에 있는 이들 독립전쟁 기지는 민정(民政)조직과 군정(軍政)조직을 함께 갖추고 있어서 실질적으로 하나의 독립된 자치적 정부조직을 방불케 했다. 한족회의 민정조직을 예로 들면 중앙의 행정조직은 총장(總長) 밑에 서무사장(庶務司長)과 학무(學務)·재무(財務)·상무(商務)·군무(軍務)·외무(外務)·내무(內務) 사장 등을 두어 중앙정부적 조직을 갖추었다.

또한 교포사회를 근거로 지방조직도 갖추었다. 큰 부락을 천가(千家)라 하고 그 행정관으로 천가장(千家長)을 두었으며, 그것을 다시 1백가호씩을 기준으로 구(區)로 나누어 구장 혹은 백가장(百家長)이 관할하게 했다. 그 밑에는 또 10가호씩을 묶어 패(牌)라 하고 패장 혹은 십가장을 두었다.

1910년대 이후 민족해방운동의 근거지였던 만주지방 교포사회가 이와같이 공화주의 자치제를 실천하고 있었던 사실은 민족해방운동 과정이 군주주권체제를 청산하고 국민주권주의를 정착시킨 부르주아적 민주주의의 실천과정이었음을 말해주고 있다.

간도와 연해주 지방에서 양성된 독립군은 3·1운동을 계기로 일제히 국내진격을 목적으로 한 독립전쟁을 개시했다. 1919년부터 홍범도가 인솔하는 대한독립군을 비롯한 간도지방 각 독립군의 국내진공작전이 빈번해져서 일본의 국경수비대가 자주 피습당했다. 홍범도 부대는 혜산진(惠山鎭)·갑산(甲山)·만포진(滿浦鎭) 등 국경지방을 공격하여 한때는 혜산진을 점령했다. 1920년 초에는 대한독립군과 도독부군(都督府軍)이 연합하여 만든 국민회군(國民會軍)과 북로군정서군 등 2천여명이 국경을 넘어와서 일본군 3백명을 사살하는 전과를 올리기도 했다.

국내에 침공한 부대들이 전과를 올린 후 만주지방으로 철수하면 이를 추격하는 일본군이 국경을 넘었다가 독립군의 반격을 받아 큰 피해를 입는 경우가 잦았다. 1920년 6월 홍범도·최진동(崔振東, 1887~1941) 부대를 추격 월경했던 일본군 39사단의 일부 병력이 독립군의 반격을 받아 120명이 사살되고 2백여명이 부상한 전투가 그 한 예이다. 상해임시정부의 확인에 의하면 1920년 3월부터 6월 초 사이에 국경지방의 독립군과 일본군이 32회나 교전했고, 일본의 경찰 및 행정관서 건물 34개소가 파괴되었다.

1920년 5월에는 독립군의 국내침공작전에 시달린 일본군이 그 근거지 봉오동(鳳梧洞)을 공격하다가 크게 패전했다. 1개대대 병력으로 공격해오는 일본군을 홍범도의 대한독립군, 안무(安武, 1883~1924)의 국민회군, 최진동의 군무도독부군 등의 연합부대가 유인하여 급습함으로써 157명을 사살하고 3백여명을 부상케 했다. 이 전투는 독립군과 일본군 사이의 본격적인 첫 전투였고 당시의 중국 신문들도 그 승리를 크게 보도했다.

패전을 거듭하던 일본군이 장 쭤린(張作霖, 1873~1928)과 협상하여 독립군 공격을 위해 만주 출병에 나선다는 소식을 들은 홍범도의 대한독립군과 김좌진의 북로군정서군 등이 장백산록의 안전지

북로군정서군의 청산리전투 승리 기념 사진

대로 이동하자, 일본군은 '훈춘사건'을 날조하고 불법적으로 국경을 넘어 1만 5천명의 대군으로 독립군의 집결지인 청산리 일대를 공격했다.

일본군의 공격을 맞아 백운평(白雲坪) 골짜기, 완루구(完樓溝)·어랑촌(漁浪村)·고동하곡(古洞河谷) 등지에서 격전을 벌인 독립군은 연대장을 포함하여 1200여명의 적군을 사살하는 큰 전과를 올렸고, 아군 쪽도 60여명의 전사자를 내었다(1920.10). 이 청산리전투는 3·1운동 후의 독립전쟁 중 가장 큰 규모였으며 가장 빛나는 승리였다.

청산리전투를 고비로 만주지방의 각 독립군부대는 통합을 이룰 목적으로, 또 일본군의 만주 출병으로 빚어질 교포사회의 피해를 막기 위해 소만(蘇滿) 국경지대의 밀산(密山)으로 집결했다. 여기에서 서일·홍범도·김좌진·조성환(曺成煥, 1875~1948)·최진동·이청천(李青天, 1888~?) 등의 부대 병력 약 3500명을 통합하여 '대한독립군단'을 조직함으로써 일단 통일조직을 이루었다. 그러나 밀산지방이 근거지로는 부적당하여 곧 소련 땅 이만(Iman)으로 이동했다.

한편 청산리에서 패한 일본군은 독립군이 북쪽으로 이동한 후 간도지방 교포사회에 보복학살을 자행했다. 독립군 '소탕'을 핑계로 약 2개월간에 걸쳐 비전투원 교포에 대해 무차별 살인·체포·강간·방화를 자행하여 임시정부의 통계에 의하면 3천여명이 사살·

체포되고 2500여호의 민가와 30여개의 학교가 불탔다.

청산리전투 후 소련 땅으로 옮겨간 독립군은 일본군의 시베리아 출병 후 그곳에 결성된 조선인 항일무장단체들과 연합하고 적군(赤軍)의 도움을 받아 대규모 독립전쟁을 전개하려 했다. 그러나 항일무장단체들 내부에서 군사지휘권을 둘러싼 분쟁이 생겨 '자유시사변(自由市事變)'을 겪었다(1921.6). 이후 일본과의 관계개선을 기도한 소련 측에 의해 무장해제되었다. 일부는 적군에 편입되었고 나머지는 연해주·만주 지방으로 다시 나와 활동을 계속했다.

청산리전투 후 일본군의 학살과 자유시사변 등으로 만주·연해주에서의 민족해방운동은 한때 분산되고 침체했다. 그러나 각 단체들 사이의 통합운동은 꾸준히 계속되었다. 우선 서로군정서와 대한독립단 등이 통합하여 대한통군부(大韓統軍府)를 조직했고(1922) 그것이 다시 확대 발전하여 대한통의부(大韓統義府)가 되었다. 대한통의부는 통화현(通化縣)과 집안현(輯安縣)을 중심으로 중앙조직과 지방행정조직을 갖추어 이 지역 교포사회를 근거로 정부형태를 갖추었다. 한편 대한통의부 의용군이란 군사조직도 가졌다.

대한통의부는 그 주도세력 내부에 공화파와 복벽파의 분열이 생겼다. 이에 통의부 의용군이 중심이 되어 상해임시정부의 승인을 받아 임정의 육군 주만참의부(駐滿參議府)를 만들었다(1923). 참의부는 집안현을 중심으로 무송(撫松)·장백(長白)·안도(安圖)·통화·유화(柳化) 등 각 현 교포사회의 일종의 '자치정부'로 발전했다. 참의부도 민정조직과 함께 군사조직을 갖추고 교포사회 농촌청년들에게 군사교육을 실시했다.

참의부 성립 후 대한통의부·대한독립단 등이 중심이 되어 독립운동 단체의 연합체로 정의부(正義府)를 발족시켰다(1925). 상해 국민대표회의가 실패한 후 만주지방 운동의 통일을 기도한 김동삼(金東三, 1878~1937) 등의 주도로 이루어진 정의부는 하얼삔과 액목현(額穆縣)을 경계로 그 이남의 만주지방 교포사회를 '통치구역'으로 했다. 1926년경에는 1500호의 교포를 휘하에 두었다. 3권이 분립된 통치기구를 갖추고 약 7백명 정도의 군대를 가진, 3부 중 가장 조직규모가 큰 단체가 되었다.

남만주지방의 교포사회를 정의부와 참의부가 '통치'하는 한편 북만주와 북간도 일부 지역에는 자유시사변 후 다시 돌아온 독립군을 중심으로 신민부(新民府)가 조직되었다(1925). 역시 3권분립 체제를 갖춘 신민부는 김좌진 총사령이 이끄는 군사위원회가 사관학교를 설립하여 간부를 양성했고, 약 5백명 정도의 군사력을 가지고 둔전제(屯田制)를 실시했다.

청산리전투 이후 민족해방운동 단체들이 통합되면서 성립된 참의부·정의부·신민부는 일본의 세력이 강하게 미친 북간도지방을 제외한 전체 만주지방의 교포사회를 3분하여 통치한 사실상의 정부들이었다. 3·1운동 이전의 각 독립전쟁 기지를 한층 더 발전시킨 것이라 할 수 있다. 이들 3부는 모두 교포사회가 선출하는 임원으로 행정부와 입법부·사법부를 구성했다. 교포사회에서 징수된 세금으로 정부를 운영하고 독립군을 양성했다.

상해임시정부가 인민과 영토가 없는 정부였음에 반해 이들 3부야말로 어떤 의미에서는 주권과 인민과 영토, 그리고 군사력까지 갖춘 실질적인 공화주의 자치정부였다고 할 수 있다. 3·1운동과 임시정부의 성립으로 우리 역사상 처음으로 이룩된 공화주의정부가 이들 독립전쟁 기지에서 실재하고 있었던 것이다.

만주지방의 교포사회는 중국 관헌에게 세금을 바치는 한편 이들

단체에도 정기적으로 의연금을 납부함으로써 큰 부담을 안게 되었다. 3부의 실질적인 활동이 두드러지지 않은데다가 내부에 파벌투쟁까지 있어 1920년대 후반에는 주민들이 이탈하기 시작했다. 1928년에는 정의부 관할의 일부 교포사회가 이탈하여 별도의 자치기관 설립을 선언하기도 했고, 신민회 관할 교포들의 일부가 자위책을 논의하다가 그 무장부대의 탄압을 받기도 했다.

제2절 대중운동의 활성화

노동운동

문호개방 이전의 조선후기 사회에도 이미 도시에서 일고(日雇)노동자가 생겨나고 있었지만, 문호개방 이후에는 개항장의 부두노동자를 비롯하여 일부 발달한 생산공장에서 임금노동자들이 차차 증가해가고 있었다. 그러나 식민지화 무렵의 공장노동자 수는 2500명 정도에 지나지 않았다. 식민지화 후에도 일본 자본주의의 식민지 경영에 따르는 토목공사장 일고노동자는 어느정도 증가해갔으나 공장노동자 수의 증가는 대단히 완만했다.

1919년에는 전국 공장노동자 수가 약 4만 2천명이었다가 1928년에는 약 8만 8천명으로 증가했다. 식민지 공업화가 진전되던 1930년대에는 그 증가폭이 커져서 1936년의 통계에 따르면 공장의 남녀 종업원 수가 약 19만명이 되었다.

식민지 산업이 어느정도 발전함에 따라 노동자 수가 증가했으나 식민지배 아래서의 노동조건은 열악성을 면할 수 없었다. 우선 노임은 동일 직종의 일본인 노동자에 비해 절반이 되지 못하는 경우가 많았다. 1929년의 공장노동자 통계에 의하면 일본인 성년공이 하루 2원 32전을 받는 데 비해 조선인 성년공은 1원을 받았다.

노동시간도 조선인 노동자의 46.9%가 12시간 이상 노동한 데 반해 일본인 노동자의 0.3%만이 12시간 이상 근무했다. 이같은 소수 공장노동자들보다 훨씬 많았던 각종 공사장 일고노동자의 경우 그 노동조건은 한층 더 열악했다.

나쁜 노동조건과, 특히 민족간의 차별대우로 노동자들의 의식은 급격히 높아졌고, 따라서 노동쟁의가 활성화했다. 특히 1920년대에는 노동쟁의가 활발해져서 조선총독부의 통계만으로도 1920년부터 1930년 사이에 총 891건이 발생했고 조선인 노동자만 7만 3450명이 참가했다.

노동쟁의가 급격히 증가한 것은 3·1운동 이후 거세게 밀려온 사회주의사상으로 노동자들의 사회의식·민족의식이 크게 높아진 데 반해 노동조건은 거의 개선되지 않았기 때문이다. 1920년대 노동쟁의의 원인별 구성비를 보면 임금인상 요구 쟁의가 40.6%, 임금인하 반대 쟁의가 25.4%, 대우개선 요구 쟁의가 8.3%, 기타가 25.4%로 되어 있다. 역시 임금인상 요구 쟁의의 비율이 가장 높았음을 알 수 있다.

노동단체는 식민지시기 이전에도 이미 나타나서 1890년대에 성진(城津)의 부두노동조합, 군산의 공동노동조합 등이 결성되었다. 1905년에서 1919년 사이에 전국 노동자조직이 30여개로 증가했다. 1920년대로 들어서면서 전국적 규모의 노동자조직으로서 조선노동공제회(朝鮮勞動共濟會)가 성립되었다(1920).

전국 20여개의 지회를 가졌던 노동공제회는 1만 5천여명의 회원을 확보하고 『공제(共濟)』라는 잡지를 발간하면서 계몽 강연, 소비조합 설립, 노동쟁의 진상조사 및 중재 등의 활동을 폈다. 그러나 그 중앙기구 안에는 차금봉(車今奉, 1898~1929)과 같은 선진적 노동자가 있는 한편, 개량주의적 세력도 있어서, 그 대립 때문에 결국 해체되고 말았다(1922.10).

노동공제회가 해체된 직후 "사회역사의 필연적인 진화법칙에 따라 신사회의 건설을 기한다" "현 사회의 계급적 의식에 의하여 일치단결을 기한다" 등의 강령을 표방한 조선노동연맹회(朝鮮勞動聯盟會)가 결성되었다(1922.10). 노동연맹회가 노동공제회에 비해 계급적 목표를 한층 더 선명히 내세운 것은 이 시기에 사회주의 사조가 상당히 퍼지고 그 사상단체들이 성립된 데 영향을 받은 것이다. 노동연맹회는 성립 당초 2만명이 넘는 회원을 확보하고 농민운동과 노동운동을 지도하면서 각 지방의 노동조합 결성에 주력하다가 조선노농총동맹에 합류했다.

조선노동연맹회가 성립된 후 전국 각 지역에는 남선노동동맹회·전라노동연맹·평양조선노동동맹회·경기직공조합·서울양화조합·진주노동공제회·청진노동공제회·광주소작인조합·순천농민연합회 등 많은 노동·농민 단체들이 성립되었다. 이들을 모체로 하여 "노동자·농민 계급을 해방하여 완전한 신사회의 건설을 기한다" "단결의 위력으로써 최후의 승리를 전취할 때까지 철저히 자본가계급과 투쟁한다" 등을 강령으로 한 조선노농총동맹(朝鮮勞農總同盟)이 결성되었다(1924.4). 성립 당시의 노농총동맹은 산하단체가 260여개, 회원수는 5만 3천여명이었다.

조선노농총동맹은 조선노동공제회나 조선노동연맹회에 비해 계급적 성격이 강화되고 전국 노동자·농민 단체를 거의 망라하여 결성되었다는 점에서 노동자·농민 운동의 큰 진전을 의미했다. 그러나 조선노동공제회에서 조선노농총동맹에 이르는 1920년대 전반기의 노동운동은 지역별 조직 중심이면서 그 속에는 농업노동자와 공장노동자, 기타 자유노동자들이 혼재해 있었고, 아직 농민운동과 노동운동이 미분화 상태에 있었다. 이 시기 농민들의 상당수가 반노반농(半勞半農) 상태에 있었고, 도시 노동자들도 농촌에서 완전히 떠났다고 볼 수 없는 1세대 노동자들이 많았다.

1920년대 후반기로 넘어서면서 사회운동의 방향전환론이 활성화되는 과정에서 노동운동과 농민운동을 분리해야 한다는 논의가 일어났다. 조선공산당이 조직되면서 그 지도에 의해 조선노농총동맹은 1926년 12월에 '조선노농운동에 대한 신정책'을 발표했다.

그 요지는 첫째, 노농운동은 경제투쟁을 위주로 한 대중적 조합운동이어야 함에도 불구하고 과거의 운동조직은 소수 선각분자의 사상운동조직에 불과했다는 점, 둘째, 노동자와 농민은 본디 계급적 차별성이 있는 존재임에도 불구하고 양자를 한 조합 내에 혼합하여 운동의 발전을 저해했으므로 앞으로는 분맹(分盟)을 한 뒤 두 동맹 사이의 협조기관을 설치해야 한다는 점, 셋째, 종래에는 정치투쟁을 부정해왔으나 이후에는 노동대중의 정치의식을 향상시켜 적극적 정치투쟁을 전개해야 한다는 점 등이었다.

조선노농총동맹은 산하단체의 압도적 찬성에 의해 조선농민총동맹과 조선노동총동맹으로 분리되었다(1927.9). 당시 국내 조선인 인구 1900만여명 중 농가인구가 1600만여명이었고, 노동자는 '자유노동자'를 포함하여 1백만명 정도였다. 주로 소부르주아지와 인텔리겐짜에 의해 지도되던 조선노동공제회나 조선노동연맹회, 농민부나 소작인부를 두고 지도하던 농민운동이 이로써 독자적 조직을 가지게 된 것이다.

이낙영(李樂永, 1896~1931)을 중앙집행위원장으로 발족한 조선노동총동맹은 조선노농총동맹의 활동을 계승하여 수많은 노동쟁의를 조직 지도했다. 1928년 3월부터 시작된 제3차 공산당사건으로 이낙영을 비롯한 그 중앙간부 대부분이 검거됨으로써 큰 타격을 받았다. 노동총동맹의 중앙위원 차금봉이 제4차 공산당 책임비서가 되면서 조선공산당은 노동운동을 적극적으로 지도해나갔다. 이후 1928년 7월에 시작된 4차 공산당에 대한 탄압으로 노동총동맹은 다시 전면적으로 파괴되는 타격을 받고 한때 침체기에 빠졌다가 1929년 7월에 중앙기구를 재편할 수 있었다.

그러나 노농총동맹에서 분리될 때 가맹단체 156개, 회원 2만 6백여명이던 노동총동맹은 1932년 현재 가맹단체 56개, 회원 1만 8천여명으로 줄었다. 이같은 일제의 발악적 탄압 아래서도 노동총동맹은 지역별·산업별 노동조합연합체를 만들기 위한 노력을 계속하면서 각 지방의 노동쟁의를 지도하다가 결국 혁명적 노동조합운동으로 전환되어갔다.

활발했던 1920년대 노동운동을 통해 가장 조직적이고 대규모였던 투쟁은 1929년에 일어난 원산총파업이었다. 다른 곳보다 먼저 개항한 원산에는 일찍부터 노동운동이 발달해서 원산노동연합회가 결성되었고(1925), 총파업이 일어날 무렵에는 54개 가맹단체에 조합원이 약 2천명이었다. 파업은 당초 영국계 자본이 경영하는 석유회사의 일본인 감독이 조선인 노동자를 구타한 사건에서 발단되었다. 이것을 노동연합회가 지휘함으로써 그 산하 전체 원산지역 노동조합이 합세하여 총파업으로 발전했다.

노동연합회는 일본인 감독 파면, 최저임금제 확립, 해고수당 제정, 작업 중 사망자 가족에 대한 위자료 지급 등을 요구하며 파업을

원산총파업

지휘했다. 일본경찰이 노동연합회의 해체를 꾀하면서 어용 노동단체를 만들어 수습하려 하자 이에 분개한 원산시내 전체 노동자가 동조 파업했다. 파업의 장기화로 노동자들의 생계가 위협받게 되자 전국의 노동조합·농민조합·청년회·신간회 등에서 성금을 보내 지원함으로써 노동운동은 이제 민족해방운동으로 발전해갔다.

한 회사의 파업에서 원산시내 모든 노동조합의 총파업으로, 다시 전체 조선인사회의 후원으로 발전한 원산총파업은 약 4개월 만에 끝났다. 일본경찰의 탄압으로 파업자금이 고갈된 노동연합회가 파업노동자의 자유의사에 의한 복업(復業)을 결정한 것이다. 그러나 이 파업은 자본가들에게 큰 타격을 주는 한편 전체 노동자의 사회의식을 크게 높였고, 조선 노동자계급에 대한 식민통치자들의 인식을 새롭게 했다.

농민운동

갑오농민전쟁은 반외세 전쟁인 동시에 반봉건 농민전쟁이었으며, 지주적 토지소유제에 반대하고 농민적 토지소유를 달성하려는 전쟁이었다. 그것에 뒤이은 의병전쟁도 항일전쟁이면서 반봉건 농민전쟁의 성격을 어느정도 가진 것이었다. 갑오농민전쟁과 의병전쟁을 탄압하고 '합방'을 단행한 일본은 '토지조사사업'을 통해 지주제를 강화했다. 농민적 토지소유를 통한 부농층 성장을 저지하고 농민의 소작인화 내지 토지이탈을 촉진시켰다.

토지조사사업 과정에서 이미 사유지 및 역둔토(驛屯土)의 국유지화와 소작료 인상에 반대하는 농민항쟁이 곳곳에서 일어났다. 토지조사사업이 끝나고 3·1운동이 일어난 후에는 식민지 농업정책의 피해가 구체적으로 나타나기 시작했다. 따라서 농민층의 사회경제적 의식이 급격히 높아지면서 농민운동도 본격화해갔다.

일본은 식민지 조선에서 1910년대의 토지조사사업과 1920년대의 산미증식계획을 통해 식민지 지주제를 확립한 후, 약 5천명의 대지주를 매개로 식민지 조선의 농업개발을 추진하고 농촌사회를 지배했다. 이같은 과정을 거치면서 농민의 토지상실과 소작인화, 소작료 고액화, 소작권의 불안정, 마름에 대한 과중한 부담 등의 현상이 급격히 심화되었다. 여기에 총독부의 각종 정책과 일본인 지주에 대한 민족적 저항심 등이 겹쳐 특히 3·1운동 후에는 소작쟁의가 전국적으로 확대되었고 그 발생건수도 해마다 증가했다.

식민지배 아래서 소작농민들은 쟁의과정에서 투쟁조직을 주체적으로 결성하고 투쟁방법도 다양하게 개발해갔다. 쟁의의 규모가 크고 또 투쟁이 상당한 기간 계속된 지역에는 예외없이 일정한 규율을 갖춘 소작인조합·소작인대표자회·투쟁동맹 등 일시적 혹은 상

岩泰事件으로

小作幹部의質問

경찰서당에게무장경관

파송에대하야

암태도 소작쟁의를 보도한 신문기사

시적 조직이 결성되었다. 투쟁의 방법도 시위 농성, 아사기아동맹 결성, 소작료불납 및 경작거부 동맹, 추수거부, 농민운동단체 및 사회단체와의 연대투쟁 등 다양한 방법이 동원되었다.

총독부의 통계만으로도 1920년에 15건의 소작쟁의가 일어났고, 이후 1925년에는 204건, 1930년에 726건, 1935년에 2만 5834건, 1937년에는 발생건수가 가장 많아서 3만 1799건, 1939년에는 1만 6452건이 일어났다. 20년 동안 총 14만 969건이 발생하여 1년 평균 7048건이 되는 셈이다.

이 쟁의가 모두 단체행동화한 것은 아니고 소작인과 지주의 어느 한쪽이 상대편 요구에 불응하여 일어난 분쟁까지 포함된 숫자이긴 하겠지만, 이에 따르면 1920년대와 30년대를 통해 지주·소작관계의 모순이 첨예화하고 소작농민들의 지주에 대한 저항이 고조되고 있었음을 알 수 있다.

1920~30년대 소작쟁의의 원인별 비율을 분석해보면 소작권 또는 소작지 관계 쟁의가 가장 많고 소작료 관계 쟁의가 그다음으로 많았다. 특히 소작권 및 소작지 확보를 위한 쟁의가 1930년대 후반기로 갈수록 많아진 것은 조선농민이 소작지나마 확보하기 어려웠음을 말해주고 있다. 소작료의 높고 낮음은 이차적 문제였고, 우선은 생명선인 소작지를 박탈당하지 않는 일이 그들의 가장 절박한 문제였던 것이다.

소작인으로 전락하는 농민이 많아지고 소작조건이 계속 악화하

표 1 **소작쟁의 원인별 비율** (단위:%)

원인	1927~29	1930~32	1933~36	1937~39
소작권·소작지 관계 쟁의	47.3	58.2	78.8	82.8
소작료 관계 쟁의	48.5	30.5	18.5	16.1
기타 쟁의	4.2	11.2	2.7	1.2

자료: 『한국근대민족운동사』, 돌베개 1980, 587면.

는 식민지 농촌사정 아래서, 농민들의 자위수단인 소작쟁의가 빈번해진 것은 당연하며, 쟁의 중심의 농민운동이 점점 조직화한 것도 자연스러운 일이었다. 농민조직은 처음에는 자연발생적이고 분산적인 면(面) 단위 소작인조합(小作人組合)과 같은 농민단체에서 시작되었다.

면 단위 소작농이 망라되어 조직된 대중적 성격의 소작인조합 등 농민단체는 1922년경에 이미 30여개가 조직되었고, 이후 계속 증가하여 1933년에는 1301개로 증가했다. 분산적으로 조직되어가던 소작인조합 등 농민단체가 처음으로 전국적 조직과 연결된 것은 조선노동공제회에 의해서였다. 노동공제회는 노동운동단체였지만, 그 지부에 농민부나 소작인부를 두어 농민조직을 촉진하고, 또 소작인대회를 개최하여 일정하게 소작쟁의를 지도했다.

노동공제회 진주(晋州)지회를 예로 들면, 먼저 간부회의를 소집하여 소작인 문제를 집중적으로 토의한 후 소작인대회를 열었다(1922). 군내 각 면에서 모인 1천여명의 소작인 대표들은 대회에서 지주에 대한 요구조건을 통일했다. 그것의 달성을 위해 임시소작부를 설치한 후 50명의 실행위원을 선출했다. 그러나 1920년대 초기의 소작인조합은 아직 지주와 소작인의 공존공영론, 계급화해론에 기초를 둔 것이었고, 소작인대회 결의 내용은 군청이 주도한 지주간담회 결의와 크게 다르지 않았다.

노동공제회가 해체된 후 노동운동의 전국적 조직으로 다시 성립된 조선노농총동맹도 계속 소작인조합과 같은 농민조직의 확대를 지원하고 소작쟁의를 지도했다. 노농총동맹이 노동총동맹과 농민총동맹으로 나뉘면서 인동철(印東哲)을 위원장으로 하여 조직된 농민총동맹은 32개 산하단체와 2만 4천여명을 회원으로 가진 전국농민운동의 총본산으로 발족했다(1927).

종래의 농민단체가 삼남지방에 집중되어 있었던 데 비해 농민총동맹 발족 이후에는 농민조직이 북부지방으로도 확대되었다. 이 때문에 전국의 농민단체가 크게 증가하여 1928년 현재 그 가맹단체가 2백여개로 불어났다는 기록이 있다.

농민총동맹이 발족한 이후 농민운동에서 일어난 또 하나의 변화는 종래의 소작인조합이 자작빈농(自作貧農)과 자작중농(自作中農)을 포함한 농민조합(農民組合)으로 개편된 일이다. 비록 자작농이라 하더라도 중농층(中農層) 이하는 식민지정책의 해독을 직접 입고 빈농층으로 전락해가고 있었다. 이들까지 포함한 농민조합으로의 개편은 농민운동의 확대 강화를 위해, 그리고 조선총독부 쪽의 탄압과 분열정책에 대항하기 위해 필요한 일이었다.

1930년대로 들어오면서 소작쟁의의 활성화에도 불구하고 농민총동맹의 활동은 노동총동맹의 경우와 마찬가지로 조선총독부의 탄압 때문에 극도로 제약되었다. 게다가 간부들이 조선공산당사건에 관련되어 검거된데다, 내부의 분파투쟁과 개량주의적 요소 때문에 영향력 있는 투쟁을 조직할 수 없었다. 따라서 전국규모 농민운동단체인 농민총동맹은 1933년 현재 가맹단체 35개, 회원 약 3만 4천명을 보유하고도 자연 소멸의 길을 걷게 되었다.

한편 1925년에 천도교 신파 쪽의 김기전(金起田, 1894~1948)·이돈화(李敦化, 1884~?) 등을 중심으로 조선농민사(朝鮮農民社)가 결성되었다. "농민대중의 현실적 불안에 대한 생활권의 확보를 기한다" "농민대중의 강고한 단결로써 전조선적 운동을 추진한다" 등의 강령 아래 기관지 『조선농민』을 발행한 조선농민사는 1933년에는 1069개의 산하단체에 약 5만명의 사원을 보유한 큰 단체로 발전했다.

조선농민사는 천도교단이 주도권을 가져 종교적 성격이 강한, 개량주의적 농민운동단체였다. 이에 불만을 가진 이성환(李晟煥) 등이 탈퇴하여 전조선농민사(全朝鮮農民社)를 결성했으나(1931) 역시 개량주의적 성격을 넘을 수 없어 쇠퇴했다.

1920년대를 통해 소작인조합이 중심이 되어 악질적인 일본인 지주를 상대로 끈질긴 쟁의를 벌인 예의 하나로 불이흥업회사(不二興業會社) 서선농장(西鮮農場)의 경우를 들 수 있다. 이 농장은 평북 용천군(龍川郡)에 위치하여 1929년 현재 4290정보의 땅을 소유한 회사 형태의 소작제 농장이었다.

이 농장은 원래 간석지였던 것을 영구소작권을 주고 개간비를 지불한 후, 평년작이 된 때부터 3년간 소작료를 면제한다는 조건으로 조선농민을 모집하여 그들의 자금으로 농지화한 것이었다. 농토를 완전히 개간한 후 농민들이 개간비를 요구하자 지주는 이를 거부했고, 농민들은 집단교섭을 위한 소작인조합을 결성했다(1926). 겨우 평년작이 되었을 때 지주 측은 3년간 면제의 약속을 어기고 고율의 소작료와 과중한 수세(水稅)까지 부과했고, 이에 불응하는 소작인에게는 소작권을 박탈하겠다고 위협했다. 이에 격분한 소작인들은 영구소작권의 승인, 개간비 지불, 소작료 강제징수 반대 등을 결의하고, 나아가서 소작권 매매의 승인, 8할 소작료의 5할로의 인하, 채무지불의 유예 등을 2천명 소작인의 연서로 요구했다. 지주 측이 이를 거부하자 소작인들은 소작료 불납동맹을 결성했다. 지주 측은 경찰을 동원하여 소작료를 강제로 징수해갔다.

농민들이 소작인조합의 지도 아래 농장사무소를 습격하여 경비하던 경찰관의 무기를 빼앗으면서 쟁의는 폭동화했다. 경찰이 소작인조합의 지도자를 구속하자 농민들은 곧 경찰서를 습격했다(1929). 이후에도 소작인들은 계속 요구조건을 관철하기 위해 단식동맹을 조직하여 투쟁을 벌이는 한편, 경찰을 동원한 소작료 강제징수에 대항하여 3백여명의 농민들이 무장경찰대를 포위하여 요구조건을 관철하려다가 150여명이 검거되기도 했다(1930). 그러나 이처럼 끈질긴 투쟁을 지도했던 당시 최대 규모의 용천 소작인조합도 경찰의 탄압 때문에 결국 활동이 불가능해지고 해체되었다(1932).

전체적으로 보아 1920년대의 농민조합운동은 다음과 같은 몇가지 한계를 지니고 있었던 것으로 평가된다. 첫째, 대부분의 농민조합이 지주·부농 출신의 지식청년에 의해 주도됨으로써 대중투쟁을 조직하기보다 야학·독서회활동 등 교양주의·계몽주의 중심으로 운영되어 대중적 기반이 취약했다. 둘째, 신구 소작인의 충돌에 대한 농민조합 측의 대응과 수리조합 반대투쟁 등에서 드러나듯이 경제투쟁과 정치투쟁의 결합을 성공적으로 추진하지 못했다. 셋째, 집회금지·불법구검에 대한 반대투쟁을 제대로 할 수 없었고, 합법투쟁을 고수하여 운동영역을 축소시키는 등 합법운동과 비합법운동을 효과적으로 결합할 수 없었다.

청년 · 학생 운동

문호개방 후 신교육을 받은 청년·학생층이 증가함에 따라 개항기의 민족운동 과정을 통해 이들의 활동이 점점 두드러졌다. 그러나 식민지화한 후 무단통치 10년간은 청년·학생 운동도 질식 상태에 빠지지 않을 수 없었다. 3·1운동 후 각종 사회운동이 다소 활성화됨으로써 청년·학생 운동도 다시 활기를 띠어갔다.

청년운동의 경우, 수양과 계몽을 목적으로 하는 단체가 1920년에 이미 251개나 결성되었고 1921년에는 446개로 증가했다. 청년단체의 급속한 증가에 따라 그 연합체를 구성할 필요성이 절실해져갔다. 이에 따라 뒷날 공산주의운동에서 '서울파'를 형성하게 되는 서울청년회 등 116개 청년단체가 가입한 조선청년연합회(朝鮮靑年聯合會)가 오상근(吳祥根, 1881~?)을 위원장으로 하여 성립되었다(1920).

청년연합회는 중앙위원에 민족주의자와 사회주의자가 함께 참여한 민족협동전선적 성격이었으나 그 지도부는 개량주의적 성격이 강했다. 교육진흥·산업진흥·도덕수양을 통한 지·덕·체(智德體) 함양을 목표로 했다.

개량주의적 지도부에 대한 서울청년회 소속 김사국(金思國, 1892~1926)·이영(李英, 1890~?) 등 중앙집행위원들의 불만과 대립이 김윤식(金允植, 1835~1922)의 사회장 문제를 계기로 표면화했다. 사회장에 반대한 서울청년회계가 연합회에서 탈퇴했다. 이후 정노식(鄭魯湜, 1899~1965)을 위원장으로 한 청년연합회는 계속 개량주의적 성격으로 남았다. 서울청년회는 장덕수(張德秀, 1895~1947) 등 개량주의 세력을 배제하고 "역사적 진화의 필연인 신사회 건설을 목표로 돌진한다" "계급적 자각과 단결로써 무산대중 해방운동의 전위가 될 것을 기한다" 등을 강령으로 내세워 사회주의 단체로서의 성격을 분명히하고 개량주의를 청산했다.

청년연합회에서 탈퇴한 서울청년회 중심의 혁신적 청년세력은 전조선청년당대회(全朝鮮青年黨大會)를 개최했다(1923). 대회는 여성문제·교육문제·경제문제·노동문제·소작인문제·민족문제 등에 대해 분과위원회를 두고 토론했다. 토론과정에서는 "민족자결 및 민족독립은 오늘날 무용이다" 하고 "무산계급해방을 제1의적 의무"로 내세웠다.

무산계급해방과 민족해방을 분리시켜 양자택일의 문제로 인식하는 사회주의 수용과정에서 인식상의 혼란을 나타내고 있음을 볼 수 있다. 당시 488개 전국 청년단체 중 이 대회에 참가한 단체는 94개였다. 같은 시기에 개최된 조선청년연합회 제4회 총회 참가단체는 35개였다는 점에서 이 시기 청년단체들의 성향을 짐작할 수 있다.

전조선청년당대회가 조선총독부의 집회금지로 해산되자 그 핵심세력들이 청년당사(青年黨社)를 조직하여 기관지 『청년당』을 발행하며 활동했으나 이데올로기 문제로 내분이 일어나 쇠퇴했다. 한편 신사상연구회(新思想研究會, 뒷날의 화요회), 북성회(北星會, 국내조직은 북풍회) 등을 중심으로 신흥청년동맹(新興青年同盟)이 조직되어 기관지 『신흥청년』을 간행하고 청년문제 강연회를 개최하면서 활동했다(1924). 그러나 결국 서울청년회와 신흥청년동맹 등을 중심으로 다시 조선청년총동맹(朝鮮青年總同盟)이 결성되었다(1924).

청년총동맹의 성립은 같은 해 조선노동총동맹의 창립과 함께 대중단체의 전국적 조직화의 일환이었다. 청년총동맹은 223개 단체 총회원수 3만 7천여명의 대표 170명이 출석한 가운데, 당시 3대 사회주의단체로 불린 서울청년회·북성회·신사상연구회의 협동에 의해 청년운동의 전국적 통일지도기관으로 성립되었다. 청년총동맹은 이영을 중앙집행위원장으로 하고 "대중본위의 신사회 건설을 도모한다" "조선민족 해방운동의 선구자가 될 것을 기한다" 등의 강령을 내세웠다.

이후 청년총동맹은 제1·2차 조선공산당과 고려공산청년회에 대한 일제의 탄압으로 타격을 받았다. 제3차 조선공산당과 고려공산청년회가 '정우회선언'(1926)을 통해 민족협동전선운동을 펴고 신간회(新幹會)가 조직되자 청년총동맹은 중앙집권적 기구를 강화하고 도단위 협의기관으로 도연맹(道聯盟)을 조직하는 한편 신간회 중심의 민족협동전선에 적극 참여했다. 또한 재중국조선청년동맹·재일본조선청년동맹 등이 결성되어 활동을 펴나갔다.

청년총동맹은 합법단체임에도 일제의 탄압에 의해 중앙단위 집회는 일체 금지되었고, 도연맹 집회도 조선인의 현실문제가 안건인 경우 모두 금지되었다. 1930년대 이후에는 신간회의 경우와 마찬가지로 그 지도부에 개량주의적 세력이 침투하여 우경화해갔다. 이에 그 지방조직인 도연맹들은 중앙을 소부르주아집단으로 규탄하면서 스스로 조직을 해체했다. 그 결과 대중적 기반을 잃은 청년총동맹의 중앙은 자연히 소멸되어갔다. 그러나 뒷날 국제공산청년동맹은 「공청(共靑)테제」를 통해 조선청년총동맹의 해소를 "좌경적 경향에 의한 중대한 정치적 오류"로 비판했다.

한편 토오꾜오 유학생의 2·8선언운동을 이어받은 학생운동은 3·1운동 후 더욱 활성화됐다. 3·1운동 후 최초로 조직된 학생단체는 1920년에 1천여명의 학생이 조직한 조선학생대회(朝鮮學生大會)였다. 이 단체는 고등보통학교 이상의 학생을 중심으로 조직되었고, 개량주의적 성격의 단체이면서도 학생운동의 전국적 통일체로 조직되었다는 점에 의미가 있었다. 그러나 일제 당국과 학교 측의 엄중한 탄압으로 한때 약 2만명의 회원을 가졌던 이 단체는 지속적인 활동을 펼 수 없었다.

조선학생대회의 뒤를 이어 전문학생만으로 조선학생회(朝鮮學生會)가 조직되어 학술강연회·웅변대회·음악회 등을 개최하며 활동했다(1923). 이후 사회주의계 학생단체로 북풍회계의 조선공학회(朝鮮共學會)가 조직되었고(1925), 다시 서울청년회계의 경성학생연맹, 북풍회계의 서울학생구락부, 화요회계의 조선학생과학연구회 등이 조직되었다.

조선공산당과 고려공산청년회가 조직되면서 그 적극적 지도로 조선학생사회과학연구회(朝鮮學生社會科學研究會)가 조직되어 두드러진 활동을 폈다. 기관지 『과학운동』을 발행하는 한편 각 학교단위로 사회과학연구회를 조직하여 사회주의사상을 보급해나갔다.

조선학생사회과학연구회는 사회과학의 보급, 학생의 사상통일, 조선학생 당면문제의 해결 등을 강령으로 내세우고, 학술연구·강연회 개최와 학생도서관 설립을 통한 사회주의이론의 보급에 힘썼다. 동맹휴학에 관여하면서 학생운동을 지도 지원했으며, 특히 6·10만세운동에 중요한 역할을 했다. 6·10만세운동은 여러 갈래로 준비되고 진행되었지만, 일제경찰이 주목한 주동자 6명 중 5명이 그 간부 혹은 회원이었을 만큼 조선공산당 산하 조선학생사회과학연구회가 중심적 역할을 했다.

식민지시기를 통해 끈질기게 벌어진 동맹휴학은 학생운동의 가장 중요한 부분이었으며, 시기에 따라 질적 발전을 하고 있었다. 1920년대 전반기의 동맹휴학은 대체로 학교설비문제, 학교규칙 개정문제, 교원배척문제 등 학내문제에 한정된 일시적이고 분산적인

광주학생운동 당시 몰려드는 군중

것이 대부분이었다. 그러나 6·10만세운동을 계기로 조직성이 높고 사상적 기반이 확립된 동맹휴학으로 발전해갔다.

특히 신간회가 조직되어 학생부를 두고 민간교육기관에 대한 허가제 폐지, 조선인 본위의 학교교육, 모든 교육용어의 조선어화, 연구의 자유와 학원자치 등을 요구하면서 빈번한 동맹휴학투쟁을 벌여나감으로써 결국 광주학생운동으로 연결되었다.

1920년대 전반기를 통해 학교 안에 한정되었던 학생운동은 6·10만세운동을 거쳐 광주학생운동으로 확대되면서 학교 밖으로 나와 조직적 민족해방운동으로 발전해갔다. 학생운동이 폭발하기 전 광주지방에는 조선공산당 전남지부가 지도하는 성진회(星進會)가 조직되어 있었고(1926), 광주고보 맹휴와 연결된 '맹휴 중앙본부'가 결성되어 있었다(1928). 또한 각 학교에 조직된 독서회를 지휘하는 '독서회 중앙본부'가 설치되어 있었다. 이같은 기초 위에 조선학생과 일본학생 사이에 충돌이 일어나자 이들 조직을 중심으로 즉각

'학생투쟁 지도본부'가 구성되어 전국규모의 운동으로 발전한 것이다.

광주에서 폭발한 학생운동은 바로 서울로 옮아가서 고등보통학생 · 전문학생 들이 동맹휴학과 가두시위에 들어갔다. 신간회 · 조선청년총동맹 · 조선학생사회과학연구회 등이 이를 지도 지원했다. 서울로 번져간 학생운동은 해를 넘기면서 전국적으로 퍼져갔다. 그 구호도 "일본제국주의 타도" "피억압민족 해방 만세" "총독정치 절대반대" 등으로 바뀌어갔다.

식민지시대 학생운동을 본격적인 민족해방운동으로 전환시킨 계기가 되었다고 할 수 있을 광주학생운동에는 전국 약 2백개 학교 5만 4천여명의 학생이 참가했다. 이 가운데 1600여명이 검거 투옥되었고 약 6백명이 제적되었으며 1만 3천여명이 무기정학을 당했다.

이후 1930년대로 들어가면서 일제의 탄압이 강화되어 학생운동은 동맹휴학이 감소하는 한편 소수정예 중심의 비밀결사운동으로 전환되어갔다. 순수 민족주의적 학생운동도 계속되는 한편, 사회주의운동의 성격이 짙어져서 적색돌격대(赤色突擊隊) · 적기회(赤旗會) · 적광회(赤光會) 등의 사회주의 비밀학생조직이 생겨났다. 그 조직원들은 독서회를 통해 사회주의사상을 학습한 후 이 시기의 혁명적 노동운동과 농민운동에 투신했다.

식민지시대 말기까지 비록 규모는 작았다 해도 비사회주의 계통 학생운동도 꾸준히 계속되었다. 1940년 경기중학교의 '조선인해방투쟁동맹'과 같이 "공산주의와 민족주의 신봉자의 회합으로서 그 주의는 서로 다르나 조선민족 해방을 위하여 일본제국주의와의 투쟁"을 목적으로 하는 학생단체도 있었다. 표 2에서와 같이 1930년대 이후의 학생 '사상범죄' 사건은 계속 일정한 수준을 유지하고 있

표 2 1930년대 이후의 학생 '사상범죄' 사건

연도	1931	1932	1933	1934	1935	1939	1940	1941	1942	1943	1944 상반기
건수	6	22	24	8	5	6	16	48	57	46	16
인원	136	414	302	29	152	26	121	203	409	198	42

자료: 홍석률 「일제하 청년학생운동」, 『한국사』 15, 한길사 1994.

었다.

1930년대의 학생운동이 사회주의운동으로, 비밀조직 중심으로 나아가는 한편, 이 시기 농촌사회의 피폐를 배경으로 생활개선·문자보급에 목적을 둔 합법적 개량주의운동인 '당면이익 획득운동'이 언론기관을 중심으로 일어났고 여기에 학생들이 참가했다. 조선일보가 중심이 된 '귀향학생 문자보급운동'과 동아일보 중심의 '브나로드운동'이 그것이다. 특히 많은 학생이 참가한 브나로드운동은 1931년부터 1934년까지 4회에 걸쳐 여름방학을 이용하여 실시되었으나 조선총독부의 금지명령으로 중단되었다.

제3절 공산당운동

고려공산당

러시아의 극동지역에는 식민지시대 이전부터 조선사람들이 이주했고, 조선의 공산주의운동은 이 러시아의 교포사회에서 먼저 일어났다. 러시아혁명이 일어날 무렵에는 약 25만명이 살고 있었으며, 이들은 권업회(勸業會)라는 단체를 만들고 『권업신문』도 발행했다. 러시아 2월혁명이 일어난 후 이미 러시아에 귀화한 한인들이 중심이 되어 전로한족회(全露韓族會) 중앙총회를 결성했다(1917.5). 이후 이동휘와 같이 국내에서 신민회운동 등에 참가했다가 망명한 사람들이 여기에 함께 참여했다(1918.1).

러시아 10월혁명이 일어난 후 이동휘·박애(朴愛)·김립(金立, ?~1922) 등 볼셰비끼에 찬성하는 정치세력들이 최초의 공산주의 단체인 한인사회당(韓人社會黨)을 창립했고(1918.5.10) 전로한족회 주도세력은 이에 참여하지 않았다. 이후 러시아혁명을 저지하기 위해 일본을 비롯한 제국주의국가들이 시베리아에 출병했다. 이에 따라 극동인민위원회정부가 붕괴하고 반혁명세력이 연해주 일대의 지배권을 쥐게 되자 한인사회당은 불법화되었다.

3·1운동이 폭발한 후 전로한족회는 민족주의자들을 중심으로 러시아와 만주에 거주하는 조선인사회의 의회인 대한국민의회로 개편되었다. 한인사회당도 다시 활성화되어 "프롤레타리아트와 고농(雇農)을 조직하고, 그들을 혁명적 맑스주의의 정신으로 교양하며" "쏘비에뜨권력을 가장 합목적적 권력으로 간주"한다는 강령을 발표했다(1919.4).

이후 이동휘·김립 등 한인사회당 주도세력은 임시정부 통합과정을 통해 대한국민의회와의 관계를 끊고 상해로 옮겨가서 그곳에 있던 여운형(呂運亨, 1886~1947)·안병찬(安秉瓚, 1854~1921) 등과 함께 한인공산당(韓人共産黨)을 조직하고 임시정부 쪽 민족주의자들과 통일전선을 기도했다(1920.8~9).

한편 3·1운동의 폭발을 계기로 시베리아·연해주·만주 지방의 조선인사회 및 국내에서도 여러개의 공산주의 단체들이 조직되었다. 연해주에 성립된 일세당(一世黨, 1919), 한족공산당 연해주연합총회(1920.6), 아무르주 한인공산당(1920.4), 치따 한족공산당(1920), 모스끄바 한인공산당(1919.3), 옴스끄 한인공산당(1919.11), 러시아공

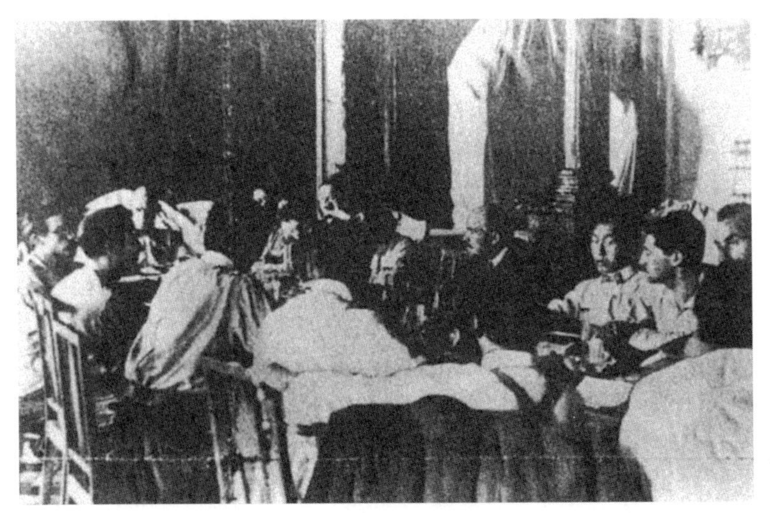

코민테른 2차대회에서 레닌과 만나고 있는 한인사회당의 박진순(레닌의 우측)

산당 이르꾸쯔끄현 위원회 고려부(1920.1) 등이 성립되었다. 이밖에 만주지방에서도 1920년대 초엽 조선인 공산주의자 단체가 성립되어 있었던 것 같고, 국내에서도 같은 무렵 서울공산주의단체(1919.10), 사회혁명당(1920) 등이 성립되었던 것으로 생각되고 있다.

1920년대 초엽 각 지방에서 성립된 조선인 공산주의 단체들은 차차 국내외 전체 조선민족의 단일 공산당을 성립시키기 위한 운동을 벌여갔다. 그 과정에서 이르꾸쯔끄 공산당 고려부를 중심으로 '전로고려공산단체 중앙위원회'가 성립되어 '이르꾸쯔끄파'로 되었고(1920.7), 상해 한인공산당이 치따에 본거를 둔 러시아공산당 극동국 한인부와 함께 '상해파'를 이루었다(1920.10).

이후에도 전체 한족(韓族)의 통일공산당을 성립시키기 위한 노력은 계속되었으나 코민테른 극동비서부가 이르꾸쯔끄에 설치되고(1921.1) 그 고려부가 이르꾸쯔끄파를 중심으로 구성되어 양파간의 대립이 심해진 결과 상해파의 세력기반인 극동국 한인부가 해체되었다. 전로고려공산단체 중앙위원회의 주도로 한명세(韓明世)·최고려(崔高麗)·이훈(李勳, 이근태李根泰) 등을 중심으로 하는 이르꾸쯔끄파 고려공산당이 조직되었다(1921.5).

한편 상해 한인사회당의 지도자로 임시정부 국무총리가 된 이동휘는 정부의 전권대표 한형권(韓馨權)을 모스끄바에 파견하여 혁명운동의 원조금으로 2백만루블을 받기로 하고, 그중 60만루블을 받아 40만루블만을 상해로 가져왔다. 이 돈의 사용문제를 두고 재상해 한인공산당은 본래의 한인사회당계와 여운형·안병찬 등 비한인사회당계가 분열했고, 후자는 이후 이르꾸쯔끄파에 가담했다. 나머지 상해파 공산주의자들은 국내의 '사회혁명당' 대표를 비롯한 중국·일본 등지에서 활동하던 공산주의자를 중심으로 '고려공산당대표회'를 열어 이동휘를 위원장, 김립을 비서부장으로 하는 상해파 고려공산당을 조직했다(1921.5).

3·1운동을 전후하여 국내외에 형성되었던 공산주의 단체들은 곧 전체 한족사회의 통일공산당을 결성하기 위한 활동을 폈다. 그러나 결국 대체적으로 말해서 러시아에 귀화한 교포를 중심으로 하며 사회주의혁명을 우선적으로 지향하는 이르꾸쯔끄파 고려공산당과 식민지화 과정에서 망명한 사람들을 중심으로 하며 민족해방을 우선적 과제로 하는 상해파 고려공산당으로 양분되었다.

이보다 앞서, 일본군의 시베리아 출병과 함께 그것에 대항하는 조선인 빨치산부대들이 활동했다. 1920년에 니꼴라예프스끄(尼港)시에서 일본군과 싸운 조선인 빨치산은 1천명이었다. 시베리아의 조선인 무장부대들이 통일을 이루기 위해 아무르주로 집결할 무렵, 만주의 청산리전투에서 이기고 일본군의 '간도출병'으로 극동공화국 지역으로 옮겨온 독립군 부대들이 서일을 총재로 하는 대한독립단을 구성했다.

이 무렵 아무르주에 집결한 조선인 군사력은 약 4500명이었다. 이에 극동공화국은 그 역내의 조선인 군사력을 통일하기 위해 전한군사위원회를 구성하고 그 군사력을 대한의용군(大韓義勇軍)으로 편성했다. 같은 무렵 이르꾸쯔끄 쪽에서는 코민테른 극동비서부와 전로고려공산단체 중앙위원회의 주도로 임시 고려혁명군정의회(高麗革命軍政議會)를 따로 구성하고 고려혁명군을 편성하여 상해파의 전한군사위원회와 대한의용군에 대립했다(1921.5).

러시아에 있는 조선인 군대의 관할권이 극동공화국에서 코민테른으로 이관되고, 러시아에서의 상해파 공산주의자들이 조직적 중심체였던 극동공화국 한인부가 해체되었다. 이로써 유리한 위치에 서게 된 이르꾸쯔끄파는 극동공화국에 부속된 모든 조선인 부대를 고려혁명군정의회에 편입시킬 것을 요구했으나 대한의용군 쪽은 불복했다. 홍범도·최진동 등의 조정도 실패하여 일방적으로 편입될 상황이었다.

편입에 반대하는 대한의용군 쪽이 주둔지 마사노프를 떠나 만주 지방으로 이동하기 시작하자 양쪽의 타협이 이루어져 자유시(自由市) 주변으로 옮겼다. 그러나 두 군사력의 통합과정에서 다시 결렬하여 결국 고려혁명군 쪽은 극동공화국 수비대와 함께 무장해제를 이유로 대한의용군을 공격했다. 자유시사변(1921.6.28)이 그것이다.

이 충돌로 대한의용군 약 1400명 중 40명이 현장에서 사살되고 약 450명이 행방불명되었으며, 나머지 9백명은 포로가 되었다. 이 9백명 중 364명이 고려혁명군에 편입되고 428명이 러시아군의 '죄수부대'에 편입되어 강제노동에 종사했고, 나머지 72명은 이르꾸쯔끄 감옥에 투옥되었다. 자유시사변은 이르꾸쯔끄파 고려공산당과 상해파 고려공산당의 대립 항쟁을 격화시킨 중요한 원인의 하나가 되었다.

3·1운동 후의 국내외 민족해방운동전선은 민족자결주의와 빠리강화회의 결과에 실망하고, 다시 미국 국회의원단의 내한(1920.8)과 워싱턴회의(1921.11) 등에 기대를 걸었으나 아무것도 얻을 수 없었다. 따라서 모스끄바에서 열린 극동민족대회(1922.1)에 기대를 걸게 되었는데, 김규식 등 민족주의자와 함께 이르꾸쯔끄파 고려공산당 세력이 여기에 주동적으로 참가했다.

이 대회에서 이르꾸쯔끄파 고려공산당은 "조선에서는 공업 발전이 미약하고 산업노동자가 계급적으로 성장하지 못하여 계급운동은 시기상조다" "주민의 압도적 다수인 농민에게 영합하고 그 공명을 일으킬 수 있는 민족해방운동에 주력해야 한다" 하고 상해임시정부의 개혁을 주장하면서 그 노선을 종래의 계급전선에서 통일전선으로 바꾸어갔다.

한편 코민테른에서도 상해파·이르꾸쯔끄파의 통일을 위해 2차에 걸쳐 조선 문제 결정서를 채택하고 같은 수의 두 파 대표자로 고려공산당 임시중앙간부를 구성했다(1921, 1922). 그리고 거의 같은 수의 두 파 대표를 베르흐네우진스끄에 모아 두 당의 통일을 위한 고려공산당대회를 개최했다(1922.10). 그러나 러시아 귀화인과 비귀화인 사이의 대립, 자유시사변의 응어리, 모스끄바 자금 40만루블의 사용문제 등이 해소되지 못해 베르흐네우진스끄회의도 실패했다.

이후 코민테른은 두 파의 고려공산당을 모두 해체시켰다(1922.12). 두 고려공산당 해체 후 코민테른은 상해파의 이동휘, 이르꾸쯔끄파의 한명서(韓明瑞), 국내파의 정재달(鄭在達, 1895~?) 등을 위원으로 하는 '꼬르뷰로', 즉 고려국(高麗局)을 블라지보스또끄에 두고 조선 공산주의운동을 관할했으나 상해파와 이르꾸쯔끄파의 반목은 계속되었다. 코민테른은 다시 꼬르뷰로를 해체하고 조선공산당을 조직하기 위한 준비기관으로 '오르그뷰로', 즉 조직국(組織局)을 설치했다(1924.3).

조선공산당

국내에서는 3·1운동 직후 서울공산주의단체, 사회혁명당 등이 있었다고 했지만, 지식인·청년·학생 및 선진적 노동자 중심의 사상단체로서 서울청년회(1921)·무산자동지회(1922)·신사상연구회(1923)·화요회(1924)·북풍회(1924) 등의 사회주의적 단체들이 조직되어 활동했다. 뒤이어 코민테른에서 파견된 김재봉(金在鳳, 1890~1944)을 책임비서로 하는 제1차 조선공산당(朝鮮共産黨)이 비밀리에 조직되었다(1925.4.17).

이 무렵에는 『동아일보』 『조선일보』 등의 일간지가 「맑스사상의 개요」 「맑스의 유물사관」 등을 연재했고, 『신생활』 『신천지』 『개벽』 『조선지광(朝鮮之光)』 등의 출판물이 사회주의사상을 소개했다. 1926년 현재 3380여개의 사상단체가 조직됨으로써 국내에서 조선공산당 성립의 배경을 이루었다.

제1차 조선공산당은 서울계가 배제된 채 화요회계와 북풍회계를 중심으로 조직되었다. 뒤이어 조직된 박헌영(朴憲永, 1900~55) 책임비서의 고려공산청년회도 화요회계 중심으로 이루어져 공산주의운동의 통일성을 잃었다. 제1차당은 중앙조직이 검거될 때까지 강령을 채택하지 못했으나 총 12장 95개조로 된 당규약을 정했다. 그것에 의하면 당의 최고기관은 당대회이며 중앙집행위원은 당대회에서 선거되고 당의 기본조직은 야쩨이까(jacheika, 러시아어로 세포, 조직원이라는 뜻)로 하며 당원은 정당원과 후보당원으로 구성되게 했다.

한편 "일본제국주의의 완전타도, 조선의 완전독립" "8시간노동제 실시, 최저임금제 제정, 실업자 구제, 사회보장제 실시" "언론·출판·집회·결사의 자유, 식민지 노예화교육 박멸" "제국주의 침략전쟁을 반제국주의 혁명전쟁으로" "일본의 물화(物貨)를 배척하라, 조선인 관리는 전원 퇴직하라, 일본인 공장의 노동자는 총파업하라" "일본인 지주에게 소작료를 내지 말라, 일본인 교원에게 배우지 말라, 일본인 상인과의 관계를 단절하라" 등의 투쟁구호를 내걸었다.

조선공산당과 고려공산청년회는 곧 대표를 파견하여 코민테른의 승인을 받았다. 고려공산청년회는 합법단체인 조선청년총동맹에 가입하여 27개의 군동맹과 9개의 도연맹을 조직하고 모스끄바 공산대학에 21명의 유학생을 파견했다. 한편 『조선지광』을 인수하고 『신흥청년』을 간행할 계획을 세우기도 했다. 그러나 곧 신의주에서 청년회원이 변호사를 구타한 사건을 계기로 그 조직이 탄로가 났다. 220명이 검거되어 101명이 재판에 회부되었고, 83명이 유죄판결을 받은 '제1차 공산당사건'(1925.11)이 일어남으로써 조직의 대부분이 파괴되었다.

신의주사건이 일어나자 잠복중이던 책임비서 김재봉 등은 조선일보 진주지국장으로 있던 강달영(姜達永, 1887~1942)에게 당의 재건을 위임했다. 강달영을 책임비서로 하는 제2차 조선공산당이 조직되는 한편(1925.12), 권오설(權五卨, 1899~1930)을 책임비서로 하는 고려공산청년회도 다시 조직되었다.

제2차 조선공산당은 서울지구 집행위원회를 비롯하여 각 도에 도당부를 조직하기 위한 간부를 선정하여 파견하고 각 지구와 직장에 야쩨이까를 조직해갔다. 한편 중국의 만주지방과 상해 그리고 일본 등지에 연락부를 조직했다. 또한 공산청년회는 국제공산청년회로부터 공작자금을 받아 모스끄바 공산대학에 유학생을 파견했다.

제2차당은 화요회 중심 제1차당의 후속당이었으나, 특히 공산청년회 쪽에서 서울파 중심의 고려공산청년동맹과 통일전선을 이루려는 움직임이 나타났다. 또 그 정치적 목적을 민족주의자와 사회주의자가 협동전선을 이루어 '국민당'을 건설하는 데 두려는 구상이 나타나기도 했다. 사회주의세력 내부의 통일을 이루고, 민족주의세력과의 통일전선을 지향하는 이같은 움직임이 2차당 당시에는 실천되지 않았으나 제3차당 노선에 큰 영향을 주었다.

제2차 조선공산당의 조직은 6·10만세운동으로 탄로가 났다. 순종(純宗)의 장례를 계기로 만세시위를 벌인 이 운동에 고려공산청년회 책임비서 권오설이 격문과 전단을 인쇄·살포하려다 사전에 발각되었다. 그것이 계기가 되어 권오설·강달영을 비롯한 전국 1백여명의 당원이 검거되어 82명에게 실형이 언도됨으로써 제2차당은 사실상 해체되었다(1926.6~8). 제1·2차 공산당사건으로 화요회계의 중요 간부들은 거의 검거되거나 해외로 망명하고 이후 제3차당은 비교적 새로운 세력에 의한 통합당적 성격으로 구성되게 되었다.

제2차 조선공산당의 조직위원으로 있다가 검거를 모면한 김철수(金錣洙, 1893~1986)를 책임비서로 해서 ML당으로도 불린 제3차 조선공산당이 조직되었다(1926.9). 이후 창당대회인 제1회 대회에 이어 개최된 조선공산당 제2회 대회(1926.12)는 다시 일본에서 조직된 일월회계의 안광천(安光泉, 1897~?)을 책임비서로 하고 화요회계, 서울파, 무파벌 사회주의자 등이 참가한 '통일공산당'을 이루는 한편, 김철수를 코민테른에 파견하여 승인을 받았다.

제2차당 당시 안광천 등이 주도한 사상운동단체 정우회(正友會)는 공산주의운동에서의 분파투쟁 청산, 비타협적 민족부르주아지와의 민족협동전선 조직, 계급투쟁 중심 노선에서 민족독립 정치투쟁노선으로의 전환 등을 표방한 「정우회선언」(1926.11)을 발표하여 민족협동전선 결성을 주장했다. 안광천이 제3차당의 책임비서가 됨으로써 조선공산당은 "민족적 단일협동전선당의 매개형태"로서의 신간회 결성에 적극 참가했다.

한편 고광수(高光洙, 1900~1930)를 책임비서로 하는 제3차당의 고려공산청년회는 서울파 고려공산청년동맹과 합동하여 조선공산당 제2회 대회의 승인과 코민테른 및 국제공산청년동맹의 승인을 얻었다. 코민테른은 두 공산청년단체의 합동을 승인하면서 '혁명적 합동'이라 높이 평가했다.

제3차 조선공산당은 강원도 이외의 각 도에 도간부를 설치하고 국내에 야체이까 약 40개, 당원 2백여명을 확보했다. 또한 침체 상태에 있던 만주총국과 상해지부를 재건하고 일본지부를 활성화했으며, 일본에서 『대중신문』 『이론투쟁』 『현단계』 등의 기관지를 발행했다. 화요회계와 서울계의 청년회가 합동한 제3차당 고려공산청년회는 국내 야쩨이까 18개 회원수 50여명, 일본 야쩨이까 2개 회원수 20여명, 만주·상해 야쩨이까 50개 회원수 4백여명을 확보했다.

제3차 조선공산당은 그 책임비서가 김철수에서 안광천·김준연(金俊淵, 1895~1971)·김세연(金世淵, 1899~1928)으로 바뀌면서 1년 이상 유지되었다. 그러나 역시 조직이 탄로나 고려공산청년회원을 합해 2백여명이 검거됨으로써 해체되었다(1928.2). 이 '제3차 조선공산당사건'과 관련하여 조선노동총동맹·조선농민총동맹·신간회·

근우회 등 각종 대중단체들도 큰 타격을 받고 그 활동이 한때 침체했다.

제3차 당원에 대한 검거가 진행되는 중에도 조선공산당은 제3회 대회를 열어 당 규약 일부를 개정했다(1928.2). 또한 분파투쟁 청산, 당 지도기관에 노동자출신 배치, 산업별 노동조합 조직, 민족혁명대중당 조직 등을 지시한 「코민테른 결정서」를 승인했다. 「코민테른에 보고하는 국내정세」를 승인하고 선진적 노동자 차금봉(車今奉, 1898~1929)을 책임비서로 하는 제4차 조선공산당을 성립시켰다(1928.3).

제4차당은 곧 「조선민족해방운동에 관한 테제」를 채택하여 혁명노선을 선명히했다. 중앙과 조직을 마치고 만주·상해·북경·일본 등 해외에서의 활동을 활발히했다. 특히 신간회와의 관계를 긴밀히 하여 그 32개 지회에서 당원들이 활동했다. 한편 정간되었던 국내기관지 『조선지광』과 일본총국 기관지 『대중신문』 『현단계』를 계속 간행하고 만주총국 기관지 『혁명』 등을 간행했다. 김재명(金在明, 1901~30)을 책임비서로 하는 제4차 고려공산청년회의 만주지부도 기관지 『불꽃』을 간행했다.

제4차당은 코민테른으로부터 자금을 받아 그 대회와 국제공산청년동맹대회·프로핀테른대회 등에 대표를 파견하는 등 활발한 활동을 펼쳤다. 그러나 곧 조직이 발각되어 170여명이 검거되고 차금봉·김재명 등은 고문으로 학살당했다. 제4차당이 붕괴상태에 빠진 상황에서 코민테른은 「12월테제」를 통해 당의 해체와 재건을 지령했다(1928).

조선공산당은 1925년에 조직된 후 불과 3년 동안에 네차례의 대량검거를 당하고 그때마다 당이 해체되었으나 계속 후속당이 건설

차금봉에 대한 재판 기록

되었다. 그것은 공산주의운동에 대한 일본의 탄압이 얼마나 철저했는가를 말해주는 한편, 그 운동이 공산주의운동에만 한정된 것이 아니라 민족해방운동의 일환이었기 때문에 그런 탄압 아래에서도 후계당이 끈질기게 성립될 수 있었다는 것을 보여주기도 한다. 특히 조선공산당은 혹심한 탄압 아래서도 노동총동맹·농민총동맹·청년총동맹 등 대중운동단체의 활동을 효과적으로 지도하면서 대중운동의 정치성을 높이는 데도 상당히 기여했다.

그러나 1920년대 후반기 조선공산당운동은 많은 문제점을 안고 있었다. 코민테른이 지적한 것과 같이 "편협하게도 지식계급과 학생의 결합체로 되어 있고 노동자·농민은 비교적 소수가 포함되어 있"었다. 노동자는 아직 절대적으로 수가 적었기 때문에 그렇다 치더라도 국민의 절대다수인 농민층에 깊이 뿌리내리지 못한 '지식인 공산당'이었고, 이 때문에 고려공산당 시대부터 격심한 파쟁이 계속되었다. 조선공산당운동의 어려움은 일본의 가혹한 탄압에 일차적 원인이 있었지만, 그에 못지않게 내부의 파쟁에도 원인이 있었다.

코민테른은 「12월테제」에서 "공산당 조직의 곤란성은 다만 객관적 조건에서만 초래되는 것이 아니라 조선 공산주의운동을 수년이나 괴롭히고 있는 내부의 알력 파쟁에서도 초래되고 있다"고 지적하면서 인텔리 중심당의 해체와 노동자·농민 중심당의 재조직을 지령했다. 그러나 제4차당의 후속당이 성립되지 않았을 뿐만 아니라 만주총국과 일본총국도 해체되었다. 이후 코민테른의 지령에 따른 재건운동이 계속되었으나 일본의 집요한 탄압으로 많은 희생자만 냈을 뿐 8·15 때까지 조선공산당은 재건되지 못했다.

제4절 민족협동전선운동

협동전선운동의 배경 3·1운동 후의 민족해방운동전선은 그 일부가 일본의 민족분열정책과 연결되면서 타협주의 노선으로 선회하는 한편, 국내외 전선에 사회주의운동이 확대 발전하면서 전선의 분열상이 뚜렷해졌다. 또한 국민대표회의 실패 후 임시정부운동이 침체하면서 전체 민족해방운동전선이 분산되어갔다. 따라서 1920년대 후반기로 접어들 시기의 민족해방운동전선에는 새로운 방법론이 모색될 수밖에 없었다. 이 방법론적 모색은 해외전선에서 1920년대 전반기 임시정부 수립운동의 범주를 넘어 '이당치국(以黨治國)' 원리에 입각한 민족유일당운동(民族唯一黨運動) 혹은 대독립당운동(大獨立黨運動)으로 나타났다.

해외전선에서 임시정부를 대신할 민족해방운동 총지휘부로서 민족유일당을 건설하고 이를 중심으로 운동을 추진해야 한다는 움직임이 나타난 것은 1920년대 중엽부터였다. 이 운동은 임시정부 활동이 침체한 후 분산된 민족해방운동전선을 결속하고, 분립된 좌우익전선을 통일하여 전선을 강화해야 한다는 인식을 바탕으로 한 것이었다. 또한 정치운동으로서의 민족해방운동이 임시정부 수립운동의 단계에서 정당운동의 단계로 전환하는 하나의 계기가 된 것이기도 했다.

해외전선의 경우 중국 관내(關內)지역의 1920년대 전반기 민족해방운동은 임시정부 수립운동을 중심으로 나타났다. 같은 시기 만주지방의 운동은 임시정부운동과의 일정한 관계 아래 진행된 무장투쟁과 그것에 뒤이은 3부 성립으로 나타났다. 이에 비해 1920년대 후반기의 해외전선운동은 연해주와 중국 관내지역에서 통일전선운동으로서 민족유일당운동이 일어났고, 그 연장선에서 만주지방의 3부 통일운동과 좌우익전선 통일운동이 나타났다.

국내전선에서는 3·1운동 후 지주·자본가 및 일부 지식인 중심의 물산장려운동(1923)과 민립대학설립운동(1923)이 일어났으나 성과를 거두지 못했다. 한편 「민족적 경륜」(1924) 등이 발표되면서 민족진영의 일부가 타협주의 노선으로 나아가게 되었고, 다른 한편으로는 사회주의사상이 들어오고 있었다. 특히 「민족적 경륜」의 발표는 우익진영을 타협주의 세력과 비타협주의 세력으로 나누는 하나의 계기가 되었다. 또 비타협적 민족주의 세력과 사회주의 세력이 타협주의에 대항하면서 민족협동전선론을 펴는 계기가 되었다.

사회주의단체 북풍회는 그 강령에서 "우리는 계급관계를 무시한 단순한 민족운동은 부인하지만 조선 현하(現下)에 있어서 민족운동도 또한 피치 못할 현실에서 발생한 것인 이상 우리는 사회운동과 민족운동의 병행에 대한 시간적 합동을 기함"이라 했다(1924). 민족주의자들도 민족운동과 사회주의운동은 "본질상으로는 서로 다르다고 할지라도 분리는 해방 후에야 맞게 될" 일이라 하고 "민족운동은 사회운동을 이루어나가는 도정"이라 이해하는 경우도 있었다. 특히 일제의 치안유지법 실시(1925)로 민족협동전선에 대한 요구는 한층 더 높아졌다.

비타협적 민족주의자들을 중심으로 조선사정연구회(朝鮮事情硏

究會)가 결성되어 민족협동전선을 결성하기 위한 준비에 박차를 더해갔다(1925.9). 같은 해에 결성된 조선공산당도 그 당면문제 슬로건에서 "일본제국주의 통치의 완전한 타도와 조선의 완전한 독립"을 내세우고 "조선의 모든 역량을 모아 민족유일당전선을 만들어 적에게 완전한 공격을 준비하여야 한다"고 믿었다. 그 표현단체로 결성된(1926.1) 정우회도 비타협적 민족주의자와의 제휴에 의한 민족협동전선의 건설을 주장하는 「정우회선언」을 발표했다(1926.11).

또한 조선공산당의 제13회 중앙집행위원회(1926.2)도 "민족·공산 양 운동자를 통일하기 위한 국민당 조직의 전제로서 천도교를 기초로 할 것"을 결의하고, 제2차당 책임비서 강달영이 안재홍(安在鴻, 1891~1965)·권동진(權東鎭, 1861~1947) 등 비타협적 민족주의자들과 접촉했다가 협동전선운동이 최린(崔麟, 1878~?) 등 타협적 천도교세력 중심으로 될 것을 우려하여 중지했다.

이같은 국내에서의 민족협동전선 결성을 위한 움직임과 해외 민족유일당운동의 영향, 코민테른의 노선변화 등이 배경이 되어 서울청년회계의 사회주의자들과 조선물산장려회계의 민족주의자들이 제휴했다. 여기에 종교계·교육계와 해외에서 귀국한 일부 민족운동 세력이 참여한 조선민흥회(朝鮮民興會)가 성립되었다(1926.7). 이로써 한정된 규모의 민족협동전선이 성립되었고, 민흥회 회원 전원이 무조건 신간회에 참가할 것을 결정함으로써 국내에서의 민족협동전선 성립을 선도했다.

해외 민족유일당운동

국민대표회의 실패로 임시정부운동이 침체한 후 민족해방운동전선을 통일하려는 해외 민족유일당운동의 선구적 조직으로 블라지보스또크에서 비타협적 민족운동단체 민족당주비회(民族黨籌備會)가 결성되었다(1926.3). 이르꾸쯔끄 고려공산당의 중추적 인물이었던 최고려·김석하(金錫夏) 등이 상해임정의 창조파계 및 국내 사회주의운동의 서울계 등과 제휴하고 코민테른의 승인을 받아 조직한 민족당주비회는 "민족적 공산주의 기관"으로서 그 회원이 "서울에 잠입하여 민족주의자와 공산주의자에 대해 입회를 권유"하기도 했다. 이같은 움직임은 민흥회의 성립과도 연결되었다.

중국 관내에서 민족유일당운동이 비교적 일찍 일어난 곳은 북경이었다. 장건상(張建相, 1882~1974)·원세훈(元世勳, 1887~?)·조성환 등을 중심으로 조직된 한국독립유일당 북경촉성회(韓國獨立唯一黨北京促成會, 1926.10)는 "동일한 목적, 동일한 성공을 위하여 운동하고 투쟁하는 혁명자 등이 반드시 하나의 기치 아래 모이고 하나의 호령 아래 모여야만 비로소 상당한 효과를 얻을 수 있음은 더 말할 나위가 없다" 하고 "일본제국주의를 박멸하라" "한국의 절대독립을 주장하라" "민족혁명의 유일전선을 만들라" "전세계 피압박민중은 단결하라" 등의 구호를 내걸었다.

북경촉성회 성립을 계기로 중국 관내 민족유일당운동은 곧 상해·난징·무한(武漢)·광동(廣東) 등지로 확대되어 이들 각 지방에서 유일당 촉성회가 조직되었다. 만주지방에서는 민족유일당운동으로서 정의부·참의부·신민부를 비롯한 각 민족해방운동단체의 통합운동이 활발히 추진되었다.

만주에 있는 18개 독립운동단체의 대표 39명이 모여 유일당 촉성문제를 토의했으나 바로 완전한 통일을 이루지는 못했다(1928). 그러나 우선 북만청년총동맹·남만청년총동맹·재만농민동맹 등을 중심으로 전민족유일당조직촉성회(全民族唯一黨組織促成會)와, 정의부 · 다물단(多勿團) · 북만조선인청년총동맹 · 남만청년연맹 등이 참가하고 참의부와 신민부가 동의한 전민족유일당조직협의회(全民族唯一黨組織協議會)의 두 단체로 일단 통일되었다.

이후 '협의회'의 중심세력인 정의부는 참의부 · 신민부와의 통합운동을 벌였으나 완전 통합에는 실패했다. 정의부가 신민부의 민정파(民政派)와 참의부의 일부 세력을 합쳐 국민부(國民府)를 조직하면서 정의 · 신민 · 참의 3부는 해체되었다(1929). 또한 '촉성회' 측은 신민부와 정의부의 일부, 신민부 군정파(軍政派)가 중심이 되어 민족유일당 재만책진회(在滿策進會), 일명 혁신의회(革新議會)를 만들어 국민부 측과 양립했다.

중국 관내와 만주지방의 사회주의운동 계열도 민족유일당운동에 적극 참가했다. 종래 중국 관내지방에 난립되어 있던 재중국본부청년동맹 등 8개의 청년단체가 연합하여 재중국한인청년동맹(在中國韓人青年同盟)을 결성했다(1928). 이 '동맹'은 민족유일당운동에 참가하기로 하고 신민부의 군정파에 가담하여 혁신의회의 일원이 되었다. 또 남만청년연맹 등 6개의 청년동맹이 합쳐 남만한인청년총동맹(南滿韓人青年總同盟)을 결성하여 '협의회' 계통의 국민부를 지지했다(1929).

결국 1920년대 전반기 만주지역 민족해방운동의 중심단체이던 정의 · 신민 · 참의 3부가 1920년대의 후반기에 일어난 민족유일당운동의 결과 국민부와 혁신의회의 두 세력으로 개편되었을 뿐, 완전한 통일전선을 이루지는 못했다.

이후 1930년대에 들어가서 혁신의회 계통은 김좌진 중심의 한족총연합회(韓族總聯合會)를 구성했으나 그가 암살된 후에는 홍진(洪震, 1877~1946) · 이청천 등을 중심으로 한국독립당을 조직했다.

그 군사조직인 한국독립당군이 북동만주를 중심으로 활약하다가 1933년경 중국 관내로 옮겨갔다.

국민부 계통은 현정경(玄正卿, 1886~1941)·현익철(玄益哲, 1890~1938)을 중심으로 조선혁명당과 조선혁명군을 조직하여 남만주 일대를 중심으로 활약했다. 특히 1930년대 전반기에 조선혁명군 총사령관 양서봉(梁瑞奉, 1894~1934)이 이끄는 1만여명의 독립군이 중국군과 연합하여 일만(日滿)연합군과 정규전을 벌였다. 양서봉 사망 후 고이허(高而虛, 1902~36)가 조선혁명군정부를 조직하고 중국의 반만항일군(反滿抗日軍)과 함께 한중항일동맹회(韓中抗日同盟會)를 조직하여 1936년경까지 활약했다.

1920년대 후반기 만주지방의 민족유일당운동의 결과로 혁신의회와 국민부가 성립하고, 그 후신으로 한국독립당과 조선혁명당이 조직된 사실은 민족해방운동전선에 '이당치국' 체제가 성립했음을 뜻하기도 한다. 한국독립당은 지방주민회의 연합체로서 한족자치연합회를 성립시켜 지도하는 한편, 군사조직으로 한국독립당군을 조직해 군사활동을 했다. 조선혁명당은 국민부를 행정기관으로 하고 조선혁명군을 조직하여 역시 군사활동을 전개했다.

1920년대 후반기의 해외 민족해방운동전선에 일어난 민족유일당운동은 유일당을 조직하는 방법론에 대립이 있었다. 그 하나는 종래 분산적으로 조직되어 있던 각 운동단체들을 본위로 하여 그 연합체로서 유일당을 조직하려는 방법론이었다. 다른 하나는 기성 운동단체 모두를 본위로 하는 유일당 결성은 불가능에 가까운만큼 그 가운데 '혁명적 권위'가 있고, '역사적 전적'을 가진 유력단체를 중심으로 하고 기타 단체를 그것에 종속시켜 유일당을 조직하자는 방법론이었다. 또 다른 하나는 종래의 유력단체가 대부분 지방적·파벌적 결합체이며 실력과 권위를 갖춘 중심단체가 없다 하고 유일당은 개인 본위로 조직해야 한다는 방법론이었다. 이들 방법론이 대립되어 합의를 보지 못하여 결국 유일당 결성에 실패하고 말았다.

상해임시정부가 민족해방운동전선 전체를 통괄하는 지도력을 발휘하지 못하게 된 후 1920년대 후반기에는 민족유일당 결성이 전체 민족해방운동전선을 통해 최대과제로 등장했다. 그러나 임시정부운동이 극복하지 못했던 지방색, 파벌의식, 방법론적 대립, 사상적 대립을 역시 극복할 수 없었고 이 때문에 해외전선의 민족유일당운동은 성공하지 못했다.

신간회운동 해외 민족유일당운동은 마지막 단계에 가서 성공하지 못했으나, 그 일환으로 국내에서 전개된 신간회운동은 1920년대 후반기의 민족통일전선운동을 대표하면서 상당한 성과를 거둘 수 있었다. 1920년대 전반기 민족해방운동의 방법론이 임시정부를 수립하여 그것이 총지휘부가 되게 하려는 방향으로 나타났다면, 1920년대 후반기의 방법론은 민족유일당의 조직을 통해 통일전선을 형성하려는 방향으로 나타났다고 볼 수 있다. 결실을 보지 못한 해외 유일당운동에 비해 국내에서 추진된 민족통일전선운동인 신간회운동은 1920년대 후반기 민족해방운동의 방향성을 대표한 운동이라 할 수 있다.

신간회는 언론계 대표 신석우(申錫雨, 1894~1953)·안재홍, 기독교 대표 이승훈(李昇薰, 1864~1930), 천도교 대표 권동진, 불교계 대표 한용운(韓龍雲, 1879~1944), 공산당 대표 한위건(韓偉健, 1896~1937) 등 비타협주의적 좌우익 대표 28명의 발기에 의해 이상재(李商在, 1850~1927)를 회장으로, 홍명희(洪命憙, 1888~1968)를 부회장으로 하여 결성되었다(1927.2.15). 신간회는 그 강령에서 "기회주의를 일체 부인한다" 한 것과 같이 연정회(硏政會)와 같은 자치운동에 반대하며 성립된 민족통일전선체였다.

성립 당초 '민족단일당' 혹은 '민족단일당의 매개형태' 등으로 이해된 신간회는 단체 본위 조직이 아닌 개인 본위 조직이었다. 그러나 조선노동총동맹·조선청년총동맹 등의 대중운동단체들이 적극 참가함으로써 그 회원과 지회가 급격히 증가 확대되어갔다. 창립된 1927년 말 현재 국내와 일본의 토오꾜오지회·오오사까지회 등을 포함하여 총 104개 지회가 결성되었다. 이후 149개로 증가했다가 해소될 때는 124개 정도로 감소되어 있었다. 그 가입 회원도 창립 1주년 때 2만명이었고 해소될 무렵에는 약 4만명에 이르렀다.

조선공산당의 활동이 철저히 탄압되고 조선노동총동맹·농민총동맹·청년총동맹 등의 집회가 금지된 조건 아래서 합법운동단체인 신간회는 조선인에 대한 착취기관 철폐, 일본인의 조선 이민 반대, 타협적 정치운동 배격, 조선인 본위 교육제도 실시, 사회과학·사상연구의 자유 보장, 식민지 교육정책 반대 등을 주장하면서 노동파업·소작쟁의·동맹휴학 등을 지도했다. 한편 토오꾜오지회와 같은 경우는 단결권·파업권·단체계약권 확립, 소년·여성 노동보호, 8시간노동제 실시, 공장법·광업법·해원법(海員法) 개정 등 노동자계급의 기본권을 요구했다.

신간회의 중앙조직은 비타협적 민족주의 세력이 우세했고 지회조직은 사회주의 세력이 우세했다. 각 지회로부터 조직형태가 중앙집권적이고 노동자·농민이 조직의 주체가 되지 못하며 강령에 따른 구체적 활동을 할 수 없다는 점 등이 지적되었다. 지회들은 회장제를 집행위원장제로 바꿀 것, 지회연합기관을 조직할 것, 구체적

행동강령을 제정하여 투쟁할 것 등을 요구했다.

그러나 조선총독부의 탄압으로 정기대회를 열 수 없게 되자 고육책으로 지방마다 인접한 몇개의 지회가 합동으로 대표를 선출하여 정기대회를 대신하는 복대표대회(復代表大會)를 개최하여 '신간회 강령 및 규약'을 제정했다(1929.6).

복대표대회의 결과 종래의 간사제가 중앙집권위원제로 바뀌고, 지회의 권한이 확장되어 본부에 대한 견제력이 강화되었다. 지회에서 주장한 지역연합기관으로 도연합회가 설치되는 한편, 지회조직을 분회로 세분하여 직업별·지역별 조직을 구축하여 신간회가 아래로부터의 조직으로 개편될 수 있게 되었다. 그러나 지회와 조선공산당 및 코민테른이 주장한 개인 본위 조직에서 단체 본위 조직으로의 개편은 실현되지 않았고 강령 자체도 개정되지 않았다.

복대표대회의 결과 허헌(許憲, 1885~1951)이 집행위원장으로 당선되었다. 홍명희 등 57명의 중앙집행위원, 조병옥(趙炳玉, 1894~1960) 등 8명의 중앙집행위원 후보, 권동진 등 13명의 중앙검사위원이 당선되었다. 이들 중 46%가 사회주의자였다. 1930년 4월 경기도 경찰부가 검거한 조선공산당 재건운동 관계자 74명 중 27명이 신간회 회원이어서 이 시기 신간회 내부 사회주의 세력의 비율을 짐작할 수 있다. 복대표대회로 재편된 신간회의 본부 간부진에도 사회주의자들이 많이 진출했다.

「12월테제」로 조선공산당이 해체된 후 조선공산당 재건을 당면임무로 삼은 사회주의 진영은 신간회 회원, 특히 지회 회원을 적극적으로 재건운동에 끌어들이면서 종전과는 달리 일제 식민통치에 대한 투쟁을 적극적으로 펴나갔다. 갑산 화전민사건(甲山火田民事件, 1929.7) 진상보고회를 열려다 금지당하자 중앙상무집행위원회가 결의문 발표 등을 통해 맞섰고, '실제 투쟁방침에 대한 결의'를 확정하여 회보 발행, 지회활동의 활성화, 재정확립, 지방순회 등을 계획하기도 했다.

신간회는 광주학생운동에 관여하여 그것을 대중운동으로 연결시키기 위해 조사단을 파견했다. '광주학생사건 보고 대연설회'를 개최하려 했으나 그 개최가 금지되자, 서울을 비롯한 전국으로 학생운동을 확산시키기 위해 천도교·기독교·불교 세력 및 조선청년총동맹·조선노동총동맹·근우회 등과 제휴하여 '민중대회'를 개최하려 했다(1929.12). 그러나 집행위원장 허헌을 비롯한 90여명이 체포됨으로써 중단되었다.

'민중대회사건'으로 타격을 받은 신간회를 김병로(金炳魯, 1887~1964)가 본부의 재정을 전담하면서 이끌어나갔다. 그러나 그 노선이 차차 우경화·타협화하여, 『전북일보(全北日報)』에 의한 이른바 '조선인 모욕사건'(1930.6), '단천(端川)삼림조합 반대운동'(1930.7), 만주 돈화현(敦化縣)에서의 공산당 혐의 조선인 총살사건(1930.9) 등이 일어났을 때 신간회 본부의 대응은 비교적 온건했다.

이 시기의 신간회는 천도교의 최린 중심 세력이 주장하는 자치운동과 협력하여 합법운동을 주장하게 되었다. 또 "사회민주주의적 이론을 확립하여 합법운동으로 전환하고자" 하던 조선청년총동맹과 제휴했다. 그 결과 합법화노선을 적극 옹호하는 인물들이 중앙상무집행위원과 각 부서의 책임자가 되었다. 이같은 신간회 본부의 합법노선으로의 전환은 대체로 사회주의 세력이 우세했던 각 지회에서 해소론(解消論)이 대두하는 원인이 되었다.

해소론을 처음으로 제기한 것은 부산지회였다(1930.12). 이후 이원(利原)·평양·경서(京西)·인천·단천·홍원(洪原)·성진(城津)·

칠곡(漆谷)·서울 지회 등이 잇따라 해소 결의를 했다. 해소론자들은 "'해소'는 한 조직체의 해산을 뜻하는 '해체'와는 달리 한 운동에서 다른 형태의 운동으로 전환하는 변증법적 자기발전을 뜻하는 것"이라 했다. 신간회를 해소시켜야 할 이유로서 대체로 다음과 같은 몇가지를 들었다.

첫째, 신간회 지도부의 타협주의화 노선이 지적되었다. 예를 들면 부산지회의 해소론은 "본회의 근본정신인 비타협주의를 무시하고 합법운동으로 방향을 전환하려는 민족개량주의가 발호해온" 때문이라 했다.

둘째, 신간회의 조직형태가 정당적 형태로 되어 있다는 점이었다. 단천지회의 해소론이 "조직의 중요한 모순과 소부르주아적 지도로 인하여 하등의 적극적 투쟁도 하지 못하고 그 안의 노동대중의 투쟁의욕을 말살하여 객관적으로 필요한 계급적 대진출을 방해하는 데 이르렀다" 한 것이 그 예이다.

셋째, 신간회의 강령이 추상적이며 구체적 운동지침이 없다는 것이었다. 평양지회에서의 해소론이 "행동강령도 없는 신간회의 현재 강령만으로는 오히려 투쟁의식을 말살할 뿐이라" 한 것을 들 수 있다.

넷째, 객관적 정세변화에 따르는 주체적 조응조건을 해소 이유로 들었다. 객관적 정세변화란 세계공황과 일본의 만주문제 개입을 말하며, 주체적 조응조건이란 노동대중의 전투화·혁명화의 진전을 말하는 것이었다.

지회를 중심으로 해소론이 제기되는 한편, 국제공산주의운동 쪽의 신간회에 대한 성격규정에도 변화가 나타났다. 코민테른의 「12월테제」에서는 아직 식민지문제에서 반제연합전선론(反帝聯合戰線

論)의 의의가 그대로 계승되었다. 그러나 프로핀테른의 「9월테제」(1930.9)는 신간회를 민족개량주의 단체로 규정했다.

초기 조선공산당 재건운동론에서도 한위건과 같이 신간회가 "어느정도의 매개적 역할이 가능하다"고 보거나 임원근(林元根, 1899~1963)과 같이 신간회가 완전한 소부르주아지로 구성된 단체가 아니며 노농대중의 투쟁력을 말살하는 단체가 아니라는 이유로 해소반대론을 펴는 경우도 있었다.

그러나 고경흠(高景欽, 1910~?)과 같이 "반제국주의 협동전선은 신간회 속에서 또는 신간회에 의해서 신간회를 통해서 전개되어야 하는 것이 아니라, 공산당에 의해서 신간회 밖에서 전개되어야 한다"고 보거나, 김경재(金璟載, 1901~?)와 같이 신간회가 아무런 투쟁능력을 갖지 못한 소부르주아의 사교장이며 계급의식을 말살시킨다는 이유로 해소론을 펴는 경우도 있었다.

신간회운동에 참가한 비타협적 민족주의 세력은 안재홍의 경우에서 대표되는 것과 같이 "조선의 운동은 양대 진영의 병렬협동이 가장 동지적 지속을 하여야 할 정세에 있고, 둘이서 서로 대립 배격할 정세를 가지지 않았다" 하여 해소를 반대했다. 그러나 창립대회 이후 두번째로 열린 전체대회에서 해소안이 제출되었다(1931.5). 일본경찰에 의해 찬반토의가 금지된 가운데 표결에 부친 결과 찬성 43, 반대 3, 기권 30으로 해소안이 가결되었다.

'표면단체' 운동으로서의 신간회운동은 1920년대 후반기 국내와 일본에서의 민족해방운동을 주도하면서 폭넓은 민중운동으로 뿌리 내려갔다. 그러나 처음에는 어느정도 관망적이던 일본이 이 운동의 발전에 당황하여 교묘하고도 끈질긴 탄압을 가하면서 중앙본부의 활동을 철저히 제한하고, 전국의 지회에 대해 해체공작을 벌여나갔다. 이와 함께 '민중대회사건' 이후 좌익세력이 우세했던 지회에서 본부 지도층의 우경화·타협주의화에 대한 대응책으로 해소론이 일어났다.

한편 「조선공산당 조직문제에 대한 국제당집행부 결정」(1930)이 "신간회는 대체 어떤 것인가, 소위 전족(全族)의 단일당 또는 그 매개형태인가. 유일전선이란 간판을 걸고 아무것도 모르는 공산주의자들이 공산주의 제3인터내셔널의 존재와 독립적 행동을 매장하여 민족단일당 조직을 부르짖거나 또는 제 역량을 민족단일이란 표어에 던져버리는 것은 두말할 것 없이 공산주의의 초보적 진리에 대한 반역행동이라고 하지 않을 수 없다" 한 것과 같이, 코민테른의 신간회에 대한 인식이 달라진 것도 해소의 원인이 되었다.

제5절 중국 관내 민족통일전선운동

조선민족전선연맹과 조선의용대

1920년대 후반기 민족해방운동전선에서 추진된 민족협동전선운동이 국외전선의 민족유일당운동 실패와 국내전선의 신간회 해소로 일단락된 후 해외전선, 특히 중국 관내지역 전선에서는 한국독립당·조선의열단·조선혁명당·한국광복동지회 등을 중심으로 일본제국주의의 만주침략에 대응하여 다시 통일전선을 형성하려는 운동이 추진되었다.

김규식·김두봉(金枓奉, 1889~?)·박건웅(朴建雄, 1906~?)·신익희(申翼熙, 1894~1956)·최동오(崔東旿, 1891~?) 등 이들 단체의 대표들은 상해에 모여 각 단체의 통일체로서 한국대일전선통일동맹

(韓國對日戰線統一同盟)을 발족시켰다(1932.11.10). 이 '동맹'은 "우리는 혁명의 방법으로써 한국의 독립을 완성코자 한다" "우리는 혁명역량의 집중과 지도의 통일로써 대일전선의 확대 강화를 기한다" 등을 강령으로 내세웠다.

이 '동맹'을 형성한 대표적 단체는 조선의열단과 한국독립당이었다. 3·1운동 후 조직된 의열단은 1920년대를 통해 국내외에서 개인폭력 방법에 의한 독립운동을 추진했다. 그러나 1920년대 후반기부터 민족유일당운동에 참가하고 그 제3차 전국대표자대회(1928.10.4)에서 "대지주의 재산을 몰수함" "농민에게 토지·가옥·기구 등을 공급함" "대규모의 생산기관 및 독점성의 기업은 국가에서 경영함" 등을 선언할 정도로 좌경화했다. 1930년대로 들어서면서 조선의열단 대표 김원봉(金元鳳, 1898~1958)은 국내에서 탈출한 안광천과 함께 조선공산당재건동맹을 조직하고 그 교육기관으로 '레닌주의정치학교'를 설립하여(1932) "프롤레타리아정권 없이 진정한 조선혁명은 이루어질 수 없다"고 가르칠 만큼 사회주의 단체화했다.

한국대일전선통일동맹을 형성한 또 하나의 핵심단체인 한국독립당은 상해에서 이동녕·안창호(安昌浩, 1878~1938)·김두봉 등에 의해 "종래의 지방적 파벌투쟁을 청산하여 민족주의운동전선을 통일하고 임시정부의 기초적 정당을 조직"하기 위해 성립된 단체였다. 이 무렵의 조선의열단이 중국 관내지역 민족해방운동전선의 좌익세력을 대표했다면 한국독립당은 우익세력을 대표한 단체였다고 할 수 있다. 따라서 한국대일전선통일동맹의 성립은 중국 관내지역 좌우익 통일전선의 성립이기도 했다.

한국대일전선통일동맹이라는 통일전선체를 발족시킨 중국 관내

1940년 5월 8일 창당된 한국독립당의 중앙감찰위원들

지역 전선은 곧 한층 더 강력한 통일전선을 구축하기 위해 '혁명단체의 제휴' 형태에 불과한 '동맹'을 발전적으로 해체하고 통일전선 정당인 조선민족혁명당을 발족시켰다(1935.7.5).

조선민족혁명당이 중국 관내지역의 완전한 통일전선정당이 되게 하기 위해 의열단·한국독립당·조선혁명당 등 기존의 단체 전부를 해체할 뿐만 아니라 임시정부도 해체할 계획을 세웠다. 그러나 김구(金九, 1876~1949) 등을 중심으로 하는 이른바 임시정부고수파들은 민족혁명당에 참여하는 것을 반대했다. 따라서 그만큼 통일전선 정당으로서의 성격도 약화했다.

민족혁명당은 그 기관지 『민족혁명』을 통해 과거의 좌익전선이 조선혁명에 대한 특수적 독자성을 해득하지 못한 점, 청산주의적 좌경소아병에 걸렸던 점, 헤게모니 쟁탈전에 빠졌던 점, 우익전선이 분산성·파벌성·국수성에 빠졌던 점을 비판했다. 그리고 민족혁명당은 이들 한계성을 극복하며 과학적 이론으로 무장한 강력한 중심당을 건설하고, 세계대세의 발전추이와 조선민족의 특수지위를 명확히 분석한 위에서 부단한 민족적 생존노선을 제시함과 더불어, 전체 민족에 대한 새로운 혁명조류를 제시함을 과제로 하는 통일전선정당이라 주장했다.

민족혁명당은 김구 중심의 임정고수파가 불참한데다가 조소앙(趙素昻, 1887~1959)을 중심으로 하는 한국독립당계와 이청천을 중심으로 하는 조선혁명당계가 이탈함으로써 통일전선정당의 위치를 점점 잃어갔다. 그러나 중일전쟁의 발발(1937)로 민족해방운동전선이 활기를 띠게 되자 다시 통일전선운동을 추진해갔다.

민족혁명당은 김규광(金奎光, 김성숙金星淑, 1898~1969) 등이 중심이 된 조선민족해방운동자동맹(朝鮮民族解放運動者同盟), 최창익(崔昌益, 1896~1957) 등이 중심이 된 조선청년전위동맹(朝鮮青年前衛同盟), 유자명(柳子明, 1891~1985) 등이 중심이 된 무정부주의자단체 조선혁명자연맹(朝鮮革命者聯盟)과 함께 한구(漢口)에서 조선민족전선연맹(朝鮮民族戰線聯盟)을 결성하여 일단 중국 관내 좌익전선의 통일을 이루었다(1937.12).

조선민족전선연맹은 창립선언에서 "조선민족의 유일한 활로는 단결된 전민족의 역량에 의해 일본제국주의를 타도하고 조선민족의 자주독립을 완성하는 데 있다. 그러므로 조선혁명은 민족혁명이며 우리의 전선은 민족전선이다" 하여 통일전선이 계급전선이나 유럽식의 인민전선이 아니라 민족전선임을 천명했다. 그 기본강령으로 진정한 민주주의 독립국가 건설, 언론·출판·집회·결사·신앙의 확실한 보장, 일본 제국주의자와 매국적(賣國賊)의 일체 재산 몰수, 근로대중의 생활 개선, 남녀평등 등을 채택했다.

조선민족전선연맹은 그 군사조직으로 조선의용대(朝鮮義勇隊)를 조직했다(1938.10.10). 조선의용대는 조선민족전선연맹의 핵심단체인 민족혁명당이 조선의열단이었던 때 운영했던 3기에 걸친 조선혁명간부학교 졸업생 등을 중심으로 중국 국민당정부의 원조를 받아 발족했다. 당초 약 150명을 제1지대와 제2지대로 나누어 발족했다가 다시 제3지대가 성립되었다(1939). 중국국민당 정부군의 6개 전구(戰區) 13개 성(省)의 전선에 분산 배속되어 정보수집·반전선전·투항권고·포로심문·후방교란 등의 활동을 했다.

조선의용대 창립

의용대 본부는 중국 중앙군과 같이 계림(桂林)·중경(重慶) 등지에서 활동했고, 제1지대는 중국군의 제9전구 사령부에 배속되어 호남성 장사(長沙)에서 벌어진 중국군의 초토항전(焦土抗戰)에 참가한 후 통성현(通城縣)·오동산(梧桐山)·홍산(紅山) 등지에서 활동했다. 제2지대는 호북성 노하구(老河口) 등지에서 활동하다가 악북회전(鄂北會戰)에 참가하고 남창(南昌) 등지에서 유격전에 투입되었고, 제3지대는 강서성 일대의 제3전구에서 활동했다. 1941년 전반기에 의용대원의 약 80%가 중국 공산군 지역으로 옮겨가 태항산(太行山)전투에 참가했다.

임정의 통일전선정부화와 광복군

이동녕·김구 등 조선민족혁명당에 참가하지 않은 임정고수파 중심의 우익세력은 정치·경제·교육 균등의 삼균주의(三均主義)를 표방하고 토지와 대생산기관의 국유화, 국민 생활권의 평등화 등을 강령으로 하여 한국국민당을 조직했다가(1935.11) 중일전쟁 발발 후에는 중국 관내지역 우익전선의 통일운동에 나섰다. 한국국민당은 앞서 조선민족혁명당에 참가했던 조소앙 중심의 세력이 곧 탈당하여 다시 조직한 한국독립당(1935.9)과 역시 민족혁명당에 참가했다가 탈당한 이청천 중심의 세력이 조직한 조선혁명당(1937.2) 등과 연합하여 한국광복운동단체연합회를 발족시켰다(1937.8.17).

이로써 중일전쟁 발발 후의 중국 관내 민족해방운동전선은 좌익적 세력의 통일전선체인 조선민족전선연맹과 우익통일전선인 한국광복운동단체연합회의 두 갈래로 일단 통일되었다. 이후 이 두 단체를 통일시키려는 운동이 추진되었고, 그 결과 두 단체를 통일한 전국연합진선협회(全國聯合陣線協會)가 성립되었다. 두 단체의 대표 김구와 김원봉이 "종래 범한 종종의 오류 착오를 통감하여 이에 두 사람은 신성한 조선민족 해방의 대업을 완성하기 위해 장차 동심협력할 것을 동지 동포 제군 앞에 고백"한다는 내용의 「동지 동포 제군에게 보내는 공개통신」을 발표했다(1939.7).

이 「공개통신」은 또 "봉건세력 및 일체의 반혁명세력을 숙청하고 민주공화제를 건설한다" "국내에 있는 일본 제국주의자의 공사 재산 및 매국적 친일파의 일체 재산을 몰수한다" 등의 정치강령을 발표했으나 통일전선체로서 전국연합진선협회가 그대로 정착되지는 못했다. 이후 그것을 정착시키기 위해 민족전선연맹에 참가한 4개 단체와 광복운동단체연합회에 참가한 3개 단체가 '한국혁명운동 통일 7단체회의'를 개최했으나 임시정부 존부 문제, 조선의용대 지휘권 문제 등에 의견이 갈려 성공하지 못했다(1939.8).

'통일 7단체회의'는 실패했으나 광복운동단체연합회에 참가한 한국국민당·한국독립당·조선혁명당 등 3당의 합당이 이루어져 새로운 한국독립당이 발족했다(1940.5.8). 우익통일전선 광복운동단체연합회가 정당으로 발전한 한국독립당은 역시 삼균주의 원리에 따라 보통선거제에 의한 정치균등, 토지와 대기업 국유화를 통한 경제균등, 국비의무교육제에 의한 교육균등의 실시를 정강정책으로 채택했다.

한국독립당 중심의 임시정부는 일본제국주의의 패망에 대비하면서 「건국강령(建國綱領)」을 발표했다(1941). 이 강령에서도 대생산기관은 국유로 하고 토지·어업·광업·은행·전신·교통기관 등을 국유로 하며, 토지의 상속·매매를 금지하고 "두레농장, 국영농장, 생산·소비와 무역의 합작기구를 조직 확대하여 농공대중(農工大衆)의 물질과 정신상 생활 정도와 문화수준을 제고"한다 했다.

태평양전쟁을 도발한 일본제국주의의 패망이 가까워짐에 따라 민족해방운동전선의 정치력과 군사력을 통일시켜야 할 필요성이 더욱 높아져갔다. 따라서 중국 관내지역 민족해방운동전선의 통일전선운동은 계속되었다. 그 결과 중국 공산군 지역으로 옮겨가고 남은 조선의용대원이 임시정부 군사력인 한국광복군에 편입되어 군사력의 통일을 이루었다(1942.5).

정치부문의 통일도 진전되어 조선민족전선연맹 쪽의 김원봉·왕통(王通)·유자명·김상덕(金尙德, 1891~?) 등이 임시의정원 의원으로 선출되었다(1942.10). 다시 민족전선연맹 쪽의 김규식이 임시정부 부주석이 되고, 김원봉·장건상·유림(柳林, 1894~1961)·김성숙 등이 그 국무위원이 됨으로써 마침내 임시정부를 통일전선정부로 확대 강화시킬 수 있었다(1944.4).

통일전선정부로 발족한 임시정부는 "우리들은 각 혁명단체, 각

무장대오, 전체 전사 및 국내외 동포로 더불어 전민족적 통일전선을 더욱 공고 확대하면서 일본 제국주의자에 대한 전면적 무장투쟁을 적극 전개하기 위하여 최대의 노력을 결심한다"는 「국내외 동포에게 고함」을 발표하여 전체 민족해방운동세력의 통일전선에 의한 무장투쟁의 강화를 강조했다(1944.8.9).

성립 초기 상해 시절의 임시정부는 그 군무부(軍務部) 직할로 6개월 과정의 무관학교를 두고 2기에 걸쳐 육군장교 43명을 배출했으나 곧 폐교되었다(1920). 이후 만주지역에서 성립된 군사단체 서로군정서와 북로군정서를 그 산하에 편입했으나 국민대표회의 실패 이후 임시정부 활동 자체가 침체 상태에 빠짐으로써 군사활동은 전혀 할 수 없었다. 그러나 중일전쟁 발발 후 다시 군무부에 군사위원회를 설치하고 광복군을 조직하여 무장항쟁 노선으로 돌아섰다.

임시정부는 「한국광복군선언문」을 발표하고 이청천을 사령관으로 하는 한국광복군총사령부를 발족시켰으나(1940.9.15) 중국 국민당정부의 인준을 받지 못했다. '한국광복군 행동9개준승(行動九個遵繩)'에 의해 중국군사위원회에 귀속시켜 통할 지휘한다는 조건으로 인준을 받았으나(1941.11.15) 그 장교의 절반 이상이 중국군으로 편성되었고, 1944년 8월 23일 '준승'이 취소될 때까지 광복군은 중국 군복과 표지를 사용하는 등 독자적 행동권을 가지지 못했다.

광복군은 당초 총사령부와 3개 지대로 출발했다가 4개 지대로 불어났다(1941). 제1지대는 임시정부가 서안(西安)에 파견했던 이준식(李俊植, 1900~66) 등 군사특파단 9명으로 창설되었고, 제2지대는 고운기(高雲起, 공진원公震遠, 1907~43) 등 총사령부 간부들을 중심으로 창설되었다. 제3지대는 창립 당시 지대장 김학규(金學奎, 1900~67) 이외의 대원은 없었고, 제5지대는 서안에 있었던 한국청

사격 훈련을 하고 있는 광복군 대원들

년전지공작대(韓國青年戰地工作隊)가 편입되었다. 이밖에 5개의 징모분처(徵募分處)가 있었다.

광복군은 제5지대장 나월환(羅月煥, 1912~42) 암살사건을 계기로 제1지대 · 제2지대 · 제5지대를 통합하여 새로 이범석(李範奭, 1900~72)을 지대장으로 하는 제2지대가 되었다. 또 조선의용대 대원 대부분이 중국 공산군 지역으로 이동하고 중경에 남은 약 40명의 대원이 광복군에 편입되어 김원봉을 부사령 겸 지대장으로 하는 제1지대가 되었다(1942). 일제 패망 당시의 광복군 병력은 이들 2개 지대 외에 제3지대와 공작대 등을 합쳐 약 7백명 정도였다고 추산되고 있다.

광복군에 대한 중국 쪽의 '준승'이 철폐되기 전에 조선민족혁명당과 인도·버마 주재 영국군 사이에 '조선민족군 선전연락대(朝鮮民族軍宣傳聯絡隊)' 파견 협정이 체결되었고(1943), 중국군사위원회의 동의에 의해 광복군사령부에서 9명의 공작대원을 파견했다.

이들은 영국군 제201부대와 제204부대에 배속되어 일본군에 대한 대적방송·문서번역·포로심문·비라제작 등에 종사했다. '준승'이 철폐된 후 '한국광복군 주인연락대(駐印聯絡隊)'로 개명하여 더 많은 대원을 파견할 것이 논의되었으나 실현되지 않았다.

한편 광복군의 제2지대와 제3지대는 임시정부와 중국주둔 미국

전략첩보기구인 OSS와의 합작으로 국내투입 유격요원을 훈련했다. 제2지대의 훈련은 서안(西安) 근처 두곡(杜曲)에서 50명씩 2개 반으로 나누어 실시되었고(1945.5), 제3지대의 훈련은 입황(立煌)에서 21명을 선발하여 실시했다(1945.7).

제2지대의 경우 훈련을 마친 94명의 대원을 8개 반으로 나누어 국내에 침투시킬 '국내정진군(國內挺進軍)' 편성을 완료했으나 일본의 항복으로 실현되지 못했다. 다만 이범석을 대장으로 하는 장준하(張俊河, 1915~75) · 김준엽(金俊燁) · 노능서(魯能瑞) 등의 대원이 미군 항공기로 서울에 왔으나(1945.8.18) 일본군의 완강한 거부로 되돌아갔다.

조선독립동맹과 조선의용군

중국 관내전선에는 김무정(金武亭, 1905~51) 등과 같이 국민정부의 북벌(1926)에서 시작하여 광동(廣東)꼬뮌(1927), 중화쏘비에뜨 임시중앙정부 성립(1931), 중국공산군의 대장정(1934) 등에 참가했던 조선 사람들이 있었다. 또 중국공산군이 대장정 끝에 연안(延安)에 정착한 후에는 최창익 · 한빈(韓斌, 1901~?) 등과 같이 국민당정부군 지역을 떠나 그곳으로 간 사람들이 있었다. 이들은 화북(華北)지방으로 이동해오는 조선의용대원을 받아들이면서 화북조선청년연합회(華北朝鮮青年聯合會)를 조직했다(1941.1.10).

'청년연합회'는 그 강령에서 "전화북(全華北) 조선청년을 단결시켜 조국광복의 대업에 참가시킬 것, 일본제국주의 아래 있는 조선통치를 전복하여 독립되고 자유로운 조선민족의 공화국을 건설할 것" 등을 내세우고, "중국에 거주하는 조선동포로써 통일전선을 결성하여 조선민족 해방운동의 선진대오가 되게 할 것"을 선언했다.

또 이 청년연합회는 "대한민국임시정부, 동북청년의용군, 한국독립당, 조선민족혁명당, 조선민족해방투쟁동맹, 재미국(在美國) 조선 각 혁명단체 등의 영웅적 분투에 대하여 무한한 경의를 표한다. 특히 열망하고 희구하는 일은 각 단체가 서로 영도하여 조선 전체 민족의 단합과 통일을 촉진하지 않으면 안된다는 사실이다" 하여 전체 민족해방운동전선의 통일을 적극 주장했다.

청년연합회가 성립된 후에도 국민당정부군 지역으로부터 김두봉 등과 조선의용대원 및 그 지휘부인 박효삼(朴孝三, 1906~?)·이춘암(李春岩, 1900~72) 등이 계속 화북지역으로 왔다. 이에 따라 청년연합회가 발전적으로 해체되면서 본격적 민족해방운동단체로서 김두봉을 주석으로 하는 조선독립동맹(朝鮮獨立同盟)이 조직되었다(1942.8.15).

당초 약 3백명으로 발족한 조선독립동맹은 그 강령에서 "일본제국주의의 조선에서의 지배를 전복하여 독립 자유의 조선민주공화국을 건설할 것을 목적으로 한다" 하고, "전국 국민의 보통선거에 의한 민주정권의 건립" "일본제국주의의 조선에서의 일체의 재산 및 토지 몰수와 일본제국주의와 밀접한 관계에 있는 대기업의 국영화 및 토지분배의 실행" 등을 내세웠다.

조선독립동맹은 중국 관내 산서성에 진서북(晋西北)지부와 진동남(晋東南)지부, 화북성에 태항(太行)지부, 산동성에 산동지부와 진노시변구(晋魯市邊區)지부, 안휘성에 회북(淮北)지부, 하남성에 태악(太岳)지부, 호북성에 기서(冀西)지부와 진찰기(晋察冀)지부 등을 두었고, 만주에 이상조(李相朝) 등을 파견하여 독립동맹 북만지구특별위원회를 조직하게 했다.

또한 국내에는 이극(李克, 1915~?) 등을 밀파하여 이영·여운형 등과 접촉하여 조선공산당 재건 문제와 만주지방에서의 무장활동 가능성 등을 조사하게 했다. 독립동맹의 국내공작은 여운형 중심의 건국동맹과 연결되어 1945년 8월 29일 연안에서 '전조선민족대회'를 개최하기로 합의되었으나 일제의 패망으로 실현되지 못했다.

조선독립동맹은 또 국제적·민족적 통일전선운동을 펴나갔다. 연안에서 개최된 '동방 각 민족 반파쇼대표대회'(1941)에는 임시정부 주석 김구가 대회의 명예주석단에 들었고, 그 진서북분맹(晋西北分盟) 성립대회에도 쑨 원, 마오 쩌뚱(毛澤東) 등과 함께 김구의 초상화를 걸었다. 임시정부 국무위원 장건상이 연안에 가서 이미 통일전선정부화한 임정과 독립동맹의 통일전선 형성에 합의하고 그것을 위해 김두봉 등이 중경에 가기로 했으나 바로 일본제국주의가 패망함으로써 실천되지 못했다. 그러나 이 통일전선운동의 맥락은 8·15 후 민족분단의 위험이 절박했을 때 추진된 남북협상(1948)으로 이어졌다고 할 수 있다.

한편 중국 국민정부 통치지역에서 활동하던 조선의용대원의 80%가량인 약 3백명이 중국공산군 지역으로 옮겨가서 조선의용대 화북지대(華北支隊)로 개편되었다가, 조선독립동맹이 발족하면서 그 군사력인 조선의용군으로 재편되었다. 이들은 태항산지역에서 중국공산군 8로군(八路軍)과 협동작전을 펼치며 대일전(對日戰)에 참가했다. 조선의용군은 8로군과 일본군 40만명이 싸운 '반소탕전(反掃蕩戰)' 호가장(胡家庄)전투에 참가하여 전공을 세우는 한편, 대적선전·후방공작 등에서 활동했다.

조선의용군 전사들의 대부분은 중국의 황포군관학교·남경중앙군학교·중산대학 등에서 교육받은 지식인들이었고, 포로가 된 후 사상전환한 일본인도 섞여 있었다. 그들은 최전방에서 일본군 병사들에 대한 반전사상 선전과 일본군에 동원된 조선인 병사들의 탈출 공작 등에 큰 성과를 올렸다. 이후 연안으로 옮겨간 조선의용군은 '조선청년혁명군정학교'를 세워 대원들을 교육했다(1943). 일본제국주의가 패망한 후 각지에서 활동하던 대원들이 심양(瀋陽)에 모여 4개 지대로 편성된 후 중국의 국공내전에 참가했다가 그 상당수가 북한으로 가서 인민군에 편입되었다.

제6절 만주 유격투쟁과 조국광복회

동북인민혁명군과 조선인

만주지방 조선인사회에서 사회주의운동은 1920년대 전반기에 이미 발달하기 시작하여 후반기에는 급성장했다. 연길(延吉)·화룡(和龍)·왕청(汪清)·훈춘(琿春) 등을 중심으로 하는 북간도지방의 경우 1930년에는 전체 인구의 76% 이상이 조선 사람이었다. 중국공산당 만주성위원회의 보고(1931.3)에 의하면 동만(東滿)지역 당원 636명 중 618명이, 남만(南滿)지역 당원 2백명 중 193명이 조선 사람이었다.

일본제국주의가 만주사변을 도발하자 중국공산당은 '만주병사공작에 관한 지시'(1931.10.12)를 통해 유격대를 창건하고 유격구를 개척할 것을 지시했고, 이에 따라 동만·남만·북만 등 각지에 유격구가 건설되고 유격대가 조직되기 시작했다. 동만의 경우를 예로 들면 명월구(明月溝)회의(1931.12)의 결정에 따라 다음 해부터 연길·왕청·훈춘현 등지에 소왕청쏘비에뜨·대황구쏘비에뜨 등이 건설되었고, 어랑촌혁명위원회·우복동혁명위원회 등이 건설되었다. 남만지역에서는 반석(盤石)의 경우와 같이 적위대가 성립되어 유격대 창건의 기초를 이루어갔다.

남만주 일대에서는 만주사변 후 조선인 당원 이홍광(李紅光, 1910~35)을 대장으로 조선인이 대부분인 반석 노농의용군(盤石勞農義勇軍)이 조직되었다(1932). 이 '의용군'은 일본군 및 위만군(僞滿軍)과 투쟁하다가 한족(漢族) 무장대와 합류하여 중국 노농홍군(勞農紅軍) 제32군 남만유격대로 발전했다(1933). 이해 가을에 남만유격대는 그 병력이 2천명으로 증강되어 동북인민혁명군 제1독립사로 되었다가 2개 독립사로 확장되면서 동북인민혁명군 제1군으로 편성되었다(1934).

연변 일대를 중심으로 하는 동만지방에서는 적위대를 중심으로 연길현 유격대가 조직되었고(1932), 같은 해에 화룡현에서도 적위대(赤衛隊)·평강유격대 등이 중심이 되어 어랑촌 유격근거지에서 화룡유격대가 결성되었다. 또 왕청현에서도 당초 18명으로 구성된 돌격대를 중심으로 유격대가 발족했고(1932) 여기에 별동대·안도유격대 등이 편입되어 왕청유격대로 확대 발전했다. 훈춘에서는 영북유격대와 영남유격대가 조직되었다가(1932.9) 이들이 통일되어 훈춘현유격대로 발전했다(1933).

조선인이 대다수를 차지했던 이들 동만의 4개 유격대는 중국 노농홍군 제32군 동만유격대로 편성되었다가(1933) 약 9백명의 병력으로 조선인 주진(朱鎭, 1905~45)을 사장(師長)으로 하는 동북인민혁명군 제2군 독립사로 발전했다(1934). 제2군 독립사는 1934년 한해 동안 9백여회의 전투를 치르면서 안도현(安圖縣) 처창즈와 왕청현 라자구 등지에 유격근거지를 개척했다. 일제의 '제3기 치안숙정계획'(1934.9~35.1)을 돌파한 뒤에는 1200여명의 병력과 980여자루의 총을 가지고 있었으며, 그 병력의 약 3분의 2가 조선인이었다.

이밖에도 북만지역에서는 대다수 성원이 조선인으로 된 주하(朱河) 반일유격대가 성립되어 활동했다(1933). 주하유격대는 동북반일유격대 합동지대로 재편성되었다가(1934.6) 다시 동북인민혁명군 제3군으로 편성되었다(1935.1). 또한 밀산(密山)에서는 중국공산당 밀산현위원회가 조선인 7명으로 구성되었고(1932), 조선인 중심의 40여명으로 밀산 반일유격대가 조직되었다(1934.3). 이 유격대는 한족구국군(漢族救國軍)과 연합하여 밀산현성을 공격하여 큰 전과를 올렸고, 구국군과 합쳐 동북항일동맹군 제4군으로 편성되었다(1934.9).

1920년대부터 많은 조선인이 이주해 살던 탕원(蕩原)에서도 조선인 중심의 중공 탕원현위원회가 조직되었다(1929). 당초에는 20여명으로 탕원유격대가 발족했으나(1932) 여러 차례 전투를 거치면서 그 대원이 6백여명으로 증가했다. 이후 중국공산당의 통일전선사업에 의해 주변의 자위단·경찰대 등을 합쳐 동북인민혁명군 제6군으로 편성되었다(1936). 그 1사 사장은 조선인 마덕산(馬德山, 1911~43)이었다.

운남강무학교 출신으로 광동꼬뮌에 참가했다가 만주지방으로 간 조선인 최석천(崔石泉, 최용건 崔庸健, 1900~76) 등은 요하(遼河)에서 1백여명의 조선인 청년이 참가한 군정훈련반을 만들었고, 이들을 중심으로 최석천을 대장으로 하는 요하 반일유격대가 조직되었다(1933). 이후 조선인 이학복(李學福, 1901~38)의 지휘로 주로 우수리강 좌안 일대, 송화강 하류 유역에서 일본군에 큰 타격을 주었던 요하유격대는 동북인민혁명군 제4군에 편입되었다(1935).

남만·동만·북만 등 각지에서 성립되어 활동하던 유격대들은 중국공산당에서 채택한 「1월서한(一月書翰)」(1933)에 의해 인민혁명군으로 편성되었다. 「1월서한」은 앞서의 '만주병사 공작에 관한 지시'를 수정해서 항일 민족통일전선의 강화와 노동계급의 영도권 확보를 강조했다. 또 일제와 친일주구의 재산 몰수, 소수민족의 기본적 권리와 이익 보장, 쏘비에뜨정부의 해체와 인민혁명정부 수립, 유격대의 인민혁명군으로의 개편 등을 지시했다.

「1월서한」의 지시에 따라 쏘비에뜨와 혁명위원회는 친일주구·반혁명분자를 제외한 16세 이상 인민들의 직접선거에 의해 구성되는 인민혁명정부로 대체되거나 농민위원회로 바뀌었다. 인민혁명정부는 지주의 토지를 몰수하던 정책을 바꾸어 2·8소작제 원칙을 고수하여 반일지주와의 대립을 완화했다.

한편 「1월서한」의 통일전선운동 강화 지시로 무장투쟁에서 반일부대들과의 연합작전이 추진되었다. 훈춘·왕청현 유격대원 1백여명과 구국군 부대원이 연합한 1500명 병력이 동녕현성을 공격하여 150여명의 적을 살상한 전투(1933.9)가 그 예의 하나다.

동북항일연군과 조선인

간도 일본영사관의 조종 아래 간도지방의 조선인 자치를 표방하며 친일 반공단체인 민생단(民生團)이 결성되었으나(1932.2) 별 성과 없이 일단 해산되었다. 그러나 중국 공산주의운동 내부의 민족배타주의적 경향과 좌경모험주의적 방침 등에 의해 많은 조선인 반일전선 투사들이 민생단원이란 혐의로 희생된 '반민생단투쟁'이 벌어졌다.

4년 동안이나 계속된 이 '투쟁'을 통해 약 560명이 체포되었고 그중 간부급 40여명을 포함한 약 430명의 조선인 활동가들이 처형당했다. 코민테른의 지시에 의해 '반민생단투쟁'이 사실상 중지되면서 동북인민혁명군, 특히 제2군의 군세는 급속히 확대되어갔다

(1936.2). 이 시기에도 제2군 군사간부의 60%, 정치간부의 70%, 대원의 50~60%가 조선인이었으며, 4개 단(團) 중 2개 단에서는 대원의 80%가 조선인이었다.

코민테른 제7회 대회(1935) 이후 반일 민족통일전선의 강화를 위해 항일 통일전선정부와 동북항일연군의 건설이 지시되었다. 이에 따라 「동북항일연군 군대편제를 통일할 것에 관한 선언」(1936.2.20)이 발표되었고, 이에 따라 동북인민혁명군, 동북반일연합군, 동북혁명군, 각종 유격대 등 무장조직의 통일전선체인 동북항일연군(東北抗日聯軍)이 제1군에서 제11군까지 편성되었다(1936~37).

조선인 중심의 간도지방 4개 유격대를 근간으로 조직된 동북인민혁명군 제2군의 경우, 1936년 3월 동북항일연군 제2군으로 개편될 때 그 산하에 3개 사(師)와 교도대(教導隊)를 합쳐 2천여명의 대원을 가지고 있었다. 그 가운데 50%가량이 조선인이었고, 특히 김일성(金日成, 1912~94)이 사장(師長)인 제3사 병력은 대부분 조선인이었다. 이후 제3사는 임강현(臨江縣)과 무송현(撫松縣)에 진출하여 '노령전투'(1936.5), '서강전투'와 '동강전투'(1936.6) 등을 치르면서 백두산지역으로 나아갔다.

이후 제1군과 제2군을 합친 6천여명으로 양 징위(楊靖宇, 1905~40)를 총사령으로 하는 동북항일연군 제1로군이 편성됐다(1936.7). 이때 제2군 1·2·3사는 각각 제1로군 4·5·6사로 명칭이 바뀌었다. 김일성이 사장인 제6사는 역시 조선인이 많은 제4사 등과 함께 유격전을 전개하면서 백두산지구로 들어가 유격구를 건설하기로 결정했다. 이후부터 백두산지역은 만주지역 조선인 항일투쟁의 중심지가 되어 일군 및 위만군(僞滿軍)과의 전투가 계속되는 한편, 재만한인조국광복회(在滿韓人祖國光復會) 건설의 기초가 되는 동시에 국내진공작전의 근거지가 되었다.

백두산 일원의 조·중 국경지역에서 항일투쟁을 전개하도록 임무를 받은 동북항일연군 제1로군 제6사는 백두산지구 유격구를 건설하고 '조국광복회' 조직을 국내에 넓히기 위해 압록강을 건너 조선의 갑산군 보천보(普天堡)를 공격하여 성공했다(1937.6). 이 전투로 동북항일연군 내 조선인부대의 활동이 국내에 알려져 민중을 고무하는 한편, 이 작전을 성공시킨 김일성의 이름이 국내에 알려지게 되었다.

중일전쟁 발발 후 일본군의 중국 관내 진격을 견제하기 위한 후방교란작전과, 중국 관내 8로군과의 연계 및 새로운 유격구 건설을 위해 동북항일연군이 열하지방으로 이동할 것이 요구되었다. 이에 따라 제1로군의 제1사와 제3사는 연해주지방을 향해 떠났고(1937.7) 제6사도 백두산지구를 떠나 몽강 휘남현(輝南縣)성으로 진출했다. 그러나 일본군의 압박으로 이동계획은 좌절되었고, 제1사장 청 삔(程斌)의 투항 등으로 타격을 입은 항일연군 제1로군은 경위려(警衛旅)와 3개 방면군(方面軍)으로 편제를 바꾸었다(1938).

이때 항일연군의 병력은 1850명 정도였다. 종래의 제4사와 제5사가 결합되어 편성된 제3방면군도 그 성원의 60%가 조선인이었고, 역시 조선인이 대부분이던 종래의 제6사는 김일성이 지휘를 맡은 제2방면군으로 재편되어 다시 백두산지구로 진출했다.

제2방면군의 국내진격작전인 함경북도 무산지구전투(1939.5), 제3방면군 13단의 최현(崔賢, 1907~82)부대 등과 연합하여 일·만군(日滿軍) 1백여명을 전사케 한 만주 안도현 대사하전투(1939.8), 일본군 '마에다(前田)토벌대' 120여명을 전사케 한 화룡현 홍기하전투(1940.3) 등이 계속 감행되어 적에게 타격을 주었다. 그러나 동북

동북항일연군 제2방면군 대원들. 둘째줄 중앙이 김일성이다.

항일연군 제1로군에 대한 일본군의 압박도 가중되어 마침내 총사령 양 징위가 전사했다(1940.2).

이후 만주지방에서 조직적 군사활동을 하기 어렵게 된 동북항일연군은 제1차 하바로프스끄회의(1940.1) 이후 이해 겨울부터 대부대활동을 정지하고 소·만국경을 넘어 소련 땅으로 옮겨갔다(1940.10). 제1로군의 제2·제3방면군과 제2로군 산하 제5군의 일부분으로 구성된 병력은 블라지보스또끄 근처에 남야영(南野營, B영)을 세웠다.

제2로군의 대부분과 제3로군의 전부로 구성된 병력은 하바로프스끄 근처에 북야영(北野營, A영)을 세웠다가 남야영과 북야영을 합쳐 중국인 져우 빠오즁(周保中)을 여장(旅長)으로 하는 동북항일연군 교도려(教導旅)로 편성되었다(1942.7). 이 교도려에는 소련 거주 조선인과 소수민족 출신의 소련군인 등이 일부 포함되어 있었으며, 국제홍군(紅軍) 제88특별여단으로도 불렸다.

교도려는 4개의 교도영(教導營)으로 구성되었고 조선인으로는 최용건이 부참모장이었으며 김일성·허형식(許亨植, 1909~42)·강신태(姜信泰, 강건姜健, 1918~50) 등이 영장이었다. 1942년 남야영과 북야영이 세워질 때 전체 대원은 약 1700명이었다고 하나 1944년경에는 1천명 정도가 있었고, 그 가운데 조선인은 1~2백명이었던 것으로 추산되고 있다. 소련 땅으로 들어간 후에도 동북항일연군은 만주지방에 소부대를 파견하여 적정을 정찰하고 철도와 간선도로 등 수송로를 파괴하는 활동을 계속했다.

1941년 6월 소련과 독일의 전쟁이 발발한 후에는 소부대활동이 더욱 활발해졌다. 독일이 항복하고(1945.5) 일본의 패색이 짙어지자 제 88여단에는 소련의 대일본전쟁에 대비하여 조선에서의 해방사업과 당 건설을 추진할 '조선공작단'이 성립되었다(1945.7). 그해 8월 9일 소련의 선전포고로 소·일전쟁이 발발하자 교도려의 조선인들은 작전에 참가하여 만주와 한반도로 진격하는 한편, 김일성이 인솔하는 조선인 본대는 대일전에 직접 참가할 기회를 얻지 못한 채 원산을 통해 귀국하여 북한정권 건설의 핵심세력이 되었다(9.19).

재만한인조국광복회 코민테른의 지시에 의해 조선공산당이 해소된 후 그 1국1당 원칙에 따라 만주지방에서 활동하던 조선인 공산주의자들도 중국공산당에 가입하여 활동해야 했다. 조선인 공산주의자들이 동북인민혁명군과 동북항일연군 산하에서 활동한 것도 그 일환이라 할 수 있으나 조선인 공산주의자들의 궁극적 목적은 역시 조선독립의 달성에 있었다. 코민테른과 중국공산당도 코민테른 제7회 대회를 전후하여 중국 내 소수민족 정책에 변화를 나타내기 시작했다.

코민테른 제7회 대회의 방침에 따라 조선인들이 만주에서 '조국광복회'를 조직할 것과 동북인민혁명군 내 조선인들로 인민혁명군을 따로 조직할 것을 결정했다. 중국공산당도 코민테른 기관지를 통해 '동북인민 반일통일전선'을 주장하면서 간도지방의 조선인 항일 통일전선정당으로 '민족혁명당'의 조직을 제안하기도 했다(1935.11). 그러나 조선인부대의 단독활동이 전략상 유리하지 않다는 판단에 의해 군사조직상에서는 완전히 분리하지 않고 연합 형식을 취하여 '항일연군'이라 불렀다.

동북인민혁명군 때와 같이 항일연군에서도 조선인부대가 완전히 분리되지는 않았으나 조선인이 절반을 넘었던 항일연군 제2군은 조·중 국경지대, 백두산지역으로 진출하여 '조국광복회'가 조직될 기반을 마련했다. 이후 제2군 고급간부회의인 동강회의(東崗會議, 1936.5) 결정에 따라 마침내 오성륜(吳成崙, 전광全光, 1900~47)·이상준(李相俊, 이동광李東光, 1904~37)·엄수명(嚴洙明) 등 세 사람의 발기로 "전민족의 계급·성별·지위·당파·연령·종교 등의 차별을 불문하고 백의동포는 반드시 일치단결 궐기하여 구적(仇敵)인 왜놈들과 싸워 조국을 광복시킬 것"을 선언한 재만한인조국광복회가 조직되었다.

조국광복회는, 광범위한 반일 민족통일전선을 실현하여 진정한 한인(韓人)의 독립적 인민정부를 수립할 것, 중국 영토 내에 거주하는 한인의 진정한 자치를 실현할 것, 한인의 진정한 독립을 위해 싸우는 군대를 조직할 것, 일본과 매국적 친일분자의 재산·토지를 몰수하여 독립운동 경비로 할 것, 민족적 공·농·상업을 발전시킬 것, 언론·출판·집회·결사의 자유를 전취하고 모든 정치범을 석방할 것, 남녀·민족·종교적 평등과 부녀의 사회적 지위를 제고할 것, 의무 면비(免費)교육을 실시할 것, 노동조건을 개선하고 노동자보험법을 실시할 것, 우리 민족해방운동에 대해 선의와 중립을 표시하는 국가·민족과 친선을 유지할 것 등을 내용으로 하는 '10대강령'을 발표했다.

동북항일연군 제2군 제3사(1936년 7월 이후는 제1로군 제6사로 됨) 중심으로 추진된 조국광복회는 조직 확대사업으로 만주 장백현(長白縣) 일원과 국내의 함경북도 북부 일원 및 평안북도 북부, 그리고 흥남·함흥·원산 등지에 조직망을 구축해나갔다. 그 최하 조직단위인 분회(分會)는 회원 3인 이상으로 조직되었고, 분회 3개 이상인 곳에 구회(區會), 구회 3개 이상인 곳에 시회(市會)와 현회(縣會), 현회 3개 이상인 곳에 성회(省會)를 두었다.

조국광복회 분회는 대표대회에서 선거된 위원으로 집행위원회를 조직하여 분회 전체의 공작을 지도하게 하고 30명 이상의 회원을 가진 각급 단위조직에서는 조직부·선전부·총무부·무장부·경제부·재판부·청년부·부녀부 등 8개 부서를 두었다. 장백현 공작위원회(1937.2)의 경우 그 산하에 3개 구회, 11개 지회, 41개 분조, 10개 반, 4개 생산유격대 등을 두었고, 국내에서도 1개 한인민족해방동맹, 3개 지회, 3개 분조, 1개 정우회, 1개 반일회, 14개 반일그룹을 두었다.

국내조직의 경우 한인민족해방동맹에 소속된 갑산군 운흥면 조직은 항일청년동맹·반일그룹·반일부인그룹·반일회·결사대·농민조합·야학회 등 26개 단체를, 보천면 조직은 반일청년동맹·반일정우회 등 9개 단체를 두고 있었다. 함경남도 삼수군에도 별동면·신파면 등지에 지회와 공작위원회 등을 조직했고, 1937년 현재 함경남도 원산·함흥·풍산군·단천군, 함경북도 무산군·성진군·길주군, 평안북도 신의주·후창 등지에도 정치공작원을 파견했다.

조국광복회는 민족통일전선을 실현하기 위해 장백현 일원과 갑산·삼수·풍산 등 3군의 천도교 종리원(宗理院)을 관할하는 도정(道正) 박인진(朴寅鎭)과 접촉하여 그를 가입시켰다. 천도교 중앙의 최린에게까지 접촉을 기도했다가 실현되지 않았으나 풍산군 일대의 교도들은 동북항일연군에 입대하고 생산유격대의 조직에 참가했다. 그러나 혜산사건(惠山事件, 1937~38)으로 불린 두 차례의 조국광복회 검거사건으로 권영벽(權永壁, 1909~45)·이제순(李悌淳, 1908~45)·박달(朴達, 1910~60)·박금철(朴金喆, 1911~?) 등 739명의 관련자가 체포됨으로써 그 조직의 대부분이 무너지고 말았다.

제7절 국내 민족통일전선운동

혁명적 노동조합운동

1920년대 후반기로 오면서 농업공황으로 생활이 궁핍해진 노동자·농민 들의 투쟁의식이 고양되어 노동쟁의·소작쟁의가 활성화하고 광주학생운동 등으로 학생운동이 고양되면서 사회주의사상이 점차 대중화해갔다. 이러한 현상은 표 3에서 보는 바와 같이 사회운동단체의 급격한 증가로도 나타났다. 이에 따라 조선총독부는 대중운동의 좌경화를 막기 위해 치안유지법 등을 확대 적용하여 탄압을 강화하는 한편, 민족개량주의운동·문화운동 등을 일정한 범위 안에서나마 활성화시켜나갔다. 1930년대에 일어나는 브나로드운동·조선학진흥운동 등은 이와같은 분위기의 소산이었다.

이러한 변화에 따라 신간회를 비롯한 각종 합법적인 운동단체들의 지도부가 점차 개량화되어갔다. 사회주의자들은 고양되어가던

표 3 **연도별 사회운동단체 발생추이**

연도	농민운동	노동운동	청년운동
1920	0	33	251
1921	3	90	446
1922	23	81	488
1923	107	111	58
1924	112	91	742
1925	126	128	847
1926	119	182	1,092
1927	160	352	1,127
1928	307	432	1,320
1929	564	465	1,433
1930	943	561	1,509
1931	1,759	511	1,482
1932	1,380	404	863
1933	1,301	374	1,004

자료: 『最近の朝鮮治安狀況』 1933년판, 168~69면.

대중운동과 「12월테제」(1928), 「9월테제」(1930), 「10월서신」(1931) 등 코민테른의 각종 지시에 힘입어, 1930년대로 들어서면서 이들 개량화되어가던 민족운동과 결별을 시도했다. 이는 신간회를 비롯한 청총·노총·농총 등의 해소로 나타났다.

사회주의 운동가들은 합법적 대중단체들의 해소와 함께, 직접 노동자·농민 계급 속으로 들어가거나 도시의 학생·인텔리·소부르주아 들을 결집하는 활동을 하려 했다. 통일전선운동 또한 신간회 당시와 같은 위로부터의 통일전선은 부정하고, 노동자·농민·학생층에 기초한 아래로부터의 통일전선운동을 지향했다. 이에 따라 1930년대에는 혁명적 노동조합이나 반제동맹을 조직하는 활동이 지속적으로 전개되었고, 이를 토대로 노동자·농민에 기초한 조선 공산당 재건운동을 전개할 수 있었다.

혁명적 노동조합운동은 기존의 공업중심지역과 1930년대 이후의 병참기지화 정책에 따라 새로 발달한 공업지대를 중심으로 추진되었다. 반(班)이나 공장그룹 등의 세포조직을 기초로 분회를 두고 분회 위에 공장위원회, 그 위에 지역 산업별 노동조합을 성립시킨 후 그것을 통해 전국적 산업별 노동조합을 결성하는 방법으로 추진되었고, 공산당 재건운동의 토대가 되도록 계획되었다.

1931년에서 1935년까지 5년간만 해도 혁명적 노동조합운동 관련사건은 70건에 1759명이 연루되었고, 농민조합운동 관련사건은 103건에 4121명이 연루되었다. 혁명적 노동조합운동으로는 함흥에 본부를 두고 청진·원산·서울·평양·신의주·광주·목포·부산 등의 공업도시를 중심으로 활동했던 '조선좌익노동조합 전국평의회'(1931)의 활동을 비롯하여 김호반(金鎬盤, 1902~?)·이문홍(李文弘, 1905~?) 등의 활동으로 4차에 걸쳐 추진된 '태평양노동조합사건'(1930~35)이 두드러졌다.

이밖에도 계경순(桂瓊淳) 등이 활동한 '신의주 비합법공장노동조합사건', 김태석(金泰錫, 1909~?)·정달헌(鄭達憲, 1899~?) 등의 제1·2차 '평양 적색노동조합사건', 주영하(朱寧河, 1908~?) 등의 '겸이포제철소 적색노조사건', 김용환(金龍煥, 1912~48) 등의 '여수 적색노조사건', 장규경(張奎景, 1901~?)·이승엽(李承燁, 1905~53) 등의 '마산 적색노조사건' 등이 있으며, 드러난 것 외에도 각 지역의 당재건운동 그룹과 연관된 활동들은 아주 많았다.

대표적 사례로서 서울의 경우를 보면, 1932년부터 1936년경까지 이재유(李載裕, 1905~44)그룹 등이 중심이 되어 철도국공장·용산

공작주식회사 등 금속공업부문과 대륙고무·경성고무 등 화학공업부문, 동성제사·소화제사 등 섬유산업부문, 경성전기회사 등 전기산업부문, 그리고 조선인쇄공장·전매국공장·화신상회 등 약 30개 이상의 공장과 각종 사업장에서 공장반을 조직하고 파업을 지도하는 등의 활동을 했다. 또한 이들은 여주·양평 등지의 혁명적 농민조합운동을 지도했으며, 서울의 각급 학교와 경성제국대학 등을 중심으로 학생층을 조직화했다. 이를 기초로 조선공산당 재건운동을 전개하고자 했다.

혁명적 농민조합운동은 혁명적 노동조합운동보다 더욱 광범위하고 활발하게 전개되었다. 1930년대를 통해 전국 220개 군·도(郡島) 중 80여개 군·도에서 혁명적 농민조합운동이 전개된 사실은 이 운동이 결코 국지적 운동이 아니었음을 말해주고 있다. 함경남도의 경우 전체 군·도의 81%에서 운동이 일어나서 그 비율이 제일 높았고, 다음은 함경북도의 46% 등이다.

이 시기를 통해 운동에 연루되어 검거된 농민은 1만 5천명 내지 2만명이나 되었고, 검사국에 송치된 인원은 약 6200명, 공판에 회부된 인원은 약 1770명이었다. 혁명적 농민조합운동이 가장 활발히 전개된 지역은 함남북·전남·경북·강원도 등이었으며, 군별로 보면 명천·성진·홍원·정평·영흥·문천·단천 등을 들 수 있다.

혁명적 농민조합운동은, 첫째, 합법적 농민조합이 비합법적 혁명적 농민조합으로 개편되어가는 과정(1930~31), 둘째, 혁명적 농민조합운동의 확대 및 재건이 활발히 전개되는 과정(1932~37), 셋째, 반파쇼 인민전선전술의 수용과 함께 운동의 조직과 투쟁노선이 일정하게 전환하던 과정(1937년 이후)으로 전개되었다고 할 수 있다.

혁명적 농민조합운동의 조직과정은 먼저 3~5명 내지 7명으로 구성되는 동리 단위의 농조반(農組班)들을 조직하고, 그것을 바탕으로 면 단위 농민조합지부를 결성한 후 군 단위 농민조합을 조직해나가는 순으로 추진되었다. 초기의 혁명적 농민조합운동은 일반적으로 토지혁명과 노농쏘비에뜨 건설을 표방하고 빈농우위원칙(貧農優位原則)을 강조했으나 점차 부농배제론(富農排除論)을 지양해갔다. 이 운동은 아래로부터 위로의 통일전선 결성에 의한 선진적 농민대중의 조직화, 경제투쟁과 정치투쟁 및 합법투쟁과 비합법투쟁의 통일적 결합에 의한 혁명적 대중투쟁의 활성화, 이와같은 역량강화를 통한 공산당 재건의 조직적 기초 확보 등을 목적으로 전개되었다.

혁명적 노농조합운동을 주도한 사람들은, 1920년대 공산주의운동가들 중 전향하지 않은 사람들과 코민테른과의 연계하에 들어온 사람들, 개량화되지 않고 사회운동의 비합법운동으로의 방향전환에 영향받은 각 지방의 사회운동가들, 기존 합법적 노농조합운동의 주역들, 광주학생운동 이후 직접 노농현장으로 투신한 학생운동 출신들, 1920년대 말부터 1930년대 전반에 걸쳐 배출되고 성장한 노동자·농민 자신에 의해 이루어졌다고 할 수 있다.

혁명적 노농운동을 통해 각종 기관지와 비합법 출판물이 발행되어 선전기술이 발전했다. 야학·연극·스포츠 등을 조직, 활용하는 등 전술이 발전해갔고, 조직원에 대한 교육과 훈련이 강화되었으며 조직 보위력 등이 더욱 커져갔다. 그러나 한편으로는 위로부터의 통일전선을 일체 배제하고 아래로부터의 통일전선만을 지향하는 과정에서, 노선이나 실제 활동상 지나친 정치적 편향이나 좌익모험주의를 드러낸 경우도 있었다.

1935년에 개최된 코민테른 제7회 대회에서 인민전선전술이 구체화되고, 중일전쟁을 고비로 일본제국주의가 더욱 파쇼화해가는 상황 속에서 국내의 혁명적 노동조합운동은 상당히 위축되었다. 그러나 몇몇 지역에서는 전술상의 전환을 모색해가면서 지속적으로 노동조합과 농민조합을 재건해나가는 경우도 있었다.

1930년대 후반부터 주로 북쪽지역을 중심으로 일부의 운동이 폭동화·무장화되어가는 경향도 있었다. 1936년부터 1940년대까지 지역적으로 전개된 혁명적 노동운동 과정에서는 기존의 방침을 토대로 하면서도 인민전선전술을 대중운동 속에 구체화시켜보려는 시도 또한 있었다. 인민전선 방침을 적용하여 활동하고자 했던 대표적인 사례로서 이주하(李舟河, 1905~50)를 중심으로 하는 원산지역의 노동운동이나 이와 연결되어 있었던 한봉적(韓鳳適, 1909~?) 등의 정평·청진 등지의 활동이 있었다.

1920년대 말기의 총파업 이후 1930년대 중반으로 들어서면서 이주하·전태범(全台範, 1912~?) 등의 주도로 추진된 원산지역 노동조합운동의 경우 적색노조 원산좌익위원회를 조직하기 위해 원산시내 철도와 금속공업, 화학공업의 3대 산업부문에서 각각 산업별 위원회를 조직하기로 하고, 그 하부조직으로 적로반(赤勞班)을 결성하는 활동을 전개했다. 특히 철도위원회의 적로반 조직이 활발했다. 이들은 1938년경에는 인민전선 방침을 화학·금속·철도 부문을 중심으로 구체적으로 적용하여 철우회 등의 친목회를 조직하는 활동을 했다.

원산지역의 혁명적 노동조합운동은 처음에는 조선혁명을 부르주아민주주의혁명으로 규정하면서 대규모 생산기관을 몰수하고 토지개혁을 수행하는 노동쏘비에뜨정권의 수립을 목표로 내걸었다. 그러나 이주하와 최용달(崔容達, 1903~?)·이강국(李康國, 1906~53)

등이 만나(1937) 새로운 지도기관을 결성한 후에는 코민테른 제7회 대회의 통일전선전술을 수용하여 "인텔리겐챠와 소시민을 과소평가하거나 민족부르주아지의 좌익을 업신여겨서는 안된다. 일본제국주의와 파시즘에 반대 투쟁하는 전인민의 통일전선을 조직하자"고 주장하기에 이르렀다.

이러한 모색에도 불구하고 1930년대 혁명적 노·농조합운동은 그 활동원의 대다수가 검거되어 와해되었고, 1940년대 전시체제하에서 대중의 자연발생적 투쟁을 올바르게 지도할 수 있는 역량으로 성장하지는 못했다.

조선공산당 재건운동

코민테른은 「12월테제」를 통해 조선공산당을 해소시키고 그 재조직을 지령하면서 조선혁명의 성격을 일본제국주의와 조선의 봉건제도에 반대하는 부르주아민주주의혁명이라 했다. 또한 토지문제의 혁명적 해결과 쏘비에뜨 형태를 통한 프롤레타리아트와 농민에 의한 민주주의 독재권력의 확립을 강조했다. 당재건운동에서는 파벌투쟁을 단호히 배격하고 소수 지식인층이나 학생층이 아닌 노동자·농민이 당재건운동의 기반이 되어야 한다고 지시했다.

「12월테제」 직후부터 추진된 초기의 당재건운동(1929~31)은 조선공산당 시기의 역량을 바탕으로 단기간에 통일된 볼셰비끼적 당을 결성할 수 있으리라 전망했다. 이에 따라 전국적 범위의 '당재건준비위원회'를 결성하고 그것을 확대 강화하는 방법으로 진행되었다.

이런 운동은 주로 종래의 파벌을 중심으로 추진되었다. 서울상해파의 김철수(金錣洙)·윤자영(尹滋瑛, 1894~?) 등에 의해 만주 길림에서 조직된 '조선공산당재건준비위원회'(1929.2)는 기관지 『볼셰비키』를 간행하고, 정치공작원을 국내의 평양·함흥·홍남·서울·청진·광주·진주 등 주요도시로 파견하여 당과 공산청년회·적색노동조합 등의 세포를 조직하려 했다.

ML파는 역시 길림에서 이경호(李慶鎬, 1882~?)·한빈(韓斌)·한위건(韓偉健) 등을 중앙간부로 하는 '조선공산당재조직중앙간부회'를 결성하고(1929.5) 기관지 『계급투쟁』을 발행하면서 국내의 각 도·군에 조직을 건설해갔다.

화요회파도 서울에서 비밀리에 '조선공산당조직준비위원회'를 결성하고(1929.11) 김단야(金丹冶, 1899~1938)·박민영(朴珉英, 1904~?)·채규항(蔡奎恒, 1897~?) 등이 중앙위원이 되었다. 화요회파의 당재건운동은 모스끄바공산대학 졸업생들을 전국의 중요도시와 공장지대에 배치하여 노동자와 농민 속에서 새로운 세포조직을 건설하려 했다.

이들 초기의 당재건운동은 인텔리 당으로서의 성격을 청산하고 '투쟁을 통한 조직'을 표방하면서 대중 속으로 들어가서 빈농과 산업노동자 중심 당의 재건을 지향했다. 그러나 초기의 당재건운동은 지난날의 파벌적 기반을 중심으로 추진되는 경향이 강했다. 당재건을 지도할 중앙기관을 위로부터 먼저 구성하는 등 「12월테제」에서 제시된 방침들이 구체화되지 못했다.

또 국제공산당의 1국1당 원칙에 의해 만주와 일본에 뿌리내렸던 역량들이 당재건운동으로 쉽게 전환되지 못한 상태에서 일본의 심한 탄압을 받아 많은 희생을 냈다. 그러면서도 한편으로는 이 과정을 통해 당재건운동이 대중운동과 결합되어가는 일면도 있었다.

초기 당재건운동은 전국 단위의 당재건준비위원회를 결성하고 그 지도에 의해 산업중심지와 농촌지역에 세포조직을 건설하는 방법으로 진행되었으나 1932년경부터 곧 방법론의 전환이 있었다. 농촌지역에는 혁명적 농민조합을, 도시지역에는 혁명적 노동조합을 조직하고 점차적으로 지역별·산업별 협의회와 전국적 노동조합 위원회를 조직하는 활동을 우선적 과제로 삼았다.

이 과정에서 조직구성원 중 정예분자들을 골라 지역적으로 '공산주의자그룹'을 만들었다. 장기적으로는 일정한 시기에 이들 '그룹'의 대표자회의를 소집하여 이를 통해 조선공산당을 재조직하는 방식을 취했다. 혁명적 대중운동 속에서 성장한 새로운 형의 공산주의자를 양성하여 당을 재건하려 한 것이다.

이같은 방법론의 전환에 따라 서울상해파는 파벌적 존재로 비판받던 '당재건준비위원회'를 해체하고 혁명적 노동조합을 통한 당재건을 위해 '좌익노동조합전국평의회 준비위원회'를 조직했다. ML파에 소속되어 있던 공산주의자들도 공산당과 공산청년회를 먼저 결성하려던 것에서 혁명적 노동조합운동을 집중적으로 추진하는 방법으로 전환해갔다. 코민테른에서도 지역 단위의 공산주의자그룹을 새로 구성할 정치공작원으로서 모스끄바공산대학 출신들을 대거 국내로 파견했다.

그러나 1930년대에 지속적으로 전개된 당재건운동은, 실제로는 정세변화와 지역조건의 차이에 따라 이들 지역그룹과 혁명적 노농운동이 순차적으로 연결되는 것이 아니라 상호 추동하면서 진행되는 경향이 강했다.

당재건운동은 이상과 같이 전개되다가, 1930년대 중반을 넘어서면서 중일전쟁의 도발로 일본의 식민지배체제가 전시체제로 돌입하고 일제의 사상탄압이 더욱 가혹해져 활동가 대다수가 검거됨에 따라 그 조직이 점차 와해되어갔다. 또한 국내 대중운동의 침체와 세계정세 변화에 따른 제7차 대회 이후의 코민테른의 노선변화 등에 의해서도 일정한 영향을 받았다.

코민테른 제7차 대회에서는 반파쇼 인민전선전술을 채택하고 식민피지배국 혁명운동에서 반제국주의적 부르주아민족주의자와 민족통일전선을 형성할 필요성을 확인하게 되었다. 이 대회에 참가했던 김하일(金河一)은 민족부르주아지를 배일사상을 가진 경우와 그렇지 않은 경우로 구분하고, 반일 민족부르주아지를 민족혁명전선에 끌어들일 필요성을 강조했다. 이후 코민테른도 조선에서의 전술전환을 원조하기 위해 정치공작원들을 파견했다. 경북 왜관지역 운동을 지도하고자 했던 박창순(朴昌順), 함북 청진에서 활동한 이순(李淳, 1894~?) 등이 그들이다.

코민테른의 전술전환에 따르는 조선공산당 재건운동에서 대체권력이 노농독재냐 인민권력이냐 하는 문제까지 확정된 것은 아니었다. 그러나 통일전선전술의 불가피성을 인정하면서 혁명적 노동조합과 농민조합을 해소하고, 광범위한 반일대중조직을 결성하려는 방향으로 나아가는 경우가 있었다. 그 대표적인 예를 조국광복회의 갑산지역 혁명운동조직이 종래의 '공작위원회'로부터 민족통일전선기관인 '반일민족해방동맹'으로 전환한 데서 볼 수 있다.

한편 혁명적 노동조합운동과 반일대중조직의 병행 발전을 기도하는 경우가 있었다. 그 예로 원산이나 청진 지역에서 공산주의자그룹이 혁명적 노동조합운동과 통일전선운동의 병행 발전 방식을 택한 것 등이 있다. 그밖에 1936년경의 '이재유그룹' 활동이나 1939~41년 이관술(李觀述, 1900~?)·박헌영 등의 '경성콤그룹'이 별도로 인민전선부를 설치한 것 등에서도 단편적으로 확인된다.

일제 파쇼체제 아래서의 조선공산당 재건운동은 이같은 약간의 전술적 '혼선'을 보였지만 지역적인 공산주의자그룹 운동은 계속 발전했다. 중일전쟁 발발 후 약 1년 6개월간(1937.7~38.12) 1건당 10인 이상의 검거자를 낸 공산주의자그룹 사건은 21건이나 되었고, 관련 검거자도 1355명이나 되었다. 이러한 지역 공산주의자그룹은 전국의 각 도에 걸쳐 있었지만, 특히 일제의 병참기지화 정책으로 공업시설이 일부 건설되고 있었던 흥남·함흥·원산·청진 등지와 명주·길주·단천·정평 등지의 북쪽지역에서 발달했다.

한편 1930년대 중반 이후 전개된 당재건운동에서는 과거 파벌의 잔재 등은 거의 사라져가고 있었다. 일제가 더욱더 파쇼전시체제로 돌입해감에 따라 각 지역의 당재건운동들이 대부분 와해된 후인 1939년에는 모스끄바에서 들어온 김단야·이관술·박헌영 등에 의해 경성콤그룹이 결성되었다. 이들은 1941년 검거될 때까지 전국 각지의 당재건운동, 혁명적 노농운동의 잔존세력을 결집해가면서 최후의 투쟁을 준비했다.

서울·경기 지역 외에도 구체적으로 함경도와 경상도 등지에서 하부조직이 확인되며, 노조부·가두부 등 외에도 내부에 별도로 인민전선부를 두어 활동했다. 또한 유격투쟁에 많은 관심을 가지는 등 국제정세의 변화와 다양한 전술방침의 모색에도 주력했다. 검거를 면한 일부 사람들은 1944년의 '공산주의자협의회'나 건국동맹 등에 참여하여 활동했다.

태평양전쟁 시기에 들어가서도 일본제국주의의 발악적 탄압을 이기고 공산당 재건운동은 추진되었다. 서울에서는 서중석(徐重錫, 1904~?)·이정윤(李廷允, 1897~?)·김태준(金台俊, 1905~49) 등이 결성한 공산주의자협의회(1944.11)가 활동했고, 함남 장진군 일대에서는 '임충석(林忠錫)그룹'이, 경남 부산 및 거제도 일대에서는 '윤일(尹一, 1893~?)그룹'이 활동하고 있었다. 지리산에는 징용·징병 기피자 등 70여명이 하준수(河準洙, 남도부南道富, 1921~54)의 지휘하에 결성한 항일유격대 보광당(普光黨)이 활동하고 있었다. 그러나 전국 각지에서 지속적으로 전개되었던 조선공산당 재건운동은 결국 단일한 조선공산당으로 재건되지 못한 채 8·15를 맞았다.

건국동맹 상해임시정부에서 활동하다가 일본경찰에 잡혀 압송된 후 형을 살고 그대로 국내에 머물렀던 여운형은 자신을 장 제스정부와의 화평교섭사절로 보내려는 일본정부 쪽의 초청으로 도쿄에 갔다(1940). 화평사절은 성사되지 않았으나 그곳 지도급 인사들과 접촉하면서 일본의 실정을 파악했다. 한편 중국의 연안·북경·만주 등지에 있던 이영선(李永善)·최근우(崔謹愚) 등과의 연락을 통해 일제의 패망을 예견할 수 있었다.

다시 구속되어 1942년 12월부터 이듬해 6월까지 형무소에 있으면서 민족의 해방에 대비하여 '조선민족해방연맹'의 조직을 구상한 그는 석방된 후 이기석(李基錫, 이걸소李傑笑, 1900~?)·김태준 등과 만나 '인민전선'을 논의하는 한편, 공산주의자그룹인 이승엽 등의 '자유와독립'그룹 및 김일수(金一洙, 1896~?)·김태준 등의 공산주의자협의회그룹 등에게 민족해방연맹이나 인민전선 혹은 인민위원회를 조직할 것을 제의했다. 결국 연안 조선독립동맹과의 일정한 통일성, 그리고 일제 패망에 대한 대비 등이 고려되어 조선건국동맹(朝鮮建國同盟)을 조직했다(1944.8.10).

건국동맹의 강령은 "첫째, 대동단결하여 거국일치로 일본제국주의 세력을 구축(驅逐)하고 조선민족의 자유와 독립을 회복할 것,

둘째, 반추축제국(反樞軸諸國)과 협력하여 대일(對日) 연합전선을 형성하고 조선의 완전한 독립을 저해하는 일체 반동세력을 박멸할 것, 셋째, (국가)건설부면에 있어서 일체 시정(施政)을 민주주의 원칙에 의거하고, 특히 노동대중의 해방에 치중할 것" 등이었다.

여운형을 위원장으로 하는 건국동맹의 중앙조직은 국내에서의 동지 규합을 담당한 내무부에 조동호(趙東祜, 1892~1954) · 현우현(玄又玄), 국외 민족해방운동단체와의 연락을 담당한 외무부에 이걸소 · 이석구(李錫玖) · 황운(黃雲), 자금의 조달과 관리를 담당한 재무부에 김진우(金振宇) · 이수목(李秀穆) 등이었고, 이밖에 이만규(李萬珪, 1889~1978) · 김세용(金世鎔, 1907~66) · 이여성(李如星, 1901~?) · 박승환(朴承煥) · 이상백(李相佰, 1904~66) 등 좌우익 구분 없이 참여했다.

건국동맹은 충청남북도를 비롯한 전국 10개도의 책임자를 임명하여 지방조직을 갖추어가는 한편, 경기도 용문산에서 농민동맹을 조직했다(1944.10.8). 농민동맹의 투쟁방법은 징용 · 징병을 방해하기 위한 호적부 소각, 각 지방에서의 반일투쟁 전개, 전쟁물자 수송을 방해하기 위한 철도 파괴, 징용 · 징병 기피 알선 등이었다. 학병 · 징병 · 징용 거부자들로 조직된, 앞에서 든 지리산의 보광당, 경기도 포천군 산중에 조직된 염윤구(廉潤龜) 등의 '조선민족해방협동단', 강원도 설악산에 조직된 이혁기(李赫基) 등의 '산악대' 등도 건국동맹과 관계를 맺고 있었다.

건국동맹은 후방교란과 노농군(勞農軍) 편성을 계획하고 공산주의자협의회와의 연계 아래 군사위원회를 조직했다(1945.3). 국내 무장봉기와 철도 파괴 등을 목적으로 조직된 군사위원회는 경기 · 황해도의 경인지구와 강원도 중심의 삼척지구에 책임자를 파견하여

동조자를 규합했고, 대구·부산·목포·흥남·청진·평양·진남포 등지에도 확대시키려 노력했다. 특히 만주군관학교 출신이었던 박승환을 중심으로 만군(滿軍) 내 조선인 군인들을 포섭하여 국내진공작전을 펴려는 계획도 가지고 있었고, 일본군 조병창(造兵廠)을 통해 무기를 확보하려 하기도 했다.

민족의 해방을 가깝게 전망한 건국동맹은 국내 해방운동 세력 사이의 통일전선을 실현해가는 한편, 국외 해방운동 세력과의 통일전선을 모색하고 일부 성공했다. 여운형과 일정한 연계를 가지고 있었던 공산주의자협의회의 김태준이 동지 박진홍(朴鎭洪, 1914~?)과 함께 그 협의회 군사문제토론회의 명령으로 김무정을 만나려고 연안으로 탈출했고(1944.11), 소설가 김사량(金史良, 1914~50)이 여운형의 북경파견원 이영선(李永善)을 통해 연안으로 탈출했다. 이와같이 일제의 엄격한 통제와 감시 아래서도 해외전선과의 통일전선 교섭의 길은 열려 있었다.

건국동맹은 해외전선과의 연락을 위해 북만주지방에는 최근우를, 북경에는 이영선·이상백·박승환·엄태섭(嚴太燮) 등을 보냈고, 연안에도 이영선·박승환·이상백 등이 왕래했다. 연안 독립동맹과의 통일전선 계획에는 군대편제, 유격대 조직과 국내침공을 위한 조선의용군사령관 김무정과의 연락, 유격대 침공 때의 은신처 및 식량 제공 등이 포함되었다.

건국동맹과 독립동맹은 1945년의 국치기념일(8.29)에 연안에서 전조선민족대회를 개최할 것에 합의하여 건국동맹은 대표로 김명시(金命時, 1907~50)·이영선 등을 연안에 파견했다. 한편 중경의 임시정부와도 통일전선을 형성하기 위해 최근우를 파견했으나 성사되기 전에 일본제국주의가 패망했다. 건국동맹의 이같은 노력은

1930년대 후반기부터 전체 민족해방운동전선을 통해 추진된 통일전선운동의 일환이었다.

'만주사변'을 고비로 일본제국주의는 파쇼체제로 들어갔고, 그 침략전쟁이 중일전쟁·태평양전쟁으로 확대되면서 소·일전쟁을 전망하게 했다. 그것은 또 일본제국주의의 패망을 재촉하는 것이었다. 이와같은 정세의 추이에 대비하기 위해 국내외 전체 민족해방운동전선은 정치적·군사적 통일전선의 형성을 당면과제로 인식하게 되었다.

민족해방운동전선의 통일전선운동은 일찍이 한국대일전선통일동맹이 성립하고 그것이 발전하여 통일전선정당으로서 조선민족혁명당이 성립한 데에서 출발했다. 그후 만주지방 무장세력이 통일전선을 지향하는 동북항일연군으로 개편되고 그에 기초하여 재만한인조국광복회가 성립되었다. 그리고 조선민족전선연맹과 한국광복운동단체연합회의 성립, 전국연합진선협회의 성립을 거친 임시정부의 통일전선정부화, 임시정부와 연안독립동맹의 통일전선 합의, 국내 공산당 재건운동의 통일전선노선으로의 전환 등으로 이어졌다.

건국동맹의 통일전선운동도 그 일환으로 발전한 것이었으며, 이 운동은 8·15 후 민족분단 위험이 높아지게 되었을 때 '임정'과 '인공'의 합작운동으로, 다시 좌우합작운동 및 1948년의 남북협상으로 연결되어갔다.

제3장

식민지 수탈경제의 실태

일제 식민지시대 조선경제의 구조적 성격을 밝히는 일은 이 시대 전체의 역사적 성격을 가늠하는 중요한 근거의 하나가 된다. 전체 식민지시대를 통한 조선경제의 성격은 대체로 다음과 같이 몇가지로 압축하여 이해할 수 있다.

첫째, 식민지 농업정책의 가장 중요한 목적은 조선을 일본의 식량공급지로 묶어두는 데 있었으며, 거기에 맞춰 정책을 취해갔다. 식민지화 이후 첫 경제정책으로 단행한 '토지조사사업'은 농토의 많은 부분을 일시에 일본인 및 일본기관 소유로 만들고, 토지에 대한 자본제적 배타적 소유권을 수립하여 토지집중을 용이하게 했다. 또 조선에서의 농업경영을 쌀 생산 중심으로 정착시켜 자본주의 발달에 희생된 일본농촌을 대신해서 자국의 식량공급지로 기능할 기반을 마련했다.

이같은 기반 위에서 1920년대에는 '산미증식계획'을 실시했다. 일본 쪽의 개인 및 회사 등에 의한 토지집중을 촉진하고 쌀 생산에서 높은 이윤을 취할 수 있도록 보장해주어 쌀의 증산과 일본에 대한 공급량을 늘릴 수 있었다. 1930년대로 들어서면서 조선농촌의 황폐화와 혁명적 농민운동의 폭발에 대응하면서 이른바 '농촌진흥운동' 등을 일으켜 조선농민을 회유하여 식량공급에 차질이 없게 하려 했다. 중일전쟁과 태평양전쟁을 도발한 후에는 곡물의 공출제도를 실시하여 식량공급을 강요했다.

둘째, 식민지 농업정책은 지주제를 강화하여 지주들을 보호한 대신 자작농 및 자소작농을 몰락시켜 소작인으로, 더 나아가서 이농민으로 만들어갔다. 자작농 및 자소작농의 몰락은 농촌인구를 지주와 소작인의 두 계층으로 고정시키고 농촌 중간층의 성장을 저지했다. 농민운동을 탄압하고 지주제를 강화하여 이농민을 증가시킴으로써 값싼 노동력을 대량으로 창출하여 침략전쟁에 이용했다.

일제 식민지시대를 통해 농민분화도 급진전했고 상업적 농업도 어느정도 발달했다. 그러나 그것이 농촌부르주아지의 성장보다 지주·소작제를 강화시켜나가는 과정이었다는 점에 식민지시대 경제사, 나아가서 그 시대 전체 역사의 성격이 담겨 있다고 할 수 있다.

셋째, 1930년대로 접어들면서 식민지 경제체제는 이전의 농업생산 중심 체제를 벗어나서 대륙침략을 위한 병참기지화 정책에 의해 일정하게 공업 분야의 발전을 보게 되었다. 그러나 그 공업은 식민지적 성격이 너무 뚜렷한 구조적 결함을 가지고 있었다.

일본은 식민지화한 후 바로 재벌자본을 조선에 침투시킬 사정은 아니었다. 일본 자본주의가 식민지 조선에 본격적으로 자본수출을 할 만한 단계에 있지도 않았을 뿐만 아니라 조선에서 산업기초시설의 설비가 제대로 이루어지지 않았기 때문이었다. 따라서 식민지시대 초기에는 철도·도로·항만 등 기초시설의 설비에 총독부의 예산이 집중적으로 투입되었다.

1930년대 이후부터 일본의 독점자본은 경제공황의 돌파구를 찾고 값싼 노동력과 수자원 및 지하자원을 겨냥하여 한반도에 본격적으로 침입해 식민지 공업화를 이루어갔다. 그러나 1930년대 이후 조선의 공업은 일본 독점자본에 의해 완전히 장악된 군수공업 중심이었고, 조선인의 자본 성장 및 기술 발달과는 거의 연결되지 않았다. 식민지 공업 일반이 가지는 집중성·파행성·편재성 등의 특징을 철저히 드러내고 있었다.

넷째, 일본의 부단한 정책적 방해에도 불구하고 1920년대를 통해 중소기업 분야에서 어느정도 조선인 자본이 성장했다. 그러나 1930년대 이후 파쇼체제 아래서 이루어진 경제정책에 의해 조선인의 일부 대자본은 철저히 예속자본화했고, 나머지 중소자본의 대부분은 전시경제체제에 편입되었다. 식민지시대 말기로 오면서 민족해방운동의 경제적 뒷받침이 될 만한 민족 자본과 자본가는 말할 것 없고, 식민지 지배정책에 타협하지 않은 범위의 조선인 자본도 거의 존재할 수 없었다.

다섯째, 식민지시대, 특히 그 초기는 농민층으로부터 생산수단인 토지를 수탈하는 '원시적 축적' 과정이었다. 그러나 그것은 민족자본 형성의 길로 연결되지 못하고 일본 자본주의 발달을 뒷받침했을 뿐이었다.

'원시적 축적' 과정에서 희생당한 것은 조선농민이었고, 대신 일본제국주의가 토지조사사업·철도부설·광산개발·어업자원개발 등을 통해 막대한 이익을 얻었다. 이들 자원이 민족자본 형성과 연결되는 길은 철저히 봉쇄당했다. 이 때문에 8·15 후의 한국 자본주의는 자본과 기술 면에서 거의 황무지 상태에서 다시 출발하지 않을 수 없었다.

제1절 식민지 농업정책과 농민경제의 파탄

토지조사사업

일본은 한반도를 완전 식민지로 만든 후 식민지 경제체제를 확립하는 방법의 하나로 무엇보다도 먼저 '토지조사사업'을 실시했다. 조선총독부는 '합방' 직후 임시토지조사국을 설치하고(1910.9) 토지조사령을 공포한 후 1918년 말까지 근대적 토지소유제도를 확립한다는 이유를 내세워 약 2천만 엔의 경비를 들여 토지소유권 조사와 토지가격 조사, 지형(地形) 및 지목(地目)에 대한 조사를 실시했다.

소유권 조사는 토지에 대한 하나의 소유권만을 인정하여 배타적인 자본주의적 사유권을 법적으로 인정하기 위한 것이라 했다. 그러나 토지에 대한 민간 차원의 전통적 사유권은 개항 이전의 조선사회에서도 성립되어 있었다. 개항기에는 정부 차원에서 그것을 바탕으로 '근대적' 사유권을 확립하여 지주 중심의 자본주의체제를 확립하려는 방향으로 나아가고 있었다. 조선총독부의 토지조사사업은 그것을 '근대'법적으로 완결지은 것이라 할 수 있다. 이 과정에서 전통적 사유권은 정밀히 조사되지 않았고, 경작농민들이 가지고 있던 부분소유권(部分所有權)으로서의 도지권(賭地權) 등은 아무 보상 없이 토지소유권에서 완전히 배제되었다.

또한 궁장토(宮庄土)·역둔토(驛屯土)·목장토(牧場土) 등이 총독부 소유지화하여 이미 민유지(民有地)화했거나, 특히 궁방(宮房)에 투탁(投託) 혹은 혼입(混入)되었던 농민의 땅이 총독부 소유지로 편입되었다. 반면 마을이나 씨족의 공유지(共有地) 등이 유력자의 신고에 의해 사유지화했다.

토지조사사업. 일본 경찰의 입회하에 토지를 측량하고 있다.

'조사사업'은 특히 국유지 부분에서 소유권분쟁이 치열하게 일어나게 했다. 총분쟁건수 약 10만건 중 99.7%가 소유권분쟁이었는데, 그 가운데 65%가 조선총독부 소유지로 편입된 토지의 소유권을 둘러싸고 일어났다. 이같은 분쟁이 있었음에도 불구하고 역둔토 약 13만 5천정보와 민유지 약 4만 6천정보가 총독부 소유지로 되었다.

조선총독부가 토지조사사업을 실시한 일차적 목적은 총독부 소유지를 대량으로 확보하여 식민지 지배의 경제적 기반을 만드는 데 있었다. 이밖에도 '조사사업'은 일본의 조선에 대한 식민통치에 여러가지 복합적인 효과를 가져다주었고, 반대로 조선농민에게는 돌이킬 수 없는 타격을 주었다. 우선 토지조사사업은 조선총독부의 지세(地稅)수입을 급증시켜 그 식민지 지배를 재정적으로 뒷받침했다.

지세수입은 1910년에 6백여만엔이던 것이 1918년에는 1156만 9천여엔으로 2배 가까이 증가했다. 조선총독부의 세수입이 그만큼 증가된 반면, 조선농민의 세 부담은 그만큼 무거워진 것이다. 농민들

표 1 **조선에서의 일본인 농업경영 규모** (금액: 천엔, 면적: 정보)

연도	경영자 수	투자액	기경지		미간지			합계
			논	밭	산림	원야	기타	
1909	692	7,906	45,880		6,556			52,436
1910	2,254	13,737	42,584	26,727	13,867	-	3,773	86,951
1911	3,839	12,473	58,004	35,337	10,278	8,918	13,573	126,110
1912	4,938	29,662	68,376	39,605	8,254	9,407	5,156	130,798
1913	5,916	36,771	89,624	60,403	17,870	6,415	9,933	184,245
1914	6,049	38,820	96,345	63,517	19,414	9,213	9,446	197,935
1915	6,969	45,587	108,742	62,311	17,499	8,958	8,027	205,537

자료: 小早川九郞 編著『朝鮮農業發達史—發達編』, 592면.

에게는 증액된 지세 이외에도 호별세(戶別稅)·가옥세(家屋稅) 등의 새로운 세 부담이 가중되었다.

토지조사사업은 또 조선에 침입한 일본인의 토지소유를 급격히 증가시키는 결정적 계기가 되었다. 그것이 실시된 7년간의 통계(표 1)만 보아도 조선에서의 일본인 토지경영은 경영인 수에서 약 10배, 투자액에서 5배 이상, 면적에서 약 4배 증가했다. 토지조사사업으로 방대한 토지가 조선총독부 및 동양척식회사, 그리고 일본인 개인지주에게로 넘어간 만큼 조선인들은 토지를 상실했다. 조선인 지주보다 자작농 및 자소작농이 주로 토지약탈의 대상이 되었다.

표 2에서 보는 바와 같이 '조사사업'이 진행되던 1916년 이후 지주호(地主戶)의 비율은 일단 높아졌다가 대체로 평형을 유지한 데 비해 자작농호(自作農戶)의 비율은 계속 낮아져갔다. 지주호의 수가 그다지 증가하지 않았는데도 그들에의 토지집중이 급격히 진행됨에 따라 그들에게 토지를 빼앗긴 자작농 및 자소작농이 소작농으로 몰락했음을 말해주고 있다.

표 2 **농가호수 백분비**

연도	지주	자작	자소작	소작	연도	지주	자작	자소작	소작
1916	2.5	20.1	40.6	36.8	1925	3.8	19.9	33.2	43.1
1917	2.8	19.6	40.2	37.4	1926	3.8	19.1	32.5	43.4
1918	3.4	19.6	39.3	37.7	1927	3.8	18.7	32.7	43.8
1919	3.4	19.7	39.3	37.6	1928	3.7	18.3	32.0	44.9
1920	3.3	19.5	37.4	39.8	1929	3.8	18.0	31.4	45.6
1921	3.6	19.6	36.6	40.2	1930	3.6	17.6	31.0	46.5
1922	3.7	19.7	35.8	40.8	1931	3.6	17.0	29.6	48.4
1923	3.7	19.5	35.2	41.6	1932	3.5	16.3	25.4	52.7
1924	3.8	19.5	34.5	42.2					

자료: 朝鮮總督府 農林局『朝鮮小作年報』1輯, 148~49면. 화전민은 제외.

토지조사사업을 계기로 자작농과 자소작농이 몰락하여 소작농으로 변해갔다는 사실은 일본제국주의의 식민지 경제정책에 의해 조선농촌에서 자생적 부르주아지가 발전할 수 있는 길이 철저히 저지되었음을 말해준다. 문호개방 이후 상업적 농업의 발전으로 어느정도 자작농 및 자소작 상농층이 성장하고 있었으나 토지조사사업을 중심으로 하는 조선총독부의 식민지 경제정책의 결과 이들이 대부분 소작농으로 전락해간 것이다.

산미증식계획

1910년대의 무단통치기를 통해 토지조사사업을 끝낸 일본제국주의는 1920년대로 접어들면서 '산미증식계획(産米增殖計劃)'이란 새로운 식민지 농업정책을 실시했다. 산미증식계획은 조선을 항구적 식량공급지로 묶어두려는 일본제국주의 본래의 식민지 경제정책이 무단통치기의 토지조사사업에 이어 구체화한 것이다. 1920년대로 접어들면서 산미증식계획을 시급히 서둘러야 했던 이유는 따로 있었다.

제1차세계대전을 계기로 일본의 독점자본이 급성장함에 따라 대중생활은 크게 궁핍해졌고, 특히 농촌의 희생이 강요되었다. 이 때문에 농업생산력은 급격히 떨어졌고 전쟁중에는 대규모의 식량폭동이 일어났다. 이에 일본제국주의는 조선에서의 식량증산을 강행하여 식량의 안정된 공급로를 확보해야 하는 절박한 사정에 빠졌다. 조선에서는 토지조사사업이 이미 끝나 식량공급지로 활용할 수 있는 기초조건이 마련되어 있었다.

1920년대로 들어서면서 일본제국주의는 식량 확보와 저임금 유지를 위한 기반을 마련할 필요가 있었고, 조선인 지주층을 적극적으로 동화시켜 식민지 지배체제의 위기에 대응할 필요가 있었다. 또한 제1차세계대전으로 급성장한 일본의 과잉자본을 아직 기초조건이 갖추어지지 않은 조선의 공업부문보다 대규모 관개시설과 경지정리를 중심으로 한 농업부문에 침투시키고 수리조합·금융조합 등을 통한 고리대로 더 높은 이윤을 취할 수 있었다.

이같은 배경 아래 실시된 산미증식계획은 처음에는 전체 계획기간을 30년으로 하여 논 40만정보는 관개(灌漑)를 개선하고 밭 20만정보는 논으로 바꾸며, 논 20만정보는 새로 개간하는 등 총 80만정보의 토지개량을 계획했다. 1차로 15년 동안에 총공사비 1억 6800만엔을 들여 약 42만 7천정보를 개량하고 연간 약 920만섬의 쌀을 증산하여 그중 7백만섬을 일본으로 가져가려 계획했다.

이 계획은 예정대로 진행되지 않았다. 1925년까지 공사 착수 예정면적 16만 5천정보의 59%인 9만 7500정보가량 착수되었으며, 준공 예정면적 12만 3100정보의 62%인 7만 6천정보가량이 준공됨으로써 계획 자체를 크게 수정하지 않을 수 없었다. 사업예산금액

일본으로 수출하기 위해 쌀을 쌓아둔 군산항의 모습

2억 4600만엔 중 약 40%인 9820만엔이 기업조달금이어서 금리가 높았던 사실도 사업실적이 저조한 큰 원인이었다. 1926년부터 1934년까지 실시된 제2차 계획은 예정면적 35만정보의 47%인 약 16만 5천정보를 개량할 수 있었을 뿐이었다.

산미증식계획이 예정대로 진행되지 못한 이유에 대해 조선총독부는 수리관개공사를 위한 기본조사가 안된 점, 농업금융제도가 부실했던 점, 사업자금의 조달이 여의치 못했던 점 등을 들었다. 그러나 본질적인 원인은 토지의 개량 및 개간이나 농사개량보다 토지의 매입 경영에서 고율소작료에 의해 더 높은 이윤을 얻을 수 있었던 데 있다. 일본자본은 '계획' 자체에 소극적이었던 반면 토지겸병에 더 적극적이었던 것이다.

1924년의 경우 곡물가격의 하락현상에도 불구하고 쌀농사에서의 연간 수익률은 13%였던 데 비해 정기예금 이자율은 7.3%에 불과했다. 산미증식계획의 중심사업이었던 수리사업(水利事業)도 결과적으로는 토지개량을 통한 쌀의 증산보다 일본자본의 토지겸병을 더욱 촉진하였다.

산미증식계획이 예정대로 진행되지 못한 또 하나의 원인은 그 계획 자체가 조선의 농업사정을 제대로 이해하지 못하고 세워진 데 있었다. 조선농민의 자발적 참여 없이 총독부와 일본자본 및 그 지주의 이해관계를 중심으로 계획되고 실시되어 조선농민의 강력한 반대에 부딪혔기 때문이다.

토지개량사업은 수리사업 중심의 대규모 사업에 치중되어 농민 자신에 의한 소규모 토지개량에는 지원이 거의 없었다. 수리조합은 일부 대지주를 제외한 중농·소농·빈농에게 손해를 입혀 이들에 의한 광범위한 수리조합 반대운동이 일어나게 했다.

1934년에 산미증식계획이 완전히 중지된 중요한 원인은 농업공황으로 조선 쌀의 수출이 일본의 농민경제를 파탄으로 몰아넣었기 때문이다. 한편 불량 수리조합의 증가와 이에 대한 조선농민의 강력한 반대운동에도 원인이 있었다.

산미증식계획이 당초 계획대로는 실시되지 못하고 중단되었지만, 그들이 처음 목적했던 일본에 대한 식량공급 계획에는 상당한 성과가 있었다. 표 3에서와 같이 '계획'이 실시된 1920년 이후 10년간 생산량이 가장 높았던 1928년의 경우 1920년보다 36% 증가했다. 그러나 일본에 대한 수출량은 1920년의 175만섬에서 1928년에는 740만 5천섬으로 늘어나 4.2배 이상 증가했다.

산미증식계획이 실시되면서 조선 쌀의 생산량 증가비율보다 일

표 3 **조선 쌀의 생산 · 수출 · 소비량** (생산고 · 수출: 천섬, 소비량: 섬)

연도	생산고	일본 수출	1인당 소비량	
			조선인	일본인
1920	12,708	1,750	0.63	1.12
1921	14,882	3,080	0.67	1.15
1922	14,324	3,316	0.63	1.10
1923	15,014	3,624	0.65	1.15
1924	15,174	4,722	0.60	1.12
1925	13,219	4,619	0.52	1.13
1926	14,773	5,429	0.53	1.13
1927	15,300	6,136	0.52	1.09
1928	17,298	7,405	0.54	1.13
1929	13,511	5,609	0.45	1.11
1930	13,511	5,426	0.45	1.08

자료: 『朝鮮米穀要覽』

본에 대한 수출비율이 크게 증가한 결과, 당연히 조선농민의 쌀 소비량은 감소되고 대신 잡곡 소비량이 증가했다. 표 3에서와 같이 조선인의 1인당 쌀 소비량은 '계획'이 실시된 10년간 0.63섬에서 0.45섬으로 28% 이상 줄었다. 같은 시기 일본인 쌀 소비량의 절반도 되지 않았으며, 대신 만주산 좁쌀의 수입량은 급격히 증가했다.

산미증식계획은 조선 쌀의 일본 수출을 증가시키는 한편, 일본인과 일부 조선인 지주에 의한 토지겸병을 촉진했다. 따라서 조선의 중소지주와 자영농 그리고 빈농층은 몰락해갔다.

'계획'의 중심사업인 수리조합의 경우, 2%에 불과한 10정보 이상의 지주가 경작지 총면적의 53% 이상을 점유하였으므로 많은 빈농·소농층의 이익을 완전히 무시한 채 대지주의 일방적 결정에 따라 운영되었다.

그 결과 중소지주와 자영농 및 빈농층은 과중한 수리조합비 부담 때문에, 혹은 조합 측의 계획적인 압박이나 간사한 계략에 의해 토지를 잃어갔다. 1920년부터 1931년까지 전라북도내 5개 수리조합 안에서의 토지이용 실정을 보면, 이 기간에 일본인 지주의 수는 2배로, 그 면적은 약 205배로 증가한 데 반해 자작농을 포함한 조선인 토지소유자는 5.8%, 조선인 소유지는 15.2% 줄어들었다.

산미증식계획의 결과 약간의 쌀 증산이 이루어졌으나 일본에 대한 쌀 수출량이 급격히 늘어 일본의 식량문제 해결에만 도움을 주었다. 그리고 수리조합사업을 통해 주로 일본인의 토지겸병이 촉진되었다. 반면 조선농민은 쌀을 증산하면서도 오히려 잡곡을 더 많이 먹게 되었다.

또한 일본 쪽의 요구에 의해 조선의 농업이 미단작(米單作)농업화했다. 한편 중소지주·자작농·빈농층은 토지를 상실해가고 소작농민은 수리조합비 때문에 더욱 높은 소작료를 물게 되었다. 여기에 1920년대 말기의 농업공황이 겹쳐 조선농민의 대부분은 절대빈곤의 상태에 빠져갔다.

농민 빈궁화의 실상

토지조사사업과 산미증식계획으로 이어지는 식민지 농업정책과 1920년대 말기의 농업공황을 거치면서 조선농민은 몰락일로에 있었다. 전체 식민지시대를 통한 조선농민 몰락의 구체적 과정은 자작농 및 자소작농의 완전한 소작농화, 소작농의 화전민화(火田民化) 내지 세궁민화(細窮民化), 세궁민의 유리민화(流離民化) 및 걸인화(乞人化)로 이어져갔다.

1925년의 조선총독부 통계에 의하면 총농가호수의 46.6%가 연간 평균 약 12원의 적자영농을 하고 있었다. 1926년의 통계에는 세궁민이 총인구의 약 11%인 215만명이고 걸인이 1만명이었다. 1931년 통계에는 세궁민이 약 520만명으로 총인구의 25%로 증가했고 걸인의 수도 16만명으로 급증했다. 소작농민의 75%가 부채를 안고 있었으며 호당(戶當) 평균부채액은 65원이나 되었다.

식민지 농업정책의 결과로 절대빈곤에 빠진 농민의 상당수는 농촌을 떠나지 않을 수 없었다. 1925년의 경우를 예로 들면 1년에 농촌을 떠난 인구는 15만명 이상이었으며 이후에도 이농인구는 계속 증가했다. 이농인구는 최악의 경우 걸인이 되거나 산으로 들어가 화전민이 되었다. 혹은 일본·만주·시베리아의 노동시장으로 흘러가거나 국내의 각 도시로 일자리를 찾아 모여들어 이른바 토막민(土幕民)이 되었다.

조선시대에도 화전지역이 있었으나 그것은 대체로 일반 농촌에서 가까운 지역에 한정되었다. 식민지시대로 들어오면서 일본제국주의의 농업정책에 희생된 농민들이 화전민화하여 그 수가 급격히 증가했고, 이 때문에 깊은 산속에까지 화전이 확대되어갔다. 1928년 말 통계에는 화전만을 경작하는 순화전민과 숙전(熟田) 경작을 겸하는 겸화전민을 합쳐 전국에 120만명이 있었다. 그것은 같은 해 전체 농업인구 약 1500만명의 8%, 전체 인구 약 1900만명의 6.3%나 되었다. 깊은 산속에서 사는 화전민의 생활은 그야말로 원시인과 다름없었다. 그것마저도 조선총독부의 산림보호를 내세운 화전 금지정책 때문에 경작지를 잃고 만주지방으로 유리하는 경우가 많았다.

절대빈곤에 빠져 농촌을 버리고 일본·만주 등지의 노동시장으로 흘러들어가는 인구도 해마다 증가했다. 1930년대에는 해마다 대개 10만명 이상이 일본으로 갔다. 그 가운데 상당수가 직장을 얻지 못해 되돌아왔는데도 일본 노동시장에서 값싼 조선인 노동자는 계속 증가해갔다. 일본에 흘러들어간 이들 조선인의 구성을 보면 1932년의 경우 노동자가 48%, 무직자가 35%, 상인이 5%의 비율이었다. 무직자가 3분의 1 이상이었고, 노동자는 토목노동자가 33%, 직공이 33%였다. 직공이라 해도 기술직공은 극소수였고 잡역부가 대부분이었다.

이들의 임금수준도 일본인의 그것보다 대단히 낮았다. 1928년 오오사까(大阪)의 통계에 의하면 광부(鑛夫)의 경우 일본인 1일 최고임금이 3원이었던 데 비해 조선인의 그것은 2원 30전이었다. 방직공의 경우 일본인 직공의 최고임금이 2원 80전이었고 조선인 직공은 2원이었다. 일본으로 흘러들어간 조선인의 대부분은 육체노동에 종사하면서 극심한 민족적 차별대우 속에서 연명했다.

만주와 연해주 지방에는 이미 식민지시대 이전부터 유리민이 흘러들어갔고, 식민지시대로 접어들면서 그 수는 증가했다. 1930년대에는 대체로 만주지방에 1백만, 연해주지방에 50만명에 이른 것으로 추정되었고, 이들은 90%가 소작농민이었다. 소작료는 대체로 2할 5푼에서 5할까지여서 국내보다 다소 헐했다.

그러나 중국의 현정부(縣政府)로부터 한교연(韓僑捐)이란 높은 비율의 호별세(戶別稅)를 강제징수당했다. 이밖에도 조선인에게만 적용되는 인세연(人稅捐), 즉 인두세 등 각종 세금의 수탈이 많아서 생활의 안정을 얻을 수 없었다. 이같은 어려운 조건 속에서도 만주 교포사회는 정의부·신민부·참의부 등 민족해방운동단체에 따로 의연금을 내어 무장독립운동의 경제적 기반이 되었다.

한편 농촌에서 쫓겨난 인구의 일부는 도시로 모여들어 값싼 노동력이 되었다. 이들은 식민지 산업의 노동력 수용의 한계성 때문에

서울 변두리에 있던 토막집

결국 도시 변두리에 토막(土幕)을 파고 사는 날품팔이꾼이 되었다. 대부분 지게품팔이와 넝마주이로 연명한 토막민들은 침구나 의복도 갖추지 못한 채 1평 남짓한 토막 속에서 평균 5인 이상의 가족이 겨우 목숨만을 부지했다.

서울의 경우 1931년 통계에 따르면 1500여호에 약 5천명의 토막민이 있었으나 1939년에는 4200여호에 2만여명으로, 10년도 되지 않아 4배나 증가했다. 부산·인천·평양·진남포 등 지방도시에서도 토막민이 계속 증가했다.

일본제국주의의 식민지 농업정책의 결과로 절대빈곤에 빠진 농민들의 이농은 계속되었으나 식민지 산업구조는 이들을 공업인구로 수용할 만한 수준에 이르지 못했다. 그 결과 농촌빈민과 화전민, 토막민의 이른바 3대 빈민층을 만들어놓았다. 이들이야말로 식민지 지배정책의 정직한 산물이었던 것이다.

농촌진흥운동과 농민회유정책

1920년대의 중심적 농업정책인 산미증식계획은 대지주에게 토지경영을 집중시키는 반면, 이 과정에서 소외되거나 이익기반을 빼앗기고 절대빈곤으로 빠져들게 된 중소농민층과 빈농층의 식민지 농정에 대한 투쟁을 유발했다. 이 때문에 1930년대로 들어서면서 조선총독부는 중소농민층과 빈농층을 식민지배 안으로 끌어들이기 위한 정책을 쓰지 않을 수 없게 되었다.

1930년대로 들어서면서 소작쟁의가 활발해지는 한편, '합법' 농민운동을 대신해서 혁명적 농민조합운동이 확산되어 식민지배체제에 일정한 위협을 주었다. 일본제국주의는 이에 대응하면서 식민지배체제를 유지하기 위해 지주제를 일정하게 조정 통제하지 않을 수 없었다. 더구나 이 시기의 소작쟁의는 사회주의운동과 연결되어 있었으므로 지주·소작제의 불합리성을 법적 테두리 안에서 시정하기 위해, 반공주의적 농업정책으로서 춘궁퇴치(春窮退治)·차금퇴치(借金退治)·차금예방(借金豫防) 등을 내세운 '농촌진흥운동'을 펴게 되었다(1932).

1920년대까지의 식민지 조선에 대한 농업중심 수탈정책은, 1930년대로 들어온 싯점에서는 일본 자본주의가 처한 자본운동의 보편적 측면에서도, 즉 투자자본의 이윤추구와 상품시장성 면에서도 한계점에 다다르고 있었다. 따라서 1920년대까지의 지주계급 위주의 농업중심 개발정책에서 벗어나지 않을 수 없었다. 농민에 대한 개량화 정책을 기조로 하여 지주제를 일정하게 통제하고, 나아가서 '안정적' 소농체제(小農體制)를 구축해가는 방향에서 농업정책을 채택하지 않을 수 없게 된 것이다. 이같은 필요성에 의해 일본 본국에서도 이미 1920년대 후반기부터 이른바 '자작농창정법'과 '소작법'을 마련하여 실시하고 있었다.

조선총독부도 공황이 휩쓸고간 조선에서 농업문제를 타개하기 위해, 그리고 혁명적 농민조합운동의 확산에 대비하기 위해 농촌진흥운동을 폈다. 또 사법기관의 조정으로 소작쟁의를 방지하려는 목적에서 조선소작조정령(朝鮮小作調停令)을 발표했다(1932).

나아가서 "지주와 소작인의 협화의 정신 아래 소작농의 지위를 안정시키고 소작지의 생산력을 증진"시킬 것을 목적으로 한 조선농지령(朝鮮農地令)을 제정하여 지주의 고율소작료 수탈을 어느정도 통제하고 소작료감면청구권을 법제화했다(1934). 이로써 농업생산력을 높이고 소작권의 안정을 추구하여 대륙침략 확대과정에서 조선농민에 대한 회유와 농촌통제의 효과를 얻으려 한 것이다.

같은 무렵 제기된 '자작농지 창설유지사업'(1932)은 한층 더 적극적인 자작농 육성정책이었다. 이 '사업'은 조선총독부와 금융조합, 농회 등을 통해 농민들에게 자작농지 구입자금을 대부하여 "토지소유자를 중심으로 사상적·경제적 안정을 결한 농촌의 갱생 도모와 동시에 이촌부랑(離村浮浪)의 폐를 방지"한다는 목적으로 추진되었다.

그러나 호당 대부 규모가 논 4단보, 밭 1단보 기준으로 금액은 평균 660엔 최고 1천엔에 지나지 않은데다 땅값의 계속적 상승, 조세공과 부담의 증가 등으로 '사업'이 계획대로 진행되지 못했다. 뿐만 아니라 지주들이 농민들에게 토지를 방매해야 할 만큼 지주경영 일반이 부실경영도 적자경영도 아니었다.

농업공황을 거친 1930년대의 조선 농촌경제는 파탄지경에 이르렀고, 이 때문에 식민지배체제 자체가 위협받게 되자 일본제국주의는 식민지 지주제와 함께 농촌사회에 대한 정치·경제·사상적 안정책을 도모하지 않을 수 없었다. 그것은 식민지 조선의 일정한 공업화와 대륙침략을 추진한 일본 독점자본의 요구와도 일치했다.

식량의 강제공출

침략전쟁이 중일전쟁, 태평양전쟁으로 확대되면서 일본은 조선농민에 대한 농산물 수탈을 한층 더 강화할 수밖에 없었고, 그 구체적인 방법으로 공출제도를 실시하기에 이르렀다. 중일전쟁으로 전시체제에 들어간 일본은 증가하는 식량수요에 대응하기 위해 한해(旱害)가 극심했던 1939년부터 다시 미곡증산계획을 실시했으나 소기의 성과를 거두지 못했다.

이에 한층 더 적극적이고 장기적인 '조선증미계획' '조선증미갱신계획' 등을 실시하여 식량증산을 꾀했다(1940). 또 '임시농지관리령'을 제정하여 농지의 절대량을 확보하고 식량증산을 도모하고자 했다(1941).

조선총독부는 조선미곡시장주식회사령(朝鮮米穀市場株式會社令)과 조선미곡배급조정령(朝鮮米穀配給調停令)을 제정하여 본격적인 식량통제정책을 실시했다(1939). 1940년도 생산 미곡부터 '공정가격'에 의해 각 농가로부터 미곡을 강제수매하는 방법, 즉 공출(供出)제도를 실시했고, 식량배급조합(食糧配給組合, 조선식량영단朝鮮食糧營團)을 설립하고 임시미곡배급규칙(臨時米穀配給規則)을 적용하여 식량의 배급제도를 실시했다.

공출제도는 처음에는 '과잉지역의 과잉수량'을 공출하는 것을 원칙으로 하고, 공정가격에 의해 '자발적 공출'을 장려한다 하여 지주층의 소작료 중심으로 실시되었다. 그러나 태평양전쟁의 도발로 전장이 확대되고 재정 및 식량 사정이 점점 악화함에 따라, 조선식량관리령(朝鮮食糧管理令, 1943)을 발포함으로써 전체 농민을 대상으로 1942년산 미곡부터 자가소비량을 제외한 전량이 강제공출되었다. 또 잡곡에 대한 공출도 실시했는데 이는 직접생산자들의 재생산마저 불가능하게 할 정도로 약탈적이었다.

강제공출에 대한 농민들의 반발이 커지자 조선총독부는 장려금·보장금 등을 통해 소비자 값보다 생산자 값을 높게 책정하는 이중미가제를 실시하거나, 생활필수물자를 특별 배급하는 등의 유인책을 쓰기도 했다. 그러나 전시하의 인플레이션 때문에 장려금의 효과가 감소된데다가 공출 값과 장려금의 일부를 강제로 공제저축

표 4 **쌀 생산고와 공출량** (단위: 천섬)

연도	생산고		할당량		공출량		비율(B/A)
	쌀(A)	보리	쌀	보리	쌀(B)	보리	%
1940	21,527	8,565	-	2,674	9,208	1,699	42.8
1941	24,886	7,305	-	2,853	11,255	1,329	45.2
1942	15,687	6,323	9,119	1,638	8,750	1,593	55.8
1943	18,719	8,142	11,956	3,221	11,957	3,067	63.9
1944	16,051	-	10,541	-	9,634	-	60.0

자료: 朴慶植『日本帝國主義の朝鮮支配』下, 青木書店 1973, 193면.

케 하여 농민들의 반발을 샀다. 조선총독부는 농민들의 반발을 누르고 식량을 확보하기 위해 부락책임공출제·사전할당제·농업생산책임제 등을 실시하여 공출의 강제성을 높여갔다.

조선총독부는 농가사정에 정통한 농회(農會)에 광범위한 권한을 주어 농가마다 공출량을 할당한 후, 행정력과 경찰력을 동원하고 농민 상호간의 감시를 통해 할당량을 수탈해갔다. 이 때문에 식민지시기 말기의 조선농민은 기아선상에 허덕였다. 표 4에서와 같이 1940년부터 실시된 공출제도는 잡곡에까지 적용되어 전체 생산량의 40%에서 60% 이상이 강제공출되었다.

일본이 조선을 식민지화하면서 세운 기본적인 농업정책은 조선을 일본의 항구적 식량공급지로 만드는 것이었고, 그것을 위해 식민지 지주제를 재편 강화했다. 토지조사사업이나 산미증식계획도 바로 이 목적을 달성하기 위한 정책의 의미가 크다. 농촌진흥운동이나 '농지령' 등도 겉으로는 농민생활, 특히 소작농민의 생활을 보호하기 위한 조치라 선전했으나, 사실은 조선농촌을 안전한 식량공급지로 확보하기 위한 것이었고, 한편으로는 이 시기에 활성화돼가고 있던 혁명적 농민조합운동을 저지하기 위한 정책이기도 했다. 이같은 1930년대 전반기의 농촌정책도 그 후반기에 침략전쟁이 본격화하면서 모두 유야무야되고, 공출제도와 같은 수탈정책이 강행되었다.

제2절 식민지 재정과 금융정책의 실태

수탈재정

조선을 식민지로 만든 일본은 조선왕조의 수세체계를 폐기하고 자본주의적 세제로 바꾸었다. 조세를 크게 국세와 지방세로 나누고, 총독부가 직접 거두는 국세는 직접세와 간접세로, 그리고 직접세는 소득세와 수익세로, 간접세는 소비세와 교통세로 각각 나누었다. 도(道)·부(府)·면(面)이 거두는 지방세에는 각각 국세의 부가세와 특별세가 있었고 학교비 부과금, 학교조합비 부과금 등이 있어 그 수세체계가 복잡했다.

세입은 크게 나누어 관업(官業) 및 관유재산 수입, 조세수입, 공채수입 등과 일본정부에서 식민지 통치비 성격으로 들어오는 보충금이 있었다. 관업 및 관유재산 수입은 주로 철도수입과 전매수입이어서 식민지 초기에는 전체 세입의 20~30%였다. 1921년 수익성이 좋은 연초업이 전매제로 되면서 그 비중이 높아졌다. 1925년 남만주철도회사의 철도 위탁경영이 해제된 후 관업 및 관유재산 수입이 50% 정도 되었다.

공채 및 차입금은 전체 식민지시기를 통해 세입의 10~20%를 차지했다. '합방' 이전의 외채 4559만엔을 포함하여 1918년까지 1억 4천여만엔, 이후 1933년까지 3억여엔, 그 이후 25억엔을 도입했다.

특히 1937년 이후 전시공채(戰時公債)의 남발로 공채가 급증했다. 전체 식민지시대를 통해 약 30억엔이 도입된 공채의 대부분은 일본의 자본시장과 일본 대장성(大藏省) 예금부를 통해 조달되었다.

이 공채는 일본자본의 조선 진출과 식민지경영을 위한 기초사업 부분에 중점적으로 배당되었다. 철도사업에 70% 이상 투입되었고 도로·항만·전신·전화사업을 합쳐 80% 넘게 투입되었다. 그러나 철도사업의 수익만도 30억엔 이상이었으므로 그 수익으로 원리금을 충당하고도 남았다.

보충금은 식민지시대 전체를 통해 4억 6900여만엔이 도입되었다. 초기에는 총세입의 20%를 넘는 수준이었으나 점점 정치적 의미에 한정되었을 뿐 액수 자체로는 별 의미가 없어졌다. 그것은 일본 본국보다 40%나 더 지급된, 조선에 근무하는 일본관리의 식민지 근무수당으로 제일 많이 쓰였다. 그밖에 일반경비 보충금, 제철 장려금, 석탄증산 장려금, 수해 복구비 등으로 쓰였다.

이 정도의 보충금 도입에 비해 침략전쟁이 본격화한 1938~40년 이후 조선총독부가 강제로 저축하게 한 금액만도 약 65억엔이나 되었다. 8·15 당시 조선의 각 금융기관이 일본으로부터 상환받아야 할 공사채(公私債) 보유액이 최소 1백억엔이었으나 공사채는 전쟁 종료 후 완전히 휴지가 되었다.

전체 식민지시대를 통해 순수한 조세수입은 총재정수입의 20% 정도지만 1911년부터 1943년 사이에 조세수탈액은 42.3배 증가했다. 같은 기간 일본 본국은 36.2배 증가했다. 식민지시대 조선의 재정 총수입은 1911년의 5200여만엔에서 1943년에는 18억 8천여만엔으로 36.2배 증가했다.

식민지 조선에서도 조세제도 발달의 일반적 흐름, 즉 자본주의 발전단계에 따른 효율적 조세수탈방법의 제도적 변화는 그대로 적용되었다. 1910년대에는 지세(地稅)를 중심으로 하는 수익세가 조세의 중심이었다가 1920년대가 되면서 주세(酒稅)·연초세·사탕소비세 등을 중심으로 하는 소비세가 그 중심이 되었다. 1930년대 중반 이후부터는 법인세·이자세·개인소득세를 중심으로 하는 소득세가 조세수입의 대종을 이루었다.

3·1운동까지의 1910년대는 자본제적 재정구조 형성의 과도기라 할 수 있다. 지세수입은 1910년에 조세수입의 64%였다가 1918년에는 33%로 감소했다. 이 기간에 1914년 조선지세령(朝鮮地稅令) 발표와 1918년 지세령 개정으로 자본제적인 배타적 소유권에 의한 과세체제가 세워져갔다. 1909년부터 거둔 최초의 소비세인 주세와 연초세의 비중은 아직 낮았다. 그러나 술과 담배의 자가소비용 제조와 소규모 제조를 금지하고 대자본 위주의 생산을 유도하면서 소비시장을 강제적으로 창출함으로써 그 소비규모가 확대되어갔다.

3·1운동 이후부터 제2차 세제개혁(1934)이 이루어지기 이전까지의 시기는 자본제적 재정의 형성기라 할 수 있다. 이 시기의 지세비율은 20~32%여서 1910년대에 비해 감소했다. 관세도 수이출세(輸移出稅)가 폐지되고(1919) 이입세(移入稅)까지 일본자본의 편의에 의해 폐지 또는 감소되는 추세로 나아갔다.

지세가 감소되는 대신 주세·사탕소비세 등을 중심으로 하는 소비세가 급증했고, 중요 세원의 하나였던 연초세는 전매제로 전환했다(1921). 주세의 경우 순조세액에서 차지하는 비중이 1920년에 11%, 1930년대 중반에 30% 이상으로 증가했다. 소비세는 자본제적 상품경제의 발달과 궤도를 같이하며 무산대중에게 부과하는 무차별적 과세의 전형이었다.

이 기간에 실시된 '제1차 세제개혁'(1927)에서는 일반소득세제 실시를 보류하는 대신 수익세 체계를 정비했다. 세원을 개발하며 영업세와 자본이자세를 창설하고 주세를 인상한 것이 주요 내용이었다.

조선총독부는 일반소득세제의 도입을 구상했다가 보류했다. 아직 개인의 소득을 일일이 파악할 수 있을 만큼 조선의 경제체제를 완전히 장악하지 못했을 뿐만 아니라, 지주 중심으로 산미증식계획을 추진하고 있는 시점에서는 유산층, 특히 지주층의 이해관계와 직접 연관되는 일반소득세제의 실시를 보류할 수밖에 없었다.

'제2차 세제개혁'(1934)부터 일본제국주의가 패망할 때까지의 시기는 식민지 수탈체제의 장기적 기반구축을 위한 자본제적 재정의 '발전기'였다. 이 시기에 지세는 1933년 20.2%에서 1942년 3.5%로 감소했다. 전시하(戰時下) 소비통제의 강화와 함께 주세 및 관세의 격감으로 소비세도 감소추세에 있었지만, 대신 그 자리는 지주 및 자본가에 대한 과세가 중심인 소득세로 메워졌다.

일반소득세제를 도입한 '제2차 세제개혁'이 실시되기 전인 1920년대 말에서 1930년대 초에 걸친 시기는 조선 국내에서의 노동운동과 농민운동의 확대, 해외 민족해방운동전선에서의 통일전선운동 및 무장투쟁의 대두, 일본 자본주의의 모순 '해소'를 위한 만주침략 등이 복합적으로 이루어지는 하나의 전환기였다.

이 과정에서 일본 자본주의는 조선민중을 민족해방운동전선의 영향권에서 떼어놓는 일이 절실했다. 이제까지의 주세원(主稅源)이었던 지세나 소비세를 통한 수탈이 한계에 도달했을 때, 빈부격차 및 계급대립 격화에 대한 적응력과 탄력성을 가지는 소득세로 그 자리를 메울 수 있었다. 조선인의 개인소득이 일본인의 5분의 1밖에 안될 정도로 그 소득수준이 절대적으로 낮았음에도, 면세점을 일본의 1200엔에 비해 조선은 8백엔으로 상대적으로 높게 설정한 것은 이 때문이었다.

일반소득세가 실시된 1934년 이후부터 통계를 확인할 수 있는 1942년까지 불과 8년 동안에 조세수탈은 6배가 증가했다. 이 시기의 조세수탈액 증가를 선도한 것은 소득세여서 그 증가율은 같은 기간에 무려 28.7배나 되었다. 소득세 중에서도 1936년까지는 개인소득세와 법인에 대한 과세증가율이 비슷했지만, 중일전쟁을 도발한 후부터는 개인소득세 수탈도 한계를 보여 법인에 대한 과세가 증징(增徵)의 중심이 되었다. 조선에 침투한 일본 독점자본에게는 전시경제를 명분으로 한 집중적인 자금배분과 면세조치가 따랐기 때문에 이런 부담은 조선인 자본가 중심으로 될 수밖에 없었다.

'제2차 세제개혁'의 또 하나의 특징은 세무행정기관의 독립을 들 수 있다. 소득세는 과세대상의 파악이 복잡하기 때문에 징세체계와 사업회계가 충분히 발달해야 과세가 가능했다. 소득세제 도입 이전까지는 세무행정이 일반행정에 부수되어 있었으나 이 '개혁'을 통해 세무행정이 일반행정으로부터 독립했다. 서울·평양 등 5개 지역에 세무감독국이 설치되고 전국에 99개 세무서가 설치되었다.

한편 조선총독부 재정의 세출은 1911년의 4600여만엔에서 1943년에는 15억 3200만엔으로 33.3배 증가했다. 같은 기간의 총생산액은 14.9배 증가했을 뿐이다. 세출에서 통치비로서의 일반행정비, 사법경찰비는 전체 식민지시대를 통해 평균 18.1%를 차지했다. 식민지 초기인 1910년대는 30~40%였고 20년대 이후에는 20~30% 수준, 중일전쟁이 발발한 1937년 이후에는 10% 정도였다. 전시체제 이후에는 임시경제통제비·국민총력운동비 등이 증가했다. 이왕가(李王家) 세비는 '합방' 후 1920년까지 연간 150만엔씩이었고,

1921년 이후 180만엔이었다.

관영사업비는 철도·도로·항만 등의 교통·통신과 전매사업·영림사업·토목건설사업에 투자되었다. 전체 식민지시기를 통해 철도 등 교통·통신비가 세출액의 평균 38.5%를 차지했고, 전매사업비 7.7%, 영림사업비 1.8%, 토목건축비 6.9% 등을 합친 관영사업비가 전체 식민지기간 세출의 평균 55%였다.

1917년에서 1925년까지는 세출액의 절대적 증가에도 불구하고 관영사업비가 38~44%로 떨어졌다. 이것은 1917년부터 조선의 철도경영이 남만주철도주식회사에 위탁되었다가 1925년에 다시 조선총독부 직영으로 전환되었기 때문이었다. 중일전쟁 이후에는 60% 수준으로 확대되었다.

다음, 산업경제비는 전체 식민지시기를 통해 세출의 평균 7.4%였다. 그 주요 항목은 농업 관계의 토지조사사업비·경지개량확장비·농촌경제개량비·북선(北鮮)개척사업비·식량증산대책비 등과 광업 관계의 사철(私鐵)보조비·광물증산장려비 등이었다. 토지조사사업 시기에는 그 비용이 산업경제비의 50~60%나 되었다. 1930년대 초에는 경지개량확장비가 30~40%, 중일전쟁 발발 이전의 1930년대는 북선개척사업비가 10~14%였다. 1943년경에는 다시 경지개량확장비와 식량증산대책비가 43%로 증가했다. 농촌경제갱생시설비는 거창한 구호와 달리 1942년의 경우 5.1%에 지나지 않았다.

일본자본을 조선에 유치하기 위한 사철보조금은 1920년대에는 경지개량확장비와 함께 산업경제비의 중심을 이루었다. 조선사설철도령(1920)·조선사설철도보조법(1921) 등의 제정으로 1925년에는 산업경제비의 40%를 차지했으며, 이후 1930년대 전반기까지 계속 30% 정도를 차지했다. 산금(産金) 5개년계획에 의한 조선산금령(1937) · 조선중요물산증산령(1938) 등의 발표에 따른 산금장려비 및 가격보상금 등의 지급이 1938년에 산업경제비의 37%, 1940년에는 51%로 증가했다. 집중적으로 전쟁자원 개발에 동원된 미쯔이(三井) · 미쯔비시(三菱) · 스미또모(住友) 등 일본 독점자본에 조선총독부 재정이 보조금으로 지급되고, 또 세제특혜도 주어졌다.

조세수입에서 지출될 수밖에 없는 공채비는 1910년대에는 조세수입의 20%, 중일전쟁 이전까지의 1920~30년대는 41%, 그 이후에는 17.2%였으며 전체 식민지시기 평균은 25%나 되었다. 한편 교육비는 전체 식민지기간 평균 3%에 불과했다. 그것이 인구 2천만명이 넘은 조선인과 60여만명에 불과했던 조선내 일본인을 위해 각각 얼마나 사용되었는지는 구분되어 있지 못하다.

일본제국주의는 제 나라의 전쟁비용까지 조선에 전가했다. 군사관계 지출비용은 전체 기간 평균 4.9%였으며, 1945년도 예산에서 임시군사비 특별회계전출금은 세출의 23.1%, 조세수입의 111.1%나 될 정도였다.

전체 식민지시기를 통한 조선총독부 재정의 특징은, 첫째, 관업(官業) 중심주의였으며, 둘째, 경찰 · 재판 · 감옥 비용이 방대하여 전체 세출의 약 12%를 차지했고 또 해마다 증가했다. 셋째 특징은 식민지 산업의 기초시설을 마련하기 위한 토목공사비와 일본 독점자본의 침투를 유도하기 위한 사철(私鐵)부설비 보조 등 보조비 지출이 많았다는 점이다. 넷째는 차입금 · 공채(公債) · 국고채권(國庫債券) 등을 통한 국채가 계속 증가하고 있었다는 점이며, 다섯째는 교육비가 대단히 낮고 사회사업비가 거의 없었다는 점이다.

식민지 금융

조선을 식민지화한 일본제국주의는 금융기관 개편의 방향을, 식민지 중앙은행을 설립하고 일본 본국의 자본을 도입하여 조선의 산업을 예속시키기 위해 산업금융기관을 계통화하는 데 두었다. 이에 따라 '합방' 직전에 식민지 중앙은행으로 한국은행을 설립했다가 '합방'과 더불어 이를 조선은행으로 개편했다. 이로써 조선은 완전히 일본의 통화권 안에 포함되었다.

식민지 화폐제도는 금(金)준비제가 아닌 일본화폐 엔화(圓貨)준비에 기초한 엔본위(圓本位)체제였기 때문에 조선은행권의 통화공급은 전적으로 일본은행이 좌지우지했다.

식민지 산업금융기관 계통화 작업은 1906년 농공은행(農工銀行)의 설립에서 시작되었다. 농공은행은 "농업·공업의 개량 발달을 위해 자본을 대부함"을 목적으로 전국 6개 도시에 설립되었다. 그러나 1908년 말 현재 농업자본 대출이 7.7%, 공업자본 대출이 4.4%인데 비해 상업자본 대출은 83.0%였다. 10년 후인 1918년 6월 말에도 그 비율은 농업자본 대출이 28.1%, 공업자본 대출이 3.2%, 상업자본 대출이 58.0%일 정도로 상업자본 대출 중심이었다. 식민지경영 초기 조선에서의 고리대적 착취와 원료 약탈, 유통망 장악을 위한 자금조달에 치중된 것이다.

농공은행의 보조기관으로서 지방금융조합(地方金融組合)을 설립하여 농공은행의 채무자에 관한 조사, 대부금 회수업무, 부동산담보의 대리대부 등을 할 수 있게 하여(1907) 농공은행과 지방금융조합을 통한 식민지 산업금융기관의 계통화가 이루어졌다. 금융자본의 농촌 침투와 수탈이 가능하게 된 것이다.

그러나 이 두 기관만으로는 늘어나는 산업자금 수요에 부응할 수

조선식산은행

없었다. 이에 동양척식회사가 금융부(金融部)를 두고 일본시장에서 모집한 외채 자금으로 금융업무를 본격화했다(1911). 농공은행이 그 자금을 대리대출할 수 있게 되어 식민지 산업금융기관의 계통화가 강화되었다. 이에 따라 금융자본이 종래의 유통부문을 넘어 농업을 중심으로 하는 생산부문에 침투함으로써 수탈을 강화하게 되었다.

식민지 금융자본의 생산부문 침투가 강화되면서 일본제국주의는 6개 농공은행을 합병하여 조선식산은행(朝鮮殖産銀行)을 설립했다(1918). 식산은행은 일본 대장성 예금부의 자금을 도입하거나 일본에서 기채(起債)하는 방법으로 금융자본을 적극적으로 유치하여 영업규모를 확장할 수 있었다.

조선식산은행의 설립과 함께 상공업 투자를 원활히하기 위해 도시금융조합(都市金融組合)을 신설하고 도(道) 단위의 금융조합연합회를 조직하여 식산은행의 자금을 각 금융조합으로 공급하거나 각 금융조합의 중앙금고 역할을 담당하게 하여 일본 금융자본의 조선농촌 침투를 체계화했다.

조선은행은 이미 1910년대 중반 이후부터 만주진출에 주력했기 때문에 조선의 식민지 금융은 식산은행과 금융조합을 중심으로 운영되었다. 채권인수, 대리대부, 저리자금 공급 등을 통해 일본 자금을 공급받은 식산은행은 그것을 직접 대부하기도 했지만, 각도 금융조합연합회와 각 지방 금융조합을 통해 조선의 각종 산업부문에 투자했다. 거기에서 창출된 이윤은 역으로 그 계통을 따라 일본으로 수출되었다. 식산은행이 식민지 금융기구의 중추적 역할을 다한 것이다.

식산은행은 보통은행, 저축은행, 권업·흥업은행의 역할을 모두 담당했다. 뿐만 아니라 채권도 발행하여 그 자금을 대지주와 농업경영회사 및 산미증식계획의 토지개량사업과 수리조합 등에 제공했다. 채권을 불입자본의 15배까지 발행할 수 있는 특권을 가지고 있었다. 1927년까지 10년간의 채권 발행액은 2억 6453만엔이었다.

1930년의 식산은행 영업상황을 예로 들면 공칭자본 3천만엔, 불입자본 2천만엔, 적립금 1564만엔, 예금액 5106만엔, 순이익금은 302만 3448엔이었다. 순이익률은 15.12%이며 배당금은 88만 5154엔으로 배당률은 9%였다.

1920년대로 오면서 조선은행은 식민지 통화기관의 역할을 하는 한편, 동양척식회사와 함께 '일·선·만(日鮮滿)금융블록'의 통합추진기구 역할을 계속 담당했다. 식산은행 역시 동양척식회사와 함께 조선에서의 농업정책금융의 중추기구로서 농업단체 및 대지주와 중간지주 등에게 자금을 공급하여 수리사업자금과 토지개량비 및 농업경영비를 지원했다. 이 시기의 금융조합은 식산은행의 보조기관

동양척식주식회사

으로서 중소농업자와 중소상업자에게 주로 토지매입과 농우(農牛)매입 자금 등을 공급했다.

동양척식회사는 본래 이른바 척식사업을 목적으로 설립되었다. 그러나 금융업으로 손을 뻗쳐 조선은행·식산은행과 함께 조선의 3대 금융기관이 되었다. 일본정부의 특별한 보호를 받은 이 회사는 1930년 현재 조선에서만 9개의 지점을 두고 약 11만정보의 땅에서 연간 약 40만섬의 소작료를 거두고, 약 3억 7천만엔의 사채(社債)를 발행했다.

동양척식회사의 대부금은 약 1억 3800만엔에 이르렀고, 연간 총이익금 1724만여엔 중 대부금 이자가 906만여엔으로 53%나 되었다. 대부금은 대부분 조선인 지주와 자작농을 대상으로 한 부동산 담보였고, 그 이자도 대부분 이들에게서 거두어들인 것이었다.

각 지방에 설치된 농업금융기관인 금융조합들은 하나의 중앙기관으로 통합되어 조선금융조합협회로 조직되면서 일반은행으로 전환하였고(1928), 다시 조선금융조합연합회로 발전했다(1933).

한편 식산은행은 저축예금부를 확대하여 서민금융기관으로 조선저축은행을 조직했다(1929). 또 신탁업과 무진업(無盡業) 관계법이 개정되면서 대형 신탁회사와 무진회사가 설립되어 조선인 중심 일반은행의 설립기반은 위축되었다.

이보다 앞서, 1912년 '조선은행령' 제정으로 해동(海東)은행·경상공립(慶尙共立)은행·경일(慶一)은행·호남은행 등 자본금 50만엔에서 2백만엔 규모의 조선인 은행이 1920년까지만 해도 12개나 설립되어 식민지 금융기구의 주변적 기능을 담당했다.

그러나 1928년 은행령 개정으로 은행업이 자본금 2백만엔 이상의 주식회사로 한정되고, 종전의 은행도 5년 이내에 자본금 1백만엔 이상을 확보하게 함으로써 소자본 조선인 은행이 일본자본에 흡수되어갔다.

먼저 일본자본의 조선상업은행이 삼남(三南)은행을 매수했고, 역시 일본인 자본의 한성은행은 경상공립은행·경일은행·남선은행·대구상공은행·해동은행·경상합동은행 등을 매수했다. 조선인 자본의 동일(東一)은행이 동래은행·호서은행·호남은행 등을 매수하여 1940년대에 보통은행으로는 일본인 자본의 조선상업은행과 한성은행, 그리고 조선인 자본의 동일은행만 남게 되었다. 이후 전시체제 아래서의 강권적 금융기관 합병정책에 따라 한성은행이 동일은행을 흡수하여 조흥은행으로 개칭됨으로써 조선인 자본의 은행은 완전히 없어지고 말았다(1943).

중소상공업자의 자금공급원이던 일반은행의 위축과 식민지 특수금융기관의 대출대상 제한으로 고리대영업은 더욱 발달했고, 개인대금업과 전당업이 확산되어갔다. 고리대자본이 대자본 위주의 식민지 금융기구에서 소외된 소생산자층과 빈민층에 기생하여 온존함으로써 소생산자의 몰락, 조선인의 일본인 금융에 대한 예속을 촉진했다.

1931년 『동아일보』 조사에 의하면 조선농민이 총독부와 은행 및 금융조합에서 빌려 쓴 돈은 3억 4545만엔인데, 그 가운데 금융조합

대출금이 29.2%인 1억 1백만엔이었다. 그리고 개인이나 무진회사 등 사설금융기관 대출금이 4억 3545만엔이어서 은행 및 금융조합 대출금보다 더 많았다.

중일전쟁을 도발한 일본제국주의는 '임시자금조정법'을 제정하여 전쟁물자 확보와 군수품의 원활한 공급을 위해 '불요불급'한 산업생산을 억제하고 대출한도액을 통제했다(1937.9). 이에 따라 비군수산업과 비중요산업의 중소규모 조선인 자본은 해체되어 일본인 대자본에 흡수되어갔다.

또한 '은행 등 자금운용령' 시행으로 은행의 국채투자를 의무화했고(1940.11) '국가총동원법' 시행에 따라 설비자금에 이어 운전자금도 통제되었으며 금융기관에 대한 대부강제명령이 적용되었다. 침략전쟁이 태평양전쟁으로 확대되면서 조선의 금융기관은 침략전쟁비용 조달을 그 주요업무로 삼게 되었다.

중일전쟁 발발 이후부터 조선총독부는 전시국채발행액을 급격히 늘림으로써 사회간접자본에 대한 투자를 확충하여 일본 독점자본의 식민지 초과이윤 확보를 뒷받침하는 한편, 전쟁비용 조달을 위해 저축운동을 강행했다. 농산물 등 각종 생산물을 매수할 때 그 대금의 일정액을 강제 저축하게 하는 '텐비끼(天引, 공제控除) 예금'의 비율이 1943년에는 매수액의 30%를 넘었다. 노동자의 저축을 강제하기 위해 발동한 '저축조합령'에 의해 설립된 조합수가 9만 4천여개나 되었고, 가입자가 44만 7천여명으로 조선인구의 19%나 되었다. 그 강제저축액은 3억 3200여만엔이었다.

조선은행은 만주로의 군사비 송금업무 중개과정에서 일시 보유하게 되는 일본은행권으로 전시국채를 매입하고, 그 보증준비로 발행하는 조선은행권을 남발했다. 또 '임시 군사비 특별회계'로 전출되는 군사비를 일본은행권의 발행을 회피하고 조선은행권으로 사용하게 함으로써 조선에서 인플레이션이 가중되었다.

1943년에 14억 6600만엔이던 조선은행권 발행액은 1945년 6월에는 무려 43억 3900만엔으로 불과 2년 사이에 약 3배나 증가했다. 이 시기 조선은행권 발행고 증가율은 일본은행권의 그것보다 훨씬 높았다. 1936년을 100으로 한 1945년 6월 현재 조선은행권 지수는 208로 올랐으나 같은 기간 일본은행권 지수는 140에 지나지 않았다.

제3절 식민지 공업의 실태

조선인 공업의 실태

식민지시대 이전의 개항기에도 조선왕조 정부의 정책 빈곤, 토착 경제기반의 취약성, 외래 자본주의의 침략 등 여러가지 조건 때문에 자율적 산업혁명에 실패했음은 물론 근대공업의 발달도 미약했다. 식민지시대로 들어가면서 그 위에 식민정책의 저해작용이 더해져서 조선인 공업은 더욱 역경에 빠져갔다.

일본은 조선을 식민지화한 직후 회사령(會社令, 1910.12)을 공포하여 "회사의 설립은 조선총독의 허가를 받아야 한다"라고 했다. 그리고 조선총독이 내리는 명령 및 허가조건을 위반하거나 공공의 질서 혹은 선량한 풍속에 반하는 행위를 할 때 조선총독은 사업의 정지, 금지, 지점의 폐쇄 또는 회사의 해산을 명할 수 있다고 규정했다.

이 회사령은 조선인의 회사 설립과 경영을 억제하여 조선인 자본의 성장과 발전을 저지하고, 나아가서 그 산업부르주아지의 성장을

합방 5주년을 기념하여 일본 상품 선전과 판매 촉진을 위해 총독부가 개최한 공진회

저지하는 데 목적이 있었다. 실제로 1911년 초 일본의 왕자제지(王子製紙)·대일본제당(大日本製糖) 등이 유치되고 또 일본인이 출원한 회사들은 인가되었으나 조선인의 회사설립은 엄격히 규제되었다. 심지어 '합방' 전에 설립된 조선인 회사 몇개는 강제해산되기도 했다. 그후 1914년 회사령의 개정으로 회사설립이 다소 완화되었다.

회사령이 발효되고 있는 동안에도 일본인 공업회사의 성장은 조선인의 그것보다 높아서 식민지의 공업경영은 일본인에 의해 주도되기 시작했다. 표 5에서와 같이 1911년과 1917년을 비교해보면 공칭자본금의 경우 일본인 자본 비율이 26.4%에서 77.2%로 증가한 대신, 조선인의 그것은 18.6%에서 15.0%로 줄었다. 불입자본금 역시 조선인의 그것은 비율이 낮아졌다. 여기서의 합병회사 자본 역시 대부분 일본인 자본이었으므로 공업자본의 민족별 비율의 차

표 5 공업회사 민족별 자본액 (단위: 만엔, %)

	공칭자본금				불입자본금			
	조선인	일본인	합자	합계	조선인	일본인	합자	합계
1911	740	1,050	2,190	3,980	270	510	810	1,590
	18.6	26.4	55.0	100%	17.0	32.0	51.0	100%
1917	1,150	5,920	600	7,670	580	3,800	190	4,570
	15.0	77.2	7.8	100%	12.7	83.2	4.1	100%

자료:『朝鮮總督府統計年報』.

표 6 조선인 공업자본의 대응 (단위: 천엔)

	1911		1919	
	공장 수	자본금	공장 수	자본금
공업회사(단독)	4	79	13	808
공업회사(조일합자)	3	117	3	28
공장(주로 개인)	66	637	958	7,589

자료: 이여성·김세용『숫자조선연구』2집, 1932, 397~98면.

는 더 큰 것이었다.

이러한 상황에도 불구하고 조선인 자본의 대응양식도 다양하게 나타났다. 우선 공업경영 면에서 총독부의 공업회사 설립억제에 대응하여 일부의 조선인 대자본은 조선에 있는 일본인 자본과 결탁하여 합자공업을 일으켰고, 대부분의 중소자본은 회사화를 미루고 일단 개인경영으로 자본축적을 도모했다. 이같은 경영형태의 변경은 생산력과 자본이 취약한 조선인 자본이 회사령을 이기고 일본자본에 대응할 수 있는 방법이었다.

표 6에서와 같이 1911년 조선인 단독 공업회사는 4개소에 자본금 7만 9천엔인 데 비해 개인경영 공장은 66개소에 자본금 63만 7천엔

이었으나, 1919년에는 개인경영 공장이 958개소에 자본금 758만 9천엔으로 증가하여 단독 공업회사에 비해 공장 수 73배 자본금 9배 이상이었다. 한편 조일합자공업회사는 1911년에 3개소 자본금 11만 7천엔이어서 단독회사보다 자본액이 많았다. 그러나 회사령 완화 이후 단독 공업회사가 증가하는 것과는 반대로 1919년에는 3개소에 자본금이 불과 2만 8천엔으로 감소했다.

생산형태 면에서 보면 식민지 초기의 조선인 공업은 염직업 · 제지업 · 피혁제조업 · 요업 · 제분업 등에 한정되었다. 1911년에 전체 공장 수의 26%이던 조선인 공장이 1921년에는 46%로 증가했으나 생산액은 전체의 15%에 불과했다. 그 영세성을 짐작할 수 있다.

이처럼 1910년대의 조선인 자본은 법인화를 통한 산업자본화의 길이 거의 봉쇄당했다. 그런 속에서도 1920년대부터는 회사공업을 통한 공업자본이 일정하게 성장해갔다. 예를 들면 시장규모가 큰 주조업(酒造業)의 경우 1920년대에는 구한말부터의 업자들이 도태되고 새로운 경영자들이 등장하여 전체 생산량의 절반 정도를 조선인들이 생산했다. 한편 서울을 비롯한 평양 · 대구 · 부산 등 대도시에서는 순수한 조선인 자본에 의해 직포(織布)공장 · 메리야스공장 · 고무신공장 등이 어느정도 성장해갔다.

평양의 경우를 예로 들면, '합방' 이전에 양말공장을 중심으로 나타나기 시작한 메리야스공업은 1910년대까지도 소상인 혹은 수공업자들에 의해 한두대 또는 서너대의 직기(織機)를 가진 소규모 경영에 지나지 않았다. 그러나 1920년대로 접어들면서 그 규모가 커지고 기업화되어갔다.

표 7에서와 같이 이 무렵에는 직공 수 2백명이 넘는 공장이 생겨났고, 평양 전체에 1922년 "크고 작은 공장 30여개소에 직기 약

표 7 **평양의 주요 양말공장** (단위: 명, 타)

경영주 회사명	구분	1921	1922	1923	1924	1925	1926
이진순(李鎭淳)	직공 수	104	250	72	168	103	60
공신(共信)	생산고	45,000	104,500	7,000	20,000	75,000	75,000
허덕규(虛德奎)	직공 수	60	12	–	–	–	–
	생산고	26,000	4,000	–		–	–
박치홍(朴治泓)	직공 수	70	50	70	40	50	55
세창(世昌)	생산고	15,000	30,000	6,000	10,000	55,000	30,000
손창윤(孫昌潤)	직공 수	20	50	90	150	250	165
삼공(三共)	생산고	5,000	10,000	20,000	30,000	250,000	150,000
방윤(方潤)	직공 수	?	?	60	180	120	40
대원(大元)	생산고	?	?	20,000	70,000	80,000	60,000
이창연(李昌淵)	직공 수	–	40	70	105	80	60
대동(大同)	생산고	–	18,000	24,000	60,000	80,000	50,000
이기순(李基淳)	직공 수	20	23	50	–	–	–
반도(半島)	생산고	3,000	20,000	10,000	–	–	–
차형필(車炯弼)	직공 수	–	–	14	35	30	55
평신(平信)	생산고	–	–	3,500	5,000	15,000	15,000

자료: 梶村秀樹『朝鮮における資本主義の形成と展開』, 167면.

750대", 1925년 "직기 5대 이상의 공장 18개소, 2대 정도의 제조업자 300호(戶)", 1927년 "기계가 1531대로 증가하여 전국 생산고의 6할을 차지했고 직기 2백대가 넘는 공장이 4개소"나 되게 발전했다. 그 제품도 제주도에서 만주의 간도지방에까지 팔려나갔다.

근대사회로 들어오면서 종래의 짚신 대신 고무신이 생필품화하자 주로 조선인에 의해 1920년경부터 고무신공장이 생겨나기 시작했다. 조선인이 세운 고무신공장 중에는 대륙고무주식회사와 같이 구한말의 귀족에 의한 자본금 50만엔 규모의 것도 있었고, 동아고무공업주식회사와 같이 목포의 지주와 거상(巨商)에 의해 자본금 30만엔으로 설립된 대규모 회사도 있었다. 반도고무공업소와 같이 제화공(製靴工)에 의해 자본금 5만엔으로 설립된 것도 있었고, 조선고무공업소와 같이 배재학당 출신의 상공인이 설립한 자본금 5만엔 규모의 것도 있었다.

수요자가 대부분 조선인인 고무신공업에 일본자본도 침투해들어왔으나 1930년 통계에 조선인 공장이 30개, 일본인 공장이 17개여서 고무신공업 부문에서는 조선인이 우세했다. 식민지시대를 통해 조선인 자본이 비교적 활발히 투입된 부분은 메리야스공업과 고무신공업 등이며, 따라서 식민지시대 '민족자본'의 실태를 포착하려는 연구 작업이 이 두가지 분야에 집중되기도 했다.

메리야스공업의 경우 1920년대를 통해 산업자본화의 단계로 들어갈 수 있는 조건이 일부 갖추어졌으나, 산업자본화하는 과정에서 두가지 어려운 문제에 부딪히게 되었다. 그 하나는 이 무렵에 급격히 발전한 노동운동을 극복하고 자본축적을 이루는 일이었다. 또 하나는 수직기(手織機)를 자동직기로 바꾸어 생산력을 비약시킴으로써 자본축적도를 높이는 일이었다. 특히 1920년대 말기의 대공황을 겪으면서 이 두가지 고비를 넘겨야 했던 조선인 공업은 조선총독부 권력과 연결되지 않을 수 없었다.

조선총독부는 치안력을 총동원하여 노동운동을 탄압함으로써 이들을 돕는 한편, '만주사변' 후에는 조선의 중소기업에까지 만주진출의 특혜를 주어 자본축적의 계기가 되게 했다. 평양 메리야스공업의 경우 "메리야스 시설의 중국진출 붐이 일어나서 한때는 20여 업자가 중국본토 및 만주 일대에 시설을 옮겨 현지생산에 착수"했다.

조선인 자본이 이처럼 만주에 진출하자 일본제국주의는 다시 '만주국'으로 하여금 조선제품에 대해서는 높은 관세를 매기게 하는 반면, 일본제품은 무관세로 무제한 수입하게 하여 조선제품에 일정하게 제재를 가했다. 그런데도 '만주사변' 이후의 군수(軍需) 인플레이션 정책 아래서 조선인 자본도 일정한 혜택을 입었다. 평양 메리야스공업의 경우도 그 일부가 회사로 발전해갔다.

1930년대 후반기에 일본이 중일전쟁을 도발한 후 소위 국가총동원체제, 전시경제체제로 들어감으로써 이들 조선인 자본은 새로운 형태로 재편되었다. 우선 조선총독부는 1936년 '중요산업통제법'을 실시하여 종래의 경·중공업 병진정책을 군수 중심 산업정책으로 전환하고 일본의 대규모 재벌자본을 적극 유치했다. 한편 전쟁 확대에 필요한 물자 동원과 일본 본국의 국가 주도 군수중화학공업 발달에 따른 소비재 생산의 부족에 대비하기 위해 중소공업 촉진 및 규제 정책을 실시했다.

중소공업에 대한 촉진 및 규제 정책을 위해 일련의 법령이 마련되었다. 우선 공업조합령(1938.8)은 공업조합이라는 법인화기구를 통해 종래 개인공장 중심으로 운영됨으로써 분산되어 있는 중소공업의 생산력을 집결시키고, 개인공장들을 관제화하여 통제하에 유지시키려는 것이었다. 이 때문에 1940년경까지 중소공업의 산업조합 설립이 활발히 추진되었다.

이후 중소공업정비요강(1941.1)·기업허가령(1941.12)·기업정비령(1942.6) 등의 법령을 차례로 제정하면서 그 목적이 "군수, 기타 전쟁수행상 직접 필요한 물자의 생산 가공 및 국민 전시생활 최저한도의 확보상, 확충 강화를 필요로 하는 부분의 육성"과 "경영설비의 과소로 품질향상과 생산능력 증진을 기대하기 어려운 것이나 경영기술 등의 불량으로 활용 곤란한 것을 정리"하는 두가지에 있다고 했다. 1940년대에 한때 성장한 조선의 중소기업은 대부분 첫번째 목적을 위한 것이었는데, 그럼에도 그 규모는 대부분 두번째 목적의 정리 대상에 속하는 것이었다고 할 수 있다.

이들 법령은 당시의 일부 메리야스공업 등에는 치명적 타격을 주었다. 예를 들면 평양 메리야스공장들의 경우 일본의 미쯔비시(三菱)·군시(郡是) 같은 재벌이 출자한 조선메리야스주식회사 등에 합병되었고, 이밖에도 중앙방적·조선방적 등 일본 독점자본이 메리야스업을 가로챘다. 그러나 나머지 대부분의 조선인 중소공업은 계속 총독부의 규제책과 유지책에 의해 그 영세성에도 불구하고 유지되었다.

중소공업정비요강(실시요령)에서는 "가급적 종래의 기업체를 변경시키지 않고 개인의 창의와 연구를 장려하는 것으로 지도하고 활용함과 동시에 공업조합으로의 결합 등을 통해 그것을 조직화하기에 노력할 것"이라 했다. 중소기업에 대한 규제책과 유지책을 동시에 시행하여 조선인의 밑바닥 생산력까지 흡수하려는 일본 쪽의 현실적 경제운용원칙이 숨어 있었던 것이다.

이 무렵 일본 본국에서는 중소기업이 대대적으로 통폐합되거나 대기업의 하청기업화했지만, 중소기업이 대부분인 조선에서는 그것을 통폐합했을 때 오는 생산력 저하를 우려해 유지책과 규제책을 함께 적용했다. 따라서 주로 중소공업으로 구성되고 조선인 자본이 42%를 차지하고 있던 기계기구업의 경우 1939년에 613개소 생산액 5322만 5천엔이던 것이 1943년에는 1354개소에 생산액 1억 1500만엔으로 공장수와 생산액 모두 2배 이상 증가했다.

요컨대 1940년대 조선의 공업은 중화학·군수공업은 일본 재벌

공장이 담당하고, 소비재 내지 1차가공품은 일부 통제회사 아래에 있는 다수 중소공장이 담당하는 일종의 분업형태가 이루어졌다. 결국 이 시기 조선의 중소자본은 일본의 전쟁수행을 위한 협력을 강요당하면서 그 전시경제의 일부로 예속되어가고 있었다. 따라서 일본제국주의가 패망할 때까지 그 식민지 통제경제에 예속되지 않거나 타협하지 않은, 더 나아가서 민족해방운동을 경제적으로 뒷받침하는 옳은 의미의 민족자본은 존속할 수 없었다.

일본 독점자본 식민지시대 초기 조선에서의 일본인 공업경영이 조선인의 그것에 비해 앞섰다 해도 공업생산 전체가 당시의 조선경제에서 차지하는 비중은 대단히 낮은 것이었다. 1920년까지도 농업생산액에 대한 공업생산액의 비율은 13.5%에 불과했다.

주로 제사업(製絲業)·제면업(製綿業)·양조업(釀造業)·인쇄업·담배제조업·제염업(製鹽業)·제과업(製菓業) 등에 한정되었던 조선에서의 일본인 공업경영은 제1차세계대전까지는 영세한 매뉴팩처의 단계를 크게 넘어서지 못했다. 1913년의 통계에 의하면 자본금 1만엔 이하의 공장이 68.2%, 종업원 10명 미만의 공장이 50.4%, 생산액 1만엔 미만의 공장이 47.2%, 동력(動力)을 가지지 못한 공장이 53%나 되었다.

조선에서의 일본인 공업경영이 이같이 영세했던 원인은 우선 일본의 자본축적도가 약해서 조선에 투자할 만한 여유가 없었기 때문이며, 또 일본의 통치정책이 식민지 경제체제 수립을 위한 기초사업으로 토지조사사업, 철도·도로·항만 공사 등에 치중하였기 때문이었다. 그러나 제1차세계대전을 계기로 하여 일본 독점자본의 조선 진출은 확대되었다.

일본인이 경영하던 제사공장

제1차세계대전의 전쟁경기를 통해 일본의 독점자본은 급성장했고, 그것이 식민지 조선에 침입할 만한 조건들도 갖추어져갔다. 조선총독부는 우선 그것을 위해 회사령을 철폐했다(1920.4). 1910년대에는 아직 일본의 대자본이 조선에 침입할 사정이 되지 못했으므로 조선에 있는 일본인 영세자본을 보호하고 조선의 민족산업 발전을 저지하기 위해 회사령을 제정했으나, 1920년대로 들어서면서 전쟁을 통해 성장한 일본 독점자본의 조선 침입을 위해 그것을 철폐할 필요가 있었다.

회사령이 철폐된 후 1920년대 조선 공업의 특징은 우선 일본 재벌자본의 침입이 본격화한 점이다. 이 시기에 조선에 침입한 대표적 일본 독점자본은 미쯔이(三井)재벌을 비롯하여 미쯔비시(三菱)·노구찌(野口) 재벌 등이었다. 미쯔이재벌은 자본금 5백만엔의 삼성(三成)광업주식회사를 비롯하여 7개의 회사를 침투시켰다. 미쯔비시재벌은 자본금 1천만엔의 조선무연탄주식회사를, 노구찌재벌은 자본금 6천만엔의 조선질소비료주식회사를 비롯하여 4개의 회사를 세웠다.

이밖에도 일본자본은 화학공업·전기공업·섬유공업·광업·철도업 등에 광범위하게 침투했다. 일본이 1930년까지 조선·대만·중국·몽골 등 식민지 및 반식민지에 투자한 금액은 총 71억 5900만엔이었는데, 그 가운데 조선에 투자한 액수는 16억 2700만엔으로 중국에 이어 두번째로 많았다.

1920년대 조선의 공업이 가지는 또다른 특징은 일본자본의 적극적인 침입으로 조선인 공업회사와 일본인 공업회사 사이의 격차가 더욱 심해진 점이다. 1929년 조선에 설립되어 있던 일본인 공업회사는 301개였고 조선인의 그것은 143개여서 일본회사가 2배가 넘었다. 그러나 전체 출자액 또는 불입자본은 15배나 되었고, 일본인 공업회사들의 평균 출자액 및 불입자본은 조선인 회사의 7배나 되었다.

1920년대를 통해 일본자본의 침투가 급격히 증가했음에도 불구하고 이 시기 조선의 공업생산은 경공업, 특히 식료품 가공업이 압도적이었다는 점이 또 하나의 특징이다. 식료품공업은 전체 공업생산의 63.5%를 차지했고 기계공업은 1.3%에 지나지 않았다.

식료품공업은 대부분 도정업(搗精業)이었다. 금속공업은 5.8%를 차지했는데 일본제철회사의 겸이포(兼二浦)공장과 일본광업주식회사의 진남포(鎭南浦)제련소를 제외하면 대부분 대장간 규모의 것들이었다. 겸이포와 진남포의 대규모 공장은 일본 공업의 부속공장이었으며 그 생산품은 대부분 일본으로 실어갔다.

또한 1.3%로 가장 비율이 낮은 기계공업도 용산공작(龍山工作)주식회사 등 2~3개의 규모가 큰 공장을 제외한 나머지는 간단한 도구 생산장이나 수리공장에 지나지 않았다. 5%의 화학공업도 어유(魚油) 제조가 대부분이었다. 방직공업이 10.9%로 두번째로 높은 것은 제1차세계대전을 계기로 성장한 일본의 방직공업이 조선을 상품시장으로 장악하고 나아가서 조선의 값싼 노동력과 풍부한 원료를 이용하여 직접 공장을 세운 때문이었다.

이 시기 조선의 공업은 재벌자본에 의한 대규모 공장들이 일부 세워지긴 했지만 전체적으로 소규모의 작업장들이 큰 비중을 차지했던 점이 또 하나의 특징이다. 1932년의 통계에 의하면 전체 공장 4525개 중 종업원 수 49명 이하가 4277개로 전체의 94.5%나 되었다. 종업원 50명 이상 99명 이하의 공장이 151개로 전체의 3.3%였고, 100명 이상 199명 이하의 공장이 46개로 전체의 1%에 불과했다. 종업원 200명 이상의 공장이 51개로 1.1%였다. 침략전쟁이 본격화하기 이전 식민지 조선의 공업이 얼마나 영세한 것이었는지를 짐작할 수 있다.

조선 공업화정책과 군수공업

1920년대 조선의 공업은 일본 독점자본의 본격적인 침투로 약간의 대규모 생산공장이 세워졌으나 그것은 일본 공업에 종속된 것에 지나지 않았다. 일부 조선인이 경영하는 생산공장이 발달하여 규모가 조금씩 커지고 동력을 갖추어가기는 했어도 전체적으로는 소규모 경영에 한정되어 있었다.

1930년대 이후에는 본국의 경제공황에 쫓긴 일본 독점자본의 조선 침투가 한층 더 적극화했으며, 일본제국주의의 대륙침략이 본격화하고 조선이 그 병참기지화(兵站基地化)함에 따라 공업구조 전체가 군수공업체제로 바뀌어갔다. 이 과정을 통해 조선의 공업생산력도 높아졌다.

이 시기 조선으로의 자본유입액을 봐도 1931년까지 18~21억엔 정도이던 것이 1936년경에는 72~75억엔에 이르렀고 8·15 때까지 1백억엔 이상이 되었다.

1920년대 후반기의 경제공황으로 자본의 집적·집중을 강화시킨 일본의 독점자본은 그 돌파구의 하나를 풍부한 자원과 값싼 노동력이 있는 식민지 조선에서 찾았다. 일본에서는 '중요산업통제법' '공장법' 등이 제정되어 기업운영에 제약이 있었던 데 비해, 식민지 조선에는 노동자를 보호하는 입법이 없었을 뿐만 아니라 조선총독부가 노동운동을 적극 탄압하여 일본 독점자본의 조선 진출을 도왔다.

한편 '일·선·만(日鮮滿) 블록경제권'의 중요성이 높아지면서 만주 및 중국시장 진출의 교두보로서 조선의 공업 분야에 투자하기 시작한 일본의 독점자본은 조선의 수자원을 이용한 전력 개발을 뒷받침으로 하여 시멘트·비료·화학 등 중화학공업과 만주시장을 대상으로 한 제사·방적업 분야에 대규모로 진출했다. 1930년대 후반기에 들어서면 일본의 대외무역수지 적자는 '엔블록' 내의 흑자를 통해 상쇄하고도 남게 되었다. 중일전쟁 이후 조선에 진출한 일본 독점자본은 '엔블록'의 유지 확대를 위한 전쟁 수행에 필수적인 군수 관련 산업에 집중 투자했다.

구체적으로는, 1930년대에 들어와서 미쯔이재벌은 자본금 2천만엔의 북선제지화학공업회사(北鮮製紙化學工業會社) 등 3개의 화학공업회사와 섬유·방적·양조·제분(製粉) 공업회사 등 6개의 회사를 다시 설립했다. 노구찌재벌도 투자액 2천만엔의 장진강수전(長津江水電)주식회사, 자본금 1500만엔의 조선송전주식회사 등 2개의 전기공업회사, 2개의 화학공업회사, 1개의 철도회사를 설립했다. 이밖에도 일본자본에 의한 화학·전기·제철·방직 공업회사 등이 계속 세워졌다.

일본의 적극적 군수공업화정책의 결과 1930년대 이후 조선의 공업구조는 상당히 바뀌어갔다. 표 8에서와 같이 공장 생산액의 비율을 보면 1930년에는 식료품공업이 전체의 57.8%로 1위였고, 다음

표 8 1930년대 조선 공업의 동태 (단위: 천엔)

	1930년			1936년		
	생산액(%)	공장 수	종업원 수	생산액(%)	공장 수	종업원 수
금속공업	15,263(5.8)	231	4,542	28,365(4.0)	259	6,787
기계기구공업	3,328(1.3)	224	2,854	7,398(1.0)	344	7,939
화학공업	24,676(9.4)	515	14,720	162,462(22.9)	1,425	41,972
가스전기공업	6,432(2.4)	35	525	39,988(5.6)	50	812
요업	8,348(3.2)	314	5,366	19,032(2.7)	336	8,269
방직공업	33,674(12.8)	270	19,011	90,378(12.7)	402	33,830
식료품공업	152,054(57.8)	2,088	27,055	320,580(45.2)	2,258	32,617
제재목제공업	7,037(2.7)	163	2,629	19,230(2.7)	271	4,906
인쇄 · 제본업	8,184(3.1)	215	4,146	12,426(1.8)	286	6,273
기타 공업	4,068(1.5)	206	3,052	10,002(1.4)	296	5,394
합계	263,064(100)	4,261	83,900	709,861(100)	5,927	148,799

자료: 전국경제조사기관연합회 조선지부 『朝鮮經濟年報』 1939년판.

이 12.8%의 방직공업이며 화학공업이 9.4%로 3위에 있었다. 1936년에는 식료품공업이 여전히 1위이긴 하지만 그 비율은 45.2%로 떨어졌다. 화학공업이 22.9%로 올라 2위가 되었으며 방직공업이 12.7%로 떨어져서 3위가 되었다. 공장의 수도 식료품공업은 6년간에 170개가 증가했고, 방직공업은 132개가 증가한 데 비해 화학공업은 910개나 증가했다.

1931년 일본내 중요산업통제법의 실시는 그 민수산업계의 대자본에 큰 타격을 주었고, 이 때문에 1930년대에는 이들 자본의 도피성 조선 진출이 크게 늘어났다. 1932년부터 36년 사이에 조선 내 공업회사(지점) 자본금이 2억 9천만엔에서 10억 5천만엔으로 급증했다. 그 결과 조선인 자본은 판로 상실 등의 타격을 받았으며, 저임금에 기반을 둔 저가상품이 일본에 역수출되어 일본 공업에도 위협이 되었다.

이에 일본은 조선 산업의 전시체제로의 재편을 표방하며 중요산업통제법을 조선에도 적용하여 군수·중화학공업화를 꾀했다(1936). 그러나 당시 조선 공업의 대부분은 중소공업이어서 그 적용은 대단히 제한적이었다. 결국 조선총독부는 본국의 전시통제원칙을 준용하면서도 조선의 특수성을 고려하여 공업조합령, 기업정비령, 군수생산 책임제 등으로 중소공업을 조직화하고 재조선 자본의 현지동원을 통해 전시공업화를 추진하게 되었다.

중일전쟁을 도발한 일본제국주의는 본국에 '임시자금조정법'을 제정하고(1937) 이를 조선에도 적용하여 본격적으로 금융을 통제하며 계획금융의 기본골격을 세웠다. 한편 군수품의 원활한 확보를 위해 민수용품의 생산을 억제하고 '조선자금자치조정단'을 만들어 대부를 통제했다.

조선에 적용된 중요산업통제법은 조선인 공업이 상당수 포진해 있던 경공업분야의 생산력 진흥을 의도적으로 꾀하여 조선인 공업을 전시경제체제로 재편하려는 목적이 깃들어 있기도 했다. 1938년 3월 국가총동원법 적용 이후 인력과 물자 및 자원에 대한 통제를 강화하는 한편, 조선인이 경영하는 공장은 대출 및 금리상의 민족적 차별을 완화해주고 발주·하청권을 주었으며, 특히 중소공장은 조합조직으로써 조직적 생산증가를 꾀했다.

1930년대 이후 일본의 병참기지화 정책으로 화학공업·전기공업 등을 비롯한 각 공업부문에서 어느정도 발달을 보았으나 그 결과는 식민지공업의 특징을 한층 더 두드러지게 했다. 그것의 첫째 특징은, 이 시기 조선 공업에서의 일본 독점자본의 지배도가 어느 때보다도 더 높아져서 공업생산의 모든 부분에서 일본자본이 압도하고

표 9 **조선 본점 회사의 민족별 자금**(자본금 1백만엔 이상, 1944년 말)

	회사 수			불입자본금(천엔)		
	조선	일본	합계	조선(%)	일본(%)	합계(%)
금속	3	30	33	3,975(1.8)	202,330(98.2)	206,125(15.1)
기계기구	3	30	33	11,500(15.1)	64,530(84.9)	76,030(5.6)
화학	1	36	37	250(0.1)	252,925(99.9)	253,175(18.6)
가스전기수도	-	7	7	-	506,262(100)	506,262(37.2)
요업토석	-	10	10	-	40,908(100)	40,908(3.0)
방적	2	18	21	11,250(15.6)	90,975(84.4)	72,225(5.3)
제재목제	1	6	7	5,500(15.3)	30,350(84.7)	35,850(2.5)
식료품	3	32	35	1,314(2.2)	59,152(97.8)	60,466(4.4)
인쇄제본	1	1	2	1,500(68.2)	500(31.8)	2,000(0.15)
토목건축	4	13	17	2,760(10.1)	24,385(89.9)	27,145(2.0)
기타공업	-	11	11	-	30,750(100)	30,750(2.8)
계	18	194	213	37,869(2.8)	1,273,067(93.6)	1,360,936(100)

자료: 조선상공회의소 『조선경제통계요람』, 1949, 73면. 인용자료의 합계가 항목수치와 일치하지 않기 때문에 항목수치에 맞추어 합계를 조정함.

있었다는 점을 들 수 있다.

표 9에서와 같이 태평양전쟁 직전 조선의 공업에 투입된 민족별 자본액을 보면 약 94%가 일본인 자본이어서 공업의 거의 전부가 일본자본에 의해 경영되고 있었음을 알 수 있다. 기계공업과 인쇄·제본업 및 방적업에서는 조선인 자본 비율이 다소 높았다.

이 시기 조선의 공업이 가지는 두번째 특징은 중공업부문이 일정하게 발전했다는 점이다. 1936년에도 중공업의 중심을 이루는 금속·기계·화학공업의 생산액 비율은 전체 공업의 27.9%에 지나지 않았으며 이 가운데 22.9%를 차지한 화학공업은 식량증산을 뒷받침하기 위한 비료 생산이 대부분이었다. 금속공업과 기계공업을 합한 비율은 5%에 지나지 않았다.

그러나 1937년 이후 전시통제 아래서 중화학공업은 새로운 양상을 띠어갔다. 예를 들면 1944년 현재 조선에 본점을 둔 공업회사만의 금속·기계·화학공업 투자액은 5억 3550만엔으로 전체 공업회사 투자액의 40% 정도였다. 반면 조선에 지점을 둔 일본 재벌회사의 경우 그 투자액의 70~80% 이상을 중화학공업에 집중하고 있었다. 그리고 일본재벌계 산업설비투자율은 74%에 이르고 있는 반면, 조선에 본점을 둔 회사의 설비투자액은 21%에 불과했다.

따라서 1943년 조선내 중화학공업 투자액은 총 10억 1천만엔으로 당시 총공업투자액의 49%를 차지하고 있었다. 이같이 일본제국주의의 침략전쟁이 막바지에 이른 1940년대 조선의 중화학공업은 일본의 독점자본에 의해 이전 시기와는 다르게 크게 성장하고 있었다.

금속공업의 경우 1935년까지 종업원 2백인 이상 공장은 하나도 없었다. 그만큼 조선에서의 기초공업 생산능력이 박약했던 것이다. 그러나 중요산업통제법 실시 이후 일본의 공업투자는 주로 기계·금속공업을 중심으로 이루어졌다. 1942년 현재 금속공업 공장으로는 일본제철의 겸이포제철소, 청진제철소, 미쯔비시중공업을 비롯하여 조선이연(理研)금속, 식은(殖銀)의 일본고주파(高周波)중공업 성진공장, 동척(東拓)의 조선제철 등이 건설되거나 가동중이었다.

경금속부문도 닛찌스(日窒)·모리(森)·미쯔이·스미또모(住友) 등의 재벌자본에 의해 알루미늄공장, 마그네슘공장 등이 생겨났다. 1944년경까지 자본금 1백만엔 이상의 금속공장은 조선인 경영이 3개소였고 일본인 경영이 30개소였다. 이같이 식민지시대 말기에는 금속공업이 일정하게 성장했으나 그 생산품의 대부분이 일본으로 반출되어 군수공업의 원료가 되었을 뿐 조선의 중화학공업 발전과

일본 미쯔비시(三菱)의 겸이포제철소

는 직접 연결되지 못했다. 1944년의 통계에 의하면 조선에서 생산되는 선철의 89.4%가 일본으로 반출되었다.

조선의 기계공업은 기계의 제작보다 주로 수리에 한정되었다. 침략전쟁의 말기로 접어들면서 철도차량·선박기계 및 조선업(造船業) 등에서 기계생산이 어느정도 발달했다. 그러나 1943년에도 기계공업은 전체 공업생산액의 6%에 지나지 않았고, 금속·기계·전기·화학공업 등에서 증대하는 기계 수요는 모두 일본의 기계공업에 의존했다.

이 때문에 전체 식민지시대를 통해 특히 기계공업 부문에서의 조선인의 기술 향상은 거의 기대할 수 없었다. 다만 1940년대에 들어와서 일본의 독점재벌들에 의해 조선중기 및 조선스미또모제강 등 대단위 기계공장이 건설되고 일본 본국과의 기술제휴를 표방한 조선전기제강·순안제강 등 대규모 기계공장들이 확장되었거나 건설되었다.

이 시기 조선의 공업이 가지는 세번째 특징은 침략전쟁중에 일부 발달한 중공업도 일본 독점자본에 의해 고도로 집중되어 조선인의 경제생활과는 유리된 점에 있다. 1939년의 통계에 의하면 금속공업의 경우 공장 295개소 중 노동자 2백명 이상의 공장이 9개에 지나지 않았는데도 이들 공장이 전체 금속공업 부문 생산액의 88.4%를 차지했다.

화학공업의 경우도 공장 618개소 중 2백명 이상의 노동자를 고용한 공장은 33개에 불과했으나 그 생산액의 비율은 76%나 되었다. 기계공업의 경우 노동자 2백명 이상을 고용한 20개 공장의 생산액이 전체 생산액의 52.7%를 차지했다. 기계공업의 소규모 공장 생산액 비율이 다소 높은 것은 대규모 공장의 보조적 및 부속적인 성격의 공장이었기 때문이었다.

1930년 이후 조선의 공업이 가진 네번째 특징은 경공업 부문 역시 조선인의 수요에 응하여 전면적으로 발달한 것이 아니라 일본의 식민지 초과이윤 취득에 유리한 부문만 발달했다는 점이다. 이 시기에는 식료품공업과 방직공업의 생산액이 1920년보다는 다소 떨어졌지만, 다른 부문에 비해서는 여전히 높았다.

방직공업이 전체 공업생산액에서 차지하는 비율은 1930년대에 12.8%, 1937년에 14%, 1943년에 17%로 높아져갔다. 방직공업은 조선이 가진 풍부하고 값싼 원료와 노동력을 바탕으로 막대한 식민지 초과이윤을 얻을 수 있는 부문이었기 때문에 일찍부터 발달했다. 그러나 조선인의 수요에 응하기 위한 전면적 발전이 아니라 일본의 방직공업을 위해 유리한 부문, 즉 면방직과 조면업(繰綿業)을 중심으로 한 발전이었다.

식품공업은 일본 본국에 식량을 조달하고 조선에 있는 일본인 및 일본군대의 수요에 응하기 위해 일찍부터 도정업을 중심으로 발달했다. 1940년에 와서도 식품공업의 전체 공장 2100여개 중 정미소가 1700여개여서 전체의 약 81%를 차지했다. 1942년 이후에는 기업정비령에 의해 정리 통합되어 식량영단(食糧營團)의 통제 아래 들어갔다.

도정업 이외의 식품공업으로 제분업·양조업·장유업(醬油業) 등이 일부 있었으나 그 비중은 대단히 낮았고, 또 대부분 일본인의 수요에 충당되었을 뿐이다. 방직공업과 식품공업이 대종을 이루는 조선의 경공업은 대부분 농촌의 값싼 원료를 통해 농업과 연결되었을 뿐, 중공업과의 유기적인 생산적 연계관계를 가지지 못했다. 이것은 조선에 적용된 중요산업통제법 체제 아래서 부족한 방직공업·잡공업 부문의 육성도 수반되어야 했기 때문이었다.

병참기지화 시기에 들어오면서 공업과 농업의 불균형, 공업시설의 지역적 편재성이 심했음을 그 다섯번째 특징으로 들 수 있다. 1930년대에 들어와서도 조선 농촌은 생활필수품의 상당한 부분을 가내수공업적 생산품에 의존하고 있었고, 기계공업 생산품이라 해도 대부분 일본 생산품이 공급되고 있었다.

방직공업품의 경우도 1937년 통계에 의하면 조선에서의 소비액 중 50.3%만 국내생산품이고 그 가운데 11.5%가 가내수공업 생산품이었다. 따라서 나머지 49.7%가 외국으로부터의 수입품이며, 그 가운데 44.7%가 일본제품이었다.

식민지시대 조선의 공업시설 배치는 조선경제 전체의 발전을 목표로 한 것이 아니라 일본의 통치목적과 원료약탈을 위해 이루어진

표 10 **남북한지역 공산액 비율**(1940년)

	남한지역	북한지역
금속공업	9.1	90.9
기계기구공업	71.6	28.4
요업	26.8	73.2
화학공업	14.0	86.0
목제품공업	63.4	36.6
인쇄 · 제본업	88.5	11.5
식료품공업	61.1	38.9
방직공업	83.2	16.8
가스 · 전기업	20.4	79.6
기타	77.8	22.2
합계	44.3	55.7

자료: 川合彰武『朝鮮工業の現段階』.

것이어서 식민지 공업의 특성이 그대로 나타났다. 인천·군산 등 쌀 생산지를 배경으로 한 항구에는 도정업이 집중적으로 발달했고 금속공업·화학공업 등은 원료와 전력이 편재되어 있는 북조선지역에 집중되었다. 경인지방에 기계공업·방직공업이 집중된 것은 원료 및 동력 문제보다는 그곳이 정치중심지·소비중심지라는 배려 측면이 강했다.

표 10에서와 같이 식민지시대 조선의 공업은 금속공업·화학공업·가스전기업 등이 북조선지역에 집중되었고, 기계공업·방직공업 등이 남조선지역에 집중되어 식민지적 편재성을 심하게 드러냈다. 그리고 이같은 식민지적 공업구조가 8·15 후 국토가 분단됨으로써 전체 민족경제에 더욱 나쁜 영향을 끼쳤다.

제4절 자원약탈과 교통·통신 및 무역 지배

자원약탈 일본은 한반도를 식민지로 만든 즉시 '토지조사사업'을 실시하여 토지를 약탈하는 한편, 제 나라 자본주의 발전을 뒷받침하기 위해 조선에서 각종 자원을 본격적으로 약탈하기 시작했다. '합방' 전부터 이미 조선의 풍부한 광물자원에 주목해오던 일본은 1911년부터 1917년까지 한반도 전체에 대한 광산조사를 실시하여 각종 광물의 매장량을 세밀히 파악했다.

'조선광업령'(1915)과 그 시행세칙(1916)을 공포하여 조선인의 광산경영을 억제하고 일본인의 진출을 도왔다. 조선광업령의 공포를 계기로 일본의 광업자본가들이 본격적으로 조선에 침투하여 미쯔이(三井)광산주식회사·후루까와(古河)광업합명회사 등이 개천(价川)광산·갑산(甲山)광산 등 매장량이 많은 광산을 모두 차지했다.

표 11에서 보는 바와 같이 '합방' 직후에는 조선인 광산액이 전체의 4.8%, 일본인이 22.6%, 외국인이 72.6%로 외국인의 그것이 가장 높았다. 그러나 10년 후인 1920년에는 조선인의 광산액이 0.4%, 외국인이 19.7%로 떨어진 반면, 일본인의 그것은 약 80%로 크게 증가했다.

조선광업령 이후 광업권 허가비율이 조선인의 경우 1911년에 51%이던 것이 1919년에는 37%로 줄었고, 일본인의 경우 허가비율이 1911년의 47%에서 1919년에는 63%로 증가했다. 광산경영의 주도권이 일본인에게 넘어가고 있었음을 알 수 있다. 이같은 현상은 이후에도 계속되어 1931년에는 일본인 광산액이 전체의 79%였고 조선인은 9.4%, 외국인은 11%에 지나지 않았다.

1919년의 갑산광산

표 11 **민족별 가동 광구 수와 광산액** (단위: 천엔)

	조선인		일본인		외국인	
	광구 수	광산액(%)	광구 수	광산액(%)	광구 수	광산액(%)
1911	90	296(4.8)	103	1,401(22.6)	14	4,488(72.6)
1915	108	384(3.7)	182	2,820(26.8)	19	7,311(69.5)
1920	23	89(0.4)	150	19,337(79.9)	5	4,777(19.7)

자료: 『朝鮮總督府統計年報』.

1930년대 이후 일본의 침략전쟁이 본격화함에 따라 광물자원 약탈은 한층 더 강화되었다. 1932년도 예산에 금광업 보조 장려금 20만 엔이 책정되었고, 1939년의 금생산액은 1931년의 3배가 되었다. 생산량의 55%가 조선은행을 경유하여 일본으로 반출되었다. 중일전쟁을 도발한 일본은 전쟁수행에 필요한 물품의 지불수단으로서 금의 생산을 촉진하기 위해 조선산금령(朝鮮産金令, 1937.9)을 발표

표 12 **민족별 광산량 비교** (단위:%)

	1937년		1941년		1944년	
	조선인	일본인	조선인	일본인	조선인	일본인
금	25	65*	20	80	10	90
구리	20	80	20	80	20	80
아연	5	95	5	95	5	95
납	10	90	10	90	10	90
철	–	100	–	100	1	99
망간	–	–	–	100	–	100
텅스텐	–	100	–	100	2	98
몰리브덴	–	100	–	100	–	100
니켈	–	–	–	–	–	100
코발트	–	–	–	–	–	100
형석	–	100	10	90	10	90
운모	–	100	–	100	3	97
석면	–	100	–	100	–	–
흑연	–	100	1	99	1	99
유화철	–	100	–	100	–	100
마그네사이트	–	100	–	100	–	100
인	–	100	–	100	–	100

자료: 朝鮮銀行『朝鮮經濟年報』1948년판.
* 기타 외국인 10%.

했다.

조선의 광업을 군수공업에 종속시키고 "국방상 특히 중요성을 가지는" 금·은·철·텅스텐·흑연 등 25종의 광물을 증산하기 위해 광업자에게 사업설비의 신설·확장·개량 등을 명령하거나 광업권의 양도를 명령할 수 있는 '조선중요광물증산령'을 공포하는 한편(1938.5), 조선광업진흥주식회사를 설립하여 산금업자에 대한 자금융통을 통제했다(1940).

한편 조선총독부의 국채수입으로 미쯔이·미쯔비시·스미또모 등의 재벌에 광물생산을 위한 보조금·장려금을 독점적으로 지급함으로써 광업이 이들 재벌 중심으로 통폐합되게 했다. 이 때문에 표 12에서와 같이 태평양전쟁기에는 광산량(鑛産量)의 대부분이 일본인이 생산한 것이었다. 조선인의 그것은 금·구리·납 등의 생산에서 겨우 1할 내지 2할을 차지하고 있을 뿐이었다.

어업분야에서도 일본인의 독점현상은 뚜렷해져갔다. '합방' 전해인 1909년에 1만 2567척, 7만 5063명이 출어한 조선 어민의 어획고가 369만 300엔이어서 1인 평균 어획고 49엔이었다. 이에 비해 조선에서의 일본 어민의 경우는 3755척, 1만 5749명 출어에 어획고가 307만 6800엔이어서 1인 평균 어획고 195엔이었다.

이때도 이미 일본인의 어업자원 약탈이 본격화했지만 '합방' 후에는 그것이 더욱 심화되어갔다. '합방' 직후 조선총독부는 곧 '조선어업령'을 공포하여 이왕의 어업권을 부인하고 다시 허가받게 했다(1911.6). 그것은 조선인 어장 및 구황실(舊皇室) 소유의 어장이 일본인 소유로 재편성되는 계기가 되었다. 특히 조선총독부는 저인망(底引網)어업이나 잠수기어업 등의 근대적 방법에 의한 어업은 일본인에게만 허가했다. 또 어업조합을 설치하여 일본인 중심으로 운영되게 함으로써 어업권이 일본인에게 넘어가도록 유도했다.

이 때문에 '합방' 후 10년 사이에 조선인의 어획고는 약 4배 증가했지만 일본인의 그것은 약 6배 증가했고, 1인 평균 어획고도 조선인은 49엔에서 54엔으로 불과 5엔밖에 증가하지 않은 데 반해, 일본인은 195엔에서 245엔으로 50엔이 증가했다.

양식어업의 경우 일본인의 우위는 더욱 심했다. 1921년의 통계

일제가 설립한 신의주제재소

를 예로 들면 조선인 양식업자 2만 5290명이 총 404만여평의 어장을 가졌던 데 비해, 불과 86명의 일본인 양식업자가 약 1650만평의 어장을 가지고 있었다.

산림자원 약탈을 위한 식민지 산림정책도 '합방' 전부터 이미 감행되었다. 압록강·두만강 연변의 산림을 탐내던 일본은 통감부시기에 '압록강·두만강 연안 산림경영 협동약관'(1906.10)을 강요하여 이 지역 산림을 대규모로 벌채했다.

다시 삼림법(森林法)을 제정하여 전체 산림을 제실림(帝室林)·국유림·공유림·사유림으로 나누어 산림자원약탈의 기초를 마련했다(1908.1). '합방' 후 불과 3년 동안에 조선총독부는 소위 영림창(營林廠) 사업을 통해 압록강·두만강 연변의 목재를 대규모로 벌채하여 약 10억엔의 수입을 얻었다. 이 금액은 당시 조선총독부 1년 예산 약 5800만엔의 18배에 가까운 것이었다.

조선총독부는 토지조사사업을 완료한 후 즉시 임업조사(林業調査)를 실시하여 전체 임야를 총독부 소유의 국유림과 민유림으로 나누고, 국유림을 다시 요존치림(要存置林)과 불요존치림으로 나누었다(1918). 종래 무주공산(無主空山)으로 불린 마을의 공유림 약 1백만정보와 분묘림지(墳墓林地) 약 3백만정보가 국유림의 불요존치림으로 편입되었다. 조선총독부 소유림이 된 것이다.

이상과 같이 조선총독부 및 일본인에 의한 각종 자원의 독점적 지배는 곧 조선의 민족적 재부를 직접적으로 약탈한 것이었다. 그 결과 조선에서 민족자본의 성장이 철저히 저지되었고, 반면 일본제국주의는 식민지 지배체제를 확립하는 재원을 확보하였다.

식민지 무역

문호개방 때부터 급격히 확대된 조선과 일본 사이의 무역은 일본 측에 의해 거의 일방적으로 독점되었다. 무역 내용에서도 '면미(綿米) 교환무역'이란 말에서 알 수 있듯이 원자재의 수출과 완제 공산품의 수입 중심으로 이루어졌다. 식민지시대로 들어가면서 이같은 현상은 더욱 뚜렷해졌다.

전체 식민지시대를 통해 조선 무역이 가지는 일관된 성격은 첫째, 일본의 대외무역에서 조선이 차지하는 비중이 계속 높아지면서 일본이 그것을 독점한 점, 둘째, 조선의 일본에 대한 원료공급지와 상품시장으로서의 기능이 계속 강화되어간 점 등이다.

식민지시대의 초기, 즉 1910년대에 들어서면서 조선의 대외무역이 급격히 증가했으나 일본에 의한 무역독점은 한층 더 심해졌다. 1910년 조선의 수출총액은 1991만 4천엔이었고, 그중 일본에 대한 수출액은 1537만 9천엔으로 전체의 77.2%를 차지했다. 그러나 1919년에는 수출총액이 2억 2194만 8천엔으로 약 11배 증가했고, 그 가운데 일본에 대한 수출액은 1억 9984만 9천엔으로 90%를 차지했다.

수입의 경우도 1910년의 총수입액은 2534만 8천엔으로 전체의 63.7%였으나 1919년의 총수입액은 2억 8307만 7천엔으로 전체의 65.3%를 차지하여 역시 증가일로에 있었다. 수출입을 막론하고 무역이 모두 일본과 이루어졌음은 더 말할 나위가 없다.

이 시기의 무역에서 수출품의 대부분은 원료품과 식료조제품(食

표 13 **상품부류별 수출입 무역액** (단위: 천엔)

	수출		수입	
	1910년(%)	1919년(%)	1910년(%)	1919년(%)
원료품	3,818(19.2)	29,040(13.1)	4,162(10.5)	37,473(13.2)
원료용제품	110(0.6)	20,043(9.1)	4,064(10.2)	23,554(8.3)
식료조제품	13,229(66.4)	150,522(67.8)	1,336(3.4)	23,353(8.2)
식료정제품	24(0.1)	4,111(1.9)	4,427(11.1)	17,633(6.2)
완제품	659(3.3)	2,022(0.9)	22,400(56.3)	146,093(51.6)
잡품	1,856(9.3)	14,699(6.6)	3,358(8.5)	34,936(12.3)
재수출입품	213(1.1)	1,502(0.6)	42(0.1)	28(0.1)
합계	19,909(100)	221,939(100)	39,789(100)	283,070(100)

자료: 朝鮮貿易協會『朝鮮貿易史』.

料粗製品)이었음에 반해 수입품은 완제품의 비율이 가장 높았다. 조선의 일본에 대한 원료공급지 및 상품시장화 현상이 한층 더 심화했음을 나타내고 있다.

표 13에서와 같이 수출품은 식료조제품이 1910년에는 66.4%였고 1919년에는 67.8%여서 전체의 절반이 넘었다. 수입품의 경우 완제품이 1910년에는 56.3%, 1919년에는 51.6%여서 역시 절반이 넘었다. 수출품 중 가장 비율이 높은 식료조제품은 쌀·잡곡·수산물·잎담배 등이었고 수입품 중 비율이 제일 높은 완제품은 직물류와 경공업 제품이었다.

1920년대에 들어와서 일본의 대외무역에서 조선이 차지하는 비중은 한층 더 높아져갔다. 제1차세계대전 시기를 통해 일본의 수출은 크게 신장하여 1914년에 5억 9천만엔이던 것이 1919년에는 20억엔을 넘었다가 전쟁이 끝나면서 급격히 떨어져서 1921년에는 12억엔으로 줄었다.

표 14 **조선 쌀 생산고에 대한 수출고 비중** (단위: 천섬)

연평균	생산고	대일 수출(%)	기타 수출(%)	합계(%)
1917~21	14,100	2,196(15.57)	247(1.76)	2,443(17.33)
1922~26	14,500	4,343(29.95)	34(0.24)	4,377(30.19)
1927~31	15,798	6,607(41.82)	9(0.06)	6,616(41.88)
1932~33	16,108	7,770(48.24)	59(0.36)	7,829(48.60)

자료: 『朝鮮米穀要覽』 1934년판.

그러나 이 기간에도 일본의 조선에 대한 수출은 계속 증가했다. 1917년에 7269만엔이던 것이 1925년에는 2억 3462만 3천엔으로, 1929년에는 3억 1532만 5천엔으로 증가하여 식민지 조선은 일본의 수출 대상지의 위치를 굳혀갔다.

1920년대에 와서도 완제품의 수입 비율은 더욱 높아졌다. 앞서 1919년에 51.6%이던 완제품의 수입 비율은 1921년에는 75.6%로 증가했고 1931년에는 다소 줄었지만 63.5%를 차지했다. 1920년대를 통해 직물류 완제품 수입은 1.5배 증가한 데 비해 기계류 완제품의 수입은 2.2배로 증가했다. 조선에서 일본의 식민지 산업이 강화되고 그만큼 조선의 식민지 시장으로서의 역할이 커진 것이다.

1920년대에 들어와서 산미증식계획 등의 결과로 조선의 일본에 대한 식량공급지 역할이 한층 더 강화했음을 이 시기의 무역상황을 통해서도 쉽게 알 수 있다. 표 14에서와 같이 1920년대 전반기의 일본에 대한 쌀 수출량은 1910년대 후반기의 그것에 비해 거의 2배로 증가했다가 이후부터 증가 비율은 1.5배, 1.1배로 떨어졌다. 반대로 일본 이외 지역에 대한 수출은 1920년대가 가장 낮았다.

1930년 이후의 침략전쟁기로 들어가면서 대조선 무역이 일본 무역 전체에서 차지하는 비중은 급격히 높아졌고, 조선이 일본에 수출하는 원료도 군수공업 원료의 비중이 높아졌다. 1939년의 경우를 예로 들면 일본의 수출총액 중 조선에 대한 수출이 전체의 23.7%로 1위였다. 일본이 점령하고 있던 요동(遼東)반도의 관동주(關東州)가 14.6%로 2위였고, 미국이 12.4%로 3위, 만주가 10.3%로 4위의 순이었다. 수입은 미국으로부터의 수입이 전체의 23.8%로 1위이고 2위가 17.5%인 조선, 3위가 12.1%인 타이완이었다.

1930년 조선의 대일본 수출액은 2억 4천만엔이었고 수입액은 2억 7800만엔이었다. 그러나 1940년에는 수출액이 7억 4100만엔인 데 비해 수입액은 13억 3600만엔이어서 수입이 수출의 2배에 육박했다. 전시체제로 들어가면서 일본의 대외무역에서 조선이 상품시장으로서 차지하는 비중이 얼마나 높아졌는가를 말해주고 있다.

이 시기에 조선에서 일본에 수출된 원료는 목재·석탄·조면(繰綿)·원유(原油)·광물·생사(生絲)·금속류 등 주로 군수공업 원료였다. 1940년에는 그것이 대일본 수출총액의 65%를 점유하는 한편, 곡물을 비롯한 농산물과 수산물의 수출도 1941년에 27%나 차지했다. 결국 조선은 일본의 식량공급지로서의 역할을 다하면서 한편으로 군수공업 원료공급지로 바뀌어간 것이다.

반면 이 시기에 조선에 수입된 일본제품 중 기계류·직물·금속제품·차량·선박 등 완제품의 비중이 급격히 높아져서 1942년에는 일본으로부터의 수입총액의 71%나 차지했다. 특히 기계류의 수입이 높은 비중을 차지했다. 그것은 전쟁시기 군수공업의 이식(移植)과 조선의 병참기지화와 관계된 것이며, 조선의 식민지 판매시장으로서의 역할이 그만큼 커진 것이다.

교통 · 통신 지배

'합방' 전에 이미 경부선 · 경의선 등을 부설하여 막대한 이윤을 얻은 일본은 '합방' 후에도 호남선 · 경원선 · 함경선 등을 부설했다. 1910년 이전에 1천여km였던 철도는 1919년 말까지 약 2200km로 증가했다. 철도 부설자금은 표면적으로 일본 본국에서 공채를 발행하였으므로 일본정부 부담으로 되어 있었으나 실제로는 조선사업공채법(朝鮮事業公債法)에 의해 조선총독부가 상환하도록 되어 있었다.

조선인의 희생에 의해 부설되었으면서도 일본인에 의해 독점 운영된 철도는 높은 수익을 가져다주었다. 1910년에 384만 3천엔이던 철도운영의 순이익금이 1930년에는 무려 1668만 1천엔으로 증가했다. 또한 철도의 확장과 지배는 일본의 군사 및 정치적 지배기반을 굳히는 한편, 경제적으로 자본의 회전율을 높이는 데 효율적이어서 식민지 경제약탈을 뒷받침하는 수단이 되었다. 이것은 또 조선에서 식민지 상품경제가 발전하는 중요한 요인이 되었다.

철도의 확장으로 화물 수송량이 급증했다. 1907년의 약 39만톤에서 1919년에는 약 364만톤으로 10여년 사이에 10배 가까이 증가했고, 1920년대 이후 그 증가추세는 더욱 급격해져갔다. 철도의 확장에 따라 각 역 주변에 일본인 중심의 신흥도시가 급속히 발전하여 식민지 상공업도시로 자리잡아갔다.

철도에 이어 해운(海運)도 일본자본에 의해 독점되어갔다. 문호개방 이후 일본 해운업자들이 연안항로(沿岸航路)를 지배하여 경강상인(京江商人)을 비롯한 중세시대 조선 운수업자가 근대적 업자로 전환하는 것을 저지했다. '합방' 후 일본은 개항기를 통해 일부 성장한 해운회사를 모두 해산시키고 조선우선주식회사(朝鮮郵船株式會社)를 만들어 조선의 해운업을 독점하고 또 유사시의 군수

(軍輸)에도 대비했다.

일본자본에 의한 해운업의 독점과 확장은 또 자연히 항만시설의 확장을 가져왔다. 통감부에 의해 이미 부산·인천·진남포·원산 등지에 항만공사가 시작되었고, '합방' 후에도 계속 일본인에게 독점되어 확대되는 철도망과 연결됨으로써 경제적·군사적 의미를 높여갔다. 확장된 항만은 식민지적 경제침탈의 중요한 거점이 되는 동시에 그것을 배경으로 식민지 공업도시가 발달했다. 그것은 또 부두노동자를 비롯한 각종 근대적 노동자가 형성되는 기반이 되었다.

전신·전화시설 역시 '합방' 이전부터 이미 외국자본에 의해 설치되기 시작했지만 통감부시기부터 일본에 의해 완전히 장악되었다. 이후 조선총독부는 계속 예산을 투입하여 전신·전화망을 확대하여 1919년까지는 기본적인 구간의 부설을 완성했다. 전신망의 경우 1910년에 5454km이던 것이 1921년에는 8030km로 연장되었다. 전화망은 1910년에 486km에서 1921년에는 7056km로 확장되었다.

조선총독부의 적극적인 예산투입으로 급격히 추진된 전신·전화망의 확장은 곧 조선에 대한 일본의 식민지 지배망의 확립이었다. 그것이 군사적 목적과 결부되어 있었음은 말할 것 없고, 또한 조선에서의 식민지배를 위한 '치안유지'에도 크게 기여했다. 뿐만 아니라 통신기구는 조선총독부가 독점한 대기업으로서 매년 10% 내지 40%의 높은 이윤율이 보장되는 안전하고 실익성 있는 기업이기도 했다.

도로공사 역시 식민지 지배망의 일환으로서 적극 추진되었다. 통감부시기인 1907년부터 1910년까지 대구·경주 사이, 전주·군산 사이 등 총연장 8백여km의 자동차도로가 만들어진 후, 1911년부터 1917년까지 7년 동안의 장기계획으로 총 2600km의 1급·2급도로가 수축되었다. 또 1917년부터 6개년 사업으로 제2차 치도사업(治道事業)이 시작되어 주요 간선도로가 일단 완성되었다.

이들 도로공사에 투입된 자금은 모두 총독부 예산에서 지출되었고, 도로용지로는 농토가 무상 몰수되었으며, 사용된 노동력은 대부분 농민들의 부역동원이나 강제노동으로 충당되었다. 농민들은 무시로 치도공사에 부역동원되었는데, 1909년에 착공한 전라도의 해남·강진·장흥·순천·광양·하동을 연결하는 도로의 경우는 의병전쟁에 참가했다가 체포된 병사들의 강제노동에 의해 만들어졌다.

도로공사는 일본이 단기간에 전국적 철도망을 펼 수 없는 조건 아래서 조선의 자원 및 농산물 반출과 일본상품의 농촌침투를 위해 불가결한 통로를 만드는 일이었다. 특히 전국 각지에서 일어난 항일의병전쟁을 탄압하고 식민지 지배기구를 확립하기 위해서도 도로망의 정비·확대는 시급했다.

식민지시대로 접어들면서 광산액(鑛産額)·수산액(水産額)·임산액(林産額)은 증가했고 철도·전신·전화·도로망은 확대되어갔다. 그러나 광업생산을 비롯한 각종 자원의 생산은 모두 일본의 식민지 지배기구 및 개인에게 독점되어 조선의 민족자산이 되지 못한 반면, 일본 자본주의 발전을 뒷받침하는 자원이 되었다. 철도·전신·도로 등은 조선인의 납세에 의한 조선총독부의 예산으로 확장되었으면서, 그것은 주로 식민지 지배체제를 공고히하기 위한 시설로 사용되었다.

제4장

식민지 문화정책과 저항운동

일본은 동양의 고대 및 중세 문화권 안에서 중국과 조선을 통해 선진문화를 받아들인 후진지역이었으나 근대사회로 접어드는 과정에서 서양문명을 한걸음 먼저 받아들이면서 서양의 방법을 본받아 조선을 식민지화했다.

일본은 군사·경제적인 면에서는 조선을 능가할 수 있었지만 문화적으로는 근대 이전까지 가지고 있던 일종의 열등의식이 남아 있었다. 그것이 근대 이후 일본인이 조선과 중국에서 잔혹행위를 감행한 원인이 되었다는 견해도 있다. 아무튼 일본은 '합방' 직후 10년간 문관(文官)과 교원까지도 칼을 차게 하는 등 공포 분위기를 조성하여 식민지 지배체제를 굳히는 한편, 식민통치에 저항하는 조선인에 대해서는 극형에 처하는 것도 서슴지 않았다.

무단통치체제와 '일선동조론(日鮮同祖論)' 같은 기만적 이론이 3·1운동으로 무위로 돌아가게 되자 일본은 조선민족에 대한 통치방법을 수정하여 '문화주의'를 표방한 민족분열정책을 펴나갔다. 민족분열정책은 문화계·종교계·경제계 등 각계각층으로 파고들면서 친일세력을 확장시켜나가는 한편, 국내 민족운동의 열기를 정치운동에서 문화운동 방향으로 점차 전화시켜나갔다.

1930년대 이후 침략전쟁기로 접어들면서부터 일본은 조선민족에게 전쟁에 협력할 것을 강요하고 모든 지식인·문화인을 친일화하는 작업을 강력히 추진했으며 마침내 조선민족의 언어와 문자, 성씨까지도 말살해갔다. 이 과정을 통해 절대독립론에서 일단 후퇴했거나 저항성이 거세된 문화운동 방향으로 민족운동을 이끌어갔던 지식인·문화인의 상당수가 친일파로 전락해갔다.

식민통치 아래서 민족문화운동이 저항성과 비판성을 잃어버리고 이른바 순수한 문화운동 및 민족문화 보전운동으로만 나아간 경우, 그것은 복고주의적 방향으로 나아가거나 식민통치의 올가미 속으로 빠져들어갈 수밖에 없었다.

그러나 이같은 일본의 식민지 문화정책 아래서도 저항주의적 학문활동 및 문화활동은 꾸준히 계속되었다. 일본 어용학자들의 식민사관에 대항하면서 민족사의 주체적 발전상을 밝히려 한 민족주의역사학이 해외의 민족해방운동전선과 국내 학계의 일각에서 일어났다. 한편 유물사관을 도입하여 우리 역사의 특수성보다 보편성에 입각하여 세계사의 일환으로 보려는 역사연구방법론도 발전했다. 또한 식민지시대이면서도, 민족어에 대한 연구는 조선어학회 활동에 힘입어 맞춤법의 통일을 이루고 큰사전을 편찬하는 단계에 들어갔으며, 식민지배에 저항하는 민족문학활동은 8·15 때까지 계속되었다.

식민통치 아래서의 진정한 민족문화활동은 몇가지의 공통점을 가지고 있었다. 그것은 첫째, 연구활동이나 창작활동을 막론하고 식민지배 아래서의 민족의 현실적 고통과 직면하고 있었다는 점이며, 둘째, 그렇기 때문에 그것은 또 저항주의적 성격을 띠지 않을 수 없었다는 것이다. 셋째, 역시 그렇기 때문에 박은식·신채호·한용운·이육사 등의 경우에서 대표되는 것과 같이 그들의 연구활동 및 창작활동은 바로 민족해방운동의 일환으로 이루어졌다.

식민지시대의 문화활동이 식민통치에 시달리는 민족의 현실문제와 유리된 '순수주의'를 지향한 경우 단순한 지식의 축적에 한정된 학문이 되거나 탐미주의·퇴폐주의적 방향을 갖게 될 뿐이었다. 또한 민족문제에 관심을 가졌다 하더라도 저항주의와 비판의식이 배제된 경우 그것은 복고주의에 빠져들 수밖에 없었다.

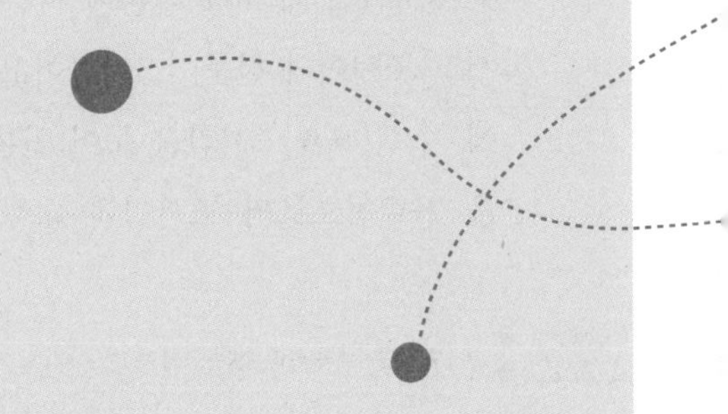

제1절 식민지 문화정책

교육정책 일본이 한반도를 영구 식민지로 만들기 위해 그 정책을 가장 적극적으로 펴나간 부문은 교육 분야였다. 정치·경제적 독립성을 박탈하는 데 성공한 일본은 한반도 주민의 문화적·정신적 독립성을 말살하고 영구히 식민지 피압박민의 상태로 묶어두기 위해 철저한 식민지 교육정책을 펴나갔다. 이를 위해 '합방' 직후 1차 조선교육령(朝鮮教育令)을 만들었다(1911.8).

조선교육령은 조선에서의 교육목적을 일본 군국주의의 교육정신을 담은 이른바 '교육에 관한 칙어(勅語)'의 취지에 바탕을 둔 '충량(忠良)한 국민'을 만드는 데 두고, 조선의 교육을 보통교육과 실업교육·전문교육으로 한정했다. 식민지 피압박민인 조선인에게 일본어를 보급하기 위한 보통교육과 농·상·공업 분야의 하급 직업인을 만들기 위한 실업교육, 그리고 약간의 전문적 기예를 가르치는 전문교육에 그치고 대학교육은 허용하지 않았다.

학제도 일본과는 다르게 했다. 초등교육기관의 경우 일본이 소학교 6년제였던 데 비해, 조선의 그것은 4년 내지 5년제의 보통학교로 했다. 중등교육기관 역시 일본이 5년제 중학교였던 데 비해, 조선은 4년제의 고등보통학교로 했으며 여자는 3년제로 했다.

교육내용에서도 보통학교의 경우 조선어와 한문 시간이 1주에 5~6시간인 데 비해 일본어 시간은 10시간이었고, 고등보통학교에서도 조선어와 한문이 3시간이고 일본어가 7시간이었다. 각급학교에 '수신(修身)' 시간을 두어 일본의 '황실과 국가에 대한 관념' 등을 가르침으로써 조선인에 대해서도 '황국신민화(皇國臣民化)'를 강요했다.

교육내용은 '합방' 직후부터 식민지교육의 성격을 철저히 드러낸 데 반해 교육시설 면의 확충은 보잘것없었다. 우선 학교 수는 사립학교 탄압으로 말미암아 1912년의 1362개교에서 1919년에는 742개교로 줄어들었고, 학생 수는 같은 기간에 5만 7377명에서 3만 8204명으로 1만 9천여명이 줄어들었다.

이 시기 조선에 설립되어 있던 일본인 교육시설과 조선인의 그것을 비교하면 그 차이는 대단히 크다. 1919년 현재 총인구 1700여만명이던 조선인을 위한 보통학교는 484개, 학생 수 8만 4천여명인 데 비해, 조선에 와 있던 33만여명의 일본인을 위한 소학교는 393개에 학생 수 4만 2천여명이었다. 조선에 사는 일본인 학생의 취학률이 91.5%였던 데 비해, 조선인의 그것은 3.7%에 지나지 않았다.

중등교육의 경우 그 차이는 더욱 컸다. 조선인을 위한 고등보통학교와 실업학교가 28개교, 학생 수 3800여명인 데 비해 조선에 사는 일본인을 위한 중학교와 실업학교는 19개에 학생 수 4700여명이었다. 전문학교는 '합방' 전에 설립된 법관양성소(1902), 경성의학교(1899), 공업전습소(1906) 등이 관립 전문학교로 승격함으로써 관립 4개교, 사립 2개교로 되었다. 학생 수 총 801명 중 조선인이 625명이었다.

일본의 식민지 교육정책은 민족적 색채가 짙은 사립학교를 탄압하고 관·공립학교를 더 육성하는 방향으로 나아갔다. 조선교육령에 이어 공포한 사립학교규칙(1911.10)으로 사립학교에 대한 인가조건을 훨씬 강화함으로써 사립학교 수가 크게 줄어들었다. 교과서도 통제하여 '합방' 전에 사용하던 교과서의 대부분을 금지시켰다. 대한제국 정부가 인가한 숭실학교, 이화학당의 대학과를 모두 폐지했고, 박은식(朴殷植, 1859~1925) · 양기탁(梁起鐸, 1871~1938) 등이 국채보상운동으로 모은 6백만엔으로 대학설립을 신청했으나 허가하지 않았다.

교육탄압정책, 특히 사립학교에 대한 탄압정책을 강화하다가 3·1운동의 폭발로 당황한 일본은 3·1운동 직후 고등보통학교에서의 외국어교육을 확대하고 실업교육에 대한 치중을 다소 완화했으며, 조선교육령을 개정했다(1922.2). 새 교육령에서는 보통학교의 수업연한을 일본인학교와 같이 6년으로 연장할 수 있게 하고, 고등보통학교는 5년으로, 여자고등학교는 4년으로 연장했다.

이밖에도 사범학교를 설치하게 하고, 또 대학에 대한 규정을 두어 조선에도 처음으로 대학이 설치될 수 있게 했다. 이때의 '교육령' 개정에 의하여 종래 11년 내지 12년이었던 전체 교육연한이 최고 17년까지로 연장되었고, 일본의 학제와 비슷하게 되었다.

이같은 교육제도의 변화는 3·1운동으로 고양된 조선인의 민족감정을 누그러뜨리고 조선인을 식민지 지배체제 속으로 더욱 깊이 포섭하기 위해 실시한 '문화정치'의 일환이었다. 이후 조선의 교육시설은 어느정도 확대되어갔다. 관·공립 초등학교는 1935년에 2271개교, 학생 수 68만여명으로 증가하고 농·상·공·수산업 등 실업학교도 1919년 21개교, 학생 수 1872명에서 1935년에는 52개교에 학생 수 9220명으로 증가했다. 이밖에도 농촌 간이학교(簡易學校)가 579개교 설립되어 3만 5천여명의 학생을 수용했다.

조선교육령을 개정하여 대학설치를 규정하자 이상재를 대표로 하는 조선민립대학기성회(朝鮮民立大學期成會)가 결성되어 1천만엔을 목표로 한 전국적인 모금운동을 벌였다(1922.11). 1차로 법과·

조선민립대학기성회 창립총회

문과·경제과·이과 등 4개과, 2차로 공과, 3차로 의과와 농과를 설치할 계획을 세웠던 민립대학설립운동은 1백여개의 지방부까지 두고 추진되었다.

그러나 일본의 방해와 1923년의 전국적 대홍수, 1924년의 극심한 가뭄 등으로 자금모집에 실패하여 실현되지 않았다. 이후 오산학교(五山學校)·연희(延禧)전문학교·보성(普成)전문학교 등을 대학으로 승격시키려는 노력이 계속되었으나 모두 일본 측의 저지로 실현되지 않았다.

조선인의 민립대학설립운동에 당황한 일본은 그것을 탄압하면서 대신 관립대학으로 경성제국대학(京城帝國大學)을 설치했다(1924). 일본은 당초 조선에 고등학문기관인 대학을 설치하는 것이 식민지 지배정책상 이롭지 않다고 생각하여 대학을 두지 않았다. 그러나 3·1운동 이후 급격히 높아진 조선인의 고등교육에 대한 열의를 누를 수 없음을 알고 법문학부와 의학부로 구성된 경성제국대학을 설치했다. 이후 대륙침략이 본격화하면서 고급기술자의 필요성이 높아지자 이공학부를 가설했다(1938).

경성제국대학은 식민지시대 조선의 유일한 대학이었지만 조선인만을 위한 대학은 아니었고, 오히려 일본인 학생이 더 많았다. 예과의 경우 1927년에는 조선인이 104명인 데 비해 일본인은 204명으로 약 2배였고, 1943년에는 조선인 2백명에 일본인 479명으로 2배가 넘었다. 학부의 경우도 1933년에 조선인 2백명에 일본인 407명, 1943년에는 조선인 335명에 일본인 444명으로 역시 일본인 학생 수가 많았다.

식민지 조선에서 교육기관이 점점 증가한 것은 사실이지만, 그것은 일본의 식민지 지배정책을 펴나가는 데 필요한 만큼의 증가에 한정되었고, 교육내용도 식민지 지배목적을 펴는 데 제한되었다. 따라서 교육받은 인구가 증가한다는 사실은 곧 그만큼 지배정책에 동화되어가는 인구가 증가함을 의미하는 것이었다. 특히 1930년대 후반기 이후 일본의 침략전쟁이 본격화하면서 '황국신민화' 교육이 강화되었고, 따라서 친일화한 인구도 그만큼 증가해갔다.

일본은 중일전쟁을 도발하고 파쇼체제를 강화하면서 조선교육령을 다시 개정했다(1938.3). 새 교육령에서는 조선 교육의 3대 강령으로 조선인의 황국신민화를 한층 더 철저히하기 위한 '국체명징(國體明徵)', 조선인의 민족성을 완전히 말살하기 위한 '내선일체(內鮮一體)', 침략전쟁 아래서의 인고를 강요한 '인고단련(忍苦鍛鍊)'을 내세우고, 이를 표현한 「황국신민서사(皇國臣民誓詞)」의 암송 제창을 강제했다.

'내선일체'를 제도적으로 실현하기 위해 초등학교의 시설을 1면(面) 1교(校)를 목표로 하여 확장해갔고, 고등보통학교를 일본과 같이 중학교로 바꾸는 한편, 조선인과 일본인이 함께 다니는 중학교를 각 지방에 세웠다. 이같은 교육제도의 개정은 침략전쟁시기로 접어들면서 조선인의 전쟁협력을 강요하기 위한 정책에서 나온 것이었다. 그럼에도 조선인에 대한 고등교육 제한 원칙은 그대로 계속되고 학생에 대한 전쟁협력 요구만 강화되어갔다.

관립 전문학교의 경우 1936년 7개교에서 1943년에는 9개교로 증가했을 뿐이며, 학생 수도 같은 기간에 조선인은 605명에서 802명으로 증가한 데 비해 일본인은 1202명에서 2281명으로 증가했다. 주로 조선인이 다닌 사립 전문학교는 1936년의 8개에서 1943년에 11개로 증가했고 학생 수는 2440명에서 4025명으로 증가했다.

그러나 관립과 사립 전문학교를 합해도 조선인 학생 수는 5천명도 되지 않았으며, 경성제국대학의 조선인 학생 수를 합쳐야 5천명을 조금 넘어서 전체 인구의 1만분의 2에 지나지 않았다.

태평양전쟁시기로 접어들면서 일본의 식민지교육은 이제 그 막바지에 다다랐다. 전문학생·중학생을 각종 토목공사 등에 동원함은 물론, 소학생까지 송탄유(松炭油) 채집에 동원했고, 끝내는 전문·대학생을 학도병으로 강제지원시켰다. 한편 신사참배를 반대하는 기독교 계통 학교를 폐교시키고 보성전문학교를 경성척식경제전문학교로, 연희전문학교를 경성공업경영전문학교로, 이화전문학교를 경성여자전문학교로 각각 개명하고 사립학교에서까지 조선인 교원을 추방했다.

20세기 초엽 근대교육이 바야흐로 본궤도에 오를 무렵부터 약 반세기간 한반도를 식민지배한 일본은 그 기본적인 교육목적을 조선인의 일본인화에 두었다. 그러나 이는 조선인을 일본인과 같은 위치에 설 수 있는 인간으로 만들자는 것이 아니라 조선인을 영원히 식민지 피압박민의 위치에 묶어두려는 데 목적이 있었다. 따라서 그 교육정책은 조선인의 고등교육을 억제하고 식민지배에 필요한 만큼의 하급 직업인을 양성하는 데 목적을 둔 우민화정책(愚民化政策)이었다.

19세기 후반기와 20세기 전반기에 걸친 시기, 일본 본국의 교육정책은 반민주적·군국주의적 방향으로 나아가고 있었으며, 이 군국주의화 교육이 일본 본국보다 식민지 조선에서 더 강하게 적용됨으로써 조선의 근대교육을 철저한 반민주주의적 방향으로 오도했던 것이다.

종교정책 20세기로 접어든 대한제국시기는 종교 면에서도 큰 변화가 일어나고 있던 때였다. 유교는 성리학 중심의 중세유교의 성격에서 벗어나 새로운 방향을 찾는 때였고, 불교도 조선왕조의 오랜 억압정책에서 벗어나 그 지위향상을 추구하던 때였다. 기독교도 바야흐로 근대문명 도입의 매개적 역할을 활발히 전개하던 때였으며 종래의 민간신앙도 동학과 같이 고등종교로 상승해가려 몸부림치던 시기였다. 그러나 곧 일본제국주의의 식민지로 전락하면서 이들 종교는 식민정책에 이용되었고 그것을 거부할 경우 탄압을 받았다.

조선왕조시대를 통해 유림(儒林)사회가 가장 강력한 여론형성기관의 역할을 해왔으므로 '합방' 후에도 일본은 조선의 유교계를 회유 포섭하기 위해 노력했다. 우선 '합방'에 불만을 품고 있는 60세 이상의 유생 9700명을 골라 15원에서 120원까지의 '상치은사금(尙齒恩賜金)'을 주며 받기를 강요했다. 자결로써 거부한 유생도 있었지만 3100명은 그것을 받아들였다.

일본은 '합방' 후 성균관을 경학원(經學院)으로 개편하여 원장은 조선총독이 임명했고 그 유지비도 조선총독부에서 계속 지급했다(1911). 또 각 지방의 향교도 그 재산권을 인정하고 그대로 유지될 수 있게 하여 지방 유생들의 반발을 무마했다.

유교계는 3·1독립선언에 한 사람의 대표도 내지 못했으나 137명의 유림대표가 서명한 독립탄원서를 빠리강화회의에 보냈다. 이에 자극된 일본 측은 3·1운동 후 대동사문회(大東斯文會, 1919), 유도진흥회(儒道振興會, 1920) 등의 친일 유교단체를 만들어 유교계 전체를 장악하려 했다. "(일본의) 국헌을 존중히 여기고 국법에 순종하며 백성의 복리를 염두에 둘 것"을 설립 목적으로 한 유도진흥회는 지방조직까지 갖추어 식민통치에 협력했다.

조선왕조시대를 통해 조선의 불교계가 정부와 유교계로부터 심한 탄압을 받아온 사실을 안 일본 측은 이를 이용하기 위해 우선 문호개방 직후부터 일본불교의 한반도 진출을 적극 추진했다. 일본불교의 정토진종(淨土眞宗)·진언종(眞言宗)·조동종(曹洞宗)·일련종(一連宗) 등의 종파들이 개항지를 중심으로 진출하여 포교활동과 함께 조선불교와의 합병을 기도했다. 특히 조동종은 원종(圓宗)과 같은 조선 측의 일부 친일 종파를 움직여 기만적으로 연합협약을 맺기도 했으나(1910) 그 사실을 알게 된 승려들의 반대로 실행되지 않았다.

'합방' 직후 조선총독부는 사찰령(寺刹令)을 발표하여 조선의 불교계를 통제하고 또 친일화해나갔다(1911.6). 사찰령이 시행되면서 불교교단은 선·교(禪敎) 양종으로 되고 전국의 사찰은 30본산(本山)으로 개편되어 그 밑에 1300여 말사(末寺)를 소속시켰다. 사찰령은 사찰의 병합·이전·폐지·명칭변경과 승규(僧規) 및 법식(法式) 등을 모두 조선총독의 허가제로 하고 사찰에 속하는 토지·

삼림·건물·불상·고문서·고서화의 처분 역시 총독의 허가를 받게 했다.

조선총독의 인가에 의해 임명된 30본산의 주지들은 30본산 연합사무소를 두었다가(1914) 전국의 사찰을 통할하는 중앙기구로서 '조선불교 선·교 양종 중앙 종무원(宗務院)'과 조선불교 선·교 양종 중앙 교무원(教務院)'이 각각 설립되어 분립했다(1922). 이후 두 기구는 조선불교중앙교무원으로 통합되었는데(1925), 1924년 이후 하나의 본산이 늘어난 31본산 위에 전국 사찰을 총괄하는 총본산을 태고사(太古寺)에 두었고 그 종명(宗名)을 조계종(曹溪宗)이라고 했다(1941).

일본 측의 불교 통제와 친일화정책에도 불구하고 3·1운동 때에는 한용운 등 3인의 민족대표가 나왔고 이후 일부 승려들이 민족해방운동에 참가했다. 그러나 불교교단 일반은 일본의 식민지 불교정책에 호응하여 조선불교의 친일화 경향이 뚜렷해져갔다. 사찰의 주지는 본래 공의에 따라 추대되었으나 식민지 불교정책에 따라 그 임명권이 조선총독에게 넘어갔다.

조선총독은 본산의 주지들을 직접 지배하면서 그들에게 사재(寺財)의 관리권과 처분권, 그리고 인사권 등 강력한 권한을 위임했다. 또한 그들에게 일본천황 '배알', 총독에 대한 신년하례, 일본시찰 등의 '특전'을 주어 조선왕조시대 이래 정부로부터 탄압받던 불교계를 쉽게 친일화시킬 수 있었다. 또 그 재산을 보호해줌으로써 사찰들이 대지주의 위치를 차지하게 했다.

이같은 불교교단의 친일화에 대항하여 일부의 승려들은 조선불교유신회(朝鮮佛教維新會)를 조직하여 조선총독부에 대해 정교분리(政教分離)운동·사찰자치운동을 일으키고 주지 성토대회를 열었다(1921.12). 한용운을 당수로 하는 만당(卍黨)이 결성되어 정교분리운동과 함께 사찰령 폐지운동을 벌였으나(1930) 해방될 때까지 사찰령은 존속했다.

대한제국시기의 기독교는 학교설립, 병원개설 등을 통해 활발한 선교활동을 폈으나 교회는 아직 외국 선교사 중심으로 운영되고 있었다. 이들 중에는 일본의 대한제국 '합방'을 환영하는 사람들이 많았다. 미국 장로교회의 외국선교위원회 총무는 "일본의 통치는 조선이 타국의 통치를 받는 것보다 낫고 조선이 스스로의 손으로 다스려지는 것보다 훨씬 낫다"고 했다. 또한 그는 조선에 와 있는 외국인 선교사들의 일본통치에 대한 태도는 적대(敵對)와 무관심·협력·충성의 네가지가 있을 수 있는데 모두 충성하는 것에 찬성했다고 보고했다.

선교사들의 이같은 친일적 자세는 '합방'을 전후한 시기 미국·일본 사이의 친선관계와 '합방'을 앞둔 통감부의 선교사 회유책의 결과였다. 그러나 '합방' 후의 무단통치기에 날조된 '105인사건'을 계기로 일본의 기독교 정책은 탄압정책으로 바뀌었다. 이 사건은 애국계몽운동 계열 중 신민회 세력을 탄압하기 위해 조작된 것이었으며, 기독교 신자들이 많이 체포되었다.

3·1운동은 천도교와 기독교 대표가 핵심이 되어 발단되었다. 전국적으로 확대되어나가면서 기독교의 역할이 컸기 때문에 제암리 교회사건 등 기독교 측의 희생이 두드러졌고, 선교사들에 대한 탄압도 일부 있었다. 3·1운동 후 조선총독부의 지배정책이 '문화정치'로 전환되면서 기독교에 대한 정책도 바뀌어서 우선 외국 선교사에 대한 회유정책이 실시되었다.

총독부에 종교과를 두고 "안녕질서를 문란케 할 때에는 사용을 금지한다"는 단서를 붙여 교회당·설교소·강의소의 설립을 허가제에서 신고제로 바꾸었다. 사립학교 규칙을 개정해서 기독교계 사립학교에서의 성서교육을 공인했다. 뿐만 아니라 종교단체가 소유하는 재산을 법인 재산으로 인정해줌으로써 선교사의 활동에 큰 편의를 주었고, 그 결과 적극적으로 친일화하는 선교사도 일부 나오게 되었다.

'문화정치'기에 일본은 또 자국의 어용 기독교단체인 일본 조합교회(組合教會)를 조선에 침투시켜 조선기독교회를 이에 합병시키려 했다. 조선교회를 외국 선교사의 영향에서 이탈시켜 친일적인 조선인에게 넘기려 한 이같은 획책에 일부 기독교인이 합세하여 조선회중교회(朝鮮會衆教會)가 설립되었으나(1921.9) 그 교세가 전혀 확대되지 못하다가 결국 없어졌다.

일본 어용 기독교와의 병합 획책이 비록 저지되기는 했으나 이후 기독교는 민족해방운동과는 일정한 거리를 두고 순수한 종교운동에만 치중했다. 그 덕분에 교세는 확장되어갔으나 반대로 교회 지도층의 친일화도 뚜렷해져갔다. 이같은 추세 속에서 식민지 말기로 접어들자 기독교회는 하나의 큰 시련을 겪게 되었다. 신사참배 문제가 그것이다.

일본의 신도(神道)는 본래 민간신앙이었으나 메이지유신 이후 국가종교로 되었고 '합방' 후에는 조선에도 신사사원규칙(神社寺院規則)이 공표되어(1915.8) 서울의 조선신궁(朝鮮神宮)을 비롯하여 각 지방에 신사(神社)들이 세워졌다. 조선 사람에게 신사참배를 강요하기 시작한 것은 1935년경부터이며, 먼저 각급 학교의 학생이 그 대상이 되었다.

기독교계의 학교에서는 신사참배가 국민의례가 아닌 종교의식이

남산의 조선신궁

라 하여 반대했으나 일본 측의 요구는 강경했다. 이에 평양의 숭실학교·숭의학교 등이 자진 폐교한 것을 비롯하여(1936.10) 각 지방의 기독교계 학교가 자진 폐교하거나 또 일본 측의 강압으로 폐교되었다.

신사참배를 거부하는 학교를 폐교시킨 일본은 교회에 대해서도 그것을 강요했다. 먼저 로마교황청이 "신사의식(神社儀式)은 단순한 애국의 표현이며 황족과 국가의 공훈자에 대하여 친애의 정을 표하는 일이다. 따라서 이들 의식은 시민으로서의 가치를 가지는 일이다. 가톨릭 신자는 이에 참가하기를 허가한다" 하여 신사참배를 찬성했다(1936). 중앙집권체제를 갖추고 있던 기독교 감리교회도 신사참배를 순순히 받아들였다(1937).

기독교 장로교회만은 한때 신사참배를 반대했다. 그러나 조선총독부의 강압적 요구로 수백명의 경찰이 포위한 가운데 열린 평양에서의 제27회 장로회총회에서는 일부 친일목사들의 발의에 따라 결국 찬성되었다. 그러나 이후에도 학생과 선교사·목사들에 의한 반대운동이 계속되었고, 주기철(朱基徹, 1897~1944)과 같이 적극적으로 반대하다가 투옥되어 순교한 목사도 있었다.

'합방' 후 국내에서 민족해방운동은 물론 어떠한 형태의 정당조직 및 정치활동도 금지된 조건 아래서 조선인의 사회적 조직 활동이 허용된 것은 종교활동뿐이었다. 이 때문에 '합방' 직후의 무단통치 10년을 겪고도 종교계의 선도로 3·1운동이 일어날 수 있었던 것이다.

그러나 3·1운동 후 일본 측의 적극적인 탄압정책 및 포섭정책 때문에 대부분의 종교단체는 순수한 종교운동으로 방향을 전환했다. 그 결과 민족의 현실적 처지와 종교활동을 연결시켜 활동한 일부 종교지도자를 제외한 대부분의 교단 및 종교지도자들은 반일적인 노선에 서지 못했다.

민족사의 왜곡 | 중세시대까지의 동양문화권 안에서 높은 수준의 문화와 오랜 전통을 가진 한반도를 식민지화한 일본이 당면한 문제는, 군사적·경제적 측면만이 아니라 문화적·역사적 측면에서도 식민모국 일본이 한반도지역보다 우위에 있었음을 조작하는 일이었다. 그것은 식민지배에 대한 조선인의 저항력을 약화시키기 위해 필요한 일이었고, 한편 역사적으로 중국 및 한반도지역에 대해 문화적 열등의식에 젖어온 자국민의 자긍심을 높이는 데도 필요한 일이었다.

일본에서는 토꾸가와(德川)정권의 에도(江戶)시대부터 한반도지역에 대한 연구가 있었다. 이 연구는 성리학자들이 이퇴계(李退溪)의 학문을 중심으로 한 조선의 성리학을 배우는 처지에서 이루어졌고, 한편으로 『고사기(古事記)』『일본서기(日本書紀)』 등에 대한 고전연구와 연관된 일본 국학자(國學者)들의 조선연구가 있었다.

메이지유신 후, 특히 일본의 한반도 침략이 본격화한 1800년대 후반기부터 조선연구가 갑자기 활발해져서 일본인에 의한 최초의 통사(通史)류라 할 수 있을 하야시(林泰輔)의 『조선사(朝鮮史)』가 출간되었다. 또한 '합방'을 전후한 무렵에는 일본의 어용학자들에 의해 '일선동조론(日鮮同祖論)'이 나오고 한반도 역사에 대한 이른바 정체·후진성론이 이미 성립되기도 했다.

'합방' 후 조선총독부는 발굴·고적조사 등을 통해 조선의 각종 문화재를 약탈하고 일본 민간인의 공공연한 도굴을 방치하는 한편, 식민지 통치목적에 부합하도록 조선역사를 왜곡해갔다. 그 대표적인 예는 조선총독부가 조선사편수회(朝鮮史編修會)를 두고 『조선사』 37권을 편찬한 일에서 볼 수 있다.

그 편찬요지에서는 다음과 같이 '합방' 이전의 한국사 서술체계를 단절시키고 민족해방운동전선에서 일어나고 있는 주체적 역사서술 방법론을 절멸시키려는 데 목적이 있음을 분명히했다.

"조선인은 다른 식민지의 야만적이고 반(半)개화적인 민족과 달라서 문자문화에 있어서 문명인에게 떨어지지 않는다. 따라서 예부터 전해오는 사서(史書)도 많고 또 새로운 저술도 적지 않다. 그러나 전자는 독립시대, 식민지시대 이전의 저술로서 현대와의 관계가 결여되어 있고, 헛되이 독립국의 옛 꿈을 추상(追想)하게 하는 폐단이 있다. 후자는 근대 조선에서의 일·청, 일·러의 세력경쟁을 서술하여 조선의 향배(向背)를 설명하였고, 혹은 『한국통사(韓國痛史)』라고 하는 재외(在外) 조선인의 저서는 진상을 규명하지 않고 함부로 망설(妄說)을 드러내고 있다. 이들 역사책이 인심을 어지럽히는 해독은 헤아릴 수 없다."

어용학자를 동원하고 『조선사』 등을 편찬하여 꾸민 식민사학론은 우리 역사의 흐름을 대체로 타율성과 정체·후진성의 두가지 성격을 바닥에 깔고 설명했다. 타율성론이란 한마디로 말해서 한국사의 주체적 발전과 한반도지역의 독립된 역사성 및 문화성을 인정하지 않는 이론이다. 그 요지는 한반도지역의 역사가 그 주민의 자발적 활동에 의해 발전된 것이 아니라 중국·만주·일본 등 주변 민족의 자극과 지배에 의해서만 유지되어왔다는 것이다.

고대사의 경우 소위 일본의 '남한경영설(南韓經營說)' 및 '임나일본부설(任那日本府說)'을 조작하여 한반도의 일부가 일본의 지배 아래 있었다 하고, 중세시대에는 한반도가 당나라·원나라·명나라·청나라 등 중국 측 여러 나라들의 지배를 번갈아 받았는데 한일 '합방'으로 다시 일본의 지배를 받게 된 것이며, 따라서 '합방'으로 조선이 망한 것이 아니라 고대사회의 한일관계로 되돌아갔다는 식으로 '합방'을 합리화하려 한 것이다.

한반도지역의 독립된 역사성과 문화성을 인정하지 않는 근거는 '만선사관(滿鮮史觀)'으로 요약될 수 있다. 한반도지역은 본래 독자적인 정치체제를 갖지 못하고 대륙에서 실패한 정치세력이 옮겨 자리잡은 지역이며, 문화 면에서도 대륙의 주변문화가 부단히 옮아왔을 뿐이어서 대륙, 특히 만주지방과 하나로 묶어서만 한반도의 역사 및 문화를 체계화할 수 있다는 논리이다.

'만선사관'은 한반도를 강점한 일본이 조선민족의 독립의식을 말살하고 만주지방을 한반도와 한덩어리로 파악하여 만주침략을 이론적으로 뒷받침하기 위해 그 어용학자들을 동원하여 억지로 조작한 것이다. 여기에는 일본의 만주 침략기관인 남만주철도주식회사의 '만선지리역사조사실'이 한몫을 했다.

정체·후진성론은 주로 어용 경제학자들에 의해 세워진 이론이다. 일본을 비롯한 다른 지역이 세계사적 발전과정에 따라 시대별로 단계적 발전을 거듭한 데 반해, 한반도의 역사는 세계사적 발전성이 결여되어 근대 초기까지도 고대사회적 수준에 머물러 있었다는 것이다. 이들은 구체적으로 '합방' 이전, 즉 20세기 초 조선의 사회경제적 수준이 일본의 고대사회 말기인 10세기경의 그것과 같다는 주장을 내어놓았다.

이는 일본이 '합방'으로 지배하기 전까지의 조선사회가 중세시대에도 들어가지 못한 고대사회의 수준에 머물러 있었고, 따라서 일본의 조선지배는 조선사회의 사회경제적 수준을 고대적인 것에서 일약 근대적인 것으로 도약시켰다고 주장하려는 데 목적이 있었다.

이같은 어용이론이 모두 한반도의 소위 '반도적(半島的) 성격론'을 바탕으로 하여 그럴듯하게 꾸며졌고, 또 근대역사학의 실증주의적 방법론에 의해 논증된 것같이 주장하기도 했다. 따라서 그것은 객관성 있는 논리로 받아들여지기도 했으며, 이 때문에 일제 식민지시대는 물론 8·15 후에도 상당한 기간에 걸쳐 그 영향을 끼쳤던 것이다.

제2절 항일 문화운동의 전개

반식민사학론의 발전

20세기로 접어들면서 일본의 한반도 침략이 본격화하고 일본 어용학자들에 의한 우리 역사의 왜곡이 자리잡아가자 애국계몽운동기의 학자들은 왜곡된 민족사를 바로잡고 주체적인 역사인식 체계를 세우기 위해 노력

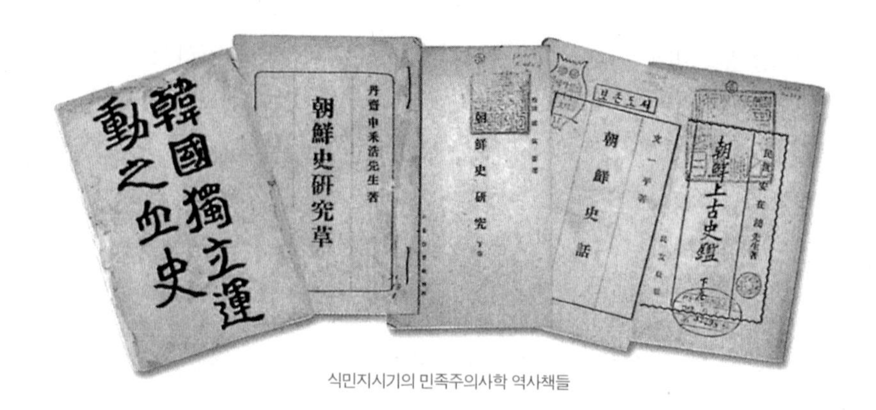

식민지시기의 민족주의사학 역사책들

했다.

이들은 역사상 외적을 물리친 민족적 영웅의 업적을 드러내어 식민사관에 대항하기도 했다. 일본인 하야시(林泰輔)의 『조선사』를 번안한 현채(玄采, 1886~1925)의 『동국사략(東國史略)』과 같이, 초기의 식민사학이 강조한 한사군(漢四郡) 문제와 '임나일본부' 문제를 약화시키거나 부정하면서, 실학자들의 연구를 이어받아 삼한정통론(三韓正統論)을 내세우고 식민사학이 의식적으로 신화로 처리한 단군 문제도 역사적인 사실로 강조하려 했다.

그러나 이들의 역사인식은 반외세 노선을 민족사적·주체적 노선으로 이해하는 데 그쳤을 뿐, 국민주권적 역사인식에까지는 나아가지 못했다. 그 역사인식은 충군(忠君)·충효(忠孝)를 기초로 하고 영웅·위인·호걸들의 활동을 민족사 발전의 중요한 동기로 인식하는 단계에 머물러 있었다. 또 대부분의 역사서는 전근대적인 편년체적 서술방법을 그대로 따르고 있었다.

'합방' 후의 식민지시기로 들어와서 일본 식민사학론의 횡포가 심해짐에 따라 일부 선진적 학자들이 이에 대항하는 학풍을 세워나갔다. 지금에 와서 민족주의사학으로 부르는 학풍이 그것이다.

대한제국시기의 애국계몽운동에서 크게 활약했던 박은식은 직접 민족해방운동전선에 참가하여 활동하면서, 근대 이후 일본의 침략과정을 서술한 『한국통사(韓國痛史)』와 그 침략에 대항하는 민족해방운동사인 『한국독립운동지혈사(韓國獨立運動之血史)』 등을 저술했다. 이 저술들을 통해 그는 식민사관에 맞서서 주체적 관점에서 우리 근대사를 서술하는 한편, 그 역사관에서도 충군주의적 한계를 일단 넘어섰다. 그에게 국가나 민족의 흥망은 국혼(國魂)의 존재 여부에 달려 있었고, 그 국혼은 바로 역사에 담겨 있는 것이었다.

그는 "나라는 형체이고 역사는 정신이다. 지금 한국의 형체는 무너졌으나 정신이 멸하지 않으면 형체는 부활할 때가 있을 것이다"라고 했다. 독립정신을 함양하고 민족해방운동의 정신적 지주를 튼튼히하기 위해서는 주체적인 역사의 서술 및 교육이 불가결하다고 생각한 것이다. 정신주의적·관념적 역사관에 깊이 빠져 있긴 했어도 그에게는 역사의 연구 및 서술도 민족해방운동의 한 방법이었던 것이다.

신채호도 애국계몽운동기에 활동했고 민족해방운동전선에 직접 뛰어들어 투쟁하면서 역사학적 업적을 남겼다. 그는 주로 고대사 연구에 주력하여 『조선사연구초(朝鮮史硏究草)』 『조선상고사(朝鮮上古史)』 등을 저술했다. 그는 고구려를 비롯한 고대국가들은 독립성과 민족적 패기가 있었으나 중세 이후로 와서 그것이 없어지고 사대주의로 빠져들면서 쇠퇴해갔다는 견해를 폈다. 따라서 그는 식민지배 아래서 민족적 패기를 되살리고 민족해방운동의 목적을 달성하기 위한 방법의 하나로 고대사 연구에 몰두했던 것이다.

그러나 신채호의 역사인식은 단순히 고대사의 영광을 되살리는 데 한정되지 않았다. 그는 대한제국시기에 이미 "20세기 대한의 땅에 살면서 프랑스혁명과 미국의 독립을 꿈꾸지 않고 중국의 3국시대를 꿈꾼다" 하여 보수적·퇴영적 역사인식을 비판했다.

1923년에 쓴 「조선혁명선언(朝鮮革命宣言)」에서 그는 민족해방운동을 혁명으로 이해하고 민중은 이 혁명의 대본영(大本營)이며 민중의 직접혁명을 통해서만 혁명으로서의 민족해방이 가능하다 했다. 그는 또 역사를 아(我)와 비아(非我)의 투쟁으로 본 '투쟁사관'을 내세웠다. 그가 말한 민중이 구체적으로 어떤 사회계층을 지칭했는지는 분명하지 않다. 그러나 적어도 민족해방운동의 주도권이 소수 지도층에 한정될 것이 아니라, 이 시기에 의식수준이 급격히 향상되어가고 있던 노동자·농민층에게로 확대되어가야 한다는 민족해방운동관 및 역사관을 가지고 있었음은 분명하다.

민족해방운동전선에 참가했던 박은식·신채호 등에 의해 성립되고 발전한 '민족주의사학'을 국내에서는 정인보(鄭寅普, 1892~1950)·안재홍·문일평(文一平, 1888~1939) 등이 이어받았다. 이들은 이익(李瀷)·정약용(丁若鏞) 등 실학자들의 저술을 정리 출판하면서 민족의 학문적 자산을 계승하려 하는 한편, 식민사학론에 대항하는 사론(史論)을 세워나갔다.

한학자이던 정인보는 저서 『조선사연구』에 실린 「5천년간 조선의 얼」이란 글에서, 역사의 본질을 '얼', 즉 민족정신에서 찾는 '얼사관'을 정립했다. 그는 역사적 사실이란 역사의 척추인 얼의 반영이며 역사를 연구하는 일은 곧 이 얼의 줄기를 세우는 일이라 했다. 대단히 관념적인 역사인식에 빠져 있었지만, 일본 어용사학자들의 식민사학에 대항하기 위해 우리 역사 전체에 일관하고 있다고 믿는 민족혼을 찾아 체계화함으로써 식민지배 아래서 민족주의를 정립하고 유지하려 했던 것이라 할 수 있다.

언론계에 있으면서 신간회운동에 참가하기도 했던 안재홍 역시 일본의 혹심한 탄압으로 국내에서 민족해방운동의 추진이 어렵게 되자 "민족정기를 불후하게 남겨둠이 지고한 사명임을 자임"하고 국사연구에 전심하여 『조선상고사감(朝鮮上古史鑑)』을 썼다. 단군조선에서 삼국시대까지의 우리 역사를 고조선사회의 발전과정이라는 안목으로 정리하여 식민사학이 만들어놓은 고대 한반도에서의 북방문화와 남방문화의 이중성을 부인했다. 그는 또 신민족주의론을 제기했다. 그것은 대내적으로 민주주의적 방법에 의해 민족 내부의 계급적 모순을 해소하고, 대외적으로는 민족적 자주성을 확실히해야 한다는 이론이었다. 그는 역사학이 이와같은 전체 민족의 발전 문제와 밀착된 학문이어야 함을 강조한 것이다.

역시 언론계에 종사했던 문일평은 『호암전집(湖岩全集)』 3권을 남겼다. 여기서 그는 역사발전의 원동력으로서 민중이 지니는 역할을 어느정도 이해하고 역사학의 대중화 문제에 큰 관심을 보였다. 또한 그는 고대사회의 민족문화권을 한반도를 중심으로 하여 북으로는 만주까지, 남으로는 일본에까지 확대시킴으로써 식민사학론의 역사왜곡에 대항했다.

일제 식민지시기를 통해 식민사학론에 반대한 역사학에는 이와같은 '민족주의사학' 이외에도 흔히 '사회경제사학'으로 부르는, 유물사관에 입각한 또 하나의 학풍이 있었다. 주로 경제사학자들에 의해 이루어진 이 학풍은 식민사학론의 정체·후진성론에 대항하여 우리 역사도 분명히 세계사적 발전과정을 걸어왔음을 논증하여 식민사학이 만들어놓은 이른바 중세부재론(中世不在論)이 허구임을 밝히려는 데서 출발했다.

백남운(白南雲, 1894~1979)의 『조선사회경제사』 『조선봉건사회경제사』, 이청원(李淸源)의 『조선사회사독본(朝鮮社會史讀本)』 등으로 대표되는 '사회경제사학'은 사회구성체 발전단계론적 역사인식을 바탕으로 하고, 역사발전의 원동력을 철저히 민중에게서 구했다는 점 등에서 우리 역사학 발전에 크게 기여했다. 그러나 우리 역사를 지나치게 유물사관적 방법론 및 공식에 대입시킴으로써 우리 역사의 특수성에 덜 주목했다는 평을 받았다.

민족주의사학과 사회경제사학은 식민사학론에 대항하는 학풍이었기 때문에 식민지시기에는 탄압을 받아 더 발전하지 못했다. 그리고 8·15 후에는 그 연구자들이 학문생활을 떠남으로써, 또 민족이 분단됨으로써 상당한 기간 계승 발전되기 어려웠다. 일부 계승되었다 해도, 특히 '민족주의사학'은 발전적 계승보다 복고주의적 계승이 앞섬으로써 국수주의적 부작용을 빚거나 군사독재정권의 이론적 뒷받침이 될 위험성도 있었다.

조선어학의 발달

훈민정음으로 만들어져서 조선왕조시대에는 언문(諺文)으로 통했던 한글이 국문(國文)으로 불리게 된 것은 문호개방 이후부터였다. 이때부터 그 사용이 일반화함에 따라 국문표기법에 관한 연구가 활발해졌다. 개인의 연구로는 지석영(池錫永, 1855~1935)의 『신정국문(新訂國文)』이 있었고, 대한제국 학부(學部)의 국문연구소에서도 주시경(周時經, 1876~1914)을 중심으로 연구가 활발히 진행되었다.

그러나 겨우 출발점에 섰던 국어연구는 식민지시기로 들어가면서 크게 위축되지 않을 수 없었다. '합방' 후 일본은 조선에서도 일본어를 '국어'라 하고 우리말을 조선어라 이름을 바꾸는 한편, 각급

조선어학회 회원들

학교에서도 조선어보다 일본어 교육을 강화했다.

그러다가 중일전쟁 이후에는 아예 조선어 교육을 폐지하고 소위 '국어상용화' 운동을 펴 일본어만을 쓰도록 강요했다. 따라서 전체 식민지시기를 통해 우리말 연구는 곧 민족해방운동의 일환으로 간주되었고, 일본 측도 같은 생각에서 연구활동을 탄압했다.

'합방' 직후의 이른바 무단통치시기에는 대한제국시기의 국문연구소가 폐쇄되고 총독부 기관지 이외의 모든 신문·잡지가 폐간된 상황이었으므로 우리말 연구 역시 질식 상태에 있었다. 그러나 3·1운동으로 무단통치에서 '문화정치'로 바뀌고 『동아일보』『조선일보』 등 우리말 신문이 발간되자 국어학계는 곧 연구활동을 재개했다.

주시경에게서 직간접으로 가르침을 받은 장지영(張志暎, 1887~1976)·김윤경(金允經, 1894~1969) 등이 중심이 되어 조선어연구회가 조직되었다(1921). 또한 이들은 연구발표회·강습회·강연회 등을 열어 국문을 정리 통일하면서 민중을 대상으로 문자운동을 벌였다. 조선어연구회는 이후 이름을 조선어학회로 바꾸어(1931) '한글맞춤법통일안'을 제정 발표하는 한편, 신문사와 협조하여 광범위한 국어강습회 운동을 벌여 식민통치 아래서 모국어 연구 및 보급 운동을 활발히 전개했다.

1927년부터 권덕규(權悳奎, 1890~1950)·최현배(崔鉉培, 1894~1970) 등의 동인에 의해 국어연구지 『한글』이 발간되다가 곧 중단되었으나 그것을 조선어학회가 같은 이름으로 계승하여 일본의 탄압으로 강제 폐간당한 1942년까지 93호를 발간하면서 국어의 학술적 연구에 크게 공헌했다. 한글맞춤법통일안 제정 역시 식민지통치 아래서 조선어학회가 전개한 국어운동·민족운동의 큰 성과 중 하나였다.

대한제국시기에 언문이 국문으로 바뀌면서 비로소 그 사용이 일반화해갔지만, 표기법이 통일되지 못해 문자생활에 불편을 주었다. 뿐만 아니라 이는 민족적 수치이기도 했다. 이에 대한제국시기에 국문연구소를 두고 표기법의 정리와 통일을 서둘렀으나 '합방'으로 곧 중단되었다.

그러나 국문표기법의 정리와 통일을 식민지배 아래서 민간 학술단체가 완성했다. 조선어학회가 선정한 권덕규·이극로(李克魯, 1893~1978)·이희승(李熙昇, 1896~1989)·최현배 등 12명의 제정위원이 2년에 걸쳐 한글맞춤법통일안 초안을 만든 후 두 차례의 독회를 거쳐 최종안을 3년여 만에 확정 발표했다(1933).

맞춤법통일안이 제정되는 과정에, 그리고 발표된 후에도 박승빈(朴勝彬, 1880~1943)을 중심으로 하는 조선어학연구회가 조선어학회의 통일안에 반대했으나 언론기관의 문예가들이 조선어학회안을 지지함으로써 반대운동은 좌절되었다.

조선어학회는 맞춤법통일안을 제정하는 과정에서 그것을 대중에게 보급시키기 위해 『동아일보』 등 신문사와 제휴하여 전국적으로 조선어강습회를 열었다(1931). 학생 중심의 브나로드운동과 병행된 조선어강습회운동은 이후 3년간 계속되다가 대중의 호응도에 놀란 일본 측의 방해로 중단되었다.

식민지시기의 국어 보호 및 보급 운동은 한편으로 국어사전 편찬 운동으로 나타났다. 문호개방 후 외국인들에 의해 한불(韓佛)·노한(露韓)·한영(韓英)사전 등이 만들어졌으나 정작 국어사전은 편찬되지 못했다. 식민지시기에 들어와서 문세영(文世榮)이 편찬한 『조선어사전』이 처음으로 나왔지만(1939), 이보다 앞서 하나의 국어사전도 가지지 못한 민족적 수치를 덜기 위해 조선어학회가 주동하여 108명의 발기로 조선어사전편찬회를 조직했다(1929).

조선어학회가 전담하여 진행한 편찬사업은 그 준비작업으로서 「사정한 조선어 표준말 모음」(1936) 「외래어표기법통일안」(1938) 등을 발표하여 사전 편찬사업은 급진전했다. 그러나 태평양전쟁을 도발하고 파쇼체제를 강화한 일본이 조선어 말살정책을 펴고 조선어학회를 탄압함으로써 사전 편찬작업은 중단되었다.

각급 학교와 공식 회합에서 조선어 사용을 금지하고 『동아일보』와 『조선일보』 등 조선어 신문을 폐간시킨 일본은 조선어학회를 해체시키기 위해 함흥학생사건을 조작하여 조선어학회 회원과 그 사업에 협조한 사람들을 대부분 검거하고(1942) 그중 11명을 기소하여 2년에서 6년까지의 징역을 선고했다. 이들 11명 중 이윤재(李允宰, 1888~1943)는 옥사했다.

일본의 탄압으로 식민지시대에 『조선말 큰사전』이 출간되지는 못했다. 그러나 조선왕조시대를 통해 언문으로 천시되어 언어학적 연구는 물론 표기법의 통일조차 이루지 못했던 한글이 식민통치 아래서 피지배민족의 어문(語文)이면서도 그 표기법의 통일을 이루고, 가혹한 탄압을 무릅쓰고 큰사전 편찬이 본격적으로 추진된 것은 민족문화운동의 큰 성과였다.

항일문학의 맥락 문호개방 이후 국문 사용이 차차 일반화하고 외세침략이 본격화함에 따라 애국시가들이 널리 지어져 노래되었다. 그러나 이 시기의 애국시가들은 "아세아의 대조선이 자주독립 분명하다. 에야에야 애국하세 나라 위해 죽어보세. 분골하고 쇄신토록 충군(忠君)하고 애국하세. 우리 정부 높여주고 우리 군면(君面) 도와주세."라고 한 것과 같이 아직 충군주의에 한정되었거나, "일진회(一進會)야 일진회야 5조약만 하더라도 네 공명이 이고(已高)하고 7조약만 하더라도 네 욕망이 이충(已充)인데 무삼 계학(谿壑) 못다 채워 합방서를 또 하나냐"라고 한 것과 같이 친일파와 일본을 규탄한 것들이 대부분이었다.

대한제국시기의 이와같은 애국시가가 '합방' 후 국내의 문학계로 직접 연결되지는 못했으나 해외의 민족해방운동전선으로 이어져서 "나아가세 독립군아 어서 나가세, 기다리던 독립전쟁 돌아왔다네, 이때를 기다리고 10년 동안에, 갈았던 날랜 칼을 시험할 날이" 등의 독립군가가 되었다. 국내에서는 "함경도 원산이 살기는 좋아도 쪽발이 등쌀에 못살겠네, 인천 제물포 살기는 좋아도 왜놈의 등쌀에 못살겠네, 말깨나 하는 놈 재판소 가고 일깨나 하는 놈 공동산 간다" 등의 항일민요로 연결되었다.

3·1운동을 전후하여 국내에는 새로운 문학활동이 일어나 『창조(創造)』『폐허(廢墟)』『백조(白潮)』 등의 동인지가 발간되었다. 이들 동인지를 중심으로 하는 문학활동은 식민지체제 아래서의 민족적 울분을 적극적 저항주의로 표현하지 못하게 된 조건 때문에 대체로 민족적 현실과는 일정한 거리를 둔 자연주의·낭만주의 문학

을 지향했다. 또한 민족의 현실적 조건에 관심을 가졌다 해도 그것을 저항주의적 측면에서가 아닌 낭만과 상징, 그리고 퇴폐와 탐미적인 방향으로 표현하는 경우가 많았다.

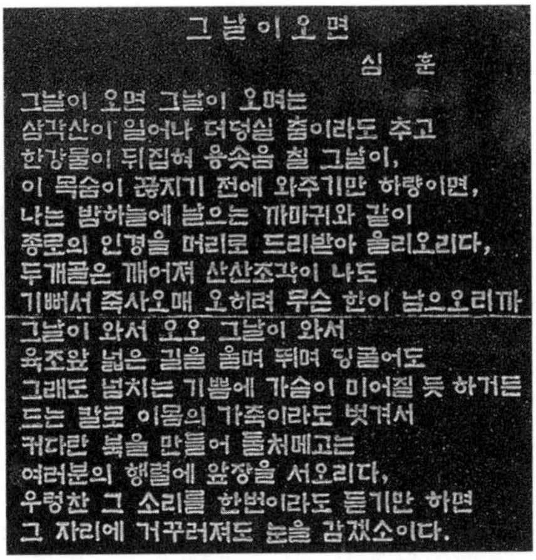

그날이오면

심 훈

그날이 오면 그날이 오며는
삼각산이 일어나 더덩실 춤이라도 추고
한강물이 뒤집혀 용솟음 칠 그날이,
이 목숨이 끊지기 전에 와주기만 하량이면,
나는 밤하늘에 날으는 까마귀와 같이
종로의 인경을 머리로 드리받아 울리오리다,
두개골은 깨어져 산산조각이 나도
기뻐서 죽사오매 오히려 무슨 한이 남으오리까

그날이 와서 오오 그날이 와서
육조앞 넓은 길을 울며 뛰며 딩굴어도
그래도 넘치는 기쁨에 가슴이 미어질 듯 하거든
드는 칼로 이몸의 가죽이라도 벗겨서
커다란 북을 만들어 들처메고는
여러분의 행렬에 앞장을 서오리다,
우렁찬 그 소리를 한번이라도 듣기만 하면
그 자리에 거꾸러져도 눈을 감겠소이다.

심훈의 「그날이 오면」 시비

1920년대의 이와같은 문학적 분위기 속에서도 현진건(玄鎭健, 1900~43)의 「빈처(貧妻)」(1921), 염상섭(廉想涉, 1897~1963)의 「만세전(萬歲前)」(1924) 등은 민족의 현실에 어느정도 관심을 가진 작품들이었다. 한편 저항주의 노선이 선명했던 작품들은 한용운·심훈(沈熏, 1901~36) 등과 신경향파 문인들에게서 나왔다.

민족해방운동에도 투신했던 불교지도자이며 시인이었던 한용운은 『님의 침묵』(1926)에서 "그러나 나의 길은 이 세상에 둘밖에 없습니다./하나는 님의 품에 안기는 길입니다./그렇지 아니하면 죽음의 품에 안기는 길입니다./그것은 만일 님의 품에 안기지 못하면 다른 길은 죽음의 길보다 험하고 괴로운 까닭입니다" 하여 죽음으로 사랑하고 싶은 조국을 노래했다.

심훈은 시 「통곡 속에서」(1926)에서 1920년대의 민족적 현실을 "큰길에 넘치는 백의(白衣)의 물결 속에 곡성이 일어난다/총검이 번득이고 군병(軍兵)의 말굽소리 소란한 곳에/분격한 무리는 몰리고 짓밟히며/땅에 엎디어 마지막 비명을 지른다/땅을 두드리며 또 하늘을 우러러/외치는 소리 느껴 우는 소리 구소(九霄)에 사무

친다" 하고 고발했고, 「그날이 오면」(1930)에서는 "드는 칼로 이 몸의 가죽이라도 벗겨서/커다란 북을 만들어 들쳐 메고는/여러분의 행렬에 앞장을 서오리다" 하며 민족해방의 날을 고대했다.

낭만주의 및 자연주의 문학에 반발하면서 민족이 처한 현실적 고통과, 특히 날로 영락해가는 민중생활에 관심을 기울인 이른바 신경향파 문학이 대두했다. 1920년대의 중반 이후로 접어들면서 민족해방운동전선에 나타난 사회주의 사조에 영향받고, 이 시기에 의식 면에서 큰 성장을 보이고 있던 농민·노동자 들의 동태에 자극되어 나타난 이 새로운 문학운동은 자연히 식민통치에 대한 저항문학으로 발전했다.

신경향파 문학에서는 최학송(崔鶴松, 1901~32)의 소설 「기아(飢餓)와 살육(殺戮)」 등에서와 같이 가난한 농민들의 생활고와 지주에 대한 반항이 그려졌고, 이상화(李相和, 1901~43)의 시 「빼앗긴 들에도 봄은 오는가」에서와 같이 민족의 현실문제에 대한 인식과 식민지 통치자에 대한 적개심을 담았다는 점에서 의미가 있었다. 그러나 신경향파 문학은 현실인식이 피상적이었고 도식적 빈부대립의 형상화와 같은 즉자적 표출에 한정되어 문학적 형상화에서는 미흡했다는 평을 받기도 했다.

신경향파 문학운동은 1925년 '카프'(KAPF)의 결성을 계기로 본격적인 프롤레타리아 문학운동으로 나아가서 기관지 『문예운동』을 발간했다. 카프문학은 민족적 현실에 대한 인식이 더욱 심화되고 문학의 대중화 논쟁 등을 통해 문학적 형상화에 대한 이해에서도 진일보했다. 이기영(李箕永, 1895~1984)의 장편소설 『고향』은 식민지 현실의 문학적 형상화에 성공한 대표적 작품으로 평가되었다. 그러나 카프문학은 특히 소련에서의 이론논쟁들을 민족적 현실의 토대에 맞게 특수화하지 못하고 공식주의적으로 경직화된 문학적 실천으로 이끌어갔다는 평을 받기도 했다.

한편 국민문학파는 카프운동의 계급주의 일변도에 반발하여 '계급 이전의 민족'을 내세웠다. 그러나 '계급 이전의 민족'이란 비역사적·추상적 민족에 불과한 것이었고, 이것이 국민문학파의 문학이 복고주의적 방향으로 나아갈 수밖에 없었던 이유이기도 했다. 식민통치 아래서 옳은 의미의 민족주의 문학의 방향은 민족의 과거를 회상·찬미하는 데 있는 것이 아니라 식민지배를 벗어나기 위해 저항하는 데 있었다.

1930년대 이후 일본의 침략전쟁이 '만주사변'·중일전쟁·태평양전쟁으로 확대되면서 저항성 있는 문학활동은 철저한 탄압을 받았다. 카프는 1931년 1차검거와 1934년 2차검거를 통해 해체되었고, 민족적이고 저항적인 작가들은 탄압을 피해 지하로 숨어들어갔다. 반면 친일문학운동이 적극적으로 조장되어 많은 친일문인들을 만들어냈다.

중일전쟁을 도발한 일본은 조선인의 적극적 전쟁협력을 요구하면서, 특히 문인·지식인 들을 동원하여 '사회교화' '황군위문' 등을 위한 친일단체들을 만들었다. 최남선(崔南善, 1890~1957)·이광수 등이 앞장선 조선문예회(朝鮮文藝會, 1937)를 비롯하여 카프에서 전향한 박영희(朴英熙, 1901~?)·김기진(金基鎭, 1903~85) 등이 참가한 시국대응전선사상보국연맹(時局對應全鮮思想報國聯盟, 1938), 이광수가 회장, 김동환(金東煥, 1901~?)·정인섭(鄭寅燮, 1905~83)·주요한(朱耀翰, 1900~79) 등이 간사가 된 조선문인협회(朝鮮文人協會, 1939) 등이 조직되어 작품활동과 강연, 일본군 위문 등을 통해 친일활동을 펴나갔다.

단편적이고 일시적인 작품활동이나 강연뿐만 아니라 문학이론에서도 친일문학론이 수립되어갔다. 최재서(崔載瑞, 1908~64)의 "구라파의 전통에 뿌리를 둔 소위 근대문학의 일 연장으로서가 아니라 일본정신에 의해서 통일된 동서문화의 종합을 지반으로 하여 새로 비약하려는 일본 국민의 이상을 노래한 대표적인 문학으로서 금후의 동양을 지도해야 할 사명을 띠고 있는" 이른바 '국민문학론'이 그 대표적인 예다.

1930년대 후반기 이후의 이와같은 문학적 '암흑기'에도 저항문학활동은 비록 그 폭은 넓지 못했지만 끝까지 이어져갔다. 중국 북경대학과 의열단 혁명간부학교를 나와 민족해방운동에 투신함으로써 여러번 투옥되었던 육사(陸史) 이원록(李源祿, 1904~44)은 시집 『청포도』(1940)를 내고 중국으로 탈출했다가 그곳에서 일본경찰에 체포되어 옥사했다.

"지금 눈 나리고/매화 향기 홀로 아득하니/내 여기 가난한 노래의 씨를 뿌려라//다시 천고(千古)의 뒤에/백마 타고 오는 초인(超人)이 있어/이 광야에서 목 놓아 부르게 하리라" 하고 노래한 그의 시 「광야(曠野)」는 투철한 역사의식을 바탕으로 하여 민족해방을 확인한 작품이었다.

북간도 출신의 저항시인 윤동주(尹東柱, 1917~45)도 "죽는 날까지 (…) 한점 부끄럼이 없기를" 바라며 남의 나라 육첩방(六疊房)에서 "등불을 밝혀 어둠을 조금 내몰고,/시대(時代)처럼 올 아침"을 기다리다 그 아침을 보지 못한 채 사상범으로 옥사했다.

식민지시대의 문학은 민족적 현실을 외면하고 순수문학을 지향하여 퇴폐주의에 빠지거나 식민통치의 도구로 전락하는 경우가 많았다. 민족문제에 관심을 가졌다 해도 저항성이 결여된 경우 대체로 복고주의에 빠지게 마련이었다. 식민지시대의 민족문학이란 무엇보다도 식민지 지배를 깨뜨리는 데 이바지하는 문학이 되지 않을 수 없었고, 따라서 그것은 저항문학이 될 수밖에 없었다.

제2부

민족분단과 통일운동의 전개

분단체제의 형성 · 강화

우리 근대사가 식민지시대를 벗어나면서 바로 분단시대로 빠져들게 된 근원적인 원인은 일본의 식민통치에 있고, 직접적인 원인은 미국군과 소련군의 한반도 분할점령에 있었다. 그러나 민족분단의 원인을 외세의 작용에 더 무게를 두고 구하는 일이 주체적 역사인식이 되지 못함도 아울러 지적되어야 할 것이다. 주체적 역사인식이란 왜곡된 역사를 바로잡거나 빛나는 역사적 유산을 강조하는 데서만 세워지는 것이 아니라 실패한 역사의 책임을 무엇보다도 민족 스스로가 지려는 자세를 지닐 때 더 강하게 세워질 수 있을 것이다.

이같은 역사인식을 바탕으로 하여 민족분단의 원인을 민족사 내부에서 구명할 경우 다음과 같은 몇가지 역사적 실패를 들 수 있지 않을까 한다. 민족사회 전체가 1945년의 싯점에서 민족해방에 대한 객관적 이해가 투철하지 못했던 점, 다음으로 한반도의 지정학적 위치에 대한 국제정치적 이해가 높지 못했던 점, 그리고 식민지시대 말기 민족해방운동의 통일전선 방향이 8·15 후 계승되지 못한 점 등이 그것이다.

식민지시대 전체를 통해 민족해방운동은 부단히 계속되었고 많은 희생이 치러졌다. 그러나 그것이 민족해방의 일차적이고 직접적인 원인은 되지 못했다. 태평양전쟁 말기의 각 전선에서 민족해방운동의 군사력이 연합국 쪽의 군사력과 분산적으로 공동작전을 폈으나 불행하게도 어느 쪽에서도 그 군사력이 국내로 진격하여 직접 일본군의 항복을 받거나 무장해제하는 단계에는 이르지 못했다. 차선책으로 일본의 항복을 받을 연합국 쪽의 정식 승인을 받은 망명정부나 정치세력을 가지지도 못했다.

유례가 드물 만큼 가혹했던 식민지배가 반세기 가까이 계속되는 동안에도 국내에서는 민족적 독자성이 지켜졌고 국내외에서 민족해방운동이 계속되었다. 따라서 일본제국주의의 패망은 곧 민족의 전쟁 승리로 받아들여졌을 뿐이며, 냉엄한 국제정치상 한반도의 현실적 위치가 패전국 일본의 식민지라는 사실을 인정할 수 없었다.

패전국 일본도 표면상으로는 제 내각을 가졌던 데 비해, 8·15 당시 한반도에는 조선총독부 이외에 전승국으로부터 승인된 조선인 정권이 없었다. 따라서 일단은 점령군의 군정(軍政)이 실시될 상황이었다. 그런데도 이 시기 '민족감정'의 일부는 통일민족국가 수립을 위한 몇년간의 유예기간도 받아들일 수 없었고, 반쪽이나마 '독립'국가를 가지려는 데 급급했다.

한반도지역은 중세시대까지는 대체로 대륙 측과 긴밀한 관계를 가졌고 그곳의 정치적 영향을 크게 받았다. 그러나 근대로 오면서 일본과 그 배후에 있는 미국·영국 등 해양세력이 청나라·러시아 등의 대륙세력을 차례로 이겼으며 결국 해양세력 일본이 한반도를 식민지로 만들었다. 러일전쟁 전 대륙세력 러시아와 해양세력 일본은 전쟁을 피하기 위해 한반도의 분할을 흥정한 적도 있었으나 그것이 깨어지고 결국 전쟁으로 한반도 문제를 결정지었다.

태평양전쟁이 끝났을 때에는 대륙세력의 공산주의국가 소련과 해양세력으로서의 자본주의국가 미국이 일종의 세력균형을 위해 한반도를 분할 점령했다. 이 때문에 민족분단의 위험이 역사상 가장 높아져갔다. 반도라는 지정학적 위치를 이점으로 살린 국제정치상의 완충지대 내지 중립지대로서의 통일민족국가 수립을 위한 민족적 지혜가 어느 때보다 절실히 요청되는 시기이기도 했다. 그러나 일부 정치세력은 오히려 분할점령에 편

미·소 양군의 분할 점령 경계선인 38도선 푯말

승하여 분단국가를 세우는 데 앞장섰고 대다수 민중도 이 흐름을 그대로 따라갔다.

좌우익의 사상적 대립은 이미 식민지시대의 민족해방운동 과정에서부터 있었고, 그것이 민족해방운동전선의 전력강화에 장해요인이 된 것도 사실이었다. 그러나 사상과 노선의 대립을 극복하고 민족해방운동전선의 전력을 강화하기 위한 민족통일전선운동이 꾸준히 계속되었고, 민족해방의 전망이 밝아올 무렵에는 해방 후의 민족국가 수립방안에 상당한 합의가 이루어진 민족통일전선도 형성되어가고 있었다. 그러나 정작 일본제국주의가 패망한 후에는 통일전선세력이 정치적으로 도태되고 분단지향세력이 외세에 영합하면서 정권에 접근해갔다.

불행하게도 이를 저지할 수 있는 힘은 어느 곳에서도 나타나지 않은 채 결국 분단국가들이 성립되었다. 그것이 곧 민족상잔으로 이어졌고, 국제전으로 확대되어 3년간이나 지속된 전쟁이 아무 결말 없이 끝난 뒤에는 분단체제가 고착되어갔다. 이후 1950년대를 통해 분단상황을 구실로 한 이승만정권의 독재체제가 형성되었다. 그 독재체제를 근간으로 하는 분단체제는 한층 더 강화되었고, 그 해독이 문화·사회·경제 등 각 분야에 미쳐 20세기 후반기 민족사 전체의 발전의 저해요인으로 깊이 뿌리박혔다.

1960년대로 들어서면서 이승만 독재체제를 무너뜨린 4·19 민중항쟁이 폭발했다. 그러나 곧 그것을 탄압하면서 박정희 군사정권이 성립되었고, 경제개발을 앞세운 군사독재체제가 지속되어 분단체제는 강화되기만 했다. 1970년대로 들어서면서 군사독재체제는 마침내 '유신'체제로 전환되었고, 분단체제 강화는 절정에 다다랐다.

한편 1960년대 이후의 군사독재체제 아래서도 민주주의운동과 평화적·주체적 민족통일운동은 끊임없이 계속되었고, 그것이 마침내 박정희 정권을 무너뜨리는 원동력이 되었다. 그러나 1980년대로 들어서면서 '신군부'가 광주민중항쟁을 탄압하고 군사독재체제를 지속시켜갔다.

분단국가들의 성립과 특히 6·25전쟁을 겪으면서 본격적으로 고착되어간 민족분단 상황은 세계사적인 냉전체제 강화와 더불어 그 자체가 하나의 체제로서 자리잡아갔다. 이 분단체제는 분단국가들 사이의 정치·경제·사회·문화 체제를 계속 이질화시켜가면서 자체의 유지기반을 마련해갔다. 이질화되어가는 두 체제는 상호간의 견제 대립과 경쟁을 통해 그 기반을 한층 더 확대 강화해갔으며, 그것을 해소하고 민족적 동질성을 재생시키려는 모든 사고와 행동은 계속 탄압받으면서 분단국가주의의 수렁으로 깊이 매몰되어갔다.

끊임없는 대립과 쟁투를 통한 상승작용으로 강화되어간 분단체제는 전체 민족의 원동력과 공유의 자산을 소모하기만 하여 20세기 후반기의 전체 민족사적 발전을 저해하는 역할을 해왔다. 특히 이데올로기가 쇠퇴해가고 민족주의가 재생하여 오히려 새로운 위기의식이 배태되어가는 세계사적 조류 속에서도 유일한 분단민족으로 남아 아직도 자기소모전을 계속하고 있다.

다행히도 1970년대 이후의 민주·통일운동의 진전과 1980년대 후반기 이후의 세계사적 변화에 힘입어 군사독재체제가 약화하고, 그에 따라 분단체제 자체에도 일정한 틈이 생겨나고 있지만, 역시 분단체제의 극복이 이 시기 민족사의 최대 과제로 되어 있다.

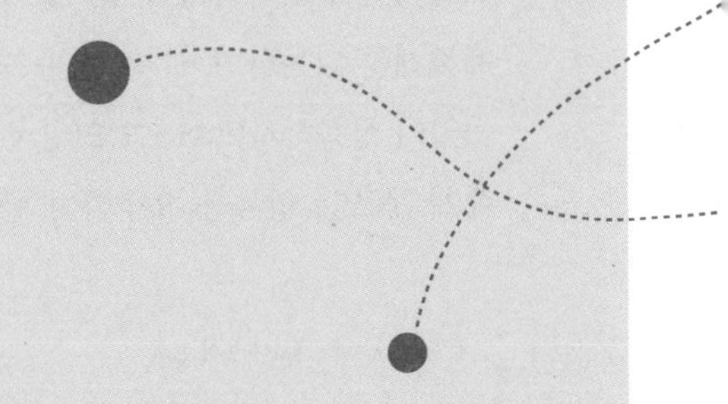

제1절 민족분단의 과정

일본의 패전

러일전쟁을 계기로 한반도를 식민지로 만든 일본은 '만주사변'을 일으켜 중국의 동북부지방을 식민지로 만들고, 다시 중국과의 전면전쟁을 일으킴으로써 침략전쟁을 확대시켜나갔다. 개전 당초의 예상과는 달리 중일전쟁을 일찍 마무리짓지 못한 일본은 전쟁확대 추세에 몰려 마침내 하와이의 진주만을 기습하고 미국과 영국에 선전포고하여 태평양전쟁을 도발했다. 유럽에서의 독일·이딸리아에 이어 제2차세계대전에 뛰어든 것이다.

전쟁 초기에 일본은 싱가포르·필리핀·인도네시아·미얀마까지 전선을 확대해가면서 승세를 떨쳤으나 곧 연합군의 반격을 받아 차차 패전의 길로 접어들었다. 특히 1944년 7월 7일 미국이 싸이판섬을 점령한 후 전세는 급격히 일본 측에 불리하게 기울었다. 이곳에 비행기지를 마련한 미국은 일본 본토를 폭격하는 한편 류우뀨우(琉球)와 이오오섬(硫黃島) 등을 차례로 점령하면서 일본 본토에 대한 상륙작전을 준비했다. 또 원자폭탄을 만드는 데 성공하여(1945.7.16) 이를 8월 6일과 9일에 각각 히로시마(廣島)와 나가사끼(長崎)에 투하함으로써 일본을 파멸의 위기로 몰아넣었다.

이보다 앞서 유럽지역의 전쟁에서 추축국(樞軸國)의 하나이던 이딸리아가 항복하자 연합국은 카이로에서 회담하여 전쟁 후의 세계문제를 의논하면서 "조선의 자유와 독립"을 보장했다(1943.11.12). 독일이 항복하자(1945.5.7) 연합국은 다시 포츠담에서 회담하여 일본에게 무조건 항복을 요구하는 한편(1945.7.17), "카이로선언의 조항

1945년 8월 15일 해방을 맞아 서대문형무소에서 풀려나온 애국인사들과 이들을 환영하는 시민들

들은 이행되어야 하며 일본의 주권은 혼슈우(本州)·홋까이도오(北海道)·큐우슈우(九州)·시꼬꾸(四國)와 연합국이 결정하는 작은 섬들에 국한될 것이다"고 밝혀 조선의 독립을 다시 한번 확인했다.

패전의 길로 접어든 일본은 무조건 항복만은 면하기 위한 방법을 찾다가 소련을 중개로 삼을 것을 결정했다(1945.5.14). 그러나 이보다 앞서 열린 얄타회담에서 소련은 남부 사할린의 반환, 쿠릴열도의 할양, 외몽골의 현재상태 보호 등을 연합국으로부터 보장받고, 유럽에서 전쟁이 끝난 2~3개월 이내에 일본과의 전쟁에 참전할 것을 결정했다(1945.2.11). 이후 미국의 원자폭탄 투하에 자극된 소련이 급히 참전함으로써 일본의 항복을 재촉했다(1945.8.9).

원자탄 투하와 소련의 참전으로 무조건 항복의 길을 피할 수 없게 된 일본이 마침내 포츠담선언을 수락함으로써 약 4년간 계속된 태평양전쟁은 끝나고 식민지 조선은 해방을 맞게 되었다. 일본이 포츠담선언 수락을 통보한 8월 10일 이후 조선총독부는 패전 후에 있을지 모를 보복을 막고 조선에 있는 80여만명의 일본 민간인과 군인의 신변보호 및 안전귀환을 위해 당시 국내의 지도급 인물인 여운형·송진우(宋鎭禹, 1889~1945) 등과 행정권 이양 교섭을 벌였다.

송진우 측은 이에 불응했을 뿐만 아니라 여운형 측과의 협력마저 거부했고, 이에 행정권 인수 문제는 여운형 측에게로 넘어가게 되었다. 여운형 측은 이미 조직했던 건국동맹을 모체로 건국준비위원회를 발족시켜 정치범을 석방하고 치안대를 조직하여 활동을 개시했다. 그러나 건국준비위원회의 치안대가 경찰관서를 접수해가는 과정에서 조선총독부는 갑자기 행정권의 이양을 거부하고(8.16) 조선군 사령관의 이름으로 "민심을 교란하고 치안을 해치는 일이 있으면 일본군은 단호한 조치를 취할 방침이다" 하고 포고령을 내리는 한편 경찰관서·신문사·학교 등을 다시 접수했다.

이후 미국군이 서울에 진주하고(1945.9.6) 그 진주군 사령관 하지와 조선총독 아베(阿部信行, 1879~1953) 사이에 항복조인이 체결되어 35년간에 걸친 일본의 조선에 대한 식민지배는 끝났다(1945.9.9). 그러나 진주한 미군당국은 당시 중경(重慶)에 있던 대한민국임시정부와 건국준비위원회를 중심으로 선포된 조선인민공화국을 모두 승인하지 않았다. 일본의 총독통치 대신 미국의 군정통치가 실시되고 38선이 표면화되어갔다.

38도선의 획정

8·15 후 미·소 양국에 의해 38선이 획정되어 민족분단의 구체적 계기가 되었지만, 한반도 분단의 위험은 이전에도 있었다. 한반도는 그 독특한 지정학적 위치 때문에 역사상 강대국들의 이해관계가 맞부딪히는 제1선이 되는 경

우가 많았다. 따라서 한반도를 분단하여 강대국 사이의 충돌을 피하려는 움직임이 있어왔다. 이 때문에 분단과 식민지화를 피하고 통일된 민족독립국가를 유지하기 위한 방안으로 중립화, 완충지대화 등이 제시되기도 했으나 실현되지 못하고 식민지화와 민족분단을 번갈아 겪게 되었다.

갑신정변(1884) 후 김옥균(金玉均)·유길준(兪吉濬) 등에 의해 한반도중립화론이 제의되었으나 실현되지 못했고, 이후 한반도를 둘러싼 러시아와 일본의 대립이 치열했을 때 러시아의 남하에 위협을 느낀 일본이 북위 38도선을 경계로 한 세력권의 분할을 제기한 바 있었으나(1896) 아관파천(俄館播遷)으로 조선에서 형세가 유리했던 러시아가 거절했다.

그후 영일동맹(英日同盟, 1902.1)의 성립에 위협을 느낀 러시아가 만주를 그 세력권에 두기 위해 39도선 이남에서 일본의 우위권을 인정하고 그 이북의 조선 땅을 중립지대로 할 것을 제의했다(1903.7). 그러나 일본은 압록강 선까지의 지배와 만주에 대한 이권을 요구하면서 39도선 분할안을 거절했다. 결국 두 나라는 전쟁으로 치닫게 되었고, 대한제국 정부는 전시중립(戰時中立)을 선언했다. 그러나 일본은 이를 무시하고 대한제국을 보호국으로, 또 식민지로 만들었다.

일본의 한반도에 대한 35년간의 식민지배가 끝날 무렵 얄타회담 결정에 따라 일본과의 전쟁에 참가한 소련은 만주를 공격하는 한편, 조선의 웅기(雄基)를 점령하고(1945.8.11) 8월 12일과 13일에 나진(羅津)과 청진(淸津)에 상륙하여 계속 남진했다. 일본의 관동군이 쉽게 무너지면서 소련군이 계속 한반도로 남진한 데 반해 미국군은 아직 류우뀨우섬(琉球島)에 머물러 있었으므로 한반도에 진주하기에는 상당한 시일이 필요했다. 따라서 소련군이 한반도 전체를 점령한다 해도 막을 길이 없었다.

이에 초조해진 미국은 소련에 대해 미·소 양군이 일본군의 무장을 해제하고 항복받을 경계선으로 38도선을 제의했다. 미국의 경제원조를 기대하고 또 일본점령에 참여할 속셈이 있었던 소련이 이에 동의했고, 38도선이 또다시 한반도의 분할선으로 등장하게 되었다.

미군이 소련군과 경쟁적으로 한반도에 진주하는 경우 한반도 전체가 소련에 의해 점령되거나 그렇게 되지 않는다 해도 일본군의 항복을 받을 경계선이 훨씬 남쪽이 될 사정이었다. 이 때문에 소련 측이 38도선을 수락한 데 대해 미국 측의 실무자들이 오히려 놀라워할 정도였다.

일본이 항복한 싯점은 소련군이 참전하여 한반도의 일부를 점령한 싯점인 동시에 소련군이 한반도 전체를 점령하기에는 이른 싯점이었다. 다시 말하면 한반도가 미·소 양군에 의해 분할 점령되는 반면, 소련군이 한반도 전체를 점령하고 나아가서 홋까이도오와 같은 일본영토 일부에 상륙하는 것을 방지할 수 있는 싯점이었다. 35년간 한반도를 식민지배한 일본은 태평양전쟁의 패배로 연합국에 항복하면서 한반도가 분할될 결정적 요인을 만들어놓은 것이다.

그럼에도 불구하고 얄타회담에서 연합국은 이미 한반도 전체를 상당한 기간 신탁통치(信託統治)하기로 밀약했기 때문에 38도선은 미·소 양군이 일본군의 항복을 받고 남북을 통한 임시정부를 세워 신탁통치를 실시하기까지의 일시적 경계선에 지나지 않았다. 그러나 한반도 주민 일부의 반대와 미·소 양국의 대립으로 남북을 통한 임시정부 수립과 신탁통치는 실시되지 않았고, 결국 남북에 분단국가들이 성립되어 38도선은 실질적인 민족분단선으로 되고 말았다.

38도선이 획정되고 나아가 민족분단선으로 된 민족사회 외적인 원인은, 한반도의 지정학적 위치와 일본의 식민통치, 소련의 한반도 전체 점령을 방지하기 위한 미국의 제의와 그것을 수락한 소련의 책략, 모스끄바3상회의 결정을 폐기하고 한반도문제를 유엔으로 가져간 미국의 책략, 2차대전 후 미·소 양국을 중심으로 한 동서냉전의 심화 등에 있었다. 그리고 민족사회 내적 원인은, 패전국의 식민지라는 국제정치상의 냉엄한 현실을 돌아보지 않고 전승국으로 자처하여 즉각적 독립 이외의 어떤 유예기간도 용납하지 않으려 했던 일부 '국민감정', 그것을 이용하여 분단국가의 지배권만이라도 확보하려 한 일부 정치세력의 책동과 일부 대중의 추종 등에 있었다고 할 수 있다.

미소공동위원회의 결렬

8·15 후 한반도에 통일된 민족국가가 수립되지 못하고 결국 남북에 분단국가가 성립된 첫번째 계기는 모스끄바3상회의 결정에 의해 남북을 통한 임시정부 수립을 논의할 미소공동위원회가 결렬된 데 있었다. 38도선 이남에 진주하여 조선총독부의 항복을 받은 미국군은 건국준비위원회가 급히 선포한 조선인민공화국은 물론 중경에 있던 대한민국임시정부도 주권기관으로 인정하지 않았다. 태평양 방면 육군총사령부의 명의로 "북위 38도 이남의 조선영토와 조선인민에 대한 통치의 전체 권한은 당분간 본관의 권한하에 시행된다"고 포고하고 바로 군정을 실시했다.

남한에 진주한 미군사령관 하지(Hodge, 1894~?)는 한때 일본의 총독통치를 그대로 두려고까지 했으나 들끓는 민심을 이기지 못해 조선총독을 파면하고 군정을 실시했다. 따라서 조선총독부의 행정기구와 그 조선인 관리를 그대로 인계받아 운영했다. 한편 38도선 이북에서 일본군의 항복을 받고 행정권을 이양받은 소련군은 일본의 군인·경찰관·행정관을 억류하는 한편, 친일세력을 제거하고 공산주의자들을 중심으로 하는 인민위원회를 도마다 결성하여 행정권을 이양했다.

함경남도 인민위원회의 결성(1945.8.16)을 시발로 하여 황해도·평안남도·평안북도·함경북도 등 이북5도 인민위원회가 결성되었고, 나아가서 북조선 임시인민위원회가 수립됨으로써(1946.2.9) 남한에 비해 그 통치체제가 일찍 안정되고 강화되어갔다.

얄타회담에서 한반도에 대한 신탁통치를 결정한 연합국은 제2차세계대전 전후문제를 토의하기 위해 모스끄바3상회의를 열었다(1945.12.28). 미국·영국·소련 외상(外相)이 모인 이 회의에서는 한반도문제에 대해 첫째, 민주주의적 원칙 아래 독립국가를 건설하기 위해 남북한을 통한 임시 조선 민주주의정부를 수립하고, 둘째, 임시정부 수립을 원조하기 위한 미소공동위원회를 설치하며, 셋째, 미국·영국·소련·중국 등 4개국 정부가 공동관리하는 최장 5년간의 신탁통치를 실시할 것 등이 결정되어 발표됐다.

제2차세계대전이 끝난 후의 한반도지역을 일본의 지배로부터 분리하여 독립시키되 일정기간 신탁통치를 실시해야 한다는 주장은 1942년부터 미국에서 나오기 시작했다. 카이로선언에도 한반도지역은 즉각 독립되는 것이 아니라 "일정한 절차를 밟아서"(in due course) 독립될 것이라는 '유보'가 있었다.

이 '유보'에 대해 미국대통령 로우즈벨트(F.D. Roosevelt)는 20~30년간의 신탁통치가 필요하다 했고, 소련수상 스딸린(I.V. Stalin, 1879~1953)은 그 기간이 짧으면 짧을수록 좋다는 의견이었을 뿐, 확실한 합의가 없었다. 이후 소련이 참전하여 한반도의 일부를 점령한 상태에서 전쟁이 끝났다.

전쟁이 끝난 후, 모스끄바3상회의에서 미국은 지지세력을 다수 확보하고 있는 유엔에 의한 한반도 신탁통치안을 제시했고, 소련은 임시정부 수립에 의한 후견안(後見案)을 제시했다. 이에 미국은 타협안으로서 3개 자본주의국가와 1개 사회주의국가에 의한 신탁통치안을 제시했다. 실현되지는 않았지만 일본 점령에의 참여를 보장받은 소련이 이 안에 동의함으로써 미소공동위원회의 설치, 통일임시민주정부의 수립, 미·소·영·중 4국의 신탁협정 작성을 중요 내용으로 하는 한반도 신탁통치안이 확정되었다.

모스끄바3상회의 결정은, 신탁통치 5년 후 친미·친소 및 중립적 정부가 수립될 가능성이 모두 열려 있는 조건 아래서 미·소 양국이 각각 한반도에서 자국의 영향권에 드는 정부를 수립하기 위해 시간적 여유를 얻으려 한 타협의 산물이었다. 그럼에도 불구하고 신탁통치는 일본의 식민지였던 한반도지역을 독립시키기 위한 수단이요 과정이었지, 신탁통치 자체에 목적이 있는 것은 아니었다. 그러나 그것이 국내에 전해지면서 38도선이 획정된 조건 아래서 민족분단을 저지할 수 있는, 남북을 통한 통일임시정부 수립 문제보다 신탁통치 문제가 더 크게 부각되었다.

3상회의 결정이 국내에 전해지자 처음에는 좌우익 정치세력이 모두 반대했으나 조선공산당을 중심으로 하는 좌익진영은 곧 "3상회의 결정의 총체적 지지"를 통해 찬탁(贊託)노선으로 바뀌었다. 귀국한 중경임시정부의 여당 격이었던 한국독립당과 국내 지주세력을 바탕으로 결성된 한국민주당 등을 중심으로 하는 우익진영은 반탁(反託)운동을 통해 정치적 약세를 만회하고 진영의 결속을 강

미소공동위원회

화하려 했다.

신탁통치 찬반 문제로 좌우의 대립이 급격히 심화되어갔고, 그런 분위기 속에서 미국과 소련은 3상회의 결정에 따른 제1차 미소공동위원회를 서울에서 열었다(1946.3.20).

미소공동위원회의 구체적인 사업은 첫째, 모스끄바3상회의 결정에 따른 조선의 정당·사회단체와의 협의에 의한 임시정부 수립, 둘째, 새로 수립된 임시정부의 참여 아래에서 4개국 신탁통치 협약 작성 등이었다. 그러나 그 첫째 문제, 즉 미소공동위원회가 임시정부 수립을 위해 함께 협의할 정당·사회단체를 선택하는 일부터 난관에 부딪혔다.

미소공동위원회가 함께 협의할 정당·사회단체는 새로 수립될, 그리고 신탁통치 기간에 실제로 전체 한반도의 통치를 담당할 임시정부를 구성하는 핵심세력이 될 것이었다. 이 때문에 공동위원회는 우선 신탁통치안을 포함한 모스끄바3상회의 결정사항을 수락하는 정당·사회단체만을 협의대상으로 한다는 결정을 내렸다(1946.4.18).

이에 대해 좌익세력은 이미 찬탁노선을 표명했으므로 문제가 없었다. 그러나 우익세력은 신탁통치를 반대하는 이상 임시정부 수립에 참여할 길이 막히게 되었다. 이에 대해 우익의 한국독립당은 공동위원회의 협의에 참가하는 것은 신탁통치를 인정하는 일이므로 그것을 절대 반대하는 이상 공동위원회의 협의에 참가할 수 없다는 주장을 폈다.

그러나 같은 우익의 한국민주당은 임시정부 수립을 위한 공동위원회 협의에는 응하면서도 신탁통치에는 반대할 수 있다는 주장을 펴다가, 공동위원회의 참석이 반드시 찬탁을 표시하는 것은 아니라는 미군정 측의 언질을 받고서야 참석에 찬성했다. 그러나 소련 측은 우익세력이 공동위원회에는 참가해도 신탁통치를 반대하고 있는 이상 모스끄바3상회의 결정을 수락하는 것이 아니라 하여 반탁운동을 펴고 있는 단체나 개인을 공동위원회에 초청하는 것을 반대했다.

미소공동위원회의 미국 측 대표가 제출한 남한 측의 20개 초청대상 단체 및 정당에 대해서도 소련은 첫째, 좌익정당의 연합체인 민주주의민족전선 소속 정당·단체가 3개뿐이고 우익 측의 연합체인 민주의원 소속 정당·단체가 17개나 되는데 이들은 모두 3상회의 결정을 반대하고 있는 정당·단체들이라는 점, 둘째, 60만명의 노동조합원으로 구성된 조선노동조합전국평의회와 30만명의 회원이 있는 조선부녀총동맹, 65만명의 회원을 가진 조선민주청년동맹, 3백만명의 농민단체인 전국농민조합총연맹과 같은 단체들이 들어 있지 않다는 점을 지적했다.

이에 대해 미국 측은 소련이 제출한 북한 쪽의 정당·단체에 우익단체가 포함되지 않았으며 소련이 빠졌다고 지적한 남한 측의 단체는 공산주의 극렬분자가 실제의 수를 과장하여 주장하는 파괴적 폭력단체일 뿐이라고 맞섰다. 그리고 합의가 어려운 임시정부 수립 문제에 앞서 38도선 철폐 문제와 남북한의 경제적 통일 문제를 논의할 것을 제의했다. 소련 측이 38도선 문제는 앞으로 수립될 임시정부가 다룰 문제이며, 경제문제는 3상회의 결정사항이 아니라고 맞섬으로써 결국 제1차 미소공동위원회는 결렬되었다(1946.5.6).

제1차 공동위원회가 결렬된 후 이승만을 중심으로 하는 우익세력 일부가 남한 단독정부 수립 운동을 펴나갔다. 미·소 양국이 공동위원회의 재개를 교섭하자 우익진영은 다시 공동위원회 참가를 거부하면서 대대적인 반탁운동을 벌였다.

반탁운동이 전개되는 동안에도 제2차 공동위원회가 개최되어(1947.5.21) 서울과 평양을 왕래하면서 어느정도 진전을 보이는 듯했으나 소련 측이 공동위원회 참가를 위해 등록한 남한 측 425개 단체를 118개로 줄일 것을 요구하여 다시 난관에 부딪혔다.

공동위원회 참가를 신청한 정당·단체는 남한이 425개, 북한이 36개였고 이들 정당·단체에 등록된 회원 총수가 7천만명으로 전체 인구의 두배가 넘는 불합리를 드러냈다. 소련 측은 모스끄바3상회의 결정에 반대하여 반탁운동을 벌이는 정당·단체와 회원 1만명 이하의 군소단체는 협의 대상에서 제외할 것을 주장했다.

이에 대해 미국은 반탁운동을 '의사표시의 자유'로 간주하여 소련의 제안에 반대하였다. 한편 '정판사위조지폐사건'(精版社僞造紙幣事件, 1946.5.15) 등이 일어나 공산당 기관지 『해방일보』가 강제정간되고(5.18) 공산당 간부에 대한 검거령이 내려졌다.

조선공산당을 중심으로 하는 좌익세력은 미군정 실시 이후 그것을 합법정부로 인정하던 협조노선을 버리고 '신전술'을 발표하여 투쟁노선으로 선회하는 한편(1946.7.26), 좌우합작 문제와 3당합당 문제 등을 두고 내부에서 노선상의 갈등이 빚어졌다.

그러다 격심한 물가고와 식량난으로 인한 노동자들의 불만을 배경으로 '9월 총파업'을 일으켜 미군정을 궁지로 몰아넣었다. 뒤이어 3백여만명이 참가하여 3백여명이 사망하고, 3600여명이 행방불명되고, 2만 6천여명이 부상하고, 1만 5천여명이 체포된 대구·경북지역 중심의 10월 민중항쟁이 일어났다(1946.10.1). 미군정과 좌익세력, 좌우익세력 사이의 대립과 마찰은 심화되어갔다.

한편 미국은 정돈(停頓) 상태에 빠진 공동위원회를 진전시키기 위한 방안으로 미·영·소·중 4개국 회의를 요구하면서 보통선거에 의한 남북 각각의 입법기관 설치를 제의했다. 그리고 그 대표들로 구성되는 통일 임시정부가 미·소 양군 철수 문제와 완전한 독립국가 수립 문제를 4개국과 협의하게 할 것을 제의했다.

소련 측은 미소공동위원회가 임시정부 수립 문제를 4개국회의로 가져가는 것은 부당하며, 남북 별개의 임시 입법회의를 구성하는 것은 남북의 분열을 조장하는 일이라 하여 거부했다. 이렇게 되자 미국은 소련의 반대를 무릅쓰고 한반도문제를 미국 추종세력이 절대 우세한 유엔에 이관했다. 이로써 결국 제2차 미소공동위원회도 결렬되고 말았다(1947.10.21).

분단국가들의 성립

제1차 미소공동위원회가 결렬된 직후 이승만은 이른바 정읍발언(井邑發言, 1946.6.3)을 통해 "남쪽만이라도 임시정부나 위원회 같은 것을 조직하여 38도선 이북에서 소련이 철퇴하도록 세계 공론에 호소하여야 할 것이다" 하여 남한 단독정부 수립을 제기했고, 한국민주당을 비롯한 극우세력의 지지를 받았다. 그후 이승만은 미국에 가서 조선문제의 유엔에서의 토의와 미국의 조선정부 수립 원조를 요청하는 '외교'를 벌였다(1946.12.7).

이해의 유엔총회에서 미국 국무장관은 과거 2년간 모스끄바3상회의 결정을 실천하는 방도를 소련과 합의하여 조선을 독립시키려 노력했으나 조선의 독립과업은 2년 전에 비해 조금도 진전된 바 없다 하고, "조선문제가 유엔총회에 상정됨에 따라 신탁통치를 거치지 않고 조선을 독립시키는 수단이 강구되기를 바란다" 하여 모스끄바3상회의 결정을 포기하고 조선문제를 유엔에 이관하려는 태도를 분명히했다.

이에 대해 소련대표는 조선문제를 유엔에 제의하는 것은 미·소 사이의 협정을 위반하는 것이라 하여 반대했다. 소련대표는 조선문제는 소련·영국·미국 3국 사이의 협정에 의해서만 해결되어야 하며, 최선의 해결책은 미·소 양군이 철퇴한 후 조선인 자신들의 손으로 조선의 장래문제를 해결토록 하는 것이라 주장했다.

그러나 미국대표는 유엔임시조선위원단을 설치하고 그 감시하에 1948년 3월 말까지 남북에 걸친 자유선거를 실시하여 국회 및 정부를 수립하고 미·소 양군이 철수한다는 결의안을 유엔에 제출했다. 유엔은 조선에 파견할 유엔임시위원단 설치, 신탁통치를 거치지 않는 독립, 유엔 감시하의 남북 총선거를 통한 통일방안을 가결했다.

이에 따라 오스트레일리아·캐나다·중국·엘쌀바도르·프랑스·인도·필리핀·시리아 등 8개국으로 구성된 유엔위원단이 입국했다. 그러나 소련 측이 위원단의 입북(入北)을 거부하여 유엔 결정이 다시 벽에 부딪혔다. 이같은 상황 아래서 반탁운동을 펴온 우익

대한민국정부수립

진영은 크게 두 갈래로 나뉘었다.

이승만과 그의 추종세력 한국민주당 등은 남한만의 단독정부 수립을 주장하며 분단국가를 성립시키려 했다. 김구를 중심으로 하는 한국독립당 계열은 단독정부 수립을 반대하고 미·소 양군의 철수와 남북 요인의 협상에 의한 총선거를 주장했다.

이승만의 반탁론은 그대로 단독정부수립론으로 이어진 데 반해 김구의 반탁론은 단독정부수립론과 맞부딪히고서야 그 방향을 바꾸어 남북협상론으로 나아갔다. 그러나 단독정부수립론을 저지하기에는 이미 때가 늦었다.

유엔위원단의 입북이 거절되자 유엔은 소총회에서 조선위원단 단장인 인도대표 메논이 제의한 "가능한 지역에서만의 총선거"를 가결했고(1948.2.26) 이에 따라 38도선 이남만의 선거가 실시되었다(1948.5.10). 선거 후에 구성된 국회에서 헌법이 제정되고(1948.7.17) 정부수립이 선포되어 이승만을 대통령으로 하는 분단국가 대한민국이 성립되었다(1948.8.15).

그 성립과정에서 남로당을 중심으로 하는 좌익세력은 말할 것 없고 김구·김규식을 중심으로 하는 우익 및 중간파 세력도 통일독립촉진회(統一獨立促進會)를 조직하여 반대했다(1948.7.21). 또 제주도 4·3항쟁을 비롯하여 전국 각지에서 단독정부 수립 반대운동이 일어났다.

한편 38도선 이북에서는 1946년 초에 이미 김일성을 위원장으로 하는 북조선임시인민위원회가 성립되어 토지개혁을 실시했다(1946.3.5). 북조선노동당을 따로 결성하고(1947.2.22) 조선인민군을 창설하고 헌법을 채택한 후(1948.4.29) 최고인민회의 대의원 선거를 실시하여(1948.8.25) 역시 분단국가 조선민주주의인민공화국을 성립시켰다(1948.9.9).

38도선 이남의 분단국가가 이북 정치세력과의 협상을 거부하면서 성립되었다면, 이북에서의 분단국가는 계속 이남 정치세력과의 협상을 표방하면서, 또 남쪽 대표도 참가한 통일정부임을 내세우면서 성립되었다는 점에 차이가 있다.

제2절 6·25전쟁

전쟁의 배경 6·25전쟁의 원인을 이른바 외인(外因) 쪽에서만 찾으면 일본제국주의의 한반도에 대한 식민지배와 미·소 양군의 분할점령에 있었다. 한반도를 식민지화하는 데서 시작된 일본의 침략주의는 이후 중일전쟁·미일전쟁·소일전쟁으로 확대되었고, 일본제국주의가 패전하면서 한반도지역은 미·소 양군의 분할점령 지역이 되었다. 분할점령은 남북 분단국가의 성립으로 연결되었고, 그것이 또 6·25전쟁으로 연결되었기 때문이다. 이밖에 중국대륙에서 공산주의혁명이 성공한 데에도 그 원인의 일단이 있었다.

한편 이 전쟁의 원인을 내인(內因) 쪽에서만 찾으면 민족사회 내부의 이데올로기적 대립에 있었다. 식민지시대 민족해방운동 과정에서부터 좌우세력의 대립이 있었고, 식민지시대와 8·15 직후를 통해 이 대립을 해소하기 위한 통일전선운동과 그 연장으로서의 통일민족국가 수립운동이 추진되었으나 결국 실패하고 분단지향세력들에 의해 분단국가들이 성립되었다.

성립 당초 분단국가들의 민족통일론은 설혹 겉으로는 평화통일을 표방했다 해도 실제는 혁명통일론이나 무력통일론에 한정되어 있었다. 6·25전쟁은 이와같은 식민지시대 이래의 내인과 외인 및 분단국가들 성립 후의 여러가지 대결요인들이 그 배경으로 작용하여 발발했다.

조선총독부가 식민지 통치방법의 하나로 보호했던 국내 지주세력과 결탁하여 성립된 이승만정권은, 좌익세력과의 대결을 이유로 친일세력을 비호함으로써 좌익세력의 공격대상이 되었음은 말할 것도 없고, 민족해방운동전선에 참가했던 우익세력의 지지도 받지 못했다. 따라서 식민지배에서 해방된 민족사회의 한쪽에 처음으로 성립된 정권으로서의 정통성에 취약성이 있었다. 식민지시대의 반민족세력을 처단할 목적으로 설치된 반민족행위특별조사위원회(反民族行爲特別調査委員會)가 오히려 이승만정권의 탄압을 받아 해체되었다는 점에서 그 정권의 성격이 잘 드러난다.

성립 초기의 이승만정권은 정치·경제적으로도 크게 불안했다. 이승만정권 성립 2년째인 1949년의 경우 정부세출의 60%가 적자세출이었다. 통화량이 미군정 말기보다 2배나 팽창하여 물가도 2배나 올랐다. 공업생산 실적은 식민지시대 말기인 1944년의 18.6%에 지나지 않았다.

제헌국회 임기가 끝날 즈음, 다음 선거에서 승산이 낮았던 이승만은 선거 연기를 원했으나 미국의 압력으로 실패했다. 5·30선거(1950) 결과 이승만 지지세력은 전체 의석수 210석 중 30여석에 지나지 않았고, 그 대신 무소속이 126명이나 당선되었다. 이들 중에는 남북관계에서의 정치적 중간파들이 많아서 이승만정권의 앞날을 불안하게 했다.

이승만정권에 대한 무장저항도 계속되었다. 남로당의 이승만정권 성립 반대투쟁 과정에서 일부 야산대가 조직되었다가 '제주도 4·3항쟁'을 계기로 본격적으로 유격투쟁으로 전환했다. 한편 미군정시대에 성립된(1946.1.14) 남조선국방경비대가 정부수립과 함께 한국군으로 되었지만, 군인 중에도 좌익세력이 상당히 있어서 '4·3항쟁'에도 주둔군의 일부가 가담했다. 이승만정권 성립 후 2개월 만에 '여순군반란'(麗順軍反亂, 1948.10.20)이 일어났고, 경상북도 대구에서도 1차(1948.11.2)에서 3차(1949.1.30)에 걸친 제6연대 군인의 반란이 있었다.

'여순군반란'에 참가한 군인 7백여명은 민간인 가담자 1300명과 함께 유격부대를 이루어 지리산을 중심으로 경남의 산청·함양·거창·하동·남해, 전남북의 무주·장수·임실·남원·순창·구례·곡성·고창·장성·무안 등지에 걸치는 유격구를 만들고 인민위원회를 구성했다.

이밖에도 오대산과 태백산을 중심으로 영월·제천·단양·영주의 일부에 걸치는 오대산유격전구, 영광·함평·장흥 등지를 중심으로 하는 호남유격전구, 태백산·소백산·안동·청송에 걸치는 태백산유격전구, 경북의 경주·영천·영일·청도·경산과 경남의 양산·울산·동래 일대를 포함하는 영남유격전구와 제주도유격전구가 형성되었다.

한편 이 시기 미국의 한반도정책도 6·25전쟁 발발의 배경이 될 만했다. 이승만정권이 성립된 후 미국은 한반도에서의 외국군 철수를 의결한 유엔결정(1948.12.12)에 따라 전투부대를 완전히 철수하는 대신 약 5백명의 군사고문단을 남겨두고 연간 약 1천만달러의 군사원조를 제공할 계획을 세우는 한편(1949.6.30), 한미상호방위원조협정을 체결했다(1950.1.26).

그러나 이승만정권이 경제정책에서 실패하고 정치적으로도 혼란을 거듭하자 미국의 국무장관 애치슨(Acheson, 1893~1971)은 태평양지역의 방위선에서 한국을 제외한다고 발표하는가 하면(1950.1.12), 한편으로 미국 국무부 고문은 한국 국회에서 "한국이 공산주의자들과 싸우게 되었을 때 미국은 필요한 일체의 도덕적·물질적 원조를 기꺼이 제공할 것"이라 약속하기도 했다(1950.6.19).

이같은 전혀 상반된 미국 국무부의 태도는 곧 그 한반도정책의 불확실성을 드러내어 북쪽의 전쟁도발을 자극한 것이라 평해지기도 했다.

남쪽의 이승만정권에 불안요인이 많았던 것과는 대조적으로 북쪽의 김일성정권은 비교적 빨리 안정되어갔다. 북조선임시인민위원회를 정식 인민위원회로 발족시켜 통치체제를 더욱 확고히한 김일성정권은 경제력을 급격히 향상시켜갔다. 1949년에는 공업생산력이 8·15 이전인 1944년보다 20%나 향상되고 농업생산도 같은 시기보다 1.4배가 증가하여 그 국민총생산은 8·15 전에 비해 2배나 커졌다고 말할 정도였다.

이같은 안정을 바탕으로 남·북의 민주주의민족전선을 합쳐 "미군철퇴와 조국통일을 위한 투쟁에 전 인민을 총궐기시켜야 한다" 하고 '조국통일민주주의전선'을 결성했다(1949.6.25). "평화적 통일의 조선인민 자체로의 실천" "남북선거의 동시 실시" 등을 선언하고 「평화통일선언서」를 유엔 사무총장에게 보내는 한편(1949.7.2), 남쪽의 유격투쟁을 조직적으로 전개하기 위해 오대산지구를 인민유격대 제1병단으로, 지리산지구를 제2병단으로, 태백산지구를 제3병단으로 편성했다.

이호제부대로도 불렸던 제1병단은 강동정치학원 학생 약 3백명으로 5개 중대를 이루었고, 김달삼(金達三)이 사령관, 남도부(南道富, 하준수 河準洙)가 부사령관이던 제2병단은 병력이 360여명이었으며, 이현상(李鉉相, 1906~53)이 사령관이던 제3병단은 4개 연대로 편성되었다. 이승만정권은 지리산지구 전투사령부와 호남지구 전투사령부를 설치하여 대대적인 토벌작전을 폈다(1949.3). 그 결과 1950년에 와서 재산(在山) 유격대는 거의 전멸상태에 빠졌고, 산발적이고 부분적인 유격전만이 지속되었다.

김일성정권은 소련과 경제·문화협정을 맺고(1949.3.17) 다시 6개 보병사단과 3개 기계화부대, 비행기 150대의 원조를 내용으로 하는 군사비밀협정을 체결했다. 또한 중국 공산군과의 군사비밀협정으로 중공군에 참가하고 있던 약 5만명의 조선인을 인민군에 편입시켜 군사력을 급격히 강화했다(1949.3.18). 반면 이승만정권은 국내정치의 실패를 호도하기 위해 북진통일론을 내세우고 "점심은 평양에서 저녁은 신의주에서"를 호언했다. 그러나 군사력의 열세는 현격했고 정치·경제적 불안도 가중되어가고 있었다.

전쟁의 전개과정

1948년 후반기에 남북에서 분단국가가 성립되고 그 군사력이 38도선에서 대치함으로써 크고 작은 군사적 충돌이 계속되다가, 1950년 6월 25일 새벽을 계기로 전면전으로 확대되었다. 이후 3년 1개월간 계속된 6·25전쟁은 그 과정을 대체로 4단계로 나눌 수 있다.

제1단계는 개전 초기 인민군의 총공격으로 대구와 부산 일원을 제외한 전 국토가 그 점령 아래 들어간 시기이다. 인민군은 개전 4일 만에 서울을 점령했고(6.28) 이어 급파된 미군 제24사단과 싸워 대전을 점령했다(7.20). 이후 인민군의 공격은 계속되어 8월에서 9월 사이에는 경주·영천·대구·창녕·마산을 연결하는 경상남북도의 일부만을 남기고 전체 국토를 점령했다.

그러나 경상북도로 남진해온 인민군 제2군단이 대구·영천·경주선을 넘지 못하고, 전라도 쪽으로 진격해온 제1군단도 창녕·마산선에서 막혀 전황은 교착상태에 빠졌다. 이후 미국군을 중심으로 한 유엔군은 전열을 정비하여 반격하기 시작했다.

전쟁의 제1단계에서는 전쟁 전체의 성격을 내전(內戰)에서 국제전쟁으로 변경시킨 유엔군의 참전 결정이 가장 큰 고비였다. 이 무렵 소련은 중국 공산당정부와 국민당정부의 유엔의석 교체 문제로 안보이사회의 참석을 거부하고 있었다. 유엔의 안보이사회가 인민군의 군사행동을 침략행위로 규정하고 유엔군 파견을 결정할 때도 소련은 여전히 결석하여 거부권을 행사하지 않았고, 이 때문에 미국 안이 통과되었다.

그 결과 미국군 중심의 16개국 군으로 된 유엔군이 참전하여 전세를 뒤집었을 뿐만 아니라, 전쟁의 성격 자체를 민족 내전에서 국제전쟁으로 바뀌게 했다. 뒷날 중공군이 참전하여 국제전쟁의 성격이 확대되었다.

전쟁의 제2단계는 대구와 부산을 근거지로 하여 반격전을 벌이던 유엔군이 인천상륙(1950.9.15)을 계기로 전세를 일시에 뒤집어 서울을 탈환하고(9.28) 38도선을 넘어(9.30) 평양을 점령한 후(10.19) 계속 진격하여 한중 국경선 근처인 박천·태천·운산·희천·이원을 잇는 선까지 나아가고, 그 일부가 압록강변의 초산(楚山)까지 진격하는(10.26) 기간이다.

제2단계에서 전쟁의 고비는 유엔군의 38도선 이북지역 진격 문제에 있었다. 서울이 수복되었을 때 이승만은 이미 38도선 이북으로 진격할 것을 주장했다. 중간선거를 앞둔 미국의 민주당정권도 군사적 승리를 정치적으로 이용할 필요가 있었다. 미국의 강한 영향 아래 있던 유엔은 38도선 이북 진격을 승인하고 유엔한국통일부흥위원단(UNCURK)을 설치했다. 유엔의 이 승인은 소련이 이미 복귀한 안전보장이사회에서가 아니라 총회에서 내려졌다. 유엔군이 38도선을 넘을 때 미국 정계 일각에서는 중공군의 개입을 우려

파괴된 대동강 철교를 건너 남쪽으로 내려오는 북한 주민들

했다. 중국 쪽에서도 전쟁개입을 경고했으나 유엔군사령관 매카서(D. MacArthur, 1880~1964)는 중공군의 개입이 없을 것이라 판단하고 북진을 계속했다.

전쟁의 제3단계는 중공군의 개입으로 전세가 다시 뒤집혀서(10.25) 유엔군이 전체 전선에서 총퇴각하여 평양(12.4), 흥남(12.24), 서울(1951.1.4)에서 차례로 철수하고 오산(烏山) 근처까지 후퇴했다가 반격에 나서 서울을 다시 수복하고(3.14) 38도선을 다시 넘어(3.24) 중부전선의 요지 철원(鐵原)·김화(金化) 등을 점령했으나(6.11) 비밀리에 공군을 참전시키고 있던 소련의 유엔대사 말리끄가 휴전을 제기함으로써 휴전교섭으로 들어가는 때(6.23)까지이다.

제3단계에서 최대의 쟁점은 미국정부와 유엔군사령부 사이의 전쟁확대론과 그 반대론의 대립이었다. 자신의 판단과는 달리 중공군의 개입으로 전쟁이 전혀 새로운 국면으로 접어들게 되자 매카서는 전쟁확대론을 내세워 만주지방을 폭격하며, 타이완의 장 제스군을 한반도전쟁에 이용하고 또 중국의 남부지방에 상륙시켜 제2전선을 설정할 것을 주장했다.

매카서의 이같은 전쟁확대론은 영국 등의 강력한 반대에 부딪혔다. 또 소련이 이 전쟁에 본격적으로 개입하여 세계대전으로 확대될 것을 우려한 미국정부에 의해 저지되었다. 마침내 매카서는 유엔군 총사령관직에서 해임되고(1951.4.11) 미국의 한반도정책도 미국 영향 아래서의 통일 노선으로부터 교섭에 의한 전쟁종결 노선으로 바뀌어 휴전교섭이 본격화했다.

전쟁의 제4단계는 휴전회담의 진행과정과 휴전협정 성립과정이다. 소련 유엔대표 말리끄의 휴전제의를 미국 측이 즉각 받아들임으로써 불과 15일 만에 예비회담이 개성(開城)에서 개최되고 이어 본회의가 속개되었다(1951.7.10). 회담의 초점은 비무장지대 설치를 위한 군사경계선 설정 문제, 휴전실시를 위한 감시기관 구성 문제, 포로교환 문제 등이었다.

미국 측의 휴전제의에 대해 이승만은 반대운동을 강력히 추진하는 한편, 휴전 수락조건으로 중공군 철퇴, 북한의 무장해제, 유엔감시하의 총선거 등을 내어놓았지만 채택될 리 없었다. 전투가 계속되고 있는 가운데 미국 측의 주도 아래 휴전회담이 진행되었다.

휴전회담의 의제 중 휴전선 문제는 공산군 측이 38도선을 주장한데 반해 그보다 다소 북진하고 있었던 유엔군 측은 양군의 '접촉선'을 주장하여 맞섰다가 결국 공산군 측이 접촉선에 동의하여 타결되었다(1951.10.31). 감시기관 문제도 유엔군 측이 추천한 스웨덴·스위스와 공산군 측이 추천한 폴란드·체코슬로바키아 등 4개국의 중립국감시위원회를 설치하는 데 합의했다.

휴전회담의 최대 난관은 포로교환 문제였다. 유엔군 측이 제출한 인민군과 중공군의 포로 수는 13만 2474명이었고 공산군 측이 제출한 한국군 및 유엔군의 포로 수는 1만 1559명이었다. 인민군이 점령한 38도선 이남지역에서 의용군으로 동원된 사람들이 섞인 이들 포로 중에는 송환을 원하지 않는 사람이 많았다. 이 때문에 유엔군 측은 포로 개개인의 자유의사에 따라 남북한과 타이완 및 중공으로 갈 수 있도록 할 것을 주장했고, 공산군 측은 모든 포로가 그 본국으로 돌아가야 한다고 맞서서 회담이 난항에 빠졌다.

그러나 공산군 측이 일단 포로들의 자유의사를 확인하는 데 동의하여 회담이 속개되었다. 유엔군 측이 공산군 포로들의 자유의사를 물은 결과 송환 희망자가 8만 3천명이었다. 이에 대해 공산군 측은 그 '자유의사'를 믿을 수 없다 하여 다시 회담은 중단되고 전투는 더욱 치열해졌다. 미국 공군은 지금까지 폭격권 밖에 두었던 압록강 수풍댐을 폭격했고, 김화(金化) 전투에서는 한국군과 미국군이 크게 희생되었다.

중단상태에 빠졌던 휴전회담이 미국에서의 정권교체, 소련에서의 스딸린의 죽음(1953.3.5) 등 국제정치적 변화를 겪고, 공산군 측의 회담재개 제안과 상병(傷病)포로 교환협정이 이루어지면서 재개되었다(4.26). 그러나 휴전회담이 진전될수록 이승만정권의 반대 운동도 격화되었다. 미국은 휴전 후 한국군을 20개 전투사단으로 육성하며 10억달러의 경제원조를 제공하고 "평화가 확립될 때까지 미국군이 한국 내에서, 혹은 그 주변에서 경계태세를 유지할 것"을 조건으로 내세워 이승만을 설득했다.

이승만은 이에 응하지 않았을 뿐만 아니라 휴전회담에서 포로송환협정이 서명되자 일방적으로 2만 5천명의 '반공포로'를 석방하여 세상을 놀라게 했다(6.18). '반공포로' 석방으로 휴전회담은 또 한번 위기를 맞을 뻔했으나 미국 측의 적극적인 자세와 공산군 측의 동의로 마침내 휴전협정이 체결되었다(1953.7.27). 이보다 앞서 미국은 한미상호안전보장조약의 체결, 장기간의 경제원조, 한국군의 증강 등을 조건으로 이승만의 휴전동의를 얻었다.

휴전협정에서는 서명 후 3개월 이내에 한반도의 장래문제를 논의하는 정치회의를 열도록 규정했다. 한국과 미국은 한미안보조약(1953.8.7) 공동성명에서 정치회의가 90일이 지나도록 "자유롭고 독립된 국가로서의 역사적인 한반도의 평화적 통일을 달성할 수 없을 경우" 두 나라가 이 정치회의에서 함께 탈퇴하기로 약속했다. 휴전협정에 따른 정치회의가 제네바에서 열렸으나 아무 성과 없이 결렬되고 말았다(1954.4.26).

한편 전쟁의 제2단계 이후 유엔군의 인천상륙으로 퇴로가 끊긴 인민군 잔여부대와 인민군 점령지역에서 재조직 강화되었던 조선노동당의 각 도당·군당 요원과 그 가족들, 그리고 6·25전쟁 이전부터 활약한 유격대의 잔여세력 등이 다시 도당별로 유격부대를 조직했다.

조직된 공산유격대는 이현상이 사령관이던 '남부군'을 중심으로,

인민군이 다시 남하할 때 제2전선 역할을 다하기 위해 지리산 등지에서 유격활동을 벌였다. 그러나 한국군의 토벌에 의해 휴전이 성립될 무렵에는 이들 유격부대는 거의 전멸했다.

전쟁의 의의

6·25전쟁은 혁명통일·무력통일을 위한 방법으로 감행되었다가 그 목적을 달성하지 못한 채 동족상잔으로 끝나고 말았다. 그러나 전쟁중에 두 분단국가는 서로 상대지역을 일정 기간 점령했고, 이 점령기간을 통해 제한된 조건 아래서나마 제 나름대로의 점령정책을 폈다. 따라서 그 점령정책의 수행과정을 살펴봄으로써 남북의 분단국가들에게 이 전쟁이 어떤 역사적·현실적 목적을 가진 것이었는지 어느정도 가늠해볼 수 있다.

김일성정권 쪽에서 보면 6·25전쟁은 일제시대 민족해방운동전선에서 추진된 인민민주주의혁명의 연장이었다. 제7차 코민테른대회(1935)에서 채택된 통일전선정책은 각 민족사회에 창조적으로 적용될 수 있었다. 제2차대전 전이나 중에 제국주의의 식민지로 되었거나 그 위성국가로 되었던 민족사회에서는 제국주의를 완전히 몰아내고 민족적 독립을 완수하며, 봉건적 잔재를 청산하기 위한 혁명전략으로서 인민민주주의혁명 전략이 채택되었다.

이 혁명전략이 지향하는 정권의 계급적 본질은 프롤레타리아독재이지만 사회주의혁명을 주임무로 삼는 것이 아니라 제국주의와 봉건세력에 대한 공격에 초점을 두었다. 따라서 이러한 인민정권의 기능은 프롤레타리아독재 기능이 아니라 광범위한 인민의 이익을 대변하는 인민민주주의독재 기능이었다고 할 수 있다.

김일성정권의 이같은 인민민주주의혁명 노선은 민족해방운동 과정에서 조직된 조국광복회의 강령을 근거로 8·15 후 조선공산당

북조선분국을 설치하고(1945.10) 북조선임시인민위원회라는 인민정권을 수립하여 토지개혁, 중요산업의 국유화, 민주적 노동법령의 실시, 남녀평등권의 확립 등으로 나아갔다.

임시위원회를 북조선인민위원회로 개편하고 인민민주주의혁명 단계에서 사회주의혁명 단계로 나아가기 위한 준비과정에서 6·25전쟁이 일어났다. 전쟁의 제1단계에서 남한지역의 약 90%를 점령한 김일성정권은 인민민주주의혁명의 연장선상에서 점령정책을 실시했다.

김일성정권은 남한 점령지역에서 인민민주주의혁명을 추진하기 위해 먼저 남로당과 북로당의 합당(1947.7.1)으로 성립된 조선노동당 조직과 인민위원회를 복구해갔다. 조선노동당 조직의 복구는 주로 전쟁중에 출옥한 전 남로당원들, 유격대 출신, 잠복해 있던 지하당원들을 중심으로 이루어졌다.

이들을 주력으로 하여 1950년 8월 말에서 9월 초 사이에 서울시당(위원장 김응빈金應彬)을 비롯하여 경기도당(박광희朴光熙)·충북도당(이성경李成京)·충남도당(박우헌朴宇憲)·전북도당(방준표方俊杓)·전남도당(박영발朴永發)·경북도당(박종근朴宗根)·경남도당(남경우南庚宇) 등이 재건되었다. 당조직 이외에도 민주청년동맹·여성동맹·직업동맹·농민동맹·문화단체총연맹 등 각종 사회단체들이 조직되었다.

한편 8·15 직후 전국적으로 조직되었다가 미군정의 탄압으로 해체되었던 인민위원회도 행정구역별 지역단위에서 노동동맹에 기초한 혁명세력 결집의 통일전선 정권기관으로서 친일파·민족반역자의 숙청, 토지의 무상몰수·무상분배, 남녀평등의 확립, 일제 재산의 몰수 등을 강령으로 하여 복구되었다.

점령지역 군·면·리(동) 인민위원회 계급별 분포는 노동자 8.1%, 농민 85.5%, 사무원 3.7%로 노농계급이 압도적이었다. 전쟁 전에 북쪽에서 실시된 선거 결과는 노동계급이 도·시·군 인민위원회의 경우 50.9%, 면 인민위원회의 경우 66.2%를 차지한 것과 비교된다.

김일성정권이 남한 점령지역에서 실시한 사회·경제적 정책은 토지개혁, 노동법령 실시, 농업현물세제 실시, 친일파·친미파 숙청 등이었다. 토지개혁 실시 원칙은 첫째, “봉건적 토지소유관계와 소작제도를 영원히 폐지하고 토지는 자기의 노력으로 경작하는 자만이 가질 수 있다는 원칙으로 일관되어야 한다”는 것이었고, 둘째, “무상몰수와 무상분배의 방법으로 관철되어야 한다”는 것이었다. 특히 둘째 원칙에서 이미 실시되고 있던 이승만정권의 농지개혁안과 차이가 있었다.

전쟁 초기에 김일성정권은 이 두 원칙에 입각한 ‘공화국 남반부 지역에 토지개혁을 실시함에 관한 정령 시행세칙’을 발표했다(1950.7.4). 서울, 38도선 이남의 황해도·강원도, 경기도·충남·전북 등 1개 시와 6개 도에서는 토지개혁을 전면적으로 실시하고 나머지 경남·경북·전남 등 3개 도에서는 인민군이 확고하게 지배하고 있는 지역에서만 실시했다.

38도선 이남 1526개 면 중에서 1198개 면에서 토지개혁이 완료되었다. 점령지역에서 몰수한 토지의 약 38%가 국유화되었고 점령지역 총농가의 66%가 몰수 토지를 분배받았다. 농민들이 미리 지주에게서 구매한 토지에 대한 부채가 탕감되었다.

유엔군에 의해 남한지역이 수복되면서 김일성정권 점령하에서 실시된 토지개혁은 파기되고 그 토지는 다시 지주들에게 돌아갔다.

그러나 이 토지개혁으로 남한의 지주세력은 크게 약화되었고, 이후 이승만정권의 농지개혁에 조직적으로 반발하지 못했다.

한편 전쟁의 제1단계에서 김일성정권은 남한의 점령지역에서 의용군을 모집할 것을 결정했다(1950.7.6). 의용군은 18세 이상의 청년을 대상으로 하되 빈농을 많이 참가시키고 전 남로당원으로서 국민보도연맹(國民保導聯盟)에 가입한 사람은 의무적으로 참여하게 했다.

전세가 불리해지면서 의용군 모집은 강제화했고, 약 40만명의 남한 청년이 전쟁인력으로 동원되었다. 또한 인민군의 남한지역 점령기간에 반민족세력 숙청계획에 의해 상당수의 우익인사들이 인민재판으로 처단되었고, 인민군의 후퇴과정에서 각계각층의 인물들이 납치되었다.

인천상륙으로 전쟁이 제2단계로 접어들면서 매카서에게 유엔군의 38선 돌파를 승인한 미국의 합동참모본부는 인민군의 저항이 종식된 후에 취할 조치에 대해 "한국정부의 38선 이북지역에 대한 통치관할권은 유엔에 의해 승인되어 있지 않으므로 이를 인정해서는 안된다. 한국정부의 북한지역에 대한 관할권의 자동적 확대와 같은 정치적 문제는 유엔의 추후 조치를 기다려야 한다"고 했다.

이에 대해 이승만정권은 "전투행위가 끝나고 실천이 가능한 가장 빠른 시간에 38선 이북의 그 해당지역에 대한 법적 권한을 한국정부가 행사해야 한다" 하고, 북한지역만의 유엔감시하 선거를 주장했다. 그러나 미국정부는 이승만정부가 남한지역에서만의 합법정부라 하고 북한지역의 관할권을 거부했다. 유엔주재 영국대표는 "전투행위가 끝난 뒤에 실시될 선거는 북한에서뿐만 아니라 남한에서도 실시되어야 한다"고 주장했다.

유엔 한국관계 소총회는 이승만정부와 협의 없이 북한 점령지역에 대한 매카서사령부의 통치를 인정하는 '38선 이북 유엔군 점령지역의 임시행정조치에 관한 결의문'을 통과시키고(10.12), 유엔한국통일부흥위원단(UNCURK)을 구성할 것을 결정했다. 이 단체의 도착에 앞서 활동할 임시위원회를 구성하고 38선 이북지역에서 필요한 관리·경비병·경찰을 남한인으로 임명할 것을 승인했다. 북한지역에 선거가 실시되기 전까지는 매카서사령부가 토지소유권과 은행·통화 등을 일단 동결하고 북한화폐를 통용하게 했다.

이승만정권은 독자적으로 38선 이북 전 지역에 계엄령을 선포하고(1950.10.10) 계엄민사부를 설치했다(10.16). 점령업무를 위해 3천명의 특수병력을 새로 충원한 경찰이 38선 이북 9개 도시를 통제한다고 발표하는 한편, 서북청년단을 중심으로 하는 우익 청년단을 파견하여 북한지역을 통치하려 함으로써 유엔군과 마찰이 빚어졌다. 예를 들면 평양에서는 미군 제1군단 소속의 군정부가 설치되어 미군 대령이 군정관으로 임명되고, 유엔군의 평양민사처가 서북청년단 출신 김성주(金聖柱, 1919~54)를 평남지사 대리로 임명함으로써 이승만정권이 임명한 지사 김병연(金炳淵)은 미군에 의해 거부되었다.

김성주는 전쟁 후 북한지역에 김일성정권을 대신하여 새 정권을 수립한 후 이승만정권과 대등한 지위에서 남북협상에 의한 연립정부를 수립할 목적으로 유엔군이 평안남도지사 대리로 임명했는데, 이승만정권에 의해 임명되고 파견된 지사를 비롯한 내무부 촉탁 등에게 탄압을 가했다는 이유로 뒷날 이승만정권에 의해 처형되었다.

남·북한이 성립된 지 채 2년이 되지 않아 발발한 6·25전쟁을 통해 두 분단국가는 모두 제 정권을 중심으로 한 통일민족국가를 수

6·25전쟁으로 잿더미가 된 서울 충무로 일대(왼쪽)와 폐허가 된 평양 시가지(오른쪽)

립하려 했다. 미국군 중심의 유엔군과 중국공산군이 참전하고, 그 결과 휴전이 성립됨으로써 통일민족국가를 수립하려 한 전쟁목적은 수포로 돌아갔다. 전면전을 먼저 연 김일성정권의 점령정책은 독자성을 가졌던 데 비해, 전쟁 초기에 이미 작전권을 유엔군에 양도한 이승만정권은 그 점령정책에서도, 즉 통일정책에서도 주도권 확보에 차질이 있었던 점에 차이가 있었다.

3년 1개월간 계속된 6·25전쟁은 쌍방에서 약 150만명의 사망자와 360만명의 부상자를 내고 한반도 전체를 거의 초토화한 채, 그리고 분단국가 사이의 국경선인 38도선을 다만 휴전선으로 바꾼 채 끝났다. 또 이 전쟁은 안으로는 민족분단을 더욱 확실히하고 남북의 두 분단정권이 독재체제로 나아가게 하는 계기가 되었다. 밖으로는 동서 양진영의 냉전을 격화시키는 하나의 고비가 되었다.

6·25전쟁은 반도라는 지정학적 위치와 이데올로기적 대립이 원인이 되어 분단된 한반도지역에서 적어도 1950년대적 상황에서는—그 이후에도 마찬가지지만—분단국가 어느 한쪽의 체제에 의해 군사적·무력적으로 통일이 될 수 없음을 증명해주었다. 한편 이 전쟁으로 패전국 일본이 경제적, 정치·군사적 대국으로 재생하

는 계기가 되었다는 점에 동아시아사, 나아가서 세계사적 의미가 있었다.

전쟁의 제1단계에서 한반도 전체가 인민군에 의해 점령될 상황이 되었을 때, 미국은 유엔을 움직여 이 전쟁에 즉각 개입했다. 중국에서 공산주의혁명이 성공한 상태에서 일본이 미국의 영향권 안에 있어야 할 필요는 절실했다. 그런데 한반도지역 전체가 공산주의화할 경우 한반도는 곧 "일본의 심장을 찌르는 칼"이 되어 일본의 안전을 보장할 수 없었다. 바로 미국이 한반도의 남부를 그 영향권 안에 두어야 할 중요한 이유의 하나는 그곳이 일본의 안전을 위한 전초기지 내지 보호벽의 역할을 다해야 하기 때문이었다.

전쟁의 제2단계에서 한반도 전체가 유엔군에 의해 점령될 상황이 되었을 때 중공군이 참전했다. 한반도 전체가 자본주의 해양세력에 의해 점령당할 경우 중국의 혁명과 안전이 위협받지 않을 수 없었으며, 소련의 안전도 같은 처지에 있었다.

6·25전쟁을 계기로 미국은 일본의 재군비를 적극적으로 추진하여 경찰예비대를 만들어 이른바 자위대의 기초가 되게 했고, 전쟁이 한창인 때 일본과 단독 강화조약을 체결하여 일본을 '자유진영'의 일원이 되게 했다. 또 6·25전쟁을 통해 13억달러 이상의 이른바 전쟁특수를 누리게 함으로써 패전국 일본으로 하여금 경제부흥의 기틀을 잡게 했다. 이후 일본이 이른바 경제대국이 된 위에 군사대국화를 기도하여 2차대전 때 그 침략을 받았던 아시아 제국에 위협을 주게 된 출발점은 6·25전쟁이었다.

제3절 분단체제의 강화과정

이승만정권

이승만정권은 성립과정에서 좌익세력은 말할 것도 없고 한국독립당과 같은 민족해방운동전선 우익세력의 지지도 받지 못했다. 다만 국내 지주세력 중심으로 조직된 한국민주당 세력과 친일세력 등을 기반으로 삼았을 뿐이었다. 그러나 곧 한민당의 지지마저 잃고 그 세력기반이 더욱 약해졌다.

1차 임기로 끝날 처지였다가 6·25전쟁 발발에 힘입어 그 명맥을 이을 수 있었던 이승만정권은 이후 이데올로기 면에서는 철저한 반공주의와 표면적인 반일주의를 기반으로 하고, 물리적으로는 경찰·군부와 청년단체, 그리고 사조직이나 마찬가지인 자유당 등을 기반으로 하여 정권을 유지하면서 많은 폭정을 거듭했다.

6·25전쟁중에 양민 5백여명을 공산게릴라라는 혐의로 학살한 거창사건(居昌事件, 1951.2.11), 1백만명의 제2국민병을 굶주림과 질병으로 몰아넣고 그 간부들이 23억원과 5만섬 이상의 양곡을 착복한 국민방위군사건(1951.3) 등의 실정(失政)을 거듭하던 이승만은 1차 임기가 끝났을 때(1952) 자신에 대한 지지기반이 약한 국회에서의 간접선거로는 다시 당선되지 못할 것이 확실해졌다. 이에 그는 전쟁중의 임시수도 부산에서 대통령직선제 개헌을 위한 '정치파동'을 야기했다(1952.5).

부산을 중심으로 한 일원에 계엄령을 선포하고 '백골단' '땃벌대' 등 폭력조직을 만들어 국회해산을 요구하게 하고, 야당 국회의원 50여명을 국제공산당의 자금을 받았다는 혐의를 씌워 헌병대로 연행했다. 이런 폭행 끝에 대통령직선제를 골자로 하는 '발췌개헌

'발췌개헌' 후 2대대통령에 취임한 이승만

안'을 경찰의 삼엄한 포위 속에서 기립표결(起立表決)로 통과시켰다(1952.7.4). 이 개헌으로 그는 제2대 대통령에 당선되어 정권을 유지할 수 있었다.

이승만의 종신집권을 위한 두번째 정치폭행은 소위 '사사오입' 개헌으로 나타났다. '발췌개헌'만으로는 종신집권이 보장되지 않았으므로 대통령 3선금지조항을 폐지하기 위한 또 한번의 헌법개정이 필요했다. 그것을 위해 제3대 국회의원선거(1954)에서 자신의 지지세력을 3분의 2 이상 당선시켜야만 했다. 선기 결과 여당인 자유당 의원이 114명이어서 3분의 2선인 136명에는 훨씬 부족했다.

이승만과 자유당은 무소속 의원을 포섭하여 개헌안을 표결에 부쳤으나 그 결과는 가결선에서 1표가 부족한 135표가 나왔을 뿐이었다. 궁지에 몰린 이승만은 사사오입법을 근거로 3분의 2 선이 135표라고 억지를 부려 일단 부결이 선포된 개헌안을 통과된 것으로 번복 선포하게 했다(1954.11.29). 이 헌법에 따라 그는 제3대 대통령에 당선되어 정권을 유지할 수 있었다(1956.5.15).

이후 이승만의 독재체제는 그 추종자들의 '과잉충성'이 뒷받침되면서 더욱 강화되어갔다. 그와 함께 부통령으로 당선된 야당의 장면(張勉, 1899~1966)이 피격되는가 하면(1956.9.28), 대통령선거에서 이승만과 맞서 사실상 승리했다고 이야기되던 진보당 당수 조봉암(曺奉岩, 1898~1959)이 간첩혐의로 처형되었다(1959.7.30). 또 야당의 반대를 경찰력으로 저지하고 신국가보안법을 강제 통과시키는가 하면(1958.12.24), 폭력단을 중심으로 반공청년단을 조직하여 정치적으로 이용하고(1959.1.22) 야당계 『경향신문』을 폐간시켰다(1959.4.30).

이승만정권이 멸망을 자초한 마지막 정치폭행은 제4대 정·부통령선거(1960.3.15)에서 나타났다. 제3대 정·부통령선거에서는 자유당 부통령후보 이기붕(李起鵬, 1896~1960)이 낙선하고 야당의 장면후보가 당선되었다. 고령인 이승만 사후의 정권유지에 위협을 느낀 자유당은 제4대 정·부통령 선거에서 이기붕을 부통령으로 당선시키기 위해 수단과 방법을 가리지 않았다.

자유당이 전체 투표의 85%를 확보하기 위해 내무부장관 최인규(崔仁圭, 1919~61)는 사전투표에서 먼저 40%를 확보하고, 정식투표에서도 3인조, 9인조 투표를 조장의 감시 아래 감행하게 하여 다시 40%를 확보하도록 각 행정기관에 비밀 지령했다. 또 이 계획이 실패할 경우 투표소 안에서의 환표(換票) 및 투표함 교환을 통해 목적을 달성하도록 지시했다.

이같은 부정선거의 결과 이승만은 민주당 후보 조병옥의 죽음으로 독주하여 92%의 표를 얻어 제4대 대통령으로 당선되었고, 자유당의 부통령 후보 이기붕도 72%의 표를 얻어 민주당의 장면을 누르고 당선되었다.

투표 당일 마산에서부터 시작된 부정선거 규탄 시위는 마침내 4·19항쟁으로 확대되어 이기붕은 부통령 당선자 자리를 사퇴한 후(1960.4.24) 일가가 몰사했다. 이승만은 마산의 부정선거 규탄 시위에 공산당이 개입한 혐의가 있다고 발표하는가 하면, 모든 책임을 자유당에 전가하고 총재직을 사임함으로써 정권을 유지하려 했다. 그러나 대학교수단의 시위에 이은 민중시위의 재발과 하야(下野) 요구에 몰려 결국 정권을 내놓지 않을 수 없었다(1960.4.26).

성립 당초부터 역사적 정당성과 지지기반이 취약했던 이승만정권은 헌법개정을 둘러싼 정치적 폭행 이외에도 위기를 맞을 때마다 미국의 도움을 배경으로 반공주의를 내세워 국회프락치사건(1949), 국제공산당사건(1952), 인도 뉴델리 밀회사건(1954) 등을 터뜨려 고비를 넘기면서 권력을 유지했다. 그러나 결국 민중의 전면적인 저항에 부딪혀 집권 12년 만에 무너지고 말았다.

장면정권 이승만의 대통령직 사퇴로 정권은 4·19 후 이승만에 의해 수석 국무위원인 외무부장관에 임명된 허정(許政, 1896~1988)에게로 넘어갔다. 허정정부는 첫째, 반공주의정책을 한층 더 견실·착실하게 진행시키고, 둘째, 부정선거 처벌대상을 책임자와 잔학행위자에게만 국한하며, 셋째, 혁명적 정치개혁을 비혁명적 방법으로 단행하고, 넷째, 미국의 역할을 내정간섭 운운한 4월혁명에서의 행위를 이적행위로 간주하며, 다섯째, 한일관계의 정상화를 위해 노력하고 일본인 기자의 입국을 허용한다는 '과도정부 5대 시책'을 발표하여 그 정권의 성격을 드러냈다.

총선거까지의 과도정부가 된 허정정권은 우선 부정선거의 원흉으로 지목된 이승만정권의 각료들과 자유당 간부들을 구속하고, 부정축재자의 자수기간을 설정하는 등 어느정도 4·19항쟁의 정신을 뒷받침하는 정책을 펴기도 했다. 그러나 한편 허정정권은 이승만을 하와이로 망명하게 하여 그로 하여금 12년간의 비정(秕政)과 4·19항쟁 당시의 살상에 대한 직접적 책임에서 벗어나게 했다(1960.5.29).

이승만이 하야한 후 자유당 의원이 다수를 차지했던 국회에서는 비상시국대책위원회를 구성하여 첫째, 3·15 정·부통령선거는 무효로 하고 재선거를 실시할 것, 둘째, 과도내각 아래서 완전한 내각책임제 개헌을 단행할 것, 셋째, 개헌 통과 후 민의원 총선거를 즉시 다시 실시할 것 등의 3개안을 통과시켰다(1960.4.26). 국민의 여론 일반은 국회의 즉시 해산을 요구했으나 이른바 선개헌 후해산의 방향을 결정한 것이다.

이후 국회는 부정선거 관련 국회의원의 구속에 동의하고 '2·4파동'으로 통과된 국가보안법을 비롯하여 신문·정당등록법, 집회에 관한 법 등을 개정함으로써 이승만정권 아래서 극도로 제한되었던 국민의 기본권을 확대시켰다. 또한 내각책임제 개헌안을 통과시키고(1960.6.15) 새 헌법에 따라 시·읍·면장을 직접 선거하는 지방자치법 개정안 및 경찰중립화법의 기초위원회를 각각 구성했다.

한편 국회는 국민의 여망에 따라 거창사건을 비롯하여 이승만정권 아래서 저질러진 양민학살사건을 조사하기 위한 위원회를 구성하여 약 1개월간 진상조사를 진행했다. 조사 결과 6·25전쟁 때 거창·거제·함양·마산·대구 등지에서 8500여명의 양민이 군과 경찰에 의해 학살되었음이 드러났다. 조사단은 입법·사법·행정의 3부 합동 재조사와 '양민학살사건처리 특별조치법'의 제정을 촉구했다.

내각책임제 개헌과 함께 제4대 국회는 자동적으로 해산되고 새

헌법에 의해 민의원 및 참의원을 선출하는 7·29총선거가 실시되었다. 총선 과정에서 자유당 후보의 당선을 막으려는 움직임으로 창녕 등 여러 곳에서 불상사가 있은 후 민주당 후보가 압도적으로 당선되었다.

조봉암의 처형과 진보당에 대한 이승만정권의 탄압으로 크게 위축되었던 혁신계 정치세력도 4·19 후 다시 정계의 표면에 나타났다. 그러나 구심점을 가지지 못한 채 사회대중당 등 몇개의 세력으로 분산되어 123개 선거구에서 출마하여 5명이 당선되는 데 그쳤다.

이승만정권의 독재와 장기집권에 대응하여 성립된 민주당은 한국민주당의 후신인 민주국민당, 자유당 창당에 한때 참여했다가 이탈한 무소속 세력, 흥사단 계통과 가톨릭세력, 일제시대 관료출신 등 여러 정치세력이 결합하여 이루어진 보수정당이었다. 창당 초기부터 지주세력 중심인 민주국민당계의 구파와 가톨릭계 및 일제관료 출신으로 이루어진 신파로 크게 양분되어 당내 파쟁을 계속해오다가 4·19항쟁으로 이승만정권이 무너지고 집권가능성이 높아지자 양파 사이의 대립이 심화되어갔다.

특히 7·29선거를 통해 양파의 파쟁은 격화되었고, 선거 후 집권이 확실해지자 양파 사이에 본격적인 집권다툼이 벌어졌다. 국회에서의 투표 결과 대통령에는 구파의 윤보선(尹潽善, 1897~1990)이 당선되고 내각책임제 국무총리에는 신파의 장면이 당선되어 정권은 신파에게로 돌아갔다(1960.8.23). 장면정권이 성립한 후 민주당 구파는 결국 분당하여 김도연(金度演, 1894~1967)을 당수로 하는 신민당(新民黨)을 결성했다(9.22).

장면정권은 제1차 내각에서 신파 중심으로 내각을 구성했다가 구파 측의 반발로 곧 구파 의원 5명이 참가한 제2차 내각을 구성했다(1960.9.12). 그러나 구파가 신민당으로 분당한데다가 남은 민주당도 신풍회(新風會) 중심의 소장파와 주류인 노장파로 나뉘어 파쟁이 끊이지 않았다. 신풍회 측의 불만을 해소하기 위한 제3차 내각을 구성했으나(1961.1.30) 역시 당내의 불만을 해소하지 못해 다시 제4차 내각을 구성했다(1961.5.3). 이로써 어느정도 안정을 얻었으나 곧 5·16 군사정변을 맞았다.

4·19항쟁으로 이승만의 독재정권을 무너뜨린 학생층과 일반 민중, 그리고 언론까지도 급격한 정치·사회·경제면의 개혁을 요구하고 나섰다. 그러나 끊임없는 파쟁에 빠진 보수적인 장면정권은 체질적으로 그 기대에 부응할 수 없었을 뿐만 아니라, 민의의 효과적인 수합에도 성공하지 못해 정치적 혼란은 거듭되었다.

3·15부정선거 관련자 및 4·19 발포책임자 처벌 문제에서 사법부 측은 검거된 사람들 중 8명에게 무죄를 선고하고 3명의 재판을 기각하거나 면소했다. 나머지 피고에 대해서도 가벼운 형량을 선고하고 다만 서울시경국장이었던 유충렬(柳忠烈)에게만 발포책임을 지워 사형을 선고하는 미온적 판결을 내렸다. 4·19 때 부상당한 학생들이 판결에 불만을 품고 민의원의 단상을 점거하는 사태가 일어나자(1960.10.8) 당황한 민의원은 소급법으로서 '민주반역자처리법안'을 통과시키고 '부정선거처리법' '공민권제한법' 등을 공포했다(1960.12.31). 그러나 이 법을 적용하지 못한 채 정권 자체가 무너졌다.

부정축재 처리 문제 역시 미국이 양성해놓은 독점자본과 국가권력이 깊이 연결되어 있어서 쉽게 처리될 수 없었다. 미국은 반공체제를 강화하기 위해 한국에 독점자본 중심의 경제구조를 수립할 필요가 있었고, 그것에 힘입은 국내의 독점자본은 그 기득권을 계속 유지할 필요가 절실했다. 미국과 독점자본 쪽의 요구를 거절할 수 없었던 장면정권은 민의원을 통과한 '부정축재처리법안'의 적용범위를 3·15부정선거에 선거자금 3천만환을 제공하거나 조달한 경우로 한정할 수밖에 없었다.

이승만 독재정권 아래서 쌓였던 국민의 불만이 4·19항쟁을 계기로 함께 폭발한데다가 당내의 심한 정쟁이 겹쳐 혼란을 거듭하던 장면정권도 1961년에 접어들면서 내부에서는 다소 안정을 얻었다. 그러나 혁신계 정치세력과 학생층이 앞장선 민족통일문제에 대해서는 미처 적절한 방안을 제시하지 못하고, 대신 '데모규제법'과 '반공법'을 제정하여 이에 대처하려 했다. 그것이 오히려 시위를 더 격화시키는 결과를 가져왔고, 결국 5·16 군사정변이 일어남으로써 장면정권은 불과 8개월 만에 무너졌다.

박정희정권(1): 군정에서 '민정'으로

8·15 후 미군정 아래서 국방경비대로 출발한 한국군의 지휘부는 일군(日軍)과 만군(滿軍) 출신으로 이루어졌고, 여기에 약간의 광복군 출신이 포함되어 있었다. 미군정에 의해 창설된데다가 6·25전쟁 과정을 통해 그 작전권이 미군에게 이양되었고, 이후 지휘부의 대부분이 미국군에 의해 훈련됨으로써 한국군은 실질적으로 친미적 집단이 되지 않을 수 없었다. 따라서 미국이 한국에서 정책을 수행할 때에는 언제나 군부의 뒷받침이 따르게 마련이었다.

이승만 독재정권이 '부산 정치파동'을 일으켜 계엄령을 선포하고 군의 출동을 명령하자 군부는 그 지휘권이 미군에 있음을 이유로 이를 거부했다(1952). 박정희(朴正熙, 1917~79)를 포함한 군부의 일부는 주한미군의 지원을 받아 이승만정권을 붕괴시키기 위한 쿠데타를 계획하기도 했다. 이승만이 휴전을 반대하고 그 협상을 방

5·16 군사쿠데타

해했을 때도 미국의 대안 중에는 군부의 쿠데타로 이승만정권을 붕괴시킬 계획이 들어 있었다.

이승만정권 말기에도 미국 정계에서는 독재와 폭정 때문에 이승만정권에 대한 지지도가 급격히 떨어지고, 학생·청년층 중심의 진보세력이 성장하고 있는 점을 우려하는 보고서 등이 나왔다. 다시 박정희를 중심으로 하는 한국 군부의 일각에서 쿠데타계획이 있었으나 4·19와 이승만의 하야로 보류되었다가 장면정권이 성립된 지 불과 8개월 만에 역시 박정희 중심의 군사쿠데타가 일어났다.

육군소장 박정희를 중심으로 하는 군의 일부가 반공(反共)을 국시로 하고, 유엔헌장을 준수하고 미국 등 우방과의 유대를 강화하며, 구악을 일소하여 민족정기를 바로잡고, 민생고를 해결하며, 통일을 위해 공산주의와 대결할 수 있는 실력을 배양하고, 양심적인 정치인에게 정권을 이양할 것 등을 내용으로 하는 여섯가지 공약을 내세우고 군사정변을 일으켜(1961.5.16) 계엄령을 선포하고 3권을 장악했다. 이들은 장면정권의 육군참모총장이던 장도영(張都暎)을 의장으로 박정희를 부의장으로 하는 '군사혁명위원회'를 구성했다가 '국가재건최고회의'로 개칭했다(5.19).

장면내각을 총사퇴시키고(5.18) 유일하게 남은 헌법기관인 대통령 윤보선의 계엄령 추인을 얻어낸 군사정권은 중앙정보부법, 농어촌고리채정리법, 재건국민운동에 관한 법률, 혁명재판부조직법, 반공법 등을 잇달아 공포하면서 권력기반을 굳혀갔다. 그러나 곧 정변세력 내부에 알력이 생겨 장도영 중심의 일부 세력이 '반혁명사건'에 연루되어 구속되는 파동을 겪었다. 박정희가 대신 국가재건최고회의 의장에 취임하여 실질적인 박정희정권이 성립되었다.

군사정권 권력구조의 특징의 하나는 중앙정보부의 설치(1961.6.10)에서 나타났다. 정변 주모자의 한 사람인 김종필(金鍾泌)의 주도로 "국가안전보장에 관련되는 국내외 정보상황 및 범죄수사와 군을 포함한 정부 각부의 정보수사활동을 조정 감독"하기 위해 설치된 중앙정보부는 막대한 요원과 재원으로 비밀리에 운영되면서 군사정권의 핵심을 이루었다. 국내정치, 반공정책 및 대북한관계 정책의 실질적인 입안기관이요 집행기관이 되었다.

한편 군사쿠데타가 일어났을 때 주한미군사령관 맥그루더(Carter B. Magruder)와 미국대사관 쪽은 "미국은 합법정부를 지지한다"는 성명을 발표하여 장면정권을 지지하는 것 같았으나 곧 박정희 군사정권을 지지하고 그를 미국으로 초청했다(1961.11). 박정희정권은 미국의 확고한 지지를 얻기 위한 방법으로 일본과의 관계개선 의지를 보이고 경제개발계획을 내세우는 한편, '정치활동정화법'을 공포하여 '구 정치인' 4374명의 정치활동을 금지했다(1962.3.16).

박정희 군사정권은 대통령중심제 헌법을 국민투표(1962.12.17)를 통해 제정하고 1963년 4월 대통령선거, 5월 국회의원선거, 8월 민정이양 계획을 발표하면서 박정희의 대통령 출마의사도 함께 표명했다. 그러나 곧 '2·18성명'을 통해 군인의 민정 불참을 선언하고 '정국수습 9개 방안'을 제시했다. 국방장관 박병권(朴炳權, 1921~2005)이 '2·18성명'을 지지하고 군대의 중립화를 다짐했으며, 박정희의 대통령 불출마 선언도 발표되었다.

그러나 군정연장을 요구하는 군지휘관들의 차량시위와 수도경비사령부 소속 군인들의 시위가 있은 다음날 박정희는 군정을 4년간 연장하는 문제를 국민투표에 부치겠다고 발표했다. 이에 대해 재야 정치인과 미국 측이 강하게 반대하자 박정희는 곧 군정연장 국민투표 보류 성명을 발표했다.

이보다 앞서 군사정변세력은 정치활동이 공식으로 재개되기 전에 민주공화당(民主共和黨)을 조직했고, 박정희를 대통령후보로 지명했다. 그는 육군대장으로 진급하여 예편하고 대통령선거에 출마하여 민정당(民政黨) 후보 윤보선을 15만여표 차이로 누르고 당선하여 제5대 대통령에 취임했다(1963.12.17).

'민정이양' 과정에서 군사정권은 정치정화법으로 모든 정치세력의 활동을 금지시켜놓고 장차 군사정권의 변형으로서의 '민정'에서 여당이 될 민주공화당을 비밀히 사전 조직했다. 이 과정에서 그 자금 마련을 위해 유령회사를 설립하여 증권시장에 개입한 '증권파동', 유엔군 병사들의 휴가처로 제공한다는 명목으로 호화 유흥시설을 만든 '워커힐사건', 일본에서 면세 수입하여 큰 이익을 남기고 판매한 '빠찡코사건' '새나라자동차사건' 등 이른바 '4대 의혹사건'을 저질렀다.

'민정이양' 과정에서 번복을 거듭하면서 큰 고비를 넘긴 박정희정권은 미국 쪽의 요구에 의해 국군의 베트남전 파견 협정을 맺고(1964.10.31) 처음에는 비전투부대를, 뒤에는 전투사단을 파견하는 한편, 한일협정 체결문제로 또 한번의 위기를 맞았다.

정변 초기에 한일회담 타결을 결정하고 이른바 '김종필·오오히라(大平)메모'를 통해 청구권 문제에 합의를 본 박정희정권은 한일회담을 서둘러 타결하려 했다. 그러나 야당과 종교·문화단체 대표 2백여명으로 결성된 '대일굴욕외교반대 범국민투쟁위원회'의 반대에 부딪혔고 대학생의 반대시위도 치열하게 일어났다.

박정희정권은 서울 일원에 비상계엄령을 선포하여(1964.6.3) 이 위기를 넘길 수 있었으나 한일협정 비준안이 국회를 통과하는 과정에서 야당의원 61명이 의원직 사퇴서를 제출했다. 그 가운데 6명은 기어이 의원직을 포기했으며 학생들의 반대시위로 서울지구에 위수령(衛戍令)이 발동되었다.

위기를 넘기면서 다시 제6대 대통령선거(1967.5.3)에 출마한 박정희는 야당의 윤보선 후보를 큰 표 차이로 누르고 재선되었다. 뒤이어 실시된 제7대 국회의원선거(6.8) 후에는 부정선거를 규탄하는 학생시위가 전국적으로 일어나서 31개 대학과 136개 고등학교가 휴교했다(1967.6.10).

이승만정권의 독재체제가 3선개헌을 고비로 파탄으로 치달은 것과 같이 박정희정권도 독재체제를 연장하기 위한 3선개헌을 강행함으로써 스스로 파탄의 길로 접어들었다.

1969년 연두기자회견에서 개헌의 뜻을 비친 박정희는 여당 안의 개헌 반대세력을 제거하고 야당과 학생들의 반대를 탄압하면서 국회 본회의장이 아닌 별관에서 여당의원만으로 3선개헌안을 전격적으로 가결시키고(1969.9.14) 이를 국민투표를 통해 확정했다. 야당

신민당(新民黨)이 김대중(金大中)을 대통령후보로 선출함으로써 본격적인 선거전에 들어갔다.

재야인사들은 '민주수호국민협의회'를 결성하여(1970.4.19) 박정희 당선 저지운동을 벌이고, 야당후보 김대중은 박정희정권이 종신총통제를 획책함으로 공개적 대통령선거는 마지막이 될 것이라 예언하면서 공세를 취했다. 박정희는 고전 끝에 제7대 대통령으로 다시 당선되었다(1971.4.27). 이후에도 군사정권에 대한 반대운동은 계속되어 서울 일원에 다시 위수령이 발동되고(10.15) 서울시내 10개 대학에 무장군인이 진주하여 156명의 학생을 제적시키는 사태가 벌어졌다.

3선개헌을 통해 박정희정권은 유지될 수 있었으나, 1970년대로 들어서면서 군사정권체제는 국제적으로나 남북문제에서, 그리고 국내문제에서 여러가지 심각한 도전에 직면하게 되었다. 그것을 이기고 3선 임기 이후에도 정권을 유지하기 위해서는 새로운 돌파구를 마련해야 했다. 이에 따라 박정희정권은 3선 직후부터 '유신'체제로의 전환을 모색했다.

박정희정권(2): '유신'체제의 등장

1970년대로 들어서면서 미국의 세계전략 및 한반도전략에 큰 변화가 일어나기 시작했다. 베트남전의 여파로 국내의 반전분위기 고양, 막대한 군사비 투입으로 인한 경제적 부담의 가중 등에 시달린 미국은 한반도에서의 감군을 논의하기 시작했다(1970.8).

미국 대통령 닉슨(Richard M. Nixon)은 '닉슨독트린'을 발표하고(1969.7.25), 중국과 '핑퐁외교'를 시작하여(1971.4.7), 중국을 방문하면서(1972.2.17) 공산권과 화해를 모색했다. 닉슨독트린에 나타난 한반도정책은 주한미군 철수와 군사원조를 앞세운 남북대화 종용, 그리고 '두개의 한국 정책'이었다.

이같은 정세변화에 맞추어 북쪽의 최고인민회의는 김일성체제 강화, 전인민의 무장화, 전국토의 요새화 등을 의결하는 한편으로 미군 철수, 남북군 10만 이하로의 감군, 한·미, 한·일 조약 파기와 민족자주권 확립, 남북총선거에 의한 통일중앙정부 수립, 남북에서의 정치활동의 자유 보장, 과도적 조치로서의 연방제 실시, 경제·문화·인사 교류, 남북정치협상회의 개최 등을 내용으로 하는 '조국통일을 위한 8항목 구국방안'을 제안했다(1971.4.12).

이같은 국제정세의 변화에 따라 박정희정권은 대한적십자사를 통해 '남북이산가족찾기운동'을 협의하기 위한 남북적십자회담을 제안했고(1971.8.12) 김일성정권이 이에 응했다. 판문점에 상설 연락사무소가 설치되고 직통전화가 개통되었으며 적십자예비회담이 몇 차례 개최되었다. 남북 요인의 비밀왕래가 있은 후 마침내 '7·4 공동성명'이 서울과 평양에서 동시에 발표되었다(1972).

한편 국내에서는 1970년대로 들어서면서 박정희정권이 심한 인플레이션과 지속적인 국제지수의 악화 및 경기침체에 시달렸다. 이 때문에 서울 평화시장 재단사 전태일(全泰壹, 1948~70)의 분신(1970.11.13)으로 대표되는 노동자 분신사건이 일어나면서 노동운동이 격화하고, 경기도 광주단지 주민폭동(1971.8)을 비롯한 도시빈민들의 생존투쟁도 활성화되었다.

그 결과 제7대 대통령선거에서 야당의 김대중 후보가 예상보다 훨씬 높은 43.6%나 득표했는가 하면 제8대 국회의원선거(1971.5.25)에서도 야당 신민당의 의석이 종전의 44석에서 89석으로 두배 이상 증가하여 박정희정권을 불안하게 했다.

국내정세가 '4선개헌'을 통한 정권연장 같은 것은 엄두를 내지 못하게 한데다가 세계정세의 변화로 말미암아 종래와 같은 냉전논리를 기반으로 한 안보이데올로기로써 군사정권의 정당성을 유지하기 어렵게 되었다. 또한 남북관계의 진전으로 박정희정권이 출범 이후 계속 주장해온 '선건설 후통일론'이 유지되기 어려워졌을 뿐만 아니라, 정권유지 수단인 국가보안법이나 정보기관 등의 존속이유가 희박해져 박정희 군사정권은 위기의식에 빠졌다.

박정희정권은 북쪽과 적십자예비회담을 개최하는 한편, 정부시책 가운데 국가안보 최우선화, 안보상 취약점이 될 일체의 사회불안 불용, 안보 위주의 새 가치관 정비 등을 골자로 하는 '국가비상사태'를 선언하여(1971.12.6) 야당의 극한투쟁을 물리치고 '국가보위에 관한 특별조치법'을 변칙 통과시켰다(12.27).

그리고 물가 및 임금 동결권, 인적·물적 자원에 대한 국가 총동원권, 옥외집회 및 시위 규제권, 출판 규제권, 단체교섭권 규제권, 예산변경권 등 광범위한 비상대권을 대통령에게 부여하고 '국가비상사태' 선언을 소급해서 합법화했다.

박정희정권은 제1차 남북적십자 본회담(1972.8.29)과 제1차 남북조절위원회 공동위원장 회의(10.12)를 여는 한편, 갑자기 국회를 해산하고 전국에 계엄령을 선포하여 모든 대학을 휴교시키며 신문·통신에 대한 사전검열제를 실시하는 '10월유신'을 단행했다(10.17). '유신'헌법을 만들어 국민투표를 통해 확정한 후 '통일주체국민회의'의 간접선거제에 의해 단독으로 출마한 박정희가 제8대 대통령으로 당선되었다(12.23).

'유신'체제의 기본성격을 담은 '유신'헌법은 "국민은 그 대표자나 국민투표에 의해 주권을 행사한다" 하여 대통령이 중요 정책을 국민투표로 합법화할 수 있게 했다. 노동3권에 대한 제약을 제도화하고 긴급조치권을 두었다. 구속적부심제를 폐지하고 자백만으로도 처벌할 수 있게 하여 기본권은 크게 제약되었다. 입법부의 국정감사권이 없어지고 연간 회기가 150일로 제한되었다. 국회의원 3분의 1을 대통령이 추천하여 '통일주체국민회의'가 간선하게 했다. 국회의 기능이 크게 축소되면서 행정부, 특히 대통령에 대한 국회의 예속도가 높아졌다. 사법부에 대해서는 법관임명권을 대통령이 가지고 대법원의 위헌판결권을 헌법위원회에 귀속시켜 그 독립성을 박탈했다.

비상국무회의에서 유신헌법을 논의하고 있는 박정희

대통령의 권한은 일방적으로 비대해져서 대통령이 3권을 거의 장악한데다가 국민에 의해 직선되지 않고 통일주체국민회의에서 간선으로 선출되었다. 그 임기도 6년으로 연장하고 중임제한 조항을 없애 실질적으로 영구집권이 가능해졌다. 이같은 대통령 권한의 강화가 박정희의 독재와 영구집권을 뒷받침하기 위한 것임은 말할 나위가 없었다.

'유신체제'가 성립되면서 남북회담은 별 진전이 없다가 일본에서 유신체제 반대운동을 벌이던 김대중이 국내로 납치되어온 사건을 계기로 북쪽이 회담 중단을 발표했다(8.28). 장준하 등을 중심으로 한 유신헌법개정 1백만인서명운동 등이 거세게 일어났다.

박정희정권은 유신헌법의 긴급조치 조항을 발동하여 헌법에 대한 부정·반대·비방 행위와 개정·폐지 주장, 그리고 발의·제안·청원 행위를 일체 금지하는 긴급조치 제1호를 시작으로 제9호까지 선포했다.

긴급조치의 발동에도 불구하고 유신헌법 반대운동은 끊이지 않았다. '전국민주청년학생총연맹사건'(1974.4), 고려대학교에 대한 휴교령 등으로 긴급조치를 계속 발동할 수밖에 없었던 박정희정권은 궁여지책으로 유신헌법의 찬부를 묻는 또 한번의 국민투표를 실시하여 79.8% 투표율에 73.1%의 지지를 얻었다(1975.2.12).

그런 중에도 '자유실천문인협의회 101인선언'(1974.11.8), '3·1구국선언'(1976.3.1) 등 지식인과 야당 정치인의 반'유신' 민주화운동은 끊이지 않았다. 이런 상황에서 임기 6년을 끝낸 박정희는 다시 통일주체국민회의에서 제9대 대통령으로 당선되어 종신집권을 전망하게 했다(1978.12.21).

20년에 가까운 박정희정권의 경제개발을 내세운 군사독재정치는 이미 한계점에 다다라 있었다. 노동자들의 누적된 불만이 폭발한 'YH사건'(1979.8.11)과 그것에 뒤이은 신민당수 김영삼(金泳三)에 대한 국회의원직 박탈, 부산·마산 지방에서의 민중항쟁(10.16) 등이 연달아 일어났다.

마침내 중앙정보부장 김재규(金載圭, 1926~80)가 '안전가옥' 술자리에서 권력투쟁에서 대립관계에 있던 대통령경호실장 차지철(車智澈, 1934~1979)과 박정희를 살해한 '10·26사건'이 일어남으로써 18년간 유지된 박정희 독재정권은 무너졌다.

박정희정권 말기에는 YH사건, 부·마항쟁(釜馬抗爭), 야당당수 제명 등을 통해 기층민중, 청년·학생, 지식인·종교인, 제도권 야당 등에 의한 반'유신'·반독재 민주화운동의 공동투쟁전선이 형성되었고, 이 때문에 독재정권이 막바지에 다다라 더 버틸 수 없을 정도로 궁지에 빠져 있었다.

또한 박정희정권이 무리하게 추진한 중화학공업화 확대로 경제 불황이 심화되어 기업 도산, 실업률 증가, 만성적 인플레이션이 이미 위험수준에 도달해 있었다. 게다가 '인권외교'와 주한미군 철수, 독자적 군사노선 추구, 무기 수출과 핵무기 개발 등의 문제로 미국의 카터정권과 심한 마찰을 빚고 있었다. '10·26사태'는 이런 복합적 조건들의 소산이었다.

전두환정권 박정희 피살 후 소집된 국무회의에서 제주도를 제외한 전국에 비상계엄령이 내려지고 국무총리 최규하(崔圭夏)가 대통령권한대행에 취임했다가 통일주체국민회의에 의해 제10대 대통령으로 선출되었다(1979.12.6). 그러나 권력의 실세가 되지 못하고 과도정권적 위치에 한정되었으며 군부도 장악하기 어려웠다.

'10·26사태' 당시 국군보안사령관으로서 박정희 살해사건 수사의 책임을 맡게 된 전두환(全斗煥)과 사단장 노태우(盧泰愚) 등을 중심으로 '신군부' 세력이 형성되어갔다. '하나회'라는 군부 안의 사조직과 박정희에 대한 충성심이 강한 일부 군지휘관들로 이루어진 '신군부'는 육군참모총장으로서 계엄사령관이었던 정승화(鄭昇和, 1929~2002)가 박정희 암살사건과 관련되었다는 핑계로 군대를 동원하여 그 공관을 습격하고 체포한 '12·12사태'를 일으켰다(1979).

이 사태 후 신군부가 급격히 권력의 핵심으로 부상하여 김재규 등에게 사형이 선고되고(12.20) 전두환이 중앙정보부장 서리를 겸임했다(1980.4.14). '유신'체제를 대신할 이원집정제(二元執政制) 개헌이 거론되기도 하다가 마침내 신군부가 제주도를 포함한 전국으로 비상계엄을 확대하는 계엄포고 10호를 발포하여 본격적으로 권

'12·12사태' 직후 계엄령이 내려진 서울 시가지

력 장악에 나섰다(5.17).

정치활동 정지, 언론·출판·보도·방송의 사전검열, 대학에 대한 휴교조치, '북괴'와 동일한 주장이나 용어사용 및 선동행위 금지 등을 주요 내용으로 하는 계엄포고 10호를 발포한 신군부는 대통령직선제 개헌을 통해 대통령에 출마할 것으로 예상되던 김대중·김종필 등을 체포하고 김영삼을 가택연금했다. 많은 재야인사들을 체포했으며, 신현확(申鉉碻)내각을 사퇴시키고 새 내각을 구성했다.

한편 광주에서는 신군부의 계엄령 확대에 반대하는 학생시위가 일어났고, 진압을 위해 파견된 계엄군이 이를 과잉진압하여 유혈사태가 벌어졌다. 이에 분노한 시민들이 가담하고, 무기를 탈취한 '시민군'이 형성되어 약 10일간 광주시 전체가 무정부상태로 되었다가 계엄군이 다시 투입되어 무력으로 시민군을 섬멸한(5.27) '광주민중항쟁'이 일어났다.

계엄령 확대와 광주민중항쟁 탄압을 계기로 본격적으로 권력 장악에 나선 신군부는 '국가보위비상대책위원회'를 설치하고 전두환이 상임위원장이 되어 입법·사법·행정의 3권을 장악했다(5.31). '국보위'는 김대중 등 '내란음모사건' 관련자 24명을 군법회의에 기소하고, 10대 국회의원 231명 중 210명과 각 정당의 중견간부 254명, 전직 고위관리 347명의 정치활동을 규제했다.

또 그해 7월중에 고급공무원 232명, 3급이하 공무원 4760명, 교수 86명과 교사 611명, 은행 · 보험 · 증권기관 임직원 431명, 정부투자기관과 산하 127개 기관 임직원 1819명, 언론인 711명 등 총 8500여명을 '숙정'이란 명목으로 강제 해직시켰다.

국보위는 또 사회정화의 일환이라 하여 172개 정기간행물의 등록을 취소하고(7.31) 617개 출판사의 등록을 취소했다(8.19). 방송과 신문을 통폐합하고 통신사를 하나로 통합하는가 하면 중앙지의 지방주재기자를 철수시켰다(11.14).

계엄군이 전국의 사찰에 난입하여 승려 등 153명을 불법연행했고(10.27), 폭력배 및 사회풍토 문란사범을 소탕하고 순화시킨다 하여 1980년 말까지 5만 7천여명을 체포해 그중 3천여명을 구속하고 4만여명을 악명 높은 '삼청교육대'로 보냈다.

한편 미국은 12·12사태에 불만을 표시했으나 그 언론들은 '3김'으로 불린 김대중·김영삼·김종필 등의 대통령으로서의 결격사항을 지적하는가 하면, 주한미군사령관 위컴(John A. Wickham)은 전두환의 권력 장악을 지지하면서 "한국민은 들쥐와 같아서 누가 지도자가 되든 복종할 것이며 한국민에게는 민주주의가 적합하지 않다"는 망언을 하여 물의를 빚었다. 전두환은 미국 기자와의 회견에서 "한국은 명백히 군부의 지도력과 통제를 요구하고 있다"고 하여 자신을 중심으로 하는 군사정권의 재등장을 강력히 시사했다(8.9).

최규하가 대통령직을 사임하고(8.16) 전군주요지휘관회의가 전두환을 국가원수로 추대하기로 결의한(8.21) 다음날 전두환은 박정희의 전철에 따라 육군대장으로 진급하여 전역하고, 통일주체국민회의에서 총 2525표 중 2524표를 얻어 제11대 대통령이 되었다(8.27). 마침 새로 들어선 미국의 레이건정권이 제일 먼저 전두환을 초청하여 지지를 표시하고, 미국이 북한과 단독 교섭하지 않으며 주한미군 철수도 하지 않을 것을 약속했다(1981.2.3).

'유신'헌법에 의해 성립된 전두환정권은 새 헌법을 마련하여 국민투표에 부쳐 발효시켰다(1980.10.22). 전두환을 총재로 하는 여당 민주정의당(民主正義黨)과 유치송(柳致松)을 총재로 하는 '우당(友黨)' 민주한국당(民主韓國黨)을 만들어 정당정치의 형태를 갖추었다. 새 헌법에 따라 통일주체국민회의를 대신한 대통령선거인단을 선거하고 그 선거인단에 의해 전두환이 다시 제12대 대통령이 되는 절차를 밟았다(1981.2.25).

전두환정권의 강압정책 아래서도 학생과 지식인들의 반독재 민주화운동은 계속되었다. 수많은 대학생들이 제적과 복학을 거듭했고, 혹심한 탄압 아래서도 고려대·연세대·성균관대 학생 264명이 민정당사를 점거했다가 전원 연행되었다(1984.11.14).

경찰이 9개 대학에 들어가서 삼민(三民)투쟁위원회 관련자 66명을 연행했으며(1985.6.29), 박종철(朴鍾哲, 1965~87) 고문치사(1987.1.14), 이한열(李韓烈, 1966~87) 최루탄치사(1987.6.9) 등을 거쳐 전국 95개 대학 4천여명이 충남대학에서 전국대학생대표자협의회(전대협)를 구성하여 강압정권에 저항하면서 학생운동을 주도해 갔다(1987.8.19).

또한 문학인 401명이 창작과 표현의 자유를 요구하는 선언을 발표했고(1985.8.1) 정부가 대학생의 시위를 탄압하기 위해 '학원안정법'을 제정하려 하자 재야 39개 단체가 그것의 철회를 요구하는 운동을 폄으로써 정부가 이를 철회하지 않을 수 없게 했다. 고려대 교수들의 민주화 요구 시국선언문 발표(1986.3.28)에 이어 전국 각 대학 교수들의 시국선언이 잇따랐다. 전국의 초·중등학교 교사 546명이 교육민주화선언을 발표했다(1986.5.10).

한편 전두환정권기에는 반미운동이 활성화했다. 정권 성립과정에 미국이 방조한 사실, 광주민중항쟁 진압부대가 미국의 승인 없이 동원될 수 없다는 인식 등이 바탕이 되어 종래 금기시되어오던 반미운동이 공공연하게 전개된 것이다.

문부식(文富軾)이 주동한 부산 미국문화원 방화사건이 먼저 터지고(1982.3.18), 대구 미국문화원 폭발사건이 있었다(1983.9.22). 서울 미국문화원 점거사건(1985.5.23)으로 대학생 25명이 구속되었고, 부산 미국문화원 점거사건 등이 발발했다(1986.5.21).

전두환정권은 1984년에 들어서면서 3차에 걸쳐 정치활동규제조치를 해제했다. 해금자가 주축이 되어 이민우(李敏雨, 1915~2004)를 총재로 하는 신한민주당(新韓民主黨)이 창당되어(1985.1.18) 제12대 국회의원선거(2.12)에서 많은 의원을 국회에 진출시켰다. 여기에 민주한국당 당선자 29명이 입당하여 정계의 판도를 바꾸었다.

'내란음모사건'으로 사형이 선고되었다가 석방되어 미국에 갔다 온 김대중과 민주화를 요구하며 단식 저항했던 김영삼 등에 대한 정치활동규제가 풀리면서 개헌운동이 본격화했다.

신한민주당과 민주화추진협의회가 1천만명 개헌서명운동을 벌이고(1986.2) 신한민주당이 대통령직선제 개헌안을 확정하는 한편(8.4), 재야 34개 단체와 함께 '성고문·용공조작 범국민폭로대회'를 개최하는(8.14) 등 민주화운동이 고조되었다. 전두환정권은 "북한의 금강산댐 건설이 서울을 물바다가 되게 하려는 데 목적이 있다" 하고(10.30) '평화의댐' 건설을 위한 '국민운동'을 벌이면서 예의 긴장고조정책을 썼다.

전두환정권은 '4·13호헌조치'를 발표하여(1987) 대통령간선제 유지를 고집했다. 이에 대응하여 '민주헌법쟁취국민운동본부'가 발족하고, 전국에서 1백만여명이 참가한 직선제개헌요구 평화대행진이 전개되었다(1987.6.26). 이 '6월민주화운동'은 종래의 야당 및 재야인사 중심의 운동을 넘어 일반 시민운동으로 확산되었다.

대통령간선제 유지가 어려움을 알게 된 정부와 민정당은 이미 대통령후보로 지명된(6.10) 노태우가 주도하는 형식으로 직선제를 받아들이는 '6·29선언'을 발표하여 본격적인 대통령선거전이 벌어지게 되었다. 민족·민주화운동세력은 김대중과 김영삼의 후보단일화를 요구했으나 결국 결렬되었다.

따라서 주요 대통령후보는 민주정의당의 노태우, '이민우구상'에 반대하여 신한민주당을 해체시키고 통일민주당을 새로 창당한(5.1) 김영삼, 박정희의 후계자를 표방하며 신민주공화당을 창당한(10.30) 김종필, 평화민주당을 따로 창당한(11.12) 김대중 등 4인으로 압축되었다. 선거 결과 노태우가 제13대 대통령으로 당선되었다(12.16).

박정희정권에 뒤이은 군사정권으로서 '정의사회 구현'을 내세우며 출발한 전두환정권은 올림픽을 유치하고, 중·고등학생의 교복과 두발을 자유화하고, 6·25전쟁 후 계속되어오던 야간통행금지를 전면 해제하고, 체육부를 두고 프로야구를 출범시키면서 일종의 유화분위기를 조성하려 했다.

그러나 '유신'체제의 유산을 물려받으면서 광주민중항쟁을 무력으로 진압하고 성립된 전두환정권이 국민적 지지기반을 넓히기에는 큰 한계가 있었다. 또한 민주적 절차와 정통성에 의해 성립되지 못한 독재정권으로서 이른바 권력형 부정의 빈발을 막기도 어려

13대 대통령선거 당시 노태우의 선거운동

웠다.

전두환정권 아래서는 그 친인척에 의한 대규모 권력형 부정이 빈발했다. '장영자·이철희사건'(1982.5)의 경우 전두환의 친인척이 개입된 무려 7천억원에 이르는 금융사기사건으로 드러났다. 그러나 그 배후가 제대로 밝혀지지 않았다는 의혹을 남긴 채 은행장 등 17명이 구속되면서 마무리되었다.

또한 같은 유형의 '명성그룹사건'(1983.8)이 터졌을 때도 역시 많은 의혹을 남긴 채 은행원과 전 교통부장관 등 16명이 구속되었다. 전두환의 동생 전경환(全敬煥)이 맡아 하던 새마을운동중앙본부의 운영에도 국정감사를 통해 비리가 드러났고, 전두환정권이 끝난 후 전경환은 구속되었다.

임기가 끝난 후 전임 대통령이면서 2년간이나 절간에 '유폐'될 정도로 국민의 지지도가 낮았던 전두환정권을 성립시키고 지탱한 데는 몇가지 그 나름대로의 기반이 있었다. 가장 중요한 기반은 역시 군부였지만, 그 핵심이라 할 수 있을 국군보안사령부는 전두환정권이 성립되는 과정에서 공직자 '숙정', 언론통폐합 등을 통해 핵심적 역할을 하고 정권유지의 중요한 기반의 하나가 되었다.

또 전두환정권은 성립 초기에 중앙정보부를 국가안전기획부로 바꾸고 그 기능을 약화시키는 듯했다(1980.12.26). 그러나 '김대중 등 내란음모사건'을 취급하면서 그 본래의 기능이 회복되었고, 이후 '관계기관대책회의' 등을 통해 정치·경제·사회·문화 등 모든 분야에 걸쳐 정권유지를 위한 핵심기관이 되었다.

이밖에도 전두환정권 아래서는 전투경찰이 크게 강화되어 경찰국가로서의 성격을 강하게 하면서 빈번했던 시위 진압에 결정적인 역할을 다했다. 여당인 민주정의당은 당초 보안사령부를 비롯한 군부 출신 중심으로 만들어져서 국민적 기반을 가지지 못하고 권력의 들러리 역할에 한정되었다.

전두환정권 7년간 그 정치적·대중적 입지는 계속 좁아지는 반면, 민중세력의 정치적 역량은 계속 강화되었다. 이 역량이 전두환정권으로 하여금 '4·13호헌조치'를 거두고 '6·29선언'을 발표하지 않을 수 없게 했고, 결국 대통령직선제 개헌을 통해 최초로 '평화적' 정권교체를 이루었다.

노태우정권

6월민주화운동에 밀려 6·29선언을 발표하고 대통령직선제 선거에서 유효표의 36.6%를 얻어 출범한(1988.2.25) 노태우정권은, 뒤이은 제13대 총선거(4.26)에서도 의석 과반수를 확보하지 못했다. 여소야대(與小野大)의 제13대 국회에서는 청문회 등을 신설한 국회법 개정안이 통과되고, 국민의 요구에 의해 전두환정권의 비리를 파헤치는 청문회가 열렸다.

노태우 개인은 10·26사태 후 형성된 신군부의 일원으로서 12·12사태에서부터 광주민중항쟁 탄압과정과 그것을 계기로 성립된 전두환정권에 핵심세력으로 동참했으며, 직선제를 거쳤다 해도 노태우정권은 전두환정권의 태내(胎內)에서 나왔다. 그러면서도 어떤 형태로건 '5공청산' 과정을 치르지 않고는 정권의 안정을 얻을 수 없는 곤경에 빠진 것이다.

노태우정권 성립을 앞두고 정부는 계속 금기사항으로 덮어두고 있던 '광주사태' 문제를 처리하기 위해 '민주화합추진위원회'를 구성하여 "각계각층 국민들의 의견을 광범위하게" 들었다(1988.1.20). 그 결과 "진상조사라든가 처벌은 바람직하지 않다"는 결론이 나왔다 하고 '광주사태'를 "민주화를 위한 노력"으로 규정했다.

따라서 사상자에 대한 보상과 위령탑 및 기념관 건립으로 그 문제를 마무리지으려 했다. 그러나 국민적 요구와 야당의 주장에 밀려 국회에서 '광주청문회'가 열리고 많은 증인들이 증언했다. 그러나 그 진상과, 특히 발포명령자가 가려지지 못한 채 흐지부지되고 말았다.

국정감사와 국회청문회를 통해 '5공비리'가 폭로되기 시작하자 야당과 국민은 최규하·전두환 등 전직 대통령의 증언을 요구했다. 그러나 노태우정권은 '정치보복'이라는 이유로 그들의 청문회 출두를 극력 회피했다.

그러나 결국 국민의 강력한 요구를 이기지 못해 전두환이 직접 국민 앞에 나와 "나는 어떤 단죄도 달게 받아야 할 처지임을 깊이 깨우치면서 국민 여러분의 심판을 기다리겠다" 하고(1988.11.23) 퇴임 후를 대비해 가지고 있었다는 정치자금 139억원과 주택을 비롯한 모든 재산을 국가와 사회에 헌납하겠다 한 후 강원도 인제 백담사에서 은둔생활에 들어갔다.

1989년으로 들어와서 문익환(文益煥, 1918~94)·황석영(黃晳暎) 등의 '입북사건'으로 빚어진 '공안정국'으로 '5공청산' 문제가 한때 위축되었다. 그러나 '노태우정권 퇴진투쟁'도 불사하겠다는 야당과 '전두환 처단 노태우정권 타도'를 외치는 학생들의 시위가 계속되자 전두환의 국회증언이 이루어졌다(1989.12.31).

전두환은 이 증언에서 광주에서의 군의 발포를 '자위권 발동'이라 강변하다가 야당의원들의 반발로 증언이 중단되었다. 이보다 앞서 노태우정권은 '5공비리 특별수사부'를 두어(1988.12.13) 장세동(張世東) 등 전두환정권의 요인과 전경환 등 전두환의 친인척을 포함한 총 47명을 구속하고 29명을 불구속 입건한 후 '수사부'를 해체했다.

여소야대 국회에서의 '5공청산' 문제로 시달린 노태우정권은 1990년으로 들어오면서 내각책임제 개헌을 내약하고 여당 민주정의당과 김영삼이 총재인 통일민주당, 김종필이 총재인 신민주공화당 등 3당을 합당하여 개헌선 198석을 훨씬 넘는 216석의 민주자유당(民主自由黨)을 만들었다(1990.1.22). 이로써 총선에 의해 성립된 여소야대 체제가 무너지고 다시 거대여당 체제로 바뀌어 국민을 놀라게 했다.

합당 후 김영삼이 내각제개헌에 반대함으로써 유출된 합당비밀문서에는 "의회와 내각이 함께 국민에게 책임지는 의회민주주의를 구현한다" "1년 이내에 의원내각제로 개헌한다" "이를 위하여 금년중 개헌작업에 착수한다"는 세가지 약조가 들어 있었다.

김영삼의 내각제개헌 반대로 민주자유당은 분열의 위기에 빠지기도 했다. 그러나 3당합당으로 박정희정권 때의 '유신'체제와 전두환정권 때의 대통령간선제를 통한 거대여당 체제를 다시 회복한 노태우정권은 이후 '방송관계법 개정안' '국군조직법 개정안' '광주보상법안' '경찰법' '교원지위향상을 위한 특별법안' '국가보안법 개정안' '추곡수매안' '제주도개발 특별법' '바르게살기운동 조직육성법' '청소년기본법' 등을 비롯한 각종 쟁점법안들을 야당의 반대를 무릅쓰고 강제 혹은 변칙 통과시켜 여당의 분열위기를 모면하면서 정권을 유지해갔다.

거대여당 체제로 변한 노태우정권 아래서 한보(韓寶)재벌이 청와대 비서관과 국회 건설위원장, 여야 의원들에게 뇌물을 주어 서울 수서지구의 택지를 분양받은 '수서사건(水西事件)'이 터졌다(1991.2). 이 사건은 최대의 '6공비리'로 지목되어 국민의 지탄이 높았다. 노태우정권은 5·16군사정변 이후 30년간 중단되었던 지방기초의회 선거를 실시하여(3.27) 70% 이상의 친여당의원을 당선시킴으로써 위기를 극복했다.

이후에도 학생시위가 계속되다가 명지대생 강경대(姜慶大, 1971~91) 치사사건이 일어나고(4.26) 뒤이어 민자당 해체와 민주화를 요구하는 대학생들의 시위와 분신자살이 잇따라 다시 위기에 빠졌다. 노태우정권은 다시 내각을 바꾸고 지방광역의회 선거를 실시하여(6.20) 민자당후보 65%를 당선시켜 또 한번 위기를 모면할 수 있었다.

'수서사건'으로 물의를 빚은 노태우정권 아래서 다시 '정보사부지 사기사건'이 발발했다(1992.7). 합동참모본부 군사자료과장이 포함된 토지사기단에 의해 군부 소유의 정보사부지 불하 문제를 두고 보험회사가 660억원을 사기당한 '6공' 최대의 사기사건이었다. 이 사건 역시 배후문제가 논의되었으나 단순한 사기사건으로 마무리되었다.

민주자유당은 경선제의 실패 등 우여곡절을 겪은 후 대표최고위원 김영삼을 대통령후보로 선출했고, 민주당은 김대중을 대통령후보로 내세웠다. 노태우정권은 대통령선거에서의 중립을 표방하고 '중립내각'을 성립시켰다(10.7). 선거가 실시된(12.18) 결과 민주자유당 후보 김영삼이 제14대 대통령으로 당선되었다. 이로써 5·16 군사정변 이후 32년 만에 문민정권이 서게 되었다.

노태우정권 시기에는 1980년대 이후 사회주의권의 변화에 따른 세계정세의 급변과 '7·7선언' 그리고 제24회 서울올림픽 개최 등을 계기로 하여 '북방정책'이 본격화했다. 먼저 헝가리와의 사이에 상주대표부 설치가 발표되고(1988.9.13) 뒤이어 대사급 외교관계가 수립되었다(1989.2.1).

헝가리와의 수교를 출발로 하여 같은 사회주의권 폴란드와의 수교가 이루어지고(11.1) 유고슬라비아와 수교하는 한편(12.28), 소련과도 영사관계 수립에 합의했다가(12.8) 마침내 대한제국과 러시아제국 사이의 수호통상조약이 폐기된 지 86년 만에 한국과 소련의 정식수교가 이루어졌다(1990.9.30).

동구권 여러 나라들과의 수교도 그러했지만 특히 한·소 수교에는 그만한 배경이 있었다. 경제적 곤경에 빠진 소련의 한국에 대한 경제협력 요구 전략과, 북한정권의 중요한 동맹국이요 우방의 하나인 소련과의 수교를 통해 북한을 고립시켜 남북관계에서 유리한 위치를 확보하려는 남한 쪽의 전략이 맞물려 있었다. 따라서 수교 이전에 모스끄바에서 제1차 한·소 정부간 경제협력회의가 열렸고, 예정보다 앞당겨진 두 나라 사이의 수교에는 20~30억달러 규모의 경제협력 조건이 수반되었다.

한국과 소련의 수교로 북한정권의 가장 중요한 우방으로 남은 중국은 남한과의 관계를 어느정도 개선해가면서도 "한반도의 평화와 안정을 희망하며 한국과는 민간경제 무역왕래가 이루어지고 있다" "한·중 관계는 비정부급 무역관계에만 한정되어 있다" 하여 '정경분리원칙'으로 일관하는 듯했다. 그러나 뻬이징 아시안게임(1990.10)에 한국이 9백만달러에 이르는 광고사업에 참가하고 4백여대의 차량을 제공한 것을 계기로 무역대표부 설치에 합의했다가 결국 수교가 이루어졌다(1992.8).

노태우정권은 동구권 및 소련·중국과의 수교를 이루어 북방정책을 일단 매듭짓는 한편, 유엔에의 남북동시가입도 달성했다(1990.9.17). 노태우정권은 북방정책을 김일성정권에 대한 '개방'유인정책이며 나아가서 민족통일정책의 일환이라 했다. 그러나 그것은 현실적으로 김일성정권에 대한 '고립화'정책이기도 했다. 유엔가입 문제에서도 "남북 단일의석 가입"을 주장하는 김일성정권에 대해 "남한 단독가입"으로 공세를 취하여 결국 "남북 동시 각기가입"을 달성했다.

이같은 노태우정권의 북방정책과 유엔가입정책이 그대로 비흡수방법에 의한 민족의 평화통일로 이어질 것인가, 아니면 흡수통일이나 '두개의 한국 정책' 고정화로 이어질 것인가 하는 문제가 남아 있었다. 이 문제는 노태우정권 이후 30년 만에 성립된 문민정권인 김영삼정권의 대북정책·민족통일정책의 추이에 달렸다 할 수 있다.

제 2 장

민주·통일운동의 전개

식민지시대의 민족해방운동전선에서도 통일전선운동은 꾸준히 추진되었다. 성립 당초의 상해임시정부가 좌우익 통일전선의 의미를 가지고 있었고, 1920년대 후반에도 민족유일당운동과 신간회운동 등을 통해 통일전선운동이 추진되었다. 1930년대 이후에도 해외 민족해방운동전선에서는 통일된 민족국가를 수립하기 위한 통일전선운동이 추진되고 있었다.

8·15 직전의 국외전선에서 임시정부를 중심으로 하는 통일전선운동이 추진되었고, 국내에서도 해외 민족통일전선운동과의 연결을 기도하면서 비밀리에 건국동맹이 조직되었다가, 일본제국주의의 패망과 함께 그것을 모체로 한 건국준비위원회가 발족하여 통일민족국가를 수립하기 위한 노력이 계속되었다.

식민지시대 민족해방운동의 목적과 과제가 식민지지배에서 벗어나 대한제국이 아닌 민주주의국가를 수립하는 데 있었다면, 8·15 후 38도선의 획정 등으로 민족분단 요인이 심화된 상황 아래서 진정한 민족주의운동 및 민주주의운동은 안팎으로부터의 분단 획책을 극복하고 통일된 민족국가를 수립하는 데 있었다. 8·15 후의 민주주의운동, 통일민족국가 수립운동이야말로 식민지시대 이래의 민족통일전선운동의 줄기를 바로 잇는 것이었다.

통일민족국가 수립운동은 일단 일본제국주의가 패망하고 건국준비위원회가 활동을 시작하면서 나타났다. 당초에는 일부 지주세력을 제외한 좌우익세력이 비교적 고루 참여했고, 그 정강 및 정책도 민족해방운동전선에서 민족통일전선이 지향했던 방향과 노선을 같이하여 민중적 지지기반을 확대해갔다. 그러나 그 조직을 확대하는 과정에서 좌익세력이 강화되자 우익 측이 이에 반대하여 이탈했고, 게다가 미군의 진주에 대비하여 급히 선포한 '조선인민공화국'정부를 미국 측이 인정하지 않고 군정을 실시함으로써 건국준비위원회가 통일민족국가 수립을 위한 모체의 역할을 다할 수는 없었다.

건국준비위원회 활동이 실패한 후 신탁통치 문제를 계기로 좌우익의 대립이 심화하자 통일민족국가 수립운동은 좌우합작위원회 활동으로 나타났다. 이 활동은 극우세력과 극좌세력을 배제한, '좌익의 우파'와 '우익의 좌파'가 연합한 중도세력에 의해 추진되었다. 쌍방의 합작조건이 구체적으로 제시되고 그 차이점에 대한 조정이 시도되었으나, 극우세력이 남한만의 단독정부 수립을 획책하고 극좌세력은 합작운동을 좌익진영의 분열을 노린 책동으로 보고 외면한데다가 미국의 한반도정책이 단독정부 수립의 방향으로 나아감으로써 다시 실패했다.

이승만 중심의 세력이 본격적으로 단독정부 수립을 획책하자 통일민족국가 수립운동은 이에 쫓기면서 기타의 좌우익세력이 모두 참가한 1948년의 남북협상으로 나타났다. 그러나 때는 이미 늦어서 곧 남북한에 각각 분단국가가 성립되었고, 불과 2년도 되지 않아 무력통일 방법이라 할 수 있는 6·25전쟁이 발발했다. 그리고 이 전쟁은 당시 한반도의 지정학적 위치 문제가 그 통일문제와 얼마나 밀접하게 연관되어 있는가를 실증해준 전쟁이기도 했다.

한반도를 둘러싼 외세가 공산주의체제의 대륙세력과 자본주의체제의 해양세력으로 대립된 상황 아래서 중국·소련 등 대륙세력을 배경으로 한 김일성정권의 무력통일은 미국을 중심으로 하는 해양세력이 용납하지 않았다. 또한 유엔군으로 불린 해양세력 중심의 군사력이 38도선을 넘어 압록강까지 진격했을 때는 대륙세력 중국과 소련이 이를 용납하지 않았다. 결국 3년간의 전쟁에서 엄청난 희생만 치른 채 한반도는 다시 분단상태로 되돌아가고 말았다.

이후 4·19항쟁이 성공하여 무력통일론은 한때 수그러들고 평화통일론이 대두하면서 중립화통일론 등이 거론되었다. 그러나 5·16 군사정변으로 이것들은 일체 불법화되었다. 그후 7·4공동성명으로 평화통일의 문이 열릴 것 같았으나 이 역시 중단되었다. 그러나 7·4공동성명은 민족통일 문제에서 몇가지 중요한 교훈을 남겼다.

우선 민족통일 문제는 명실공히 민족의 주체적 역량에 의해 논의되고 실천되어야 한다는 점이었다. 남북공동성명에서 통일은 외세의 개입 없이 자주적으로 해결되어야 한다고 표방되었으나 남북교섭이 정작 미국과 소련, 미국과 중국의 화해정책에 자극 내지 권유된 것이었고, 당초 민족의 주체적 역량이나 능력에 의해 출발한 것이 아니었으므로, 결국 실패할 수밖에 없음을 여실히 증명해주었다.

다음, 통일문제에 관해서는 어떤 정치세력도 정치적 목적을 위해서가 아닌 오로지 민족적 양심에 입각하지 않으면 안된다는 점을 증명해주었다. 남북공동성명에서 사상과 이념·제도의 차이를 넘어선 민족적 대단결을 내세웠다 해도 통일문제가 실제로 분단국가 집권세력의 통치체제를 강화하기 위한 방편으로 이용되었다면 민족통일 문제에 아무 진전도 가져올 수 없음을 실증해주고도 남았다.

또한 통일문제는 어떤 정치세력이나 어떤 사회세력도 자기희생적 자세에서 임하지 않으면 불가능하다는 점을 실증해주었다. 평화통일론을 표방했다 하더라도 그것이 화해적·중화적·양보적·자기희생적 자세에서 나오지 않았다면, 이는 외교적으로 유리한 위치를 차지하기 위한 방편이거나, 경제적으로 혹은 군사적으로 다른 한쪽을 앞지르거나 흡수하기 위한 시간적 여유를 얻는 일에 불과했다. 따라서 그것은 무력통일론과 다를 바 없었다. 비록 성공하더라도 민족의 일부를 피정복민으로 만들 수밖에 없는 것이었다.

7·4남북공동성명이 민족통일 그 자체로 바로 연결되지는 못했으나 그것을 성명한 집권층의 본의와는 상관없이 이후 1970년대와 80년대 내내 민간의 주체적·평화적 통일운동이 활성화되는 계기가 되었다고 할 수 있다. '5·18광주민중항쟁'이나 1987년 '6월민중항쟁'에서 보는 것과 같이 이 시기를 통해 활발하게 전개된 노동운동·학생운동·지식인운동·재야운동 등은 민주화운동인 동시에 궁극적으로는 주체적·평화적 민족통일운동으로 연결되었다.

분단국가 권력들의 통일정책도 민족의 실체인 민중의 요구와 운동에, 또 세계정세의 변화에 밀리면서 변해가지 않을 수 없었다. 김일성정권의 경우 1960년대로 오면서 남북연방제를 표방했다가 1970년대에는 '고려민주연방공화국' 창립안을 제시했다. 남한의 경우 7·4남북공동성명 이후 1980년대로 오면서 그 전반기에는 전두환정권의 '민족화합민주통일방안'으로, 그 후반기에는 노태우정권의 '한민족공동체통일방안'으로 나타나게 되었다.

남북 정권들이 제시하는 통일방안들이 서로 겨루는 가운데에서도 이 방안들에는 일정하게 접근하는 점이 있어서 남쪽의 남북연합안과 북쪽의 연방제안으로까지 좁혀져갔다. 그것을 바탕으로 하여 남북총리회담이 개최되고 경제교류의 길이 일부 열리면서 화해와 협력과 불가침을 합의하는 '남북기본합의서'가 체결되기에 이르렀다. 그러나 통일방안의 접근이나 합의서 체결의 다른 한편에는 팀스피리트 훈련이나 핵사찰문제와 같이 통일문제의 진전을 위해 아직도 넘어야 할 몇가지 장벽들이 가로놓여 있다.

역사적 시각에서 보면 통일문제는 분단국가들 사이의 정치·외교적 책략 이전의 민족문제 그것이며, 20세기 후반기 이후 우리 민족사의 지도원리요 지상과제이다. 분단국가주의적 차원의 정치·외교적 전략·전술에 앞선 민족적 양심과 슬기와 자기희생의 용기만이 그것을 앞당겨 해결할 수 있을 것이다.

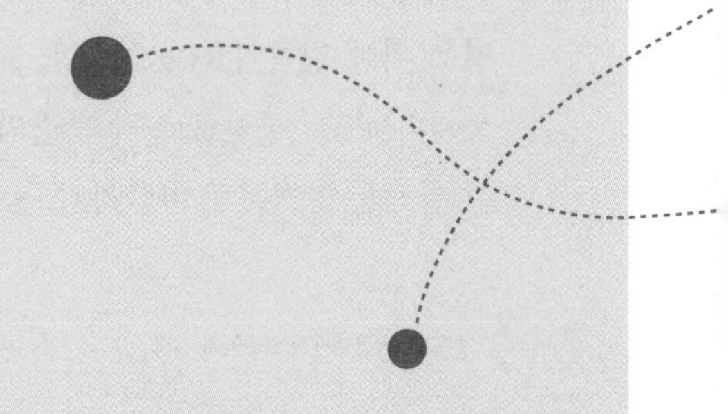

제1절 건국준비위원회와 '인민공화국'

건국준비위원회 활동

조선총독부 측으로부터 행정권 이양 교섭을 받은 여운형은 정치범과 경제범의 석방, 3개월간의 식량 확보, 조선인의 정치활동 및 청년·학생·노동자·농민의 조직활동에 대한 불간섭 등을 조건으로 내세워 확약을 받고, 곧 건국동맹을 모체로 한 건국준비위원회를 발족시켰다(1945.8.15).

여운형을 위원장, 안재홍을 부위원장으로 한 건국준비위원회의 활동은 여운형이 처음으로 대중 앞에 나가 조선총독부와의 교섭관계 및 앞으로 나아갈 길을 밝히면서 시작되었다(8.16). 같은 날 안재홍은 「해내·해외의 3천만 동포에게 고함」이란 방송을 통해 경위대(警衛隊) 설치와 정규군대 편성문제, 식량 확보와 통화·물가안정 문제, 정치범 석방과 친일파 및 조선거주 일본인에 관한 문제 등을 밝혀 정권인수 준비를 분명히했다.

이어 건국준비위원회의 중앙부서로 총무부(부장 최근우)·재무부(부장 이규갑李奎甲)·조직부(부장 정백鄭栢)·선전부(부장 조동우趙東祐)·무경부(부장 권태석權泰錫)를 두어 좌우익을 고루 임명했다(8.17). 청년·학생 2천여명으로 건국치안대를 조직하여 치안을 담당하게 하고, 식량대책위원회를 설치하여 전쟁 후의 식량 확보에 주력했다.

발족 초기의 건국준비위원회는 당면 목표를 치안의 확보, 건국사업을 위한 민족역량의 일원화, 교통·통신·금융 대책 및 식량대책 등에다 두고, 한편으로 각 지방의 지부 조직을 확장해갔다. 38도선이 왕래를 엄격하게 차단하기 전이어서 북쪽으로 회령(會寧)·경성

건국준비위원회 모임에서 연설하는 여운형

(鏡城)에서부터 남쪽으로 제주도에 이르기까지 중요한 시와 군에는 대부분 지부적 성격을 띤 인민위원회가 설치되어 8월 말에 이미 145개소나 되었다.

지방조직이 확대되어감에 따라 중앙부서도 확대 개편하여 식량부·문화부·치안부·교통부·건설부·기획부·후생부·조사부·서기부 등을 두어 중앙정부로서 기구를 갖추었다. 중앙위원회에도 김준연(金俊淵, 1895~1971)·이용설(李容卨, 1895~1993)·김약수(金若水, 1893~1964)·이동화(李東華, 1907~95)·이강국(李康國, 1906~55)·최용달 등을 임명하여 좌우익 인사를 고루 포섭했다.

그 강령으로 첫째, 완전한 독립국가의 건설을 기함, 둘째, 전체 민족의 정치적·사회적 기본요구를 실현할 수 있는 민주주의정권의 수립을 기함, 셋째, 일시적 과도기에 있어서 국내 질서를 자주적으로 유지하여 대중생활의 확보를 기함 등을 내세워 그 목적을 한층 더 분명히했다.

건국준비위원회에는 송진우 계열의 일부 우익세력이 불참했다. 그러나 여운형·안재홍을 비롯하여 김병로·이인(李仁, 1896~1979)·허헌 등 우익 및 중간노선의 인물, 박헌영 계열의 좌익세력, '장안파 공산당'계의 정백 등도 참가한, 건국동맹에 이은 좌우합작단체의 성격을 가지고 출발했다. 그러나 그 기구와 영향력이 커감에 따라 각 계파 사이의 이해관계가 드러나서 주도권을 둘러싼 내분이 일기 시작했다.

건국준비위원회를 전체 국민의 총의를 바탕으로 하는 조직체로 확대하기 위해 전국유지자대회(全國有志者大會)를 개최하는 문제를 두고 자파세력을 더 많이 확보하려는 좌익과 우익 사이의 경쟁이 표면화했고, 결국 부위원장 안재홍이 사퇴하기에 이르렀다(8.31). 안재홍 사퇴 후 허헌을 부위원장으로 하여 중앙부서를 개편한 결과 좌익세력이 우세해졌다(9.4). 뒤이어 '조선인민공화국'을 선포하고 건국준비위원회는 발족한 지 20일 만에 스스로 해체했다(9.6).

건국준비위원회는 그 발족 당초에 송진우 계열의 협조를 얻지 못하여 8·15 당시 국내 정치세력의 총합체가 되지 못했다. 그리고 전국적으로 성립된 지부와 중앙 사이에 긴밀한 관계가 성립되었는가 하는 점에는 의문이 있다. 그러나 여운형과 같은 중간좌파, 안재홍과 같은 우익, 이강국·최용달과 같은 좌익세력 등이 참가한 일종의 '상층 통일전선체'로서 전체 국민의 지지를 받으면서 정치적 공백기에 국내정치와 치안을 담당했다.

그러나 조선공산당 중심의 좌익세력이 우세해지면서 통일전선체로서의 균형이 깨어져, '인민공화국'으로 넘어가고 그 자체는 해체되었다. 건국준비위원회를 이끌어나간 여운형의 정치노선은 '중도좌파'로 혹은 '좌도 우도 아닌 민족주의적 중간노선'으로 평가되었다. 이후 그는 조선인민당(朝鮮人民黨)을 결성하여(1945.11.11) 민주주의민족전선의 의장단에 참가했다가 좌익 3당 합당에 반대하고 김규식과 함께 좌우합작운동을 주도했다.

'조선인민공화국' 선포

좌익 측이 주도권을 쥐게 된 건국준비위원회는 9월 6일에 전국인민대표자대회를 열고 국내외 좌우익 정치세력을 망라하여 이승만·여운형 등 55명의 인민위원과 최창익 등 20명의 후보위원, 그리고 오세창(吳世昌, 1864~1953) 등 12명의 고문 명단을 발표하면서 '조선인민공화국'의 성립을 선포했다. 아울러 중앙정부의 각료 명단과 정강 및 27개조의 시정방침을 발표했다.

각료 명단에는 주석에 이승만, 부주석에 여운형, 국무총리에 허헌 이외에 김구·김규식 등 중경임시정부계와 무정(武亭, 김무정) 등 연안 독립동맹계, 이승엽 등 국내 좌익계, 이만규(李萬珪) 등 건국준비위원회계, 김성수(金性洙, 1891~1955) 등 국내 우익계 등을 총망라했다. 그러나 중앙정부의 각 장관급으로 지명된 사람들이 대부분 아직 국외에 있거나 국내에 있다 해도 본인의 동의와 승낙 없이 일방적으로 지명된 경우가 대부분이었다. 따라서 정부가 실제로 기능을 발휘할 경우 실권을 행사해야 할 각부의 차관들은 대부분 건국준비위원회계와 좌익계 인사들이었다.

조선인민공화국의 정강은 첫째, 정치적·경제적으로 완전한 자주적 독립국가의 건설을 기함, 둘째, 일본제국주의와 봉건적 잔재

國號는 朝鮮人民共和國
海內外網羅 委員顧問等選定
六日、全國人民代表大會에서

事大思想버리고
建國大業에總團結

건국준비위원회가 조선인민공화국을 선포한 사실을 담은 신문기사

세력을 일소하고 전 민족의 정치적·경제적·사회적 기본요구를 실현할 수 있는 진정한 민주주의에 충실하기를 기함, 셋째, 노동자·농민 및 기타 일체 대중생활의 급진적 향상을 기함, 넷째, 세계 민주주의 제국의 일원으로서 상호 제휴하며 세계평화의 확보를 기함 등이었다.

건국준비위원회의 정강과 비슷했지만, "일본제국주의와 봉건적 잔재세력을 일소"한다는 내용이 추가되었음이 주목되는 점이라 할 수 있다. 이 문제는 그 시정방침에서도 강하게 드러나서 "일본제국주의와 민족반역자들의 토지를 몰수하여 국유화하고 이를 농민에게 무상분배한다" 했고, 또 "일본제국주의와 민족반역자들의 광산·공장·철도·항만·선박·통신기관·금융기관 및 기타 일체 시설을 몰수하여 국유로 한다" 했다.

이밖에도 생활필수품의 공정·평등한 배급제도 확립, 국가 부담에 의한 의무교육제의 실시 등이 중요한 시정방침이었다. 특히 토지와 산업기관의 국유화와 같은 사회주의적 경제제도가 강하게 표방된 것으로 보였고, 이 때문에 우익계의 일부로부터 강력한 반발을 샀다.

그러나 오랜 식민지시대를 통해 토지와 중요 생산기관의 대부분이 일본인과 친일적 조선인 소유로 넘어간 당시의 실정으로는 좌우익전선을 막론하고 그 국유화정책이 당연한 것으로 인식되었다. 이 때문에 중경임시정부가 일본의 패망을 전망하면서 발표한 건국강령(建國綱領, 1941)에서도 "대생산기관의 공구(工具)와 수단은 국유로 하고 토지·어업·광업·농림·수리·소택(沼澤)과 수상·육상·공중의 운수사업과 은행·전신·교통 및 대규모의 농·공·상 기업과 성시(城市)·공업구역의 중요한 공용방산(公用邦產)은 국유로 함"이라 했다.

그러나 '인민공화국'의 선포는 너무 갑작스러워서 그 대표성에 문제가 있었다. 여운형은 정부를 급조하는 이유를 말하면서 "지금은 건국을 위한 비상시이니 비상조치로서 이렇게 할 수밖에 없었다. 연합군의 진주가 금명간 있을 것이므로 그들과 절충할 인민총의의 집결체가 있어야 할 것이며 그 집결체를 위한 준비공작으로서 전국대표자대회를 개최하지 않으면 안되었다. 이제부터 우리 사업은 외국인을 상대해야 한다" 하고 해명했다. 연합군의 진주를 앞두고 어떤 형태로나마 정부가 있어야 연합군의 직접통치를 받지 않을 것이라 전망했던 것 같다.

패전국 일본의 경우도 그 내각이 있음으로 해서 매카서사령부가 직접 군정을 펴지는 않았다. 38도선 이북의 경우도 각도의 인민위원회가 조직되면서 행정권을 행사해갔다.

인민공화국의 선포는, 중경임시정부가 연합국의 승인을 받지 못한 조건 아래서, 미군의 진주에 앞서 좌익세력의 주도권 아래 국내외 정치세력의 통일전선체 정부를 수립하여 연합국의 인정을 받으려는 데 목적이 있었다. 그것은 또 한국민주당 결성을 서두르는 송진우 중심의 우익세력과 그들이 봉대(奉戴)하려는 중경임시정부의 귀국에 대처하려는 목적도 있었다.

그럼에도 불구하고 좌익세력 중심의 인민공화국 선포는 건국준비위원회가 가졌던 상층 통일전선적 성격에서 벗어나 안재홍 등을 중심으로 하는 민족부르주아 세력을 배제하고 통일전선 문제를 대중전취 문제에만 치중하는 좌경노선으로 선회한 것이라 평가되기도 했다. 특히 뒤이어 평양에서 개최된 '조선공산당 북부조선 책임자 열성자대회'(10.10)가 인민공화국을 통한 정권장악을 포기하고 각계각층을 망라한 광범위한 민족통일전선의 결성과 그것에 기반을 둔 국가건설을 변혁운동의 기본방침으로 정립한 사실과 대비되기도 했다.

제2절 좌우합작운동과 남북연석회의

'인공' '임정'의 통일교섭과 '4당 코뮈니께'

건국준비위원회의 구성도 상층 통일전선적 성격을 가지고 있었지만, 그것이 좌익세력 중심의 인민공화국으로 바뀌면서도 우익세력과 제휴 내지 합작을 기도하여 이승만을 비롯한 우익쪽 인사들을 주석 및 인민위원에 포함했다. 이후 이승만이 귀국하자 인민공화국 쪽은 "위대한 지도자에게 충성의 감사와 만강의 환영을 바친다"는 환영담화문을 발표했다. 이에 대해 이승만도 "나는 공산당에 대하여 호감을 가지고 있는 사람이다. 그 주의에 대하여도 찬성하므로 우리나라의 경제대책을 세울 때 공산주의를 채용할 점이 많이 있다"고 방송하여 '인공'과 이승만 사이에 본격적인 교섭이 이루어졌다.

이승만과 여운형 및 박헌영의 면담이 이루어지고 뒤이어 좌우익이 함께 독립촉성중앙협의회(獨立促成中央協議會)를 결성할 것을 의결했다(1945.10.23). 그러나 이후 '독촉' 결성을 위한 대표자회의에서 이승만이 기초한 분단 반대, 신탁통치 반대, 조선에 대한 점령국 대우 반대 등을 내용으로 하는 「4대 연합국에 보내는 선언서」를 채택하게 되었을 때, 박헌영은 "친일파 제거에 의한 민족통일 원칙"의 포함을 주장하고, 그렇지 않을 경우 조선공산당은 '독촉'에서 탈퇴할 것이라 했다.

이후 우익 쪽의 "선통일 후친일파제거론"과 좌익 쪽의 "선친일파제거 후통일론"이 맞서다가, 좌익계 청년단체로 구성된 전국청년대표자대회가 "만약 이박사가 인민공화국 주석을 거부한다면 지도자로 지지할 수 없을 뿐만 아니라 민족통일전선 분열의 최고책임자로 규정한다"는 결의문을 발표했다(11.6).

이에 대해 이승만은 인민공화국이 자신을 주석으로 선정한 것은 감사하나 자신은 임시정부의 한 사람으로 임시정부와의 타협 없이는 아무 데도 관계할 수 없다고 했다(11.7). 뒤이어 조선공산당이 '독촉'과의 결별을 선언하여 '인공' 쪽과 이승만의 합작 교섭은 일단 끝났다(12.5).

한편 중경임시정부 요원들은 연합국의 요구에 의해 개인자격으로 귀국했다(1진 11.23, 2진 12.2). '임정'은 "국내에 과도정권이 성립되기 전에는 국내 일체 질서와 대외 일체 관계를 본 정부가 책임지고 유지할 것"이라 하여 정부형태를 유지하려 했다. 따라서 실재하는 권력으로서 미군정이 인정하느냐 여부와는 상관없이 8·15 후

귀국 길에 상해비행장에 기착한 임정의 김구 주석과 광복군총사령 이청천 장군

국내에는 '인공'과 '임정' 두 정부가 공존하는 상황이 되었다. 인공 쪽에서 먼저 임정 쪽 김구·김규식 등에 대해 인공 중앙위원 취임을 요청했으나 거부되었다.

조선공산당은 친일파·민족반역자·국수주의자 등을 제외하고 좌우익에서 각기 절반씩 참여하는 통일원칙을 제의했다. 임정 쪽은 이를 거부하고 임정의 법통을 시인할 것, 임정의 부서와 그들의 요직을 그대로 승인하고 따로 2~3개의 부서를 늘려서 좌익 측이 이에 참여할 것을 제의했다.

이후 신탁통치안이 발표되자 다시 인공의 제의에 의해 임정대표 최동오·성주식(成周寔, 1891~1959)·장건상 등과 인공대표 홍남표(洪南杓, 1890~1960)·홍증식(洪增植, 1895~?)·이강국 등의 회합이 이루어졌다(12.31). 그 결과 인공에서 임정에 대해 두 정부가 선출한 약간명의 위원으로 통일위원회를 구성하여 통일정부 수립에 관한 구체안을 토의 결정하되 미소공동위원회가 개최되기 이전에 합의하도록 하자고 제의했다(1946.1.1). 임정 쪽은 이 제의를 "서식상의 이유로 접수하기 곤란하다" 하여 거부했다.

이는 임정이 자신의 법통성을 주장하면서 인공과의 동등한 자격에 의한 통합을 반대했을 뿐만 아니라, 모스끄바3상회의 결정을 총체적으로 지지한 좌익 쪽과 신탁통치 반대운동을 주도하려는 임정 쪽의 입장 차이가 이미 드러나고 있었기 때문이다.

인공과 임정 사이의 통일교섭이 어렵게 되자 여운형 중심의 인민당에 의해 좌우익 중요정당 중심의 통일교섭이 추진되었다. 인민당 이여성의 제의로 한국민주당 대표 원세훈·김병로, 국민당 대표 안재홍·백홍균(白泓均)·이승복(李昇馥, 1895~1978), 조선공산당 대표 이주하·홍남표, 인민당 대표 이여성·김세용 등이 회동했다.

이 모임에서 "모스끄바3상회의의 결정에 대하여 조선의 자주독립을 보장하고 민주주의적 발전을 원조한다는 정신과 의도는 전면적으로 지지한다. '신탁'은 장래 수립될 우리 정부로 하여금 자주독립의 정신에 기하여 해결하게 한다"를 요점으로 하는 '4당 코뮈니께'가 발표되었다(1.7).

그러나 한국민주당에서 신탁통치 반대에 대한 명확한 표시가 없다 하여 '4당 코뮈니께'의 승인을 반대하고 김병로와 원세훈을 견책하자는 주장이 나왔다. 국민당도 비슷한 이유로 반대했다. 이런 상황에서도 신한민족당이 이 통일교섭에 동조하여 '5당회의'가 열렸다(1.9). 5당회의를 비상정치회의의 예비회의로 하려는 한민당·국민당·신한민족당 등 우익 쪽과 그것을 4당회의의 연장으로 하려는 공산당·인민당 등 좌익 쪽의 주장이 맞서 5당회의는 결국 유회되고 말았다.

이후 인민당에서는 "3상회의에서 조선의 자주독립국가 건설을 원조하는 것은 지지하나 탁치는 반대한다"는 일종의 타협안을 제시했으나 5당회의는 결국 실패했다. 인민당은 다시 좌우익세력의 통일방안으로 친일파·민족반역자 제외, 3상회의 결정에 의한 자주독립국가 건설, 인공·임정의 법통 고집 반대, 명실상부한 단체의 비례대표제 승인 등 '4원칙'을 제시했으나 역시 합작에는 실패했다.

좌익의 3상회의 결정 총체적 지지 노선과 우익의 신탁통치 반대 노선이 대립하는 정세 아래서 5당 통일 문제를 주도한 인민당 당수 여운형은, 좌우익세력의 통일과 인공과 임정의 통일을 위해, 모스끄바3상회의 결정은 지지하되 신탁통치문제는 자주적으로 해결한다는 일종의 절충안을 제시했으나 역시 실패했다. 그러나 그의 이런 노력은 곧 좌우합작운동으로 연결되었다.

좌우합작위원회 활동

인공과 임정의 합작 기도, '4당 코뮈니께' 등이 모두 실패한 후 신탁통치문제를 둘러싼 좌우익의 대립은 심화되어갔다. 우익의 임정 쪽에서는 중경임시정부 시기의 통일전선 노선에 합류했던 조선민족혁명당계와 조선민족해방운동자동맹계의 진보세력 김원봉·김성숙·성주식·장건상 등이 임정의 우경화에 반대하면서 탈퇴했다(1.23).

이후 임정은 비상국민회의(非常國民會議, 2.1)를 중심으로 민족해방운동 시기 임정의 법통 계승을 내세우면서 반탁운동을 벌여나갔다. 이승만계의 대한독립촉성중앙협의회는 탁치반대국민총동원위원회와 합쳐 대한독립촉성국민회로 개편되었다. 이들 두 계통이 미군정의 미소공동위원회 대비책과 연결되어 '대한국민대표 민주의원'을 구성하여 우익세력의 통일을 이루었다.

한편 '민주의원'에 참가하지 않은 진보세력은 앞서 인민당이 5당회의에서 제시한 4원칙을 근거로 역시 미소공동위원회 개최에 대비하면서 '민주주의민족전선'을 결성했다(2.15). '민전'에는 공산당·인민당·신민당·민족혁명당·노동조합전국평의회·전국농민조합총연맹·청년동맹·부녀총동맹 등 정당·사회단체와 각종 문화단체 등이 참가했다. 여운형·박헌영·허헌·김원봉·백남운 등이 공동의장이 되었다.

이밖에 임정에서 탈퇴한 김성숙·성주식·장건상 등과 국내 중간파 이극로, 천도교의 오지영(吳知泳, ?~1950) 등이 참가한 민전은 당초 좌익세력만의 통일전선이 아닌 광범위한 대중조직을 망라한 폭넓은 통일전선을 지향했다. 그러나 결국 좌익세력 중심의 좁은 범위의 통일전선이 되었고, 이후 공산당이 주도하는 조직으로 되어 갔다.

1946년으로 들어서면서 미소공동위원회 개최에 대비하여 우익은 통일전선조직으로서 민주의원을, 좌익은 통일전선조직으로서 민전을 결성하여 서로 대립했다. 특히 이해의 3·1운동 기념행사마저 두 진영이 대립적으로 따로 개최하는 사태가 벌어졌다. 이후 제1차 미소공동위원회가 사실상 결렬되고(5.6) '조선정판사위폐사건(朝鮮精版社僞幣事件)'이 일어나면서(5.15) 좌우익의 대립, 좌익과 미군정의 대립이 심해졌다.

이 무렵 38도선 이북에서는 일본인 소유 토지와 5정보 이상 소유지 및 소작지 등을 무상몰수 무상분배하는 토지개혁이 실시되고(3.5) '반동분자'와의 투쟁을 강조한 '20개 정강'이 발표되었다(3.23). 이남에서는 이승만을 중심으로 하는 일부 우익세력의 남한 단독정부

좌우합작위원회 위원들

수립설이 외신으로 전해졌고, 마침내 단독정부 수립 필요성을 직접 발표한 이승만의 정읍발언이 나왔다(6.3).

이같은 정세 아래서 김규식과 여운형을 중심으로 좌우합작을 위한 접촉이 시작되었다. 우익 측의 한민당 총무 원세훈, 좌익 측의 민전 의장단 허헌 등과 함께 '좌우합작 4자회담'이 성립되었다(6.14). 뒤이어 우익 쪽 대표 김규식·원세훈·안재홍·최동오·김붕준(金朋濬, 1888~?)과 좌익 쪽 대표 여운형·성주식·정노식·이강국 등으로 구성된 '좌우합작위원회'가 발족하여 덕수궁에서 제1차 회담이 열렸다(1946.7.25).

이에 따라 좌익 쪽에서 먼저 모스끄바3상회의 결정 지지와 미소공동위원회 속개에 의한 임시정부 수립, 무상몰수·무상분배에 의한 토지개혁, 주요 산업 국유화, 친일파·민족반역자 제거, 남한 정권의 인민위원회에의 이양 등을 주요 내용으로 하는 '좌우합작 5원칙'을 내어놓았다(7.26).

우익 쪽에서도 신탁통치문제는 임시정부 수립 후에 해결할 것, 정치·경제·교육과 모든 제도·법령은 균등사회 건설을 목표로 하여 임시정부 수립 후에 구성될 국민대표회의에서 결정할 것, 친일파·민족반역자를 징치하되 임시정부 수립 후 즉시 특별법정을 구성하여 처리하게 할 것 등을 중요 내용으로 하는 '좌우합작 8원칙'을 제시했다.

좌우 양측이 내어놓은 합작원칙 가운데 차이가 두드러진 것은 역시 신탁통치문제와 토지 및 중요 산업의 처리 등 경제정책 문제, 그리고 친일파에 대한 처리 문제 등이었다. 이 문제들이 바로 좌우합작운동 앞에 가로놓인 큰 장애요인이기도 했다.

좌우 양측의 합작원칙에 차이가 있는 것만 확인된 채 회담이 더 열리지 못하는 사이에 공산당·인민당·신민당의 합당 발표(9.5), 미군정청 당국의 공산당 간부에 대한 체포령, 대구·경북지역 10월 민중항쟁 등이 연달아 일어남으로써 좌우합작운동은 한때 정체상태에 빠졌다. 그러나 좌우익의 대립이 심화할수록 합작을 위한 노력도 계속되었다. 좌우합작위원회는 좌익 측의 5원칙과 우익 측의 8원칙을 절충 혹은 조화시킨 '좌우합작 7원칙'을 발표했다(10.7).

그 내용은 신탁통치문제는 "3상회의 결정에 의하여 남북을 통한 좌우합작으로 민주주의 임시정부를 수립할 것"이라 하여 통일임시정부 수립 후에 결정하는 것으로 했다. 중요 산업은 국유화하되 토지개혁은 '체감매상(遞減買上)'으로 하여 지주의 이익을 어느정도 보장하고, 농민에 대한 토지분배는 무상으로 하게 했다. 친일파·민족반역자 처벌 문제는 입법기구를 통해 처리하도록 했다.

이 '7원칙'에 대해 우익 쪽의 김구계 한국독립당은 찬성했다. 이승만은 "합작조건 중에 민주정책과 모순되는 조건이 있으므로 불만족하게 생각한다. '탁치'와 토지에 관한 문제는 임시정부 수립 후에 토의가 될 것이니 우리 민족의 공원(公願)대로 처리되기를 기다릴 것이다" 했다.

한국민주당은 토지개혁 문제에서 유상매상(有償買上)·유상분배를 주장하고 무상분배를 반대하면서 좌우합작운동 자체를 외면했다. 이 때문에 원세훈·김병로·김약수 등 270여명의 진보적 당원이 탈당했다.

한편 좌익 측의 박헌영은 "반동이냐 진보냐 독립이냐 예속이냐 하는 이 엄숙한 시문(試問)은 중간노선의 존재를 용허치 않는다" 하고, 모스끄바3상회의 결정을 총체적으로 지지하는 것이 아니라는 점, 토지개혁에서 유상매상은 지주의 이익을 위해 인민경제를 희생시키는 일이라는 점, 정권을 인민위원회에 넘긴다는 조항이 없다는 점, 입법기구의 결정이 미군정 당국의 거부권을 넘어설 수 없다는 점 등을 들어 반대했다.

좌우합작위원회가 제시한 '7원칙'이 신탁통치, 토지개혁, 친일파 처벌 문제에서 좌우익 핵심 정치세력의 동의를 받지 못하여 좌우합작운동이 정체상태에 빠지기는 했으나, 합작운동의 사회적 지지기반은 비교적 넓게 형성되어 있었다. 합작위원회 자체가 종교계·청년계·여성계·학계와 각 정당·단체 등으로 그 구성을 확대해나갔고, 김규식·여운형을 비롯하여 홍명희·안재홍·원세훈·오하영(吳夏英, 1880~1959)·최동오·김붕준·윤기섭(尹琦燮, 1881~?)·이극로 등 각계인사 1백여명이 시국대책협의회를 결성하여(1947.7.3) 합작운동을 적극 지지했다.

정당 차원에서도 김규식이 위원장이며 안재홍·홍명희 등이 참여한 민족자주연맹, 역시 김규식이 총재이며 김약수·이순탁(李順

鐸, 1897~?) 등이 참여한 민중동맹, 신한민족당·신한민주당·조선혁명당·재미(在美)한족연합회·청우당(靑友黨) 등이 모여 결성한 신진당(新進黨), 여운홍(呂運弘, 1891~1973)이 대표총무이던 사회민주당, 신숙이 위원장이던 천도교보국당, 강순(姜舜, 1898~?)이 위원장이던 근로대중당, 김약수가 서기장이던 조선공화당, 이두산(李斗山)이 위원장이던 조선대중당, 박용희(朴容羲, 1884~1959)가 위원장이던 신한국민당, 홍명희가 대표이던 민주통일당 등이 좌우합작운동을 적극 지지했다.

좌우합작운동은 출발 당초부터 미군정 쪽의 정책적·재정적 뒷받침을 받았다. 아직은 모스크바3상회의 결정에 의한 한반도문제 처리를 완전히 포기하지 않았던 미국이 반탁운동을 강력히 펴고 있는 이승만·김구계의 '극우'세력을 적극적으로 지지할 수는 없었다.

반탁운동은 3상회의 결정에 위배될 뿐만 아니라 특히 이승만의 단독정부 수립안을 공공연히 지지하는 경우 중도세력이 좌익세력과 합류하여 강력한 단독정부 반대운동을 펼 가능성이 높기도 했다. 이에 미국은 일단 중도세력으로 하여금 정부를 수립하게 하여 3상회의 결정을 지키면서 한반도의 공산화를 막을 수 있다고 전망했다.

미군정은 중도세력의 집권기반을 굳히고 미군정에 대한 지지를 넓히기 위해 좌익 쪽의 반대 속에서도 김규식을 의장으로 하는 '남조선과도입법의원'을 구성하고(1946.12.12) 안재홍을 장관으로 하는 '남조선과도정부'를 발족시켰다(1947.2.5). 간접선거로 당선된 '입법의원'의 민선의원 45명에는 부정선거 말썽을 빚으면서 이승만계와 한민당계가 대부분 당선되었고, 관선의원 45명은 좌우합작위원회계를 비롯한 중도노선의 각계 인사가 임명되었다.

1947년에 접어들면서 미국에 간 이승만이 그곳에서 단독정부 수립을 강력히 주장하고 미국 국무부가 단독정부 수립계획을 시사한 후 제2차 미소공동위원회가 사실상 결렬되고(7.10) 좌우합작위원회의 좌파 쪽 주석이던 여운형이 암살되었다(7.19). 이후 미국이 모스끄바3상회의 결정을 포기하고 한반도문제를 자국 지지세력이 절대 우세한 유엔으로 가져감으로써 좌우합작운동은 실패하고 단독정부 수립안이 확정되었다.

좌우합작운동은 좌익세력 통일전선체 민주주의민족전선에 대한 미군정 쪽의 분열책동으로 시작된 것이라 보는 관점도 있다. 그러나 조선민족혁명당·건국동맹과 같은 식민지시대 민족해방운동 과정에서 추진된 통일전선운동을 주도했던 김규식·여운형 등을 중심으로, 8·15 후 좌우익 대립의 심화과정에서 그것을 극복하려는 중간파적 정치세력이 비교적 광범위하게 성립됨으로써 일어날 수 있었던 통일민족국가 수립운동이었다고 볼 수 있다.

전체적인 수치 자체에는 문제가 있었으나, 미소공동위원회에 보고된 중간파 세력의 정당원 수가 우익이나 좌익의 그것에 못지않았다는 점, 미군정청의 여론조사에서 자본주의 지향세력이 17%, 공산주의 지향세력이 13%인 데 비해 사회주의 지향세력이 70%로 나타났던 점 등으로 보아 '8·15 공간'에서 좌우합작운동의 기반은 비교적 넓게 형성되어 있었음을 알 수 있다. 그러나 38도선을 획정한 외세의 작용과 그것에 영합한 민족 내부의 분단지향세력에 의해 통일민족국가 수립운동으로서의 좌우합작운동은 좌절되었다.

1948년 남북연석회의

미국의 한반도정책이 중도파 중심의 남북통일정부 수립방안에서 이승만계 및 한민당 중심의 남한 단독정부 수립으로 바뀌고, 한반도문제가 미국이 주도권을 쥐고 있는 유엔으로 넘어감으로써 단독정부 성립 가능성이 높아지자, 단독정부 반대운동이 크게 일어났다. 좌우합작운동을 주도하던 김규식은 여운형 암살 후 민중동맹·신진당·사회민주당 등 중도파 세력을 규합하여 좌우익 편향을 배제하고 민족의 자주노선을 표방하며 '민족자주연맹'을 결성하여(1947.12.20) 활동했다.

이승만·한민당계와 함께 신탁통치 반대 노선에 섰다가 이승만 세력과 한민당이 본격적으로 남한 단독정부 수립 노선으로 가게 되자 이들과 결별한 김구가 다시 김규식과 노선을 같이하면서 북쪽의 김일성·김두봉에게 남북요인회담을 제의하는 서신을 보냈다. 또 유엔 조선위원단에 남북협상 방안을 제시하고(1948.2.6), 남한 단독정부 수립을 반대하는 성명 「3천만 동포에게 읍고(泣告)함」을 발표한 후(2.10) 남북협상을 다시 제의했다(3.8).

김구·김규식의 서신을 받은 김일성·김두봉은 조선의 정치현상에 관한 의견교환, 남조선 단독정부 수립을 전제로 한 선거 실시에 관한 유엔총회 결정을 반대하기 위한 대책수립, 조선의 통일과 민주주의 조선정부 수립에 관한 대책연구 등을 토의하기 위한 남북회의를 제의하는 회신을 보냈다(3.25). 또 북조선노동당을 비롯한 북쪽의 9개 정당·단체 이름으로 남쪽의 한국독립당 등 모든 정당·사회단체 앞으로 '전조선 정당사회단체대표자 연석회의' 개최를 제의하는 서신을 보냈다(3.30).

그러나 김구·김규식을 비롯한 조소앙·홍명희 등 초청된 사람들의 북행(北行) 문제를 두고 의견이 엇갈려 혼선이 빚어졌다. 남한 단독선거를 앞둔 미군정 당국은 이들의 북행을 반대했다. 우익 청년·학생 단체 및 기독교 단체와 38도선 이북에서 월남한 인사들의 단체 등도 이들의 북행을 강력히 반대하고 나섰다. 반면 문화인 108명이 연서한 남북회담 지지성명(4.14)을 비롯하여 중도적 정당과 법조회(法曹會) 등 남북회담을 지지하는 단체도 많았다.

김구·김규식 등은 북쪽으로 출발하기에 앞서 독재정치 배격 민주주의국가 건설, 독점자본주의 경제제도 배격 사유재산제도 승인, 전국적 총선거를 통한 통일중앙정부 수립, 외국에 대한 군사기지 제공 반대 등을 내용으로 하는 '협상 5개 원칙'을 발표했다. 그들이 평양에 도착했을 때 '전조선 정당사회단체대표자 연석회의'(4.19~26)는 이미 시작되어 있었다. 여기에서는 미·소 양국 군대의 즉시 철수 요청과 단독정부 수립을 반대하는 전체 동포에게 보내는 격문이 채택되었다.

평양 남북연석회의에서 연설하는 김구

김구·김규식·박헌영·백남운 등을 비롯한 남쪽 대표 11명과 김일성·김두봉·최용건(崔庸健, 최석천崔石泉)·주영하 등 북쪽 대표 4명 사이에 열린 '남북조선 제정당사회단체 지도자협의회'(4.27~30)에서 외국군대 즉시 철수, 외국군 철수 후의 내전(內戰) 발생 부인, '전조선정치회의' 구성과 그 주도에 의한 총선거 실시 및 정부수립, 남한 단독선거 반대 등 4개항이 합의되었다. 또 김구·김규식·김일성·김두봉의 '4김회담'이 따로 열려 남한에 대한 북한의 송전(送電) 계속, 연백(延白) 수리조합 개방 등이 합의되었으며 조만식(曺晩植, 1883~1950)의 월남(越南) 문제도 약속되었다.

'지도자협의회'는 합의사항 중 선결문제인 미·소 양군 철수를 교섭하기 위해 북쪽에 주둔해 있는 소련군에는 김두봉을, 남쪽의 미군에는 여운홍을 보내 '지도자협의회'의 합의사항을 전달하고 철수를 요청했다. 소련군사령관 꼬로뜨꼬프(Korotkov)는 "미국군대가 동시에 철퇴한다면 소련군대는 즉시 철퇴할 준비가 완료되어 있다" 했고, 미군사령관 하지는 "유엔의 결의안에는 전조선에 걸쳐 총선거를 실시한 후 조선국민 정부가 수립되면 가급적 속히 양군이 철퇴할 것이 규정되어 있다" 하여 정부수립 후 철군 안을 고수했다. 따라서 '지도자협의회'의 합의는 무위로 돌아갔다.

서울로 돌아온 김구와 김규식은 평양에서의 남북협상 경위와 합의사항을 설명하는 공동성명을 발표하고 단독정부 수립을 위한 남한의 5·10선거를 거부했다. 이후 북쪽에서는 제2차 남북협상을 해주(海州)에서 개최할 것을 제의했고, 북쪽에서도 선거를 실시하여 정부를 수립할 예정이라 하고 김구·김규식의 호응을 권했다. 그러나 '양김'은 남쪽에서 단독정부를 수립한다 하여 이에 맞서 북쪽에서도 단독정부를 수립하겠다는 것 또한 민족분열행위라 하여 참가를 거부했다.

북쪽에서는 김구·김규식의 참가 없이 평양에서 '제2차 남북 제정당사회단체 지도자협의회'를 개최하여 남한의 국회를 비법적(非法的) 조직체로 규정하고 '조선민주주의인민공화국' 중앙정부를 수립할 것을 결정했다(6.29).

이에 대해 '양김'은 "그들이 일방적으로 결정한 헌법에 의하여 인민공화국을 선포하여 국기까지 바꾸었다. 물론 시기와 지역과 수단방법에 있어서 차이가 있을지언정 반조각 국토 위에 국가를 세우려는 의도는 일반인 것이다. 그로부터 남한·북한은 호상 경쟁적으로 국토를 분열하여 민족상잔의 길로 나아갈 것이다"는 공동성명을 발표하여 6·25전쟁을 예언했다(7.19).

'양김'의 제2차 '지도자협의회' 거부 후 남쪽의 각 시·군 '대표'가 해주에 모여 '남조선인민대표자대회'를 열고(8.21) 남로당원 132명을 비롯하여 조선인민공화당원 68명, 신진당원 31명, 사회민주당원 43명, 민주한독당원 35명, 근민당원 62명, 전평회원 66명, 민주독립당원 53명 등 앞서의 '전조선 정당사회단체대표자 연석회의'에 참가했던 모든 정당·사회단체 대표로 구성된 360명의 대의원을 선출했다.

'양김' 중심의 남북협상은 제1차 '지도자협의회'에서 끝났다. 그러나 제2차로 열린 지도자협의회와 그 결과인 남조선인민대표자대회는 북쪽의 조선민주주의인민공화국 성립을 뒷받침했다.

남북협상에서 돌아온 후 '양김'은 남한 단독선거가 실시된 후에도 한독당과 민족자주연맹을 중심으로 단정(單政) 반대세력을 규합하여 "통일독립운동자의 총역량 집결" "민족문제의 자주적 해결"을 목적으로 하는 통일독립촉진회(統一獨立促進會)를 결성하여(1948.7.21) 민족통일운동을 계속하면서 유엔에 대해 남북 두 분단국가의 해체와 남북 총선거에 의한 통일정부 수립을 요구했다. 그러나 결국 김구 암살(1949.6.26)과 6·25전쟁으로 연결되었다.

8·15와 함께 38도선이 획정된 정세 아래서 일부 국내 정치세력과 외세에 의한 민족분단 책동이 드러나고 있을 때, 식민지시대의 민족해방운동전선에서 통일전선운동에 참가했던 정치세력을 중심으로 인공과 임정의 연합 추진, 좌우합작운동, 남북연석회의 등의 통일민족국가 수립운동이 추진되었다.

특히 1948년의 남북연석회의는 분단국가 수립 노선에 섰던 이승만 세력과 한민당 세력을 제외한 모든 민족해방운동세력 및 통일민족국가 지향 정치세력이 참가한 주체적·평화적 통일민족국가 수립운동이었다. 그러나 이 운동은 실패하고 남북에 분단국가들이 성립되어 민족상잔으로 연결되었다.

제3절 4·19 민주·통일운동

4·19 민주화운동

통일민족국가 수립운동으로서의 건국준비위원회 활동, 좌우합작운동, 남북협상 등이 모두 실패하고 남한에서의 단독정권으로 성립된 이승만정권은 반일주의와 반공주의를 내세우면서 독재체제를 수립해갔다. 이승만정권이 표면적으로 반일주의를 내세운 것은 식민지시대 민족해방운동을 계승한 정권임을 표방하려는 데 목적이 있었으나 실은 그 근거가 매우 약한 것이었다.

식민지시대의 민족해방운동을 그 방법론에 따라 독립전쟁론과 외교독립론으로 나눈다면 이승만 계열은 후자 쪽이었다. 또 절대독립론과 상대독립론으로 나눈다면 이승만정권을 성립시킨 세력 중 하나인 한민당 세력은 또 후자 쪽이었다. 식민지배에서 해방된 민족사회의 한쪽에 최초로 성립된 정권이 독립전쟁론이나 절대독립론 세력이 제거되고 외교독립론·상대독립론 세력 중심으로 이루어진 것이다.

이승만정권은 반일주의를 표방했음에도 실제로는 식민지시대의 친일세력을 토대로 한 정권이 되지 않을 수 없었다. 미군정이 조선총독부의 조선인 관리를 거의 그대로 눌러앉혔고 이승만정권은 또 이들 군정청 관리를 대부분 이승만정권의 관료로 눌러앉혔다. 반민특위(反民特委)가 불법적으로 해체된 사실은 이승만정권의 이같은 성격을 단적으로 드러낸 부분이었다.

건국준비위원회 활동이나 좌우합작운동 과정에서 식민지시대의 유산을 청산하는 문제인 친일파 처벌 문제는 토지개혁 문제와 함께 항상 논란의 초점이 되었다. 이승만정권도 그 역사적 정당성을 세우기 위해 표면적으로는 반일정책을 내세우면서 반민족행위처벌법을 제정하여 정권의 민족주의적 명분을 세우려 했다(1948.9.22).

그러나 이 법에 따라 이승만정권의 경찰간부가 체포될 단계에 이르자 돌연 그 경찰로 하여금 반민특위를 포위케 하고 특경대(特警隊)를 강제로 해산시켰다(1949.6.6). 이후 민족해방운동 과정과 해방 후의 통일민족국가 수립운동 과정에서 가장 중요한 문제로 등장했던 친일파 처벌 문제는 사실상 흐지부지되고 말았다.

이로써 이승만정권의 반일주의는 일본에 대한 하나의 외교상의 정략에 이용되었을 뿐이며, 정계에는 물론 문화·교육계에서도 친일세력은 그대로 안존했다. 친일파 숙청의 실패로 이승만정권 존립의 민족사적 명분은 무너졌고, 다만 자유민주주의 체제의 수립을 표방한 반공주의만이 정권유지의 명분으로 남게 되었다.

미국은 동북아시아에서 한·미·일 삼각안보체제를 유지하기 위해 이승만정권에 대해 일본과의 국교 재개를 요구했으나 배상금 내지 경제원조액수 문제로 한·일교섭은 답보상태에 빠져 있었다. 이 때문에 이승만정권과 미국 사이에 마찰이 빚어졌다.

정당성을 잃고 독재체제로 치닫는 이승만정권에 대항한 민중운동으로서의 4·19운동은 당초 국민주권회복운동으로 출발했다. 이승만의 독재체제가 횡포를 부릴 때마다 야당 정치인들에 의한 일정한 테두리 안에서의 반독재운동은 호헌동지회(護憲同志會)의 결성으로, 민주당의 창당(1955.9.18)으로, 국민주권옹호투쟁회의 발족으로, 민권수호국민총연맹의 결성으로 이어졌으나 직접 이승만정권을 무너뜨리는 데까지는 나아가지 못했다.

제4대 정·부통령선거(1960.3.15)에서 특히 부통령 후보 이기붕을 당선시키기 위한 자유당의 선거부정은 절정에 다다랐다. 선거 당일 마산에서 부정선거를 규탄하는 민중시위가 일어나 시위대가 경찰서를 습격하다 80여명의 사상자를 냈다. 부정선거를 규탄하는 학생시위가 서울·부산 등지로 퍼져나가는 한편, 마산에서도 피살된 시위학생 김주열(金朱烈, 1943~60)의 시체 인양을 계기로 두번째 민중시위가 일어났다.

이승만정권은 흔히 써오던 책략대로 마산사건의 배후에 공산세력이 개입한 혐의가 있다고 조작하여 사태를 수습하려 했다. 그러나 서울에서의 고려대학생 시위에 이어 마침내 4월 19일에 2만명 이상의 서울지역 대학생들과 시민들이 일제히 일어나 정부 기관지 서울신문사와 반공회관·경찰관서 등에 불을 지르고 부정선거를 규탄했다.

이 과정에서 경찰의 발포로 186명이 목숨을 잃었다. 희생자는 하층노동자 61명, 고등학생 36명, 무직자 33명, 대학생 22명, 초등학생·중학생 19명, 회사원 10명, 기타 5명 등이었다.

당황한 이승만은 계엄령을 펴는 한편, 각료들을 경질하면서 부통령에 당선된 이기붕을 사퇴시키고 자신은 자유당 총재 자리를 내어놓는 등 일련의 조치를 취하여 사태를 수습하고 정권을 유지하려 했다. 그러나 대학교수단의 시위(4.26)에 이어 다시 민중시위가 일어나자 마침내 이승만은 대통령직을 사임하고 12년간 유지하던 권좌에서 쫓겨났다(4.27).

이승만의 사임으로 정권은 외무장관 허정(許政, 1896~1989)에게

4·19 민주화운동. 이승만이 하야한 1960년 4월 26일 계엄군 탱크에 올라가 기뻐하는 시민들.

로 넘어갔다. 허정 과도정권 아래서 내각책임제 개헌이 이루어지고 총선거가 실시된 후 장면을 국무총리로 하는 민주당내각이 성립되었다(8.23).

4·19운동이 폭발한 직접적 동기는 제4대 정·부통령선거에서의 자유당의 파렴치한 선거부정에 있었다. 그러나 그것은 단순한 부정선거 규탄운동이 아니라 국민주권주의를 회복하려는 민주주의운동이었다.

대한제국시기부터 국민주권주의운동이 일어났으나 식민지로 전락함으로써 중단되었고, 식민통치 아래서는 그것이 전혀 용납되지 않았다. 따라서 '8·15 공간'에서는 정치·경제·사회·문화면에서의 민주주의 실현에 대한 요구가 그만큼 더 높았다. 이승만정권의 성립 과정과 6·25전쟁 과정을 통해 이 요구는 다시 한번 억눌렸다. 전쟁이 끝난 후 1950년대 후반기로 접어들면서 이승만정권의 변태적 독재체제 아래서 청년·학생층을 중심으로 하는 지식인들의 민주주의에 대한 요구가 다시 높아졌다.

미국의 경제원조 감소로 산업이 침체하고 실업률이 높아져서 전쟁중의 독재체제 및 반공체제 강화에 눌려 있던 노동운동과 농민운동이 활성화됐다. 그밖에 이승만정권에 대한 미국의 지지마저 약화되어 4·19 민주화운동은 독재정권 타도 목적을 일단 이룰 수 있었다.

4·19 민족통일운동

이승만정권은 성립 직후부터 북쪽의 협상 제의를 거부하면서 김일성정권의 해체와 유엔 감시하의 북한지역만의 자유선거에 의한 통일을 주장했다. 6·25전쟁 전에 이승만정권의 통일방안은 북진통일론으로 바뀌었고, 전쟁 후에 개최된 제네바회담에서 이승만정권은 참전 국가들이 권유한 '유엔 감시 아래서의 남북한 총선거안'을 거부하고 "북한에서는 유

사형을 언도받는 조봉암

엔 감시 아래서의 총선거를 실시하고 남한에서는 대한민국의 헌법 절차에 따라 총선거를 실시할 것"을 주장했다.

그러나 회담이 결렬된 후에는 다시 '북한만의 유엔 감시에 의한 총선거안'으로 되돌아갔다. 조봉암 중심의 진보당이 '남북 총선거에 의한 평화통일안'을 제기하자 그것이 국시(國是)에 어긋난다는 이유로 진보당 자체를 불법화하고 조봉암을 간첩 혐의로 처형했다.

4·19운동으로 이승만의 독재정권이 무너진 후에는 통일론에도 변화가 오기 시작했다. 그 가장 큰 요인은 혁신세력의 정치활동이 가능해진 데 있었다. 혁신정치세력은 4·19 후 사회대중당·혁신동지총연맹 등으로 분립되어 7·29총선에 임했다가 참패한 후에도 구 진보당계의 사회대중당, 구 근로인민당계의 사회당과 혁신당, 구 민주혁신당계 중심의 통일사회당 등으로 분립되었다.

그러나 그 통일론은 대체로 통일되어 있었다. 그것은 유엔과 강대국의 개입을 배제하는 민족자주통일론, 남북간의 직접협상을 통한 평화통일론, 한반도의 국제적 중립화를 지향한 통일론으로 압축되어 있었다.

7·29총선에서의 참패를 교훈으로 하여 혁신세력의 통일이 모색되었다. 그 결과 유도회(儒道會)의 김창숙(金昌淑, 1879~1962)을 대표로 하는 '민족자주통일중앙협의회'(민자통)가 발족됐다(8.30). 혁신정당들 외에 민족건양회와 천도교·유도회·교원노조 일부, 교수협회 등이 참가하여 성립된 '민자통'은 민족통일을 위한 국민운동의 실천방안으로 즉각적인 남북협상, 남북 민족대표자에 의한 '민족통일건국최고위원회' 구성, 외세 배격, 통일 협의를 위한 남북대표자회담 개최 등을 제의했다.

'민자통'은 구체적인 통일방안으로 제1단계, 민간단체의 교류와 서신왕래 및 경제·문화교류, 제2단계, 남북 두 정권 사이의 통일적 견지에서의 경제발전계획 및 통일 후의 제반 예비사업 진행, 제3단계, 민주주의적 선거법의 제정과 제반 자유의 보장 및 자유선거 등을 제시했다. 또한 장면정권이 체결한 '한미경제협정'(1961.2.8) 반대운동, 반공법·데모규제법 반대운동, 통일운동 등을 추진했다.

혁신계의 통일론이 명백하고 발전적인 데 비해 장면정권의 통일방안은 답보적이고 고식적이었다. 이승만정권 때의 북진통일론을 그대로 답습할 수 없는 상황인 것은 인식했으나 국민 일반의 열망에 부응할 만한 통일론을 준비하지는 못했다. 고심 끝에 '유엔 감시하 남북한 총선거를 통한 평화적 자유민주통일안'을 일단 유엔총회에 제시했다.

그러나 이 통일안은 일부 보수세력으로부터 "남북 총선거는 대한민국과 북한을 동격에 놓는 것이며 따라서 대한민국을 부인하는 것"이라는 비판을 받았다. 언론으로부터도 "민주당정부가 이번에 유엔총회에 제시한 유엔 감시하의 남북 총선거 주장이란 영원한 수

평선상을 왕래할 뿐 미·소 냉전의 선전무대에서 이니시어티브를 잡자는 것 이상 아무것도 아니다"라는 평을 받을 정도였다.

장면정권과 국민들, 특히 혁신세력의 통일론 사이에 이와같은 큰 차이가 나타나게 되자 4·19운동의 주역이었던 대학생을 중심으로 하는 청년층의 통일운동은 오히려 가속화되어 급진적인 방향으로 나아갔다. 민족통일운동이 가장 활발히 전개되었던 1961년 상반기에 들어와서 고려대학교 학생회는 남북간의 서신왕래·인사교류 및 기술협정 등을 주장했다.

서울대학교의 민족통일연맹도 남북간의 학술토론대회·체육대회·기자교류 등을 포함한 남북학도회담을 제안했다. 또 전국 17개 대학생 대표 50여명이 모여 '민족통일전국학생연맹'을 결성하고 판문점에서 남북학생회담을 5월 이내에 열 것을 결의했다(1961.5.5).

학생층의 급진적인 통일운동에 비해 장면정권의 통일론은 계속 유엔 감시하의 남북 총선거, 중립화통일론의 거부, 남북교류 시기상조론에 머물고 있었다. 그러나 민주당 구파가 분당해서 만든 신민당 내의 일부 진보세력은 남북시찰단 교환과 서신교환 등을 찬성하는 데까지 나아갔다. 또한 '민자통' 등 혁신세력은 남북학생회담을 환영하고 통일촉진 궐기대회를 개최하여 지지기반을 넓혀갔다(1961.5.13). 그러나 곧 5·16군사정변이 일어남으로써 일체의 통일운동이 불법화되었다.

4·19운동은 당초 이승만의 독재정권에 대항하는 반독재 민주주의운동으로 출발했으나, 이승만정권이 무너지고 장면정권이 성립된 후에는 급속히 민족통일운동으로 발전해갔다. 일제 식민지시대의 민족해방운동 과정에서 항일운동과 민주주의운동이 함께 추진되고 있었다면, 8·15 후 분단시대의 민족운동은 민족통일운동과

민주주의운동이 같이 추진되었다. 그리고 그것은 식민지시대의 민족통일전선운동, 8·15 후 통일민족국가 수립운동으로서의 건국준비위원회 활동, 좌우합작운동, 남북연석회의 등의 연장선에 있었다.

제4절 7·4남북공동성명

남북적십자회담

4·19 후 급진전한 민족통일운동은 5·16군사정변으로 일체 불법화되었다. '혁명공약' 첫머리에서 "반공을 국시의 제일로 한다" 한 군사정권은 포고령 제18호를 발표하여 "반국가단체를 조직하거나 그것에 가입하거나 또는 가입할 것을 권유한 자는 엄벌에 처한다"고 했다(1961.5.19).

이후 모든 정당·사회단체를 해산하고(5.22) '중앙정보부 설치에 관한 법률'(6.10), '반공법'(9.4) 등을 계속 발표하며 4·19 후 민족통일운동을 주도했던 '민자통'을 비롯한 혁신세력 및 학생들을 체포하여 '혁명재판'에 회부함으로써 평화통일론 일체를 탄압했다.

한편 김일성정권은 북한지역을 '민주기지'로 하는 남한지역에 대한 혁명적 통일론을 견지하다가 4·19의 폭발로 남한지역의 '혁명역량'을 인정하고 남한 '지역혁명론'으로 전환했다. 그리고 "당분간 남북조선의 현재 정치제도를 그대로 두고 조선민주주의인민공화국 정부와 대한민국 정부의 활동을 보존하는" 것을 기본원칙으로 하여 두 정부의 대표로 구성되는 '최고민족위원회'를 조직하고 주로 "남북조선의 경제·문화 발전을 통일적으로 조절"하는 것을 핵심내용으로 하는 '남북연방제통일안'을 제기하는 양면정책으로 나아갔다(1960.8.15).

박정희정권은 '민정이양' 후의 첫 대통령선거(1963)에서 여당 민주공화당의 통일정책으로서 "유엔 감시하의 자유민주주의 원칙에 입각한 남북한 총선거안"을 제시하면서, 정치·경제·교육·문화 등 모든 분야에 걸친 승공태세 완비를 강조했다. 이후 박정희정권은 "미군철수와 남북 서신·문화·경제 교류를 통한 평화통일"을 주장했다는 '인민혁명당사건'(1964)과 "조국의 자주적 평화통일의 성취"를 강령으로 했다는 '통일혁명당사건'(1968) 등을 통해 계속 혁신세력을 탄압했다.

1960년대 말에서 1970년대로 넘어오는 과정에서 미국의 베트남전 패배와 함께 세계정세가 급변해갔다. 미국은 '닉슨독트린'(1969)을 통해 그 동맹국들이 자국의 방위비를 더 많이 부담할 것을 요구하면서 소련·중국을 비롯한 공산주의국가와의 평화공존정책으로 전환했다.

유엔에서는 1960년대를 통해 아시아·아프리카 신생회원국이 증가하여 제3세계의 영향력이 커졌다. 그 결과 1960년대 후반에는 유엔의 북한정권 불법화 원칙이 무너지고 남북한 동시 초청안이 가결될 추세로 나아가고 있었다. 이같은 세계정세의 변화는 미국의 한반도정책을 '두개의 한국' 정책과 '한·미·일 삼각안보체제 구축' 정책으로 나아가게 했다.

강대국들의 이같은 한반도정책의 변화는 분단을 고착화하는 정책이기도 했다. 따라서 그 분단고착화 정책에 대한 반발로서 통일문제의 전체 민족주의적 해결이 촉진되는 계기가 마련될 수도 있었다. 박정희정권은 세계정세의 변화와 함께 대학생 교련반대시위의 확산, 범민주세력의 '민주수호국민협의회' 결성(1971.4.19) 등에 시달리면서 돌파구가 필요했다.

김일성정권도 미국과 소련, 미국과 중국의 화해분위기에 자극받으면서 남한의 집권당 민주공화당을 포함한 모든 정당과 협상할 용의가 있음을 천명했다(1971.8.6). 이에 따라 6·25전쟁 후 20여년간 완전히 단절되었던 남북 정부 사이의 평화적 접촉이 다시 시작되었다.

남북적십자회담

평화적 접촉의 단초는 남쪽의 적십자사가 북쪽 적십자사에 대해 '남북 가족찾기 회담'을 제기하고(1971.8.12) 북쪽 적십자사가 이에 즉각 응함으로써(8.14) 보이기 시작했다. 남북간의 접촉은 일단 열리게 되자 의외로 급진전하여 최초의 회담 제의가 있은 지 불과 8일 만에 남북 적십자사의 연락원들이 판문점에서 만나 신임장을 교환했다. 그리고 2개월 후에 첫 예비회담이 판문점에서 개최되었다(9.20).

예비회담이 계속되는 동안 '7·4남북공동성명'이 발표되었고 그 영향으로 적십자회담도 급진전했다. 본회담을 서울과 평양에서 번갈아 개최하는 문제, 판문점을 통한 쌍방의 왕래절차, 체류기간과 회담일정, 교통·통신 수단의 보장, 회담의 운영형식, 상대방 인원에 대한 편의 제공, 참가 인원수 및 본회담 날짜 등에 완전 합의하고 드디어 제1차 본회의가 평양에서 개최되었다(1972.8.29).

제1차 본회담에서는 남북으로 흩어진 가족들과 친척들의 주소와 생사를 알아내어 알리는 문제, 이들과 친척들 사이의 자유로운 방문과 자유로운 상봉 및 자유로운 서신거래를 실시하는 문제, 남북으로 흩어진 가족들의 자유의사에 의한 재결합 문제, 기타 인도적으로 해결할 문제 등의 의제를 합의, 발표하여 큰 진전을 보았다.

제2차 회담은 서울에서 열렸다(9.12). 이 회담에서는 3개항에 합의하여 회담의 앞날을 더욱 밝게 했다. "첫째, 쌍방은 온 겨레의 의사와 염원을 반영하여 남북적십자회담의 의제로 설정된 모든 문제들의 해결에 있어서 민주주의적 원칙과 자유로운 원칙, 남북공동성명의 정신과 동료애, 그리고 적십자 인도주의적 정신을 철저히 구현한다. 둘째, 쌍방은 제1차 및 제2차 남북적십자 본회담을 통하여 더욱 다져진 쌍방간의 신뢰와 신뢰 분위기를 바탕으로 제3차 회의부터는 의제에 관한 토의를 진행한다. 셋째, 제3차 남북적십자 본회담은 1972년 10월 24일 평양에서, 제4차 적십자 회담은 1972년 11월 22일 서울에서 진행키로 한다."

그러나 남북적십자회담은 그 진행과정에 성립된, 통일문제 중심의 정치회담을 위한 남북조절위원회가 교착상태에 빠짐으로써 그 영향을 받아 서울에서 열린 제6차 회담(1973.5.9)을 끝으로 더 계속되지 못했다. 적십자회담은 사실상 정치회담의 길을 트는 역할밖에 하지 못했던 것이다.

남북공동성명

적십자회담으로 협상의 길을 열게 된 남북 당국은 정치회담을 위해 비밀접촉을 하다가 남쪽의 중앙정보부장 이후락(李厚洛)과 북쪽의 조선로동당 조직지도부장 김영주(金英柱)의 이름으로 서울과 평양에서 동시에 공동성명을 발표했다(1972.7.4). 민족분단 후 남북 정부에 의해 합의 발표된 최초의 공동성명인 '7 · 4남북공동성명'은 비록 쌍방 집권자들 사이의 합의에 의한 것이기는 하지만, 통일문제의 원칙에 최초로 합의했다는 점에서 민족통일운동의 역사에 커다란 위치를 차지하는 것이었다.

7·4 남북공동성명 발표 장면

공동성명이 밝힌 원칙은 "첫째, 통일은 외세에 의존하거나 외세의 간섭을 받음이 없이 자주적으로 해결하여야 한다. 둘째, 통일은 서로 상대방을 반대하는 무력행사에 의거하지 않고 평화적 방법으로 실현하여야 한다. 셋째, 사상과 이념·제도의 차이를 초월하여 우선 하나의 민족으로서 민족적 대단결을 도모하여야 한다"는 세가지였다. 유엔을 비롯한 외세의 개입을 배제한, 민족의 주체적 능력에 의한 평화적 통일에 합의한 것이다.

공동성명은 이밖에도 쌍방간의 긴장상태 완화와 신뢰 분위기 조성을 위한 중상·비방의 중지 및 크고 작은 무장도발 중지, 민족적 연계와 이해를 증진하여 자주적 평화통일을 달성하기 위한 각 방면의 교류, 남북적십자회담의 성공을 위한 적극적인 협조, 돌발적인 군사적 사고를 미연에 방지하고 남북 사이에 제기되는 문제들을 직접 신속·정확히 처리하기 위한 서울과 평양 사이의 상설 직통전화 설치, 합의된 원칙에 기초한 통일문제 해결을 위한 '남북조절위원회' 설치에 합의했다.

남북조절위원회가 성립되어 그 제1차 공동위원장회의가 판문점 '자유의 집'에서 개최되었다(10.12). 그러나 곧 박정희정권은 계엄령을 선포하고 국회를 해산하여 '유신'을 선포했고(10.17), 김일성정권은 '사회주의헌법'을 제정하여 1인통치체제를 더욱 강화했다(10.27). 남북공동성명 발표 후의 남북 정치정세는 공동성명이 밝힌 이념·사상·제도의 차이를 초월하여 우선 하나의 민족으로서 민족적 대단결을 도모하는 방향이 아니라 전혀 이질적인 각기의 통치체제를 강화하는 방향으로 나아갔다.

남쪽이 '유신'을 하고 북쪽이 '사회주의헌법'을 제정한 직후에도 제2차 공동위원장회의가 평양에서 개최되었다(11.2). "하루빨리 남북관계를 개선하고 조국의 자주평화통일을 실현하자는 염원에서 진지한 민족애의 분위기 속에서 협의를 진행한 결과 서로 이해를 심화시키고 일련의 문제를 풀어나가는 데 전진을 이룩하였다" 하고, 각 분야에 걸쳐 힘을 합쳐 같이 사업하는 일, 남북조절위원회를 구성하고 운영하는 일, 대남·대북 비방방송과 군사분계선상에서의 대남·대북 방송, 그리고 상대방 지역에 대한 비라 살포 등을 그만두는 일 등에 합의했다.

이 제2차 공동위원장회의에서는 또 '남북조절위원회 구성 및 운영에 관한 합의서'도 발표했다. '합의서'에 의한 조절위원회의 기능은 다섯가지여서 그야말로 민족의 주체적·평화적 통일을 달성하기 위한 준비기관의 역할을 다할 만했다.

"첫째, 합의된 조국통일 원칙에 기초하여 나라의 자주적 평화통일을 실현하는 문제를 협의 결정하며 그의 실행을 보장한다. 둘째, 남북의 정당·사회단체 및 개별적 인사들 사이의 광범한 정치적 교류를 실현할 문제를 협의 결정하여 그의 실행을 보장한다. 셋째, 남북 사이의 경제·문화·사회적 교류와 힘을 합쳐 같이 사업하는 등의 문제를 협의 결정하며 그의 실행을 보장한다. 넷째, 남북 사이의 긴장상태를 완화하며 군사적 충돌을 방지하고 군사적 대치상태를 해소하는 문제를 협의 결정하며 그의 실행을 보장한다. 다섯째, 대외활동에서 남북이 공동보조를 취하며 단일민족으로서 민족적 긍지를 선양하는 문제를 협의 결정하며 그의 실행을 보장한다."

'유신헌법'에 의해 박정희가 제8대 대통령으로 당선된(1972.12.27) 후에도 남북조절위원회는 서울과 평양을 왕래하면서 개최되다가 서울에서 제3차회의가 열렸다(1973.6.12). 박정희정권은 평화통일 노력, 남북한 불간섭·불가침, 유엔총회에의 북한 초청 및 국제기구에의 남북한 동시가입 불반대, 이념이 다른 국가에 대한 문호개방 등을 내용으로 하는 '평화통일외교정책선언'(6·23선언)을 발표했다. 같은 날 김일성정권도 군사문제 우선 해결, 정치·군사·외교·경제·문화 등 다방면의 합작, 통일문제를 위한 대민족회의 소집, 남북연방제, 단일회원국 유엔가입 등을 내용으로 하는 '조국통일 5대 강령'을 발표했다.

'6·23선언'에 있는 국제기구에의 남북한 동시가입안은 남쪽의 야당으로부터 "분단을 고착화시키는 선언이고 반민족행위"라는 비판을 받았다. 이후 김대중납치사건을 계기로 북쪽에서 대화중단 성명을 냄으로써 '조절위원회'의 기능은 완전히 중단되고 남북은 다시 긴장된 대치상태로 돌아가고 말았다(8.28).

적십자회담과 7·4남북공동성명을 계기로 급진전한 남북대화는 당초 미·소 양국의 긴장완화정책과 미국·중국 관계개선의 영향을 배경으로 하여 이루어졌다. 강대국들의 긴장완화정책이나 관계개선정책이 한반도문제에 끼치는 영향을 볼 때, 표면적으로는 남북 사이의 긴장완화 및 관계개선으로 연결되는 것 같았지만, 한편으로는 강대국들 사이의 긴장완화를 위해 한반도의 분단상태를 고착화하고 '두개의 한국'을 정착시키는 정책이 될 수도 있었다.

따라서 진정한 의미의 남북대화는 강대국들 사이의 긴장완화와 관계개선정책을 이용하면서도 한반도에 대한 강대국들의 분단고착화 정책에 반발하는 민족주체적·평화적 통일 노력에 의해 이루어져야 할 것이었다. 그러나 7·4남북공동성명에서 자주적 통일원칙을 표방했음에도 불구하고 남북 당국은 강대국들의 '두개의 한국' 정책에 반발한 것이 아니라 오히려 그것에 편승하여 '유신'과 '사회주의헌법' 제정을 통해 각자의 통치권력을 강화했다.

7·4남북공동성명이 평화적 통일원칙을 표방했다 해도 쌍방이 화해적 · 중화적 · 양보적 · 공생공영적 통일을 추구한 것이 아니라 각자의 방위체제와 통치체제를 강화하여 상대방을 일방적으로 통합하려 했다면, 이는 민족통일문제가 쌍방의 집권세력 중심으로만 논의되고 교섭된 데서 빚어진 어쩔 수 없는 한계였다 할 수 있다.

이 때문에 7·4남북공동성명이 발표되자 남쪽 재야세력의 집결체였던 민주수호국민협의회는 남북 사이의 긴장완화를 위한 교류의 개시는 지지하나 조국통일을 위해 민족의 실체인 민중의 참여가 보장되어야 하며, 정권의 방편적 통일논의로 인한 민족분열의 영구화를 경계한다 하고, 국가보안법 · 반공법 및 기타 관계법령이 폐기되고 비상사태 선언이 철회되어야 한다고 주장했다(7.5).

제5절 광주민중항쟁과 6·10민주화운동

광주민중항쟁 박정희가 살해된 후 '12·12사태'를 계기로 전두환을 중심으로 하는 '신군부'가 권력의 핵심으로

떠오르자 군사정권의 재등장에 반대하고 민주화를 촉구하는 운동이 각계각층에서 일어났다. 서울시내 대학교수 361명의 '학원민주화성명'이 나오고(1980.4.24), 군부가 곧 행동할 것이라는 소문이 떠돌면서 대학생 시위가 전국적으로 퍼져나갔다. 약 10만명의 대학생이 서울역 광장에 모여 계엄해제를 요구했고(5.16), 같은 날 군사정권의 재등장을 반대하는 '지식인 134명 민주화선언'이 발표되었다.

이날 대학생 간부들은 군부에게 정권탈취의 빌미를 주지 않기 위해 시위 중단을 결정했다. 그러나 신군부는 바로 다음날 '계엄령 전국확대'를 단행하여 본격적인 정권탈취에 나섰다(5.17). 전라남도 광주에서는 계엄확대에 반대하는 학생시위가 계속되었고, 마침내 무장한 시민군이 광주시 일원을 4일간이나 장악했다가 정부군과의 교전 끝에 패퇴한 광주민중항쟁으로 발전했다.

광주민중항쟁은 당초 신군부의 계엄확대와 휴교령에 반대하는 대학생들이 전남대학교 앞에서 계엄군과 충돌한 것에서 발단되었다(5.18). 교내 진입을 기도하다가 계엄군의 제지로 실패하고 시내 곳곳에서 산발적 시위를 벌이는 학생들에 대한 계엄군의 과잉저지에 흥분하여 시위학생의 수가 불어났고, 계엄군의 저지는 더욱 격렬해졌다. 이에 분개한 일반시민들이 합세하여 학생시위가 하루 사이에 시민항쟁으로 발전했다. 학생과 시민이 합세한 민중항쟁은 곧 수세에서 공세로 바뀌어갔다.

학생시위에서 민중항쟁으로 변한 광주항쟁은 2백여 택시운전사들의 차량시위(5.20)를 계기로 노동자·도시빈민·회사원·점원 등이 폭넓게 참가하여 쇠파이프와 각목 등으로 '무장'한 폭력 저항으로 변해갔다. 정부 쪽에서는 최규하 과도정부의 신현확내각이 물러났고, 현지 계엄군 내에서는 광주지방의 향토사단과 따로 투입된 공수부대 사이에 '지휘체계의 이원화'가 빚어졌다. 시민대표와 도지사 사이에 협상이 결렬되고(5.21) 항쟁 참가자들이 본격적으로 무장하기 시작했다.

도시 중심지에 모인 약 10만명의 군중 속에는 각처의 무기고에서 탈취한 카빈총으로 무장한 사람들이 있었다. 근처 자동차공장에서 장갑차를 탈취하여 무장하는가 하면, 이웃 고을 화순탄광 광부들의 협조로 다량의 화약과 뇌관을 확보했다. 나주·영산포·화순 등지의 경찰관서에서 카빈총·엠원총 등 8백여정과 5만여발의 탄환을 탈취하여 광주시내로 반입하여 본격적인 '시민무장군'이 형성되었다.

주로 노동자·공사장인부·구두닦이·넝마주이·접객업소종사원·부랑아·날품팔이·학생 등으로 구성된 시민군은 계엄군 임시본부인 전남도청을 기관총과 소총으로 맹렬히 공격하여 계엄군을 '전략상 후퇴'하게 했다. 민중항쟁 발발 4일 만에 계엄군이 후퇴함으로써 교도소를 제외한 전체 광주시가 시민군의 점령 안에 들어갔다(5.21). 후퇴한 계엄군은 항쟁의 확산을 막기 위해 광주시 외곽을 봉쇄했다.

계엄군에 의해 포위된 광주시내에서는 관료·목사·신부·기업가 등 15명으로 '시민수습대책위원회'가 결성되어 사태수습 이전 군대투입 반대, 연행자 전원석방, 군대의 과잉진압 시인, 사후보복 금지, 부상자·사망자에 대한 치료와 보상, 이같은 요구가 관철될 때의 무장해제 등을 결의하고 계엄군과 교섭을 벌였다(5.22).

그러나 이 교섭조건은 항쟁 당초의 요구였던 계엄철폐, 김대중 석방, 군사정권 퇴진 등이 포함되지 않은 반면, 무장해제만이 제시되었다 하여 항쟁민중의 지지를 받지 못했을 뿐만 아니라, 계엄군

광주민중항쟁

쪽의 수락도 얻지 못해 성과 없이 끝났다. 이 과정에서 절반 정도의 무기가 반납되었다.

'민주수호 범시민궐기대회'가 개최되면서 '학생수습대책위원회'가 성립되는 한편, 다시 시민수습대책위원회 쪽 10명과 학생대표 20명이 참가하여 천주교 광주교구 대주교 윤공희(尹恭熙)를 위원장으로 하는 새로운 '수습위원회'가 성립되었다(5.23). 일부 수습위원들이 회수된 1천여점의 무기 중 2백점을 계엄군 쪽에 반납하고 연행자 33명을 인수했다. 이날 저녁까지 전체의 절반 수준인 2500여정의 카빈총·엠원총·권총 등이 회수되었다.

항쟁이 6일째로 접어들면서 항쟁민중 쪽에서는 협상파·투항파와 다른 지역으로 항쟁이 확산되기를 기대하는 투쟁파 등이 대립되었다(5.24). 수습위원회가 시민군의 무장해제를 촉구하고 회수된 무기의 반납을 기도했으나 투쟁파의 반대에 부딪혔다. 학생수습위원회 역시 투항파와 투쟁파로 대립했으나 점차 투쟁파가 주도권을 쥐어갔다. 이후 계속된 시민궐기대회를 거치면서 투쟁파와 청년운동권 인사, 그리고 기층민중 출신 등이 중심이 되고 김종배(金宗培)를 위원장으로 하는 새로운 집행부가 구성되었다(5.25).

이 집행부는 시민군투쟁위원장 아래 내무부위원장·외무부위원장을 비롯한 기획부장·민원부장·상황실장·보급부장·홍보부장·조사부장 등을 두고 군사부문의 기동타격대장·경비담당 등을 둔 시민군 조직을 갖추었다. 그러나 이 시민군에게는 미국의 압력이나 국민일반의 여론 및 저항에 의해 신군부의 집권기도가 좌절되기를 기다리며 시간을 버는 것이 유일한 선택이었다고 한다. 시민군이 가진 무기는 총 5400여점이었고 그중 이날까지 4천점이 회수되었다.

한편 신군부 쪽은 전투사단과 공수여단 약 4천명 병력으로 5월 27일 오전 3시를 기해 진압작전을 감행했다. 당시 시민군의 병력은, 정확하게 산출할 수 없지만, 전남도청에 기동타격대 8개조와 순찰대 병력 약 1백명, 경비병력 50명, 비무장 인원 80명, 광주공원에 1개 중대의 무장병력 등이 있었다 한다.

진압작전은 계엄군의 일방적 공격으로 많은 사상자를 내면서 약 4시간 만에 끝났다. 이로써 10일간에 걸친 광주민중항쟁도 끝난 것이다. 계엄사령부는 항쟁민 중 사망자가 148명이며 그중 71%인

118명이 총상으로 죽었고, 사망 군인 수는 15명이라 발표했다.

광주항쟁은 조선왕조시대의 갑오농민전쟁·호남의병전쟁과 일제식민지시대의 광주학생운동 및 8·15 후의 각종 무장투쟁으로 이어지는 역사적 전통, 박정희정권 말기의 중화학공업 과잉투자 등으로 인한 경제적 침체, 특히 박정희정권의 정치적 목적에 의한 영·호남 사이의 지역감정 조장, 경제개발과정에서의 호남지방의 상대적 낙후, '유신'독재체제 이래 'YH사건' '부·마항쟁' '서울의 봄'으로 이어진 민주화운동의 고조, 전두환이 중심이 된 신군부의 정권장악을 위한 계엄확대 및 김대중 체포에 대한 반대, 정권장악에 나선 신군부의 힘의 과시를 위한 학생시위 과잉진압 등의 원인이 겹쳐 터진 민중항쟁이었다.

이 항쟁으로부터 8년 후 광주시민을 상대로 한 조사에서는 그 원인을 "군부의 집권계획 의도에 따른 고도의 술책이었다"고 본 경우가 55%로 가장 많았고, "계엄군의 무자비한 진압에 의한 것이었다"고 본 경우가 25.7%였으며, "특정 정치인의 사주에 의한 것이었다"고 본 경우가 11.5%, "지역감정 때문이었다"고 본 경우는 2.4%에 지나지 않았다.

하나의 도시에서 발단된 반군사정권 운동이 무장항쟁으로 나아갔고 그것이 주변지역으로 확산될 조짐이었다는 점, 이 항쟁의 탄압을 고비로 본격적으로 등장한 전두환정권 아래서는 미국이 진압군 동원을 승인한 문제와 관련하여 과거 어느 정권 때보다 반미운동이 적극적으로 확산된 점 등이 역사적으로 주목할 만한 일이었다.

6·10민주화운동과 민족통일운동

광주민중항쟁이 군부의 무력탄압으로 진압된 후 민주화운동 및 민족통일운동은 한때 침체했다. 그러나 1970년대를 통해 급성장한 민주화운동과 민족통일운동 그리고 노동운동과 농민운동이 광주민중항쟁을 치른 후에는 하나의 통일전선운동으로 발전하여 전두환 정권의 '4·13호헌조치'(1987)를 분쇄하고 대통령직선제를 관철했다. 한편 1980년대 후반기 이후의 세계사적 변화와 궤도를 같이하면서 민주화운동 및 민족통일운동에 큰 진전이 이루어졌다.

전두환 군사정권의 폭압으로 한때 잠잠했던 민족통일운동 및 민주화운동 진영은 민주화운동청년연합(민청련, 1983.9)·해직교수협의회(1983.12)·한국노동자복지협의회(1984.3)·민중문화운동협의회(1984.4)·민주언론운동협의회(1984.12) 등이 결성되면서 다시 움직이기 시작했다.

각 지방에서도 청년운동 및 종교운동 쪽의 역량들이 합쳐져서 전북민주화운동협의회(1984.10)·전남민주청년운동협의회(1984.11)·인천지역사회운동연합(1984.11) 등이 결성되다가 민족민주운동의 연대조직으로서 민중민주운동협의회(1984.6.29)와 민주통일국민회의(1984.10.16)가 각각 결성되었다. 광주민중항쟁을 전후하여 분산적이며 고립적으로 나타났던 민족민주운동은 그 통일전선을 지향하면서도 민주화운동청년연합을 중심으로 하는 각 단체들의 연합체인 민중민주운동협의회와 기독교세력을 중심으로 이루어진 민주통일국민회의로 양립된 것이다.

그러나 마침내 그 통합체로서 "민주화와 민족통일을 과제"로 하고 "재야 정치운동단체이며 민중노선을 지향"할 것을 원칙으로 하는 민주통일민중운동연합(민통련, 1985.3)을 결성했다. '민통련'은 1987년 6월민주화운동에 앞선 민족·민중운동 통일체로서 일정한 역할을 다할 수 있었다.

한편 이 시기에는 양심수 석방, 국가보안법 철폐, 고문추방 등의 쟁취를 목적으로 하는 '민주화실천가족운동협의회'(1985), 대학과 사회의 민주화를 촉구하고 민중민족운동에 대한 지식인의 기여를 목적으로 하는 '민주화를 위한 전국교수협의회'(1987), 인권침해에 대한 변론활동을 목적으로 하는 '민주사회를 위한 변호사 모임'(1988) 등이 발족하여 활동했다.

1987년으로 들어서면서 치안본부에 연행된 서울대생 박종철의 고문치사사건이 터지면서(1.14) 반정부·민주화운동이 급격히 고양되었다. 전두환정권이 '4·13호헌조치'를 발표하자 통일민주당과 민통련이 합세하여 "민주헌법 쟁취를 통한 민주정부 수립에 궁극적 목표"를 두는 '민주헌법쟁취 국민운동본부'를 구성했다(5.27).

연세대생 이한열의 최루탄 치사사건(6.9) 후 민주정의당이 노태우를 간선제 대통령후보로 지명한 날 서울·광주·부산·대전·인천 등 전국 18개 도시에서 학생과 일반시민 들을 중심으로 '4·13호헌조치' 철폐, 군사독재 타도, 민주헌법 쟁취, 미국의 내정간섭 반대를 주장하는 '6·10국민대회'가 열렸다(6.10).

차량들이 경적으로 격려하고 시민들이 박수로 호응하는 속에서 시위는 당초 평화적으로 이루어졌으나 경찰의 강경한 진압으로 격렬해졌다. 시청 1개소, 파출소 15개소, 민정당 지구당사 2개소가 파손되었고, 시위현장에서 3800여명이 연행되었다.

6·10국민대회는 이후 명동성당 농성투쟁으로 이어지다가 다시 서울·부산·대구·인천·대전·진주·천안·수원 등지의 시위로 번져갔다. 그후에도 10개 도시 127개소에서 시위가 계속되어 16개 파출소, 3개 민정당사, 2개 KBS지방국이 피해를 입었다.

'국민운동본부'가 주최한 '6·18 최루탄추방대회'에는 전국 14개

이한열 장례식날 서울시청 앞에 모인 시민들

도시 247개소에서 경찰집계만으로도 20만명이 시위에 참가하여 호헌철폐, 독재타도, 민주쟁취와 "군부독재 지원하는 미군 철수"를 요구했다. 서울에서는 시위군중에 의해 전투경찰 80여명의 무장이 해제되었다.

경찰집계로도 전국에서 파출소 21개소, 차량 13대가 파손되고 경찰 621명이 부상하는 사태가 벌어지면서 계엄령 발동설, 군대 투입설 등이 유포되다가 노태우의 "대통령후보 자리에 연연하지 않는다"는 표명이 있었다(6.20). 대통령 전두환과 통일민주당 총재 김영삼의 회합이 있었으나 일단 결렬되었다.

국민운동본부의 주도로 다시 전국 33개 도시와 4개 군·읍지역 등 371여개소에서 1백만여명이 참가한 시위가 벌어져서 3467명이 연행되고 경찰서 2개소, 파출소 29개소, 민정당 지구당사 4개소가 파괴 또는 방화되고 수십대의 경찰차량이 파손되었다(6.26).

사태가 여기에 이르자 전두환정권은 노태우가 발표하는 형식으로 여야합의에 의한 대통령직선제 개헌, 공명선거 실시, 김대중의 사면복권 및 시국관련사범 석방, 인권침해 사례의 시정과 제도적 개선, 언론 창달, 지방의회 구성, 대학의 자율화와 교육자치의 실현 등을 주요 내용으로 하는 '6·29선언'을 발표했다.

한편 미국정부는 전두환의 '4·13호헌조치'가 발표되자 민주화를 위한 여야의 타협이 필요하다 했고, 6·10국민대회 후에도 계속 야당과의 타협을 강조했다. 6·18 최루탄추방대회 후에는 한국의 개헌논의를 촉구하고 시위억제를 위한 계엄령 발동을 반대한다 하고 한국 군부에 대해서도 개입에 반대한다는 입장을 천명했다. 그 하원 인권소위원회에서 '대한민주화촉구결의안'(6.25), 상원에서 '대한민주화결의안'(6.27) 등이 통과되었다. '6·29선언'이 발표되자 이를 적극 환영한다 했다.

6월민주화운동은 반군사독재 민주화운동으로서 1970년대 이후의 부·마항쟁 및 광주항쟁의 연장선 위에 있었다. 앞선 항쟁이 일부 지역에 한정된 단기적인 것이었던 데 비해, 이 운동은 전국에서 연인원 4~5백만명이 참가하여 3주일 동안 계속 가두집회·시위투쟁·농성투쟁을 벌였다.

이 운동은 몇개 도시에 집중된 것이 아니라 전국의 20~30개 도시에서 동시다발적으로 전개되어 주변 농촌지역으로까지 확산될 조짐을 보이기도 했다. 전국적·대규모적·지속적 운동이 전두환정권의 연장이나 대통령간선제를 저지할 수 있었다.

6·10민주화운동은 광주민중항쟁과 같은 무장투쟁으로 발전하지 않았다. 그러나 그것을 주도한 국민운동본부가 비폭력투쟁을 행동강령으로 발표했음에도 전투경찰을 집단적으로 무장해제하는 등 전국적으로 전개된 대중운동치고는 대단히 격렬하고 공격적인 운동으로 발전했다. 전두환정권으로 하여금 군대를 동원하지 않는 한 진압할 수 없는 상황으로 몰아넣었고, 결국 "호헌철폐, 직선제 쟁취"를 달성할 수 있었다.

6·10민주화운동은 청년학생을 중심으로 하고 사무전문직·생산직 노동자, 도시 소상인, 도시 자영업자, 농민 등 광범위한 사회계층으로 이루어진 반독재 민중이 주도한, 자주성과 민주성이 발현된 운동이었다. 근대 이후 우리 민족사의 중요한 고비 때마다 폭발하여 역사적 역할을 다한 민중운동의 하나였다. 그리고 이 운동은 같은 해 7월에서 9월에 걸쳐 전개되는 전국적 노동운동으로 연결되었다.

6·10민주화운동과 제13대 대통령선거를 치른 후 민족민주운동은 1988년에 들어서면서 제24회 올림픽 남북공동개최운동으로 전개되었다. 전국대학생대표자협의회(전대협) 등 9개 단체가 '8·15 남북학생회담'을 제의하는 한편, 사회운동세력들이 '조국의 자주적 통일을 위한 민주단체협의회'를 결성하여 민족통일운동이 민족민주운동세력 전체로 확산되어갔다. 노태우정권이 '7·7선언'을 발표하자 재야인사 90여명이 '자주민주통일국민회의'를 결성했다(8.2).

민족민주운동을 강화하기 위해 '전국민족민주운동협의회 추진회'가 결성되었다(1988.9.2). 뒤이어 노동자·농민 등 8개 부문단체와 전국 12개 지역단체의 연합으로 "근로민중이 운동의 중심이 되고 청년학생들이 투쟁의 동력이 되며, 양심적인 교사·문인·종교인·법조인·언론인·의료인·과학인 들과 중소상공인·해외동포 들이 참여하는 애국적 민족민주운동역량의 총집결체"로서 '전국민족민주운동연합'(전민련)이 출범했다(1989.1.21). 그 산하의 조국통일위원회가 북쪽에 대해 '범민족대회' 개최를 제의했다.

이보다 앞서 북쪽은 남북 사회단체와 해외교포가 참여하는 '범민족대회' 개최를 제의했고(1988.12.9) 조선학생위원회가 평양에서 개최되는 제13차 세계청년학생축전에 남쪽 전대협을 초청했다(12.26). 노태우정권은 북쪽과의 교섭에서 '창구단일화론'을 내세워 민족민주운동세력의 입북을 허용하지 않았다.

그러나 전민련 고문 문익환은 유원호(劉元琥)와 함께 북쪽의 초청으로 평양에 가서(1989.3.25) 자주적 평화통일과 관련된 원칙적 문제 9개항에 합의하는 공동선언을 발표했다(4.2). 전대협은 한국외국어대학생 임수경(林琇卿)을 유럽을 통해 평양의 세계청년학생축전에 파견했고(6.30) 천주교정의구현사제단도 신부 문규현(文奎鉉)을 임수경 귀환 때의 동행을 위해 파견함으로써 민족민주운동의 통일운동 열기를 높였다.

또한 '한반도 평화와 통일을 위한 세계대회 및 범민족대회 추진본부'가 성립되어 전체 민족의 평화통일의지 결합, 기존 통일론에 대한 평가와 대안 마련, 냉전체제 탈피와 평화를 추구하는 세계추세의 수용 등을 위해 남북과 해외동포를 포함하는 범민족대회의 개최를 공표했다(1988.8).

이에 대해 북쪽의 '조국평화통일위원회'가 참가의사를 표명함에 따라 전민련 결성대회가 답신으로 '범민족대회를 위한 예비실무회담 제안서'를 발표하여 '범민족대회'가 본격적으로 추진되어갔다

(1989.1). 노태우정권의 '창구단일화론'에 맞선 '통일논의 민간주도론'의 일환이었다.

노태우정권은 범민족대회 예비실무회담을 원천봉쇄했다. 따라서 1989년의 범민족대회는 남과 북 그리고 해외에서 따로따로 치러질 수밖에 없었으며, 1990년의 대회도 역시 반쪽 대회가 될 수밖에 없었다. 그러나 독일 베를린에서 열린 '3자회담'에서 전체 민족적 통일기구로서 '조국통일범민족연합'이 결성되고(1990.11), 윤이상(尹伊桑, 1917~95)을 의장으로 하는 해외본부와 문익환을 위원장으로 하는 남쪽 추진본부가 결성되었다(1991.1).

종래 민족민주운동세력의 통일운동이 자주적 교류운동, 국가보안법 철폐 등 주로 통일의 장애물 제거운동에 한정되었던 데 비해, '조국통일범민족연합'의 그것은 평화·군축과 불가침선언 실현, 구체적 통일방안 마련 등 민족통일을 주동적으로 준비해나가는 사업을 추진했다. 이같은 범민족적 민간통일운동의 활성화는 남북 당국 사이의 통일정책 변화에 일정한 영향을 끼쳐 결국 남북 기본합의서 체결의 길로 나아가게 했다.

제6절 남북합의서 체결

민족화합통일안과 연방제통일안

'10·26사태' 이후 남쪽에서 전개된 '서울의 봄'을 통해 북쪽이 모스끄바올림픽 남북 단일팀 참가를 제의했으나(1979.12.20) 남쪽은 이를 거부하는 대신 남북친선 교환경기 개최를 제의했다(1980.1.11). 북쪽은 다시 남북총리회담을 제의했고(1.14) 남쪽이 이에 응하여 남북총리회담 준비를 위한 실무자 접촉이 판문점에서 이루어져, 남북 직통전화를 재개통하고 실무자 접촉을 계속할 것에 합의했다(2.6). 이후 남북총리회담을 위한 실무대표 접촉이 10회에 걸쳐 계속되었으나 결국 의제협의 과정에서 합의하지 못하다가 북쪽이 실무대표 접촉 중단을 통고했다(9.24).

실무대표 접촉이 중단된 후 북쪽은 통일민족국가로서의 비동맹 중립국가 '고려민주연방공화국' 창설안을 발표했다(10.10). 그것은 구체적으로 "북과 남이 서로 상대방에 존재하는 사상과 제도를 그대로 인정하고 용납하는 기초 위에서 북과 남이 동등하게 참가하는 민족통일정부를 내오고 그 밑에서 북과 남이 같은 권한과 의무를 지니고 각각 지역자치제를 실시하는 연방공화국을 창립하여 조국을 통일할 것"이라 하여, 남북의 지역자치정부에 의한 연방공화국 수립을 통한 통일안을 제시했다.

이 통일방안은 "연방 형식의 통일국가에서는 북과 남의 같은 수의 대표들과 적당한 수의 해외동포 대표들로 최고민족연방회의를 구성하고 거기에서 연방상설위원회를 조직하여 북과 남의 지역정부들을 지도하며 연방국가의 전반적 사업을 관할하도록 하는 것이 합리적"이라 했다. 또 남북 및 해외동포를 포함한 '최고민족연방회의'의 설치를 제의하면서 남쪽의 반공법·국가보안법 폐지, 모든 정당·사회단체의 합법화, 정전협정의 평화협정으로의 전환, 남쪽에서의 미군 철수 등을 전제로 했다.

이 '연방공화국'의 '10대 시정방침'으로서 국가행동에서의 자주성 견지, 모든 분야에 걸친 민주주의 실시와 민족적 대단결 도모, 남북 사이의 경제적 합작과 교류 및 민족경제의 자립적 발전, 과학·문화·교육 분야에서의 남북간의 교류와 협조, 남북간 교통·체신의 연결 및 교통·체신 수단의 자유로운 이용, 전체 인민생활의 안정 및 복리증진, 외침으로부터의 민족보위를 위한 남북 민족연합군 조직, 해외동포의 민족적 권리와 이익 옹호, 통일 이전 대외관계의 통일적 조절, 세계 국가들과의 우호관계 발전 및 평화애호정책 실시 등이 제시되었다.

남쪽에서는 즉각 '고려민주연방공화국' 안의 '허구성'을 발표하는 한편(10.15), 남·북한 당국 최고책임자가 상호 방문할 것을 제의했다(1981.1.12). 그리고 "남북대표로 가칭 '민족통일협의회'를 구성하고 이 '협의회'가 민족의 민주·자유·복지 이상을 추구하는 통일민주공화국을 실현하기 위한 통일헌법을 기초하고" "남북한 전역에 걸쳐 민주 방식에 의한 자유로운 국민투표를 실시하여 통일헌법을 확정 공포하며, 그 헌법이 정하는 바에 따라 총선거를 실시하여 통일국회·통일정부를 구성함으로써 대망의 통일국가를 완성"하자는 '민족화합민주통일방안'을 제의했다(1.22).

이 '통일방안'은 "통일을 이룩할 때까지의 실천조치로서" 첫째, 호혜평등의 원칙에 입각한 상호관계 유지, 둘째, 평화적 방법에 의한 분쟁 해결, 셋째, 상대방의 내부 문제에 대한 불간섭, 넷째, 휴전체제 유지에 의한 군사적 대치 해소, 다섯째, 상호 교류와 협력, 여섯째, 각기 체결한 국제조약 및 협정 존중, 일곱째, 서울과 평양에 상주연락대표부 설치 등을 제의했다. 뒤이어 남북간의 자유통행을 위한 서울·평양간 도로개통, 설악산 이북 금강산 이남지역의 자유관광지역화, 남북간 자유교역을 위한 인천항과 남포항의 상호개방 등 '20개 시범실천사업'을 발표했다(2.1).

북쪽은 남북 당국 최고책임자의 상호문안과 '민족화합민주통일방안'을 거부하면서 대신 남북 각각 50명으로 구성되는 '남북정치인연합회의'를 제의했다(2.10). 남쪽은 북쪽에 대해 계속 남북한 고위대표회담을 수락할 것을 촉구했다. 이같이 1980년대에 들어와서도 남북은 그 합의 가능성 여부와는 상관없이 선전 목적의 통일방안 및 각종 회담 제의를 경쟁적으로 되풀이했다.

그러나 북쪽의 '연방제안'이 1970년대의 "과도적 조치로서의 남북조선의 연방제"에서 1980년대에는 "통일의 완결형태로서의 연방제"로 바뀌었고, 남쪽의 통일정책도 통일에 이르는 구체적 절차와 방법을 제시하였으며, 설령 일방적이라 해도 통일국가의 이념과 목표를 규정함으로써 통일로 가는 과정에서 민족화합을 실현하기 위한 방법을 구체적으로 제시하는 단계로 들어가고 있었다.

아웅산묘소 폭발사건(1983.10.9) 후 북쪽에서 남북 쌍방 및 미국을 포함한 '3자회담' 개최와 남북간의 '불가침선언' 등을 제의했다(1984.1.10). 남쪽은 "남북한 당사자간의 직접대화"를 요구했고, 북쪽이 다시 제23회 올림픽 단일팀 구성을 제의하자 남쪽이 이에 응함으로써 3차의 회담이 진행되었으나 성과는 없었다.

이후 북쪽이 남쪽에 대해 쌀·의약품·시멘트 등의 수재민구호물자 제공을 제의하고(9.8) 남쪽이 이를 수락하여(9.14) 물자 수송이 이루어졌다. 또한 쌍방에 의해 경제회담·국회회담·적십자회담·고위급정치군사회담·외무장관회담 등이 계속 제의되고 체육회담과 경제회담이 몇번씩 열리기도 했다. 그러나 팀스피리트훈련 문제 등으로 중단되기도 하여 실질적인 성과는 없었다.

화해·불가침·교류·협력 합의서 체결

노태우정권이 들어선 1988년으로 들어오면서 북쪽은 남북 불가침선언 채택, 팀스피리트훈련 중지, 제24회 올림픽 남북 공동주최, 남북 당국자를 포함한 정당·사회단체대표 연석회의 개최 등을 제의했다(1.1). 남쪽에서도 노태우 대통령당선자가 남북한 기본관계에 대한 잠정협정 체결, 남북각료회의 정례화, 남북한 협력 공동체 구성 등을 피력했다.

남쪽의 전대협이 주도한 '6·10 남북학생회담'이 무산된 후에도 '8·15 학생회담'이 제의되는 등 통일에 대한 열기가 급등하자 노태우정권은 '7·7선언'을 발표하기에 이르렀다. '7·7선언'은 "자주·평화·민주·복지의 원칙에 입각하여 민족구성원 전체가 참여하는 사회·문화·경제·정치 공동체를 이룩함으로써 민족자존과 통일번영의 새 시대를 열어나갈 것임을 약속한다" 하고, 여섯가지 방안을 제시했다.

그것은 첫째, 남북 동포간의 상호교류 적극 추진 및 해외동포의 자유로운 남북왕래, 둘째, 이산가족의 서신왕래·상호방문 적극 추진, 셋째, 남북간 교역의 민족 내부교역 간주, 넷째, 민족경제의 균형적 발전 및 우방의 북쪽에 대한 비군사적 물자교역 불반대, 다섯째, 국제무대에서의 민족 공동이익을 위한 협조, 여섯째, 북쪽의 자본주의국가와의 관계개선 협조 및 남쪽의 사회주의국가와의 관계개선 추구 등이었다.

'7·7선언'은 해외동포의 북쪽 방문을 일단 국가보안법 규제대상에서 제외하는 한편, 높아지는 국내 민족주의운동의 통일운동 열기를 정부의 '창구단일화'정책 안으로 끌어들이는 데 목적이 있었다. '7·7선언' 후 남북국회예비회담·적십자실무회담 등이 계속되다가 북쪽에서 정치·군사적 대결상태 완화방안을 협의하기 위한 '남북고위급정치군사회담'을 제의하자(1988.11.16) 남쪽에서는 '남북고위당국자회담'을 제의했다(1988.12.28). 이를 북쪽에서 수락하여(1989.1.16)

그 예비회담이 진행되는 중 남쪽에서 노태우정권의 통일방안이 집약되었다고 할 수 있을 '한민족공동체통일방안'이 발표되었다(9.11).

이 '통일방안'은 통일원칙을 자주·평화·민주에 두고 남북정상회담을 통해 '남북평의회'와 각료회담을 성사시키고 '남북평의회'에서 제정한 '통일헌법'에 의해 총선거를 실시하여 양원제의 '자유민주공화국'을 수립하여 통일을 달성한다는 안이었다. 또 통일국가의 정책기조는 민주공화체제, 민족성원 모두의 복지증진과 항구적 안전보장, 대외 선린·우호 관계 수립 등이었고 북한의 인권보장과 적화통일노선 포기를 요구했다.

'한민족공동체통일방안'이 지향하는 통일의 '과정'은 북쪽이 제시한 '연방제'나 남쪽의 야당이 제시한 '국가연합'이 아닌 '남북연합'이라 했다. 그것은 "남과 북이 각자의 외교·군사력 등을 보유한 주권국가로 남게 되지만, 그렇다고 한반도가 두개의 국가로 분열되는 것은 아니다. 이와같이 '남북연합'이 일견 모순되어 보이는 성격을 지니는 것은 남북이 서로 상대방의 존재와 체제를 인정하면서도 수천년 동안 단일국가로 지내온 민족적 전통을 견지해야 하는 이중적 목표를 동시에 충족시켜야 하는 정책적 요구에 기인하고 있다"고 했다.

남북이 각각 외교·군사력을 독자적으로 보유하는 주권국가이면서도 두개의 국가로 분열된 것이 아닌, '일견 모순되어 보이는' '이중적 목표를 동시에 충족시켜야 하는', 1국가 2체제가 아닌 2국가 2체제 유지를 통한 통일방안을 제시한 것이다.

한편 '남북고위급회담' 예비회담이 8차에 걸쳐 진행된 끝에(1989.2.8~1990.7.26) 제1차 본회담이 서울에서 개최되었다(1990.9.4~7). 남쪽은 남북관계 개선을 위한 기본합의서안을 제시했

남북합의서가 채택된 제5차 남북고위급회담

고, 북쪽은 정치적·군사적 대결상태 해소방안을 제시했다. 평양에서 열린 제2차 본회담(10.16~19)에서 남쪽은 남북화해와 협력에 관한 공동선언 초안을 제시했고, 북쪽은 불가침선언에 관한 초안을 제시했다. 서울에서 열린 제3차 본회담(12.11~14)에서 남쪽은 남북관계 개선을 위한 기본합의서안과 남북불가침선언 초안을 제시했고, 북쪽은 남북불가침과 화해·협력에 관한 선언안을 제시했다.

남북고위급회담이 서울과 평양을 왕래하면서 진행되는 동안 '남북통일축구대회'가 평양과 서울에서 번갈아 개최되었고(1990.10.11, 10.21), 제41회 세계탁구선수권대회(1991.3.25)와 제6회 세계청소년축구선수권대회(5.6)에 남북단일팀이 참가하여 성과를 올렸다.

이후 남북이 각각 유엔에 동시가입하고(9.17) 평양에서 열린 제4차 고위급본회담에서 남쪽은 불가침선언과 통신, 통행, 경제교류·협력을 포괄하는 단일안으로서 남북관계 개선을 위한 기본합의서안을 제시했고, 북쪽은 조선반도의 비핵지대화에 관한 선언을 제시했다(10.22~25).

결국 그 명칭을 '화해와 불가침, 교류협력에 관한 합의서'로 합의함으로써 서울에서 열린 제5차 본회담에서 「남북 사이의 화해와 불가침 및 교류·협력에 관한 합의서」가 체결되었다(12.10~13).

전문 25개조로 된 「합의서」는 '화해' 부문에서 상대방의 체제 인정과 존중, 내부문제 불간섭, 파괴·전복행위 금지, 정전상태를 평화상태로 전환하기까지의 군사정전협정 준수, 국제무대에서의 경쟁 중지, 판문점 남북연락소 설치·운영, 남북 정치분과위원회 구성 등에 합의했다.

'불가침' 부문에서는 상대방에 대한 무력 불사용 및 불가침, 분쟁의 평화적 해결, 군사분계선의 불가침 경계선화, 남북 군사공동위원회의 구성·운영, 쌍방 군사당국 사이의 직통전화 설치·운영, 남북 군사분과위원회 구성 등에 합의했다.

'교류·협력' 부문에서는 자원 공동개발, 물자교류, 합작투자와 과학·기술·교육·문화·예술·체육 등 각 부문의 교류와 협력, 민족구성원의 자유로운 왕래와 접촉, 남북 이산가족의 자유로운 서신교환 및 왕래·상봉·방문과 자유의사에 의한 재결합, 철도·도로 연결과 해로·항로 개설, 우편·정기통신 시설의 설치 연결과 비밀보장, 경제교류협력공동위원회의 구성·운영 등에 합의했다. 남북 분단국가 성립 이후, 특히 6·25전쟁 이후 단절되고 대립되었던 모든 부문의 연결과 정상화가 이루어질 수 있는 길이 열리게 되었다.

'합의서'의 체결은 7·4공동성명에 이은, 그러면서도 그것보다 훨씬 구체적이고 실질적이며 발전적인 주체적·평화적 민족통일을 위한 대헌장(大憲章)이었다. 그것은 또 분단체제 성립 이후 엄청난 희생을 바치면서 줄기차게 추진된 민족운동의 하나의 귀결점이기도 했다.

그러나 민족통일을 위한 남북 당국의 접촉과정에서 계속 저해요인으로 작용했던 팀스피리트훈련에 '핵문제'까지 겹쳐서 '합의서' 체결 후에도 그 합의사항은 전혀 진전되지 못한 채, 남쪽의 경우 '합의서'의 이행은 30년간의 군사정권이 끝나고 성립되는 '문민정권'의 과제로 넘겨지게 되었다.

식민지 유제 처리와 경제발전

한반도지역은 근대사회로 접어드는 길목에서 바로 일본의 식민지로 되어 민족자본의 축적과 근대적 기술의 주체적 수용에 모두 실패했다. 그리고 식만지배 35년을 통해 민족자산의 대부분이 적산화(敵產化)한 상태에서 일본제국주의의 패망을 맞이했다. 따라서 8·15 후 경제부문의 당면과제는 식민지시대의 경제적 유제를 민주적 방향으로 전환하여 자립경제를 이루어나가는 일이었다.

민족해방의 전망이 밝아진 1930년 후반기 이후 민족해방운동의 좌익전선은 물론 우익전선까지도 해방 후에 수립될 민족국가의 경제체제는 중요산업과 토지를 국유화하여 민족적 자산으로 만든다는 데 합의해갔다. 그러나 8·15 후 미군정이 실시되고 또 분단국가가 성립됨으로써 민족해방운동전선에서 세워진 경제정책은 그대로 계승되지 못했다.

남한의 경우 농지개혁은 대단히 불철저하게 실시되어 완전한 농민적 토지소유가 이루어지지 못했다. 산업체의 경우 조선인 소유 대기업의 소유권이 인정되었음은 물론 적산기업체까지도 그 연고자를 중심으로 하는 개인에게 불하되어 민족해방운동전선에서 수립되었던 경제정책은 무위로 돌아갔다.

식민지시대를 통해 민족자본다운 자본이 형성되지 못한데다가 공업구조는 본질적으로 식민모국 일본경제의 보조적 역할에 한정된 파행적인 것이었다. 그것이 8·15 후의 남북분단으로 한층 더 심화된데다가 식민지 경제의 또다른 취약점이라 할 자본의 영세성, 기술의 낙후성 때문에 이승만정권의 경제체제는 미국의 원조에 의해 유지될 수밖에 없었다. 원조는 또 미국 자본주의의 영역권에 속한 경제체제를 수립하여 반공체제를 확립하려는 데도 목적이 있었다.

미국의 잉여농산물을 원료로 하여 '3백(三百)산업' 중심으로 발전한 이승만정권의 경제체제가 농민의 생산의욕을 저하시켜서 한국은 만성적인 식량 수입국이 되었다. 또한 공업생산은 일제 식민지시대 이래의 소비재 생산을 중심으로 발전하게 되었다. 그것이 정권 및 원조경제체제와 유착된 일부 대기업에 의해 독점되어 8·15 후의 한국경제는 식민지적 파행성 경제로부터 원조에 의존하는 새로운 형태의 파행성 경제로 바뀌었다.

이승만정권의 원조경제체제는 의존성·독점성·소비성을 조장하여 자립적·민족적 경제기반의 형성을 크게 저해했다. 따라서 1950년대 후반기로 접어들면서 경제의 민주화·자립화 요구가 높아졌다. 미국의 국제수지 악화에 따른 원조의 감소에 의해 재벌기업의 가동률이 크게 떨어지는 등 전면적인 경제침체의 길로 접어들었다가 4·19운동의 폭발로 정권 자체가 와해되었다.

장면정권은 약간의 경제민주화를 기도했으나 곧 무너졌고, 박정희정권은 경제개발계획을 세우면서 종래의 원조경제체제를 외자경제체제로 바꾸어갔다. 박정희정권이 성립될 무렵은 미국의 원조가 끊어져가던 시기였던 한편, 특히 1960년대 전반기로 들어서면서 선진자본주의 제국이 후진자본주의 나라들에 대해 자본을 수출하고 어느정도 경공업부문 발전을 뒷받침하기 시작하던 시기와 일치했다.

박정희정권은 외자를 적극적으로 도입하면서 저렴한 노동력에 힘입어 주로 경공업 분야에서 높은 성장을 이루고 수출신장률을 급격히 높여갔으며, 수출자유지역을 설정하여 외국인의 직접투자를 유도했다. 그러나 이

외국의 직접투자를 유치하기 위해 설치된 마산수출자유지역

같은 경제성장과 수출신장에도 불구하고 식민지시대 이래의 고질인 소비재 중심 생산, 대기업의 독점성, 높은 대외의존성, 농업부문의 희생 등의 문제가 시정되지는 못했다.

1970년대로 들어오면서 선진자본주의 제국은 이제 고도의 첨단산업부문을 독점하면서 중공업부문의 일부까지도 자본과 함께 후발자본주의 여러 나라에 양여했다. 박정희정권도 제철공업·자동차공업 등의 중공업부문을 적극적으로 확장시켜나갔다. 그러나 박정희정권 말기에는 중공업부문에 대한 과잉투자와 국제시장 개척의 실패로 급격한 경제침체를 가져왔다. 그것이 박정희정권 자체의 종말을 가져온 원인의 하나가 되기도 했다.

1980년대 이후의 경제체제는 한마디로 선진자본주의 제국의 압력에 의한 개방경제체제라 할 수 있을 것이다. '12·12사태'와 '5·17 계엄확대'를 발판으로 성립된 전두환정권은 1970년대 말과 1980년대 초엽에 걸친 공황을 극복하기 위해 부실기업을 정리하고 미국을 비롯한 선진자본주의의 강력한 개방요구에 부딪혀 산업구조 전반을 조정하면서 중화학공업 중심의 지속적 경제성장을 기도했다.

1980년대 중반의 '3저 호황'으로 공황을 극복하고 독점자본체제를 강화했으나 이는 전체 경제의 외국의존도를 한층 더 높이는 결과를 가져왔다. '3저 호황'을 가져온 외적 조건이 소멸된 반면, 국제적 개방 압력은 더욱 심해져서 노태우정권 아래서는 다시 적자경제로 돌아갔다.

1980년대의 개방경제체제는 중소기업에도 큰 변화를 가져왔다. 1980년대 이전에는 비독점기업인 중소기업이 독점기업에 의해 파멸되거나 흡수되는 상황이 지속되었으나 1980년대에 들어와서 수출을 중심으로 한 독점자본체제가 한층 강화되면서 밖으로는 독점자본기업이 국제분업망에 편입되어갔고, 안으로는 중소기업이 독점자본기업의 하청업체로 예속되어갔다. 그래서 전체 국민경제 속에서 중소기업이 차지하는 위치와 성격이 달라졌다.

1980년대 개방경제체제는 금융자본 부문에도 변화를 가져올 수밖에 없었다. 금융기관의 정부 소유에 기초를 둔 저금리와 정책금융으로 일관된 종래의 금융정책이 소유의 민영화와 경영의 자율화로 돌아서게 되었다. 그것은 국내의 경제추세 변화에도 원인이 있었지만, 이 시기에 강화된 초국적자본의 금융시장 개방요구에 더 큰 원인이 있었다. 은행의 소유가 민영화된 것과 더불어 제2금융권이 확대되어 국내 독점자본의 금융지배를 가져오는 한편, 금융시장이 개방됨으로써 초국적자본의 국내금융 지배가 함께 추진될 수 있는 방향으로 나아가게 된 것이다.

1980년대의 개방경제체제 아래서, 특히 '우루과이라운드' 체결 문제가 표출된 상황 아래서 가장 타격을 받은 것은 농업부문이었다. 중화학공업 중심의 공업화 과정에서 희생된 농업부문은 구조개편을 이루지 못한 채 개방체제 앞에 무방비상태로 노출되어 국제경쟁력을 전혀 갖추지 못한 상태였다. 복합영농정책이 농산물 개방으로 실패하자 정부는 다시 '농어촌

발전종합대책'을 내세워 농지관리기금을 설정하고 농촌공업화를 추진한다 했으나 쌀을 포함한 농산물의 전면적 개방 앞에 어느 정도 성공할 수 있을지 의문이다.

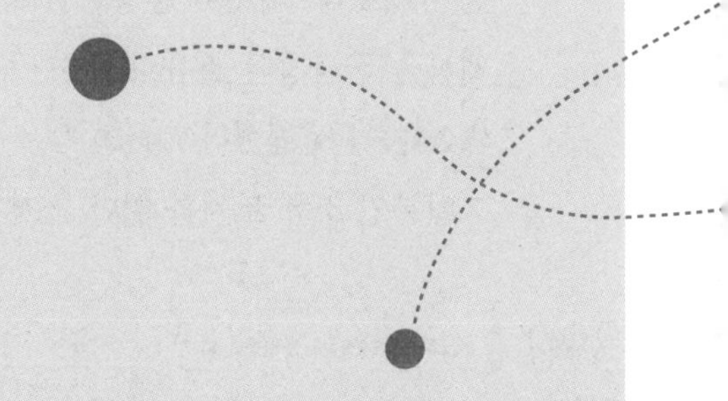

제1절 식민지 유제 처리

미군정의 귀속농지 처리 개항기를 통해 대토지소유제가 일부 무너져가는 조짐이 있었고, 갑오농민군이 농민적 토지소유를 요구했다. 그러나 일제 식민지시대로 들어오면서 오히려 지주제가 강화되었고, 일본제국주의가 패망하던 1945년경에는 전체 경작면적의 63%가 소작지였다. 이 때문에 민족해방운동 전선의 임시정부도 그 '건국강령'에서 해방 후에는 토지를 국유화하여 농민이 직접 경영하게 하며, 그 상속과 매매도 금지하고 '두레'농장식으로 관리할 계획을 세웠다. 그러나 8·15 후 38도선 이남에서는 지주제를 청산하고 농민적 토지소유를 실현하는 과정이 큰 차질을 빚게 되었다.

미군정청의 농업정책은 우선 군정법령 제2호(1945.9.25)를 발표하여 국공유 재산과 일본인의 재산을 접수, 관리하고 지방인민위원회가 일본인 소유지와 동양척식회사의 토지 등을 장악하는 것을 방지하는 데서 시작했다.

또 군정청은 법령 제9호 '최고소작료 결정의 건'(10.5)을 발표하여 소작료가 총수확물의 3분의 1을 초과할 수 없게 하고, 현존 소작권의 유효기간에 대해 지주의 일방적인 소작계약 해제는 무효로 하며, 3분의 1 소작료를 초과하는 신규 소작계약은 불법으로 할 것 등을 규정했다. 뒤이어 동양척식회사가 소유했던 재산과 일본의 법인 재산을 군정청의 소유로 하고, 그것을 관리하기 위해 신한공사(新韓公社)를 설립했다(1946.2).

일본인 소유 토지를 일단 군정청 소유로 접수하고 일제시대 때는

부산항에서 귀국선에 오르는 일본인들. 해방 후 일본인들의 재산은 이른바 '적산'으로 취급되어 미군정에 접수되었다.

반수제(半收制)가 넘었던 소작료를 3·7제로 바꾸어 지주제에 일정한 변화를 가져왔다. 미군정청 자체는 토지에 관한 한 이 이상의 개혁적 조치를 단행할 계획을 가지고 있지 않았다. 그러나 1945년 말 현재 약 2백만호의 전국 농가 중 자작농가는 13.8%에 지나지 않았고 자소작농가가 34.6%, 소작농가가 48.9%나 되어 토지개혁을 통해 토지의 농민적 소유를 보장해주지 않고는 농업의 민주화를 이루기가 사실상 불가능한 실정이었다.

이 때문에 각 정당들 역시 좌우익을 막론하고 그 방법에는 차이가 있을지언정 모두 토지개혁을 정강·정책으로 내세우고 있었다. 특히 1946년 초에 북한에서 무상몰수·무상분배 토지개혁을 실시하였기 때문에 남한 농민들의 토지개혁에 대한 요구가 더욱 높아졌다. 전국적 통일조직을 가졌던 전국농민조합총연맹(1945.12.8 결성)

은 그 강령에서 일본제국주의 및 민족반역자의 토지를 몰수하여 빈농에게 분배할 것을 요구하면서 스스로 토지개혁법 초안을 작성해 미군정 당국에 제출했다(1947.2.21).

이에 미군정은 '남조선과도입법의원'의 창설을 공포하면서 입법의원이 개원되면 토지개혁문제를 결정할 것이라 발표했다. 대구·경북지역의 10월민중항쟁을 겪은 후 1947년에 들어서면서 미군정은 토지개혁문제에 적극성을 띠기 시작했다. 그러나 한국민주당과 이승만 지지세력이 다수를 차지했던 입법의원은 토지개혁법안의 상정 자체를 지연시키기만 하다가 '농지개혁법안'이 일단 본회의에 상정되었다(1947.12.23).

한반도문제의 유엔 이관과 남한만의 단독정부 수립을 획책하고 있던 우익 쪽 의원의 출석거부로 회의 자체가 구성되지 않았고, 농지개혁법안은 심의되지 못했다. 미군정도 입법의원에 농지개혁을 제의하기는 했으나 실제로는 그것을 단독정부 수립 후로 미루고 군정기간을 통해 신한공사가 경영하고 있던 일본인 소유의 토지를 처분하는 계획을 세우는 데 그쳤다. 입법의원의 농지개혁법안 심의가 사실상 불가능해지자 미군정은 남조선과도정부법령 173호를 공포하여(1948.3.10) 신한공사를 해체하고 중앙토지행정처를 설치하여(3.22) 귀속농지를 처리했다.

그 처리조건은 첫째, 소작지 또는 소유지가 2정보 이하인 경우를 대상으로 하되 매각되는 토지의 소작인에게 우선권을 주며, 다음에는 그외의 농민·농업노동자와 북한으로부터 이주한 재민(災民)과 농민, 해외로부터 온 귀국농민 등으로 한다, 둘째, 농지의 댓가는 당해 토지의 주생산물 연간 생산고의 3배로 하고 지불은 20%씩 15년간 연부로 현물 납입하게 한다, 셋째, 분배된 농지의 매매, 임대차,

표 1 **신한공사 관리의 토지** (단위: 정보, %)

지목(地目)	면적	비율
논	205,988	75.5
밭	62,631	23.0
과수원	3,618	1.3
뽕밭	670	0.2
경작지 합계	272,907	100
택지	3,342	
기타 농용지	10,518	
산림	37,697	
총계	324,464	

자료: 농림신문사 편 『농업경제연보』, 1949.

저당권설정 등은 일정기간 금지한다 등으로 되어 있었다.

신한공사가 관리하던 토지는 표 1에서와 같이 경작지가 27만여 정보였고 택지·삼림 등을 합해 총 32만여정보였다. 그러나 미군정에 의한 처리는 이 가운데 논과 밭에 한정되었다. 이승만정권이 성립되기까지 약 85%가 처리되었고, 또 그 대부분은 원래의 소작농민에게 매각되었다. 미군정 당국이 비록 일본인 소유 토지에 한해서나마 처리를 서두른 것은, 이미 남한 단독정부 수립방안이 확정되어 있는 상황에서 곧 실시될 5·10선거를 앞두고 좌익 쪽의 정치공세를 둔화시켜 선거를 유리하게 유도하려는 정책적 목적이 깃들어 있었기 때문이다.

이승만정권의 농지개혁

일제 식민지시대를 통해 좌우익 민족해방운동세력의 가장 중요한 정강·정책으로 등장했던 토지의 전면적 개혁과 국유화안은 남한의 경우 미군정 3년간 결국 실현되지 못하고, 일본인 소유 토지만을 처리한 채 이승만 정권으로 넘겨졌다. 이승만정권이 성립되면서 그 헌법 제86조에 "농토는 농민에게 분배하며 그 분배의 방법, 소유의 한도, 소유권의 내용과 한계는 법률로써 정한다"고 명시했다.

이에 따라 정부는 첫째, 소작지와 3정보 이상의 자작지 등을 정부가 매수하여 소작인, 농업노동자, 영농능력이 있는 선열 유가족, 해외로부터 귀환한 동포 순으로 3정보 이내의 범위에서 유상분배하고, 둘째, 농지의 매수가격을 연평균 생산량의 2배로 하고 정부가 3년거치 10년균등으로 지주에게 보상하며, 셋째, 농지를 분배받은 농민은 연평균 생산량의 2배인 지가(地價)를 10년간 균등 분할 상환하게 하는 원칙의 농지개혁안을 성안하여 국회로 넘겼다(1949.2.5).

국회에서도 독자적 농지개혁안을 마련했다. 대체로 정부안과 비슷했지만 지가 보상액과 상환액을 평년작(平年作)의 3배로 하여 정부안보다 오히려 농민에게 불리했다. 미군정의 귀속농지 분배조건인 연간 생산량의 3배를 매년 20%씩 15년간 상환하는 것보다도 상환기간이 10년으로 단축되어 역시 농민에게 불리한 것이었다. 지주 출신의 의원 수가 많았던 제헌국회의 성격을 드러낸 개혁안이었다.

국회의 농지개혁법 심의과정에서 정부안과 국회안이 대립하여 논란을 거듭하다가 결국 지주에 대한 보상액을 평년작의 1.5배로 하고 농민의 상환액을 1.25배로 하며, 상환기간을 5년으로 단축한 농지개혁법을 통과시켜 정부에 회부했다(1949.4.28). 국회 통과 과정에서 보상 지가가 정부안인 평년작의 2배나 국회안인 3배보다 감액되어 1.5배로 된 것은 농민에게 유리한 개혁이 되어야 한다는 여론의 결과였다.

지주에 대한 보상이 농민의 상환액보다 많아진 것은 정부 부담에 의한 지주 보상액을 높인 것이다. 이 때문에 정부는 재정사정으로 농지개혁법의 시행이 불가능하다 하여 보상액과 상환액을 같이해 줄 것을 요구했다. 국회가 이를 거부하고 다시 정부로 보냄으로써 법은 그대로 공포되었다(1949.6.21).

정부는 재정부담이 크다는 이유로 농지개혁을 실시하지 않았다. 이에 대한 국민의 비난이 높아지자 국회는 정부 요구대로 보상액과 상환액을 같게 하는 개정법을 통과시켜 공포했다(1950.3.10). 이때 개정된 농지개혁법은 농지의 보상액과 상환액을 같게 하면서 지주에 대한 보상액을 1.25배로 낮추지 않고 농민의 상환액을 높여 평년작의 1.5배로 통일했다. 농민의 상환기간은 그대로 5년간으로 했기 때문에 농민들은 결국 1년에 평년작의 30%를 지가로 상환하게 되었다.

많은 우여곡절을 겪으면서 농지개혁법이 확정되어 실시되었다. 그러나 식민지 유제 청산 중 가장 중요한 문제였던 농지개혁은 친일파 처단 문제와 함께 가장 미온적으로 끝난 것으로 평가된다. 이 때문에 농지개혁은 일본제국주의의 식민지배에서 벗어난 후 최초로 성립된 정권인 이승만정권의 정당성을 약화시키는 중요한 근거가 되기도 했다.

이승만정권의 농지개혁은 지주 측에 유리한 개혁이었다. 민족해방운동 과정에서의 토지개혁론은 제쳐두고라도 8·15 후 남한 정계에서 거론된 토지개혁론은 무상몰수·무상분배론과 유상매입·무상분배론, 그리고 유상매입·유상분배론의 세가지 주장이 있었다. 귀속농지의 경우 무상몰수·유상분배로, 조선인 지주의 농지는 유상매입·유상분배로 처리되어 어느 경우이건 농민에게는 불리하고

표 2 **개혁 전(1945년 12월) 소작지와 분배 면적 비율** (단위: 정보)

	소작지 면적	분배 면적	비율
논	895,313	395,794	44%
밭	552,046	155,174	28%
합계	1,447,359	550,968	38%

자료: 櫻井浩『韓國農地改革の再檢討』, 120면.

반대로 지주에게는 유리한 방법이 채택되었다.

남한의 농지개혁은 8·15 후 5년 만에 실시되어 8·15 당시의 소작지 면적과 실제로 분배된 농지면적 사이에 큰 차이가 있었다. 농지개혁이 실시되기 이전에 이미 많은 소작지가 개별적으로 매매되어 개혁이 불철저해진 것이다. 표 2에서와 같이 1945년 말 현재의 소작지 면적은 논과 밭을 합해서 144만 7천여정보나 되었으나 농지개혁으로 분배된 면적은 약 55만정보밖에 되지 않았다. 8·15 당시 소작지 면적의 38%만 '개혁'되었을 뿐 나머지는 대부분 미리 사사로이 매각된 것이다.

토지개혁 본래의 목적은 농민적 토지소유를 이루어 완전한 자작농체제를 구축하는 데 있었다. 이승만정권의 농지개혁은 법적으로는 일단 자작농의 형성을 가져왔다 해도 실제로는 그 자작농이 그대로 안정되지 못하는 불철저한 개혁이 되고 말았다.

농지개혁이 실시되면서 곧 6·25전쟁이 발발하여 농업생산이 저하되었고, 게다가 재정적으로 곤경에 빠진 정부가 '임시토지수득세법'을 실시하여 농민 부담이 증가했다. 분배농지의 경우 연간 토지수득세와 농지댓가 상환곡을 합하면 수확량의 39%나 되어 농민 부담을 무겁게 했다. 특히 전쟁기간을 통해 심할 때는 연간 100% 이상 물가가 오르는 격심한 인플레이션이 계속되었으나 세금과 농지가를 현물로 내야 했던 농민들은 인플레이션의 이익을 본 다른 계층과는 달리 큰 부담을 졌다.

농지개혁 후에도 농민들의 생활 곤란 때문에 농지가의 상환이 제대로 이루어지지 못했다. 상환기간이 끝난 1955년 3월 현재 상환곡은 전체의 56.8%에 지나지 않았고, 1962년 말에 가서야 98%가 상환되었다. 그리고 미처 농지가를 상환하기 이전에 분배받은 농지를 팔 수밖에 없는 농민들이 많아졌다. 1954년 말 현재 전매(轉賣)된 농지는 1만 3006건에 논·밭을 합쳐 3146정보나 되었다.

앞에서 말한 것과 같이 임시정부의 '건국강령'에서도 토지를 국유로 하여 농민에게 분배하고 상속·매매 등을 금지할 계획이었다. 이승만정권의 농지개혁법은 농지가의 상환이 완료될 때까지만 매매·증여 등 소유권의 처분을 금지했을 뿐이었다. 이후 다시 토지가 겸병되고 소작지가 생겨나서 철저한 농민적 토지소유가 정착하지 못하게 된 것이다.

농지개혁은 또 지주층에 대한 보상금을 산업경영에 유도하여 토지자본을 산업자본화하려는 목적도 함께 가지고 있었으나 그것도 큰 효과를 거두지 못했다. 1954년에 정부가 산출한 바에 따르면 농지개혁에 따르는 자본 환원액은 합계 1327억환이었다. 그것을 귀속재산 불하와 연결시켜 산업자본화를 촉진하려는 것이 정부의 계획이었다.

그러나 지주들에게 발급한 지가증권(地價證券)을 한국산업은행이 예금으로 예치하고 지주의 생활비로 월 30만환 한도에서 보상하며, 공조공과(公租公課)와 귀속재산 매입대금 이외에는 지가증권을 지불수단으로 인정하지 않았다. 지가증권에 대한 융자도 귀속기업체 운영자금 이외에는 인정하지 않는 등 사용상의 제한이 있었다. 이후 제한이 다소 완화되기는 했으나 격심한 인플레이션 아래서 현금의 필요에 쫓긴 지가증권 소유자들이 그것을 2할, 3할까지 감가하여 양도하는 경우가 많았다. 따라서 농지개혁을 통한 토지자본의 산업자본화는 별 진전이 없었다. 감가된 지가증권을 매입하여 귀속재산 불하에 참가한 일부 대지주를 제외한 군소지주층의 산업자본가화는 더욱 저조했다. 그 결과 비교적 광범위한 지주층의 몰락을 가져왔다.

민족해방운동전선에서 제시된 토지개혁안은 좌우익을 막론하고 반민족행위자의 모든 재산을 몰수 국유화하게 되어 있었으나, 이승만정권의 농지개혁에서는 그것이 실현되지 않았다. 더구나 농토를 제외한 과수원 · 임야 등은 '개혁'의 대상에서 누락되어 일반 지주 소유지는 말할 것도 없고, 반민족행위자의 그것도 소유권이 인정되어 후손들에게 고스란히 유산으로 넘겨졌다. 예를 들면 이완용의 경우도 반민족행위로 확보한 막대한 토지자산이 후손에게 전해졌다.

이승만정권의 농지개혁이 가지는 역사적 성격에 대해 지주적 개혁이었고 반봉건적 토지소유가 타협적으로 해소되었다고 보는 입장과, 부르주아적 개혁이어서 봉건적 토지소유가 해체되고 농민적 토지소유가 확립되었다고 보는 입장이 있다. 분명한 것은 유상몰수·유상분배여서 민족해방운동전선의 좌우익전선이 모두 지향했던 혁명적 개혁은 되지 못했다는 점이다. 지주, 특히 중소지주층의 산업부르주아로의 전환에도 실패했고, 분배농지의 매매금지조항이 한시적이어서 농민적 토지소유제의 완성에도 실패했다.

미군정 · 이승만정권의 귀속기업체 처리

식민지시대의 민족해방운동전선은 일본의 정부기관과

법인 및 개인이 조선 안에서 소유했던 생산공장을 비롯한 각종 재산을 토지와 함께 국유화하도록 정책을 세웠다. 앞에서 든 것과 같이 임시정부도 그 '건국강령'에서 생산기관과 운수사업, 은행·전신·교통기관 등에서 일본 쪽의 재산은 물론 조선인 소유까지도 대규모의 것은 국유화할 것을 결정했다.

8·15 후 미군정은 조선인 소유의 기업체는 모두 불문에 부치고, 우선 군정법령 제2호로 '패전국 소속 재산의 동결 및 이전 제한의 건'을 발표하여 조선에 있는 일본의 국·공유재산을 동결했다(1945.9.25). 다시 군정법령 제33호로 '재(在)조선 일본인 재산의 권리귀속에 관한 건'을 공포하여(12.12) 조선에 있는 일본인의 사유재산까지도 귀속재산으로 접수 관리했다.

미군이 진주하기 이전에, 조선에 있던 일본의 국·공유재산은 물론 일본인 개인재산까지도 상당수 노동자들에 의해 자주관리되고 있었다. 특히 개인재산의 경우 법령 제33호가 공포된 12월 중순에는 일본인의 대부분이 귀국하고 그 10분의 1밖에 남지 않았다. 그 재산의 대부분은 아직도 유통되고 있던 조선은행권에 의해 조선인 개인에게 매각되었거나 일본인이 지명한 특정 개인에게 위임 관리되었거나 아니면 노동자들의 자치위원회가 관리하고 있었다.

법령 제33호의 공포는 일본인이 현실적으로 소유하고 있는 재산을 군정청 소유로 귀속시키기 위한 것이었다기보다 조선인 개인이 매입했거나 그 관리를 위임받은 재산, 특히 노동자들이 자주관리하고 있는 재산을 귀속시키기 위한 것이었다. 따라서 법령 제33호가 공포된 후에는 적산(敵産)기업에서의 노동자 자주관리운동이 실제로 쇠퇴했다.

당시의 전체 기업체 중 귀속기업체가 차지한 비율은 21.6%였고

용산구 청파동에 위치한 귀속기업체인 태화고무공업사에서 작업중인 남성 노동자.

종업원은 48.3%였다. 기업체 비율보다 종업원 비율이 높은 것은 귀속기업체들의 규모가 비교적 컸음을 말하고 있다. 미군정청은 이들 귀속사업체에 관리인을 파견하여 관리했다. 그 지위가 국영기업체의 관리자와 비슷했던 귀속사업체 관리인은 대체로 일제시대부터 그 사업체의 직원이었거나 주주였던 사람, 그 사업체와 관련 있던 거래상인, 8·15 후 노동자 자주관리조직의 초빙을 받아 관리책임을 맡았던 사람 등이었다.

미군정은 1947년 3월부터 귀속재산의 일부를 불하하기 시작했다. 그러나 불하는 기업체 513건, 부동산 839건, 기타 916건에 한정되었고 귀속기업체의 경우 10~20% 정도에 불과했다. 그것도 소규모 업체에 한정되었고, 광산·은행 등 대규모 기업체를 중심으로 한 대부분은 이승만정권 수립 후로 미루어졌다. 그 매수자를 관리인·임차인 중심으로 하는 등의 불하방법은 그대로 이승만정권에게 계승되었고, 따라서 귀속재산 불하의 대체적인 방향은 미군정 때

결정되었다고 할 수 있다.

귀속농지의 분배는 비록 유상분배이기는 했으나 농민적 토지소유제를 실현한다는 명분을 전제로 하여 일본인 지주에게 희생되었던 소작농민에게 우선적으로 분배되었다. 이에 비해 기업체를 비롯한 귀속재산의 경우 일부 성립되고 있던 노동자 자주관리제가 미군정에 의해 거부되고 식민지시대부터의 연고자, 즉 일본인 소유자와 밀착되어 그들로부터 직접 관리권을 위임받았던 사람들을 중심으로 불하되었다. 이들이 8·15 후 남한 자본주의경제의 담당자로서 재생하는 길을 열어놓은 것이다.

이승만정권이 성립된 직후 '한미 재정 및 재산에 관한 협정'이 체결되었다(1948.9.11). 그 제5조에서 "대한민국은 재조선 미군정청 법령 제33호에 의하여 귀속된 일본인 공유 또는 사유 재산에 대하여 재조선 미군정청이 이미 행한 처분을 승인 및 비준함"이라 하여 미군정의 귀속재산 불하 사실과 그 방법을 인정했다. 이승만정권은 재정안정책으로 총 약 33만건의 귀속재산을 불하했다.

이승만정권의 귀속재산 처리방법은 첫째, 중요한 자연자원, 임야 및 역사적 가치가 있는 토지·건물·문화재 등 공공성이 있거나 영구 보존할 필요가 있는 것, 둘째, 정부·공공단체에서 공공용으로 사용하기 위하여 필요한 것, 셋째, 국방상 또는 국민생활상 요긴한 기업체와 중요 광산·제철소·기계공장, 기타 공공성을 가진 기업체 등을 국영 또는 공영 기업체로 지정하고 나머지는 모두 개인이나 법인에게 매각하는 것이었다.

민간에 대한 불하에서는 기업체와 부동산·동산·주식 및 지분(持分)으로 나누어 연고자·종업원·국가유공자 및 그 유족에게 우선권을 주고, 다음에는 지명공매·일반공매 등으로 불하했다. 부동산 불하가는 15년 기한의 분할상환제로 했다.

곧 6·25전쟁이 발발하고 귀속기업체의 67%가 파괴되어 적산불하의 재정안정책으로서의 효과는 격감했다. 그러나 귀속기업체의 민간경영화를 통한 전쟁물자 생산의 강화, 물자공급 증대로 인한 인플레이션 억제, 농지개혁에 따른 지주자본의 전환, 전시의 적자재정 보충 등을 위해 총 매각건수의 43%가 6·25전쟁중에 불하되었다. 격심한 인플레이션으로 그 대금은 감가되었고 생산시설의 미비로 생산성이 감퇴되어 불하대금의 체납이 심했다. 특히 조선방직회사·태창방직회사·한국저축은행 등 대기업체의 분납금 체납이 심했다.

귀속재산 처리가 정부재정에 준 효과도 대단히 낮았다. 1949년에서 1955년까지 귀속재산을 처리한 수입 중에서 일반재정 세입에 실제로 전입된 금액은 평균 1.5%에 지나지 않았다. 1957년 이후에도 약간의 귀속재산 처리금이 주택자금·중소기업자금·농업자금을 위해 투입되기는 했으나, 일반재정 세입의 불과 1.5%를 7년간 보충하기 위해 식민지시대 40년 동안 일본인들이 수탈한 재산을 그 연고자 중심으로 매각한 셈이다.

대체로 1958년경까지 불하된 귀속재산의 매입자 분납금은 약 40%가 지가증권으로 상환되었다. 그러나 그만큼의 귀속재산을 지주 출신이 매입한 것은 아니었다. 전쟁으로 많은 지주들이 지가증권을 신흥상인·상업자본가 들에게 염가로 매각하여 그들의 자본축적에 도움을 주었을 뿐이었다. 귀속기업체의 매수에는 미군정 때와 같이 그 기업체의 일부 주주·임차인·관리인 등이 우선권을 가졌다. 불하된 이들 귀속기업체가 이후 겨우 성장하던 중소기업체들을 누르고 특혜적 원조에 의해 독점기업으로 성장해갔다.

요컨대 민족해방운동 과정에서 국유화를 지향했던 적산기업은 미군정과 이승만정권에 의해 그 종업원들의 자주관리제가 저지되고 대부분 사유재산화했다. 특히 사유재산화 과정에서 미군정의 관리인 지명에 의해 대부분 일본인 소유자와 밀착되었던 관리자의 소유로 되었다. 또 이승만정권의 우선권부여제, 지명공매제 중심 불하로 대부분 그 연고자의 소유가 되었고, 이들이 8·15 후 한국 자본주의경제의 핵심세력이 되었다. 농지개혁에 이은 또 하나의 식민지 유산 처리로서의 적산기업 처분이 대부분 일본인 소유자와의 연고자 및 친일세력에게 헐값으로 매각되는 방식으로 이루어진 것이다. 게다가 각종 혜택이 함께 주어져서 농지개혁보다 오히려 반역사성이 강한 처리가 되었다. 그것은 미군정과 이승만정권의 반공체제 확립을 위한 방편으로 자본주의경제 담당층을 육성한다는 목적이 앞섰기 때문이기도 했다.

제2절 원조경제체제의 전개

미국의 경제원조

1930년대 이후 일본제국주의의 대륙침략이 본격화함에 따라 한반도에서는 일본의 병참기지화를 위한 식민지 공업화가 일부 이루어졌다. 그러나 그것은 식민지적 파행성이 심하고 지역적 편재성이 두드러진데다가 조선인 자본의 축적이 거의 없는 공업화에 불과했다. 따라서 일본제국주의의 패망과 함께 식민지 모국 일본과의 연계성이 일시에 끊어져서 한반도의 경제구조는 독자적 구실을 거의 하지 못하게 되었다. 또한 남북분단으로 그 파행성과 편재성이 주는 타격은 한층 더 심해졌다.

미국이 제공한 원조물자를 하역하고 있다.

더구나 이승만정권은 정치적으로도 좌익은 물론 한국독립당 등 민족해방운동전선 우익세력의 지지도 받지 못해 그 정통성이 약했을 뿐만 아니라 한국민주당 등 국내 우익세력과도 결별하여 지지기반이 급격히 취약해졌다. 이같은 정치적·경제적 악조건 아래서도 한반도의 공산주의화를 막고 자본주의경제체제를 유지해야 했던 미국은 제2차세계대전 후 사회주의권 확대를 저지하기 위한 대외정책의 일환으로 실시한 원조정책을 남한에도 적용했다.

미군정 아래서 남한에 주어진 미국원조는 2차대전 후 미국이 독일·일본·오스트리아 등을 중요 원조 대상국으로 한 점령지역행정구호원조(占領地域行政救護援助, GARIOA 원조)의 일환이었다. 미국이 군정기 3년을 통해 남한에 제공한 GARIOA 원조는 총 4억 1천만 달러에 이르렀다. 그 내용은 식료품이 41.6%, 농업용품이 17%, 피복류가 10%로서 식량원조가 대종을 이루는 소비재 중심 원조였다.

이승만정권이 성립되면서 미국의 원조는 그 경제적 안정을 돕기 위한 장기적 원조로 바뀌었다. '한미원조협정'에 의한 ECA 원조가 그것이다. ECA 원조는 6·25전쟁을 계기로 SEC 원조로 바뀌어 1953년까지 계속되었다. 한편 전쟁중의 긴급구호물자 제공 및 전쟁 후의 복구를 위한 유엔명의의 CRIK 원조, UNKRA 원조 등이 제공되었다. 남한에 대한 미국의 원조가 본격적으로 이루어진 것은 휴전이 성립되면서부터였다. 이후 미국의 원조는 FOA 원조, ICA 원조, AID 원조, 공법(PL) 480호 원조 등으로 연결되었다. 이들 무상원조는 미국의 국제수지가 악화된 1957년을 고비로 점차 줄어들고 유상차관 방식으로 바뀌어갔다.

1945년부터 박정희정권의 제1차 경제개발 5개년계획이 시작되기 전해인 1961년까지 미국의 총원조액은 약 31억달러였다. 이 가운데 약 42%가 주로 제조업과 사회간접자본 부문에 쓰이는 원재료 및 중간제품이었고, 25%가 밀·옥수수 등 농산물이었으며, 자본재에 속하는 것은 전체의 9%, 기술부문에 관한 것이 5%를 차지했다.

8·15 후 약 17년간 제공된 이같은 미국의 무상원조는 2차대전 후의 혼란기와 6·25전쟁기를 통한 심한 식량난과 극도로 감퇴한 공업생산력을 극복하고 이승만정권을 지탱하면서 남한의 자본주의 경제체제를 어느정도 안정시켜나가는 데 도움이 되었다.

그러나 그것은 8·15 후의 남한경제가 당면했던 과제인 식민지 유제 청산과 자립적 경제구조의 형성, 민주적이고 생산적인 경제개발 주체의 형성을 위해서는 부정적 역할을 했다. 식료품과 원면 등을 주종으로 하는 소비재 중심 경제원조가 자립적 경제구조의 형성을 저해한 것이다.

식량 원조를 위한 미국 잉여농산물 도입이 한때의 식량난을 해소할 수는 있었으나 농업발전을 정체시켜 만성적인 식량수입국으로 가는 길을 열어놓았다. 원면(原綿) 원조는 특혜적이고 의존적인 섬유공업재벌을 만든 반면, 농촌의 면화생산을 격감시켰다.

미국의 소비재 중심 경제원조는 생산정책에 큰 차질을 빚어 생산확대를 저지하면서도 국민의 소비수준을 급격히 고양시켜 소비구조를 대외의존화시켰다. 반면 선진자본주의 미국의 전쟁 후 경제문제를 타개하는 방법으로 이용된 일면도 있었다. 비록 무상원조였다 해도 그것은 세계시장에서 미국 자본주의의 영향력을 강화하고 장기적으로 미국시장을 확대하는 데 기여했다. 또 미국의 대외 경제

원조는 자국의 자본수출을 촉진하는 수단이 되기도 했다.

일반적으로 경제원조는 주는 나라로서는 전쟁 후의 과잉생산에서 오는 경제적 타격을 해소하고 상품과 자본 수출을 촉진하는 한편, 받는 나라에 대한 정치적·군사적 영향력을 강화하는 결과를 가져왔다. 그것은 세계대전 후의 국제관계에서 미국의 영향력을 높인 가장 중요한 원인이 되었다. 그러나 원조를 받는 나라에서는 자주적 경제구조 및 민족자본의 형성을 저해하여 그 경제체제 전체를 대외의존적인 것으로 만들어갔다.

또 경제원조를 기반으로 한 독재정권의 존립을 가능하게 하고 그것과 유착된 독점자본의 형성을 유도하여, 비민주적 정치권력 및 경제구조를 정착시키는 역할을 다했다. 게다가 남한의 경우는 '반소련·반중국의 최전방 반공기지'를 만드는 데 기여했다. 또 '극동경제원조법'(1950.2)에서 "한국이 공산당원이나 북한정권의 지배하에 있는 당원 한 사람, 혹은 그 이상을 포함하는 연립정부를 세우는 경우 이 원조는 중단된다"고 명시한 것과 같이, 평화통일을 저지하는 목적까지 가지고 있었다.

잉여농산물과 농업 일제 식민지시대를 통해 조선은 계속 일본의 식량공급지 역할을 다해왔고, 1930년대 이후의 침략전쟁기에는 공출을 통한 식량의 강제수탈, 배급제도에 의한 극도의 소비억제 등을 겪었다. 그와같은 악조건 아래서도 조선의 농업생산력은 최소한 자체수요를 충족시킬 수 있었다. 그러나 8·15 후 해외동포의 귀환 등으로 인한 인구증가와 비료생산의 부진 등으로 식량사정은 악화되어갔다. 특히 6·25전쟁의 피해로 그것은 더욱 심해졌다.

전쟁 전인 1949년의 국내 공급 미곡량은 약 2400만섬이었으나 전쟁이 일어난 다음해인 1951년에는 그것이 약 2천만섬으로 떨어졌다. 식량생산의 부진과 극심한 인플레이션으로 쌀값은 계속 올라갔다. 1949년의 연간 평균 쌀값은 1섬당 191원이었으나 1950년에는 906원, 1951년에는 2570원, 1952년에는 9300원으로 급등했다.

미국의 잉여농산물 원조를 홍보하는 포스터

미국 잉여농산물 원조의 대종을 이룬 미국 공법 480호에 의한 농산물 원조의 경우, 1956년에 시작되어 1961년까지 총 약 2억 3백만 달러어치가 도입되었다. 도입된 잉여농산물을 한국화폐로 팔아 그 가운데 10~20%를 미국 쪽이 사용하고 나머지 80~90%를 한국재정의 국방비에 전입시켰다. 도입된 농산물은 밀이 전체의 40%였고, 원면(原綿)·보리·쌀 등의 비율 합계가 50%를 차지했다. 미국의 잉여농산물 원조는 6·25전쟁 후 악화된 남한의 식량사정을 완화하는 데 일정한 역할을 했다.

그것은 또 미국 측의 과잉생산에서 오는 농업공황을 막는 하나의 방편이었다. 그 판매대금의 대부분은 남한의 국방예산으로 충당되어 한반도의 공산화를 막고 남한을 정치적으로 자신의 영향 아래 두려는 미국의 한반도정책을 뒷받침했다. 그러나 그것이 남한의 농업경제 및 농민생활에 끼친 영향은 컸다. 우선 도입된 미국의 잉여농산물은 단순히 국내의 부족식량을 보충하는 데만 그치지 않았다. 이승만정권의 재정문제와 직결되었기 때문에 자연히 과잉 도입될

표 3 **미국 잉여농산물 도입 상황** (단위: 천석)

연도	정부 추정 수요량	국내생산량	추산 부족량 (A)	실제 도입량 (B)	비율(%) (B/A)
1956	26,643	24,785	1,858	3,092	166
1957	28,444	21,126	7,318	6,318	86
1958	29,256	25,270	3,986	6,465	162
1960	31,822	26,885	330	3,512	1,064
1961	31,143	25,500	3,042	3,979	131
1962	33,232	30,325	2,157	3,677	170
1963	33,683	31,567	10,814	9,235	85
1964	38,436	28,398	3,963	6,391	161
1965	43,843	35,346	1,438	4,910	341
1966	56,652	44,570	4,110	4,205	102
1967	65,693	61,772	3,921	8,102	207
1968	69,680	60,918	8,762	11,171	127
1969	75,167	59,268	15,899	17,118	108

자료: 농림부 『농림통계연보』, 1971~1972. 1960년 이후의 추산 부족량은 전년도 이월분과 전년도 미도착분을 제외한 수치임.

수밖에 없었다.

표 3에서와 같이 미국 공법 480호에 의해 잉여농산물이 도입된 1956년부터 그것이 끝난 1969년까지 거의 매년 정부의 추산 부족량보다 실제 도입량이 더 많았다. 13년간의 평균 실제 도입량은 추산 부족량의 2.23배나 되었다.

해마다 추산 부족량보다 두배가 넘게 도입된 이유는 당초 그 판매대금으로 막대한 군사비를 조달하고 격심한 인플레이션 아래서의 곡물가격, 나아가서 물가 전반의 안정을 기하기 위해서였다. 그러나 전쟁 후 국민경제가 상대적으로 안정되고 식량자급도가 97%에 가까워진 1957년까지도 미국 농산물이 계속 과잉 도입되어 국내 곡물가를 하락시켰다.

미국 잉여농산물의 도입이 농업경제에 끼친 결정적인 영향은 저곡가가 계속 유지되게 하여 농가소득을 감소시키고, 이 때문에 농민의 생산의욕을 감퇴시켜 한국을 만성적인 식량수입국으로 만든 점에 있었다. 농가소득의 74.3%가 농업소득으로 되어 있고 이 농업소득의 78.5%가 곡물 판매수입으로 되어 있는 상황 아래서, 잉여농산물 원조에 의한 저곡가정책 때문에, 예를 들면 1958년 10월부터 다음해 9월까지 농가의 쌀 판매수입은 1섬당 2만 2744환에 지나지 않았다.

그것은 생산비 2만 5118환보다 2374환이나 밑돌고 있었으며, 도시가구의 월평균 수입은 1959년의 경우 9만 5073환인 데 비해 농가의 그것은 4만 5311환에 지나지 않았다. 그 결과 농가 1호당 명목부채(名目負債)도 1956년 3997원에서 1962년에는 1만 1294원으로 증가했다.

미국 잉여농산물 도입은 또 남한의 농업생산에 심한 파행성을 가져다주었다. 6·25전쟁 후의 경제부흥기에 기간산업으로 발전했던 소위 '3백산업(三白産業)'이 모두 그 원료를 값싼 원조 농산물로 충당했기 때문에 쌀 이외의 농업생산도 크게 희생되었다.

미국산 밀의 도입에 따른 식생활 변화 추세로 제분업이 빠른 속도로 발달해갔으나, 종래 보리와 함께 중요한 위치를 차지했던 국내의 밀 생산은 값싼 외국 밀에 밀려 감소되어갔다. 1955년까지만 해도 밀 수요량의 약 70%가 국내생산으로 충당되었으나 1958년에는 벌써 25%로 떨어졌다. 이 때문에 쌀밥 중심의 식생활이 다소 바뀌어가는 추세에도 불구하고 농업은 쌀 생산에 편중되는 방향으로 나아갔다.

면직업의 경우도 같았다. 8·15 전 조선총독부는 전쟁물자 충당을 위해 '남면북양(南綿北羊)'정책과 '면화증식계획'을 실시하여 면화재배를 강제했다. 그 결과 군수품 원료로 약탈당하고도 국내수요의 대부분을 충당할 수 있었다. 그러나 1950년대 후반 이후에는 면직업의 생산이나 설비가 크게 증가했음에도 면화 재배면적은 급격히 줄어들었다.

8·15 전 1942년에 최고 25만 7685정보에 달했던 면화 재배면적이 1962년에는 1만 6443정보로 떨어졌다. 남북분단이 하나의 원인이기도 했지만, 남부지방의 재배면적이 넓었음에도 6%로까지 줄어든 것은 역시 잉여농산물 도입에서 밀과 함께 원면(原綿)의 비율이 높았기 때문이었다.

제당업의 원료는 본래 국내에서 생산되지 않기 때문에 어쩔 수 없다 해도, 제분업과 면직업은 그 원료의 국내생산을 희생시키면서 외국원료 가공업으로 전환했다. 이들 공업경영자가 8·15 후 한국 자본주의의 담당자로, 또 그 추진세력으로 되었으며 결국 독점재벌로 변모해갔다.

원조경제와 공업

이승만정권 시기 원조경제체제 아래서의 남한 공업은 첫째, 소비재생산 중심의 공업으로 발달했다는 점과, 둘째, 이들 소비재생산 공업이 일부 대기업에 의해 독점되어간 점에 그 특징이 있었다. 이것은 모두 남한 자본주의가 가진 원조경제체제 아래서의 대외의존성에 기인한 것이었다.

일제 식민지시대 조선의 공업은 마지막 '병참기지화' 시기를 제외하고는 대부분 식품공업과 방직공업 중심으로 발달했다. 8·15 직후의 남한공업도 식민지적 파행성에다 미국 원조에 의존하는 새

표 4 생산재와 소비재의 비율 (단위: %)

	1953년	1961년	일본(1959년)
생산재	18.3	19.4	57.5
화학	7.6	8.2	11.1
기계	-	-	34.3
철강·비철	10.7	11.2	12.3
소비재	74.4	77.3	30.1
식품	27.0	28.6	12.8
섬유	17.9	17.4	8.8
요업	3.7	4.2	4.9
기타	25.8	27.1	3.6
기타	7.3	3.4	12.2

자료: 김대환 「1950년대 한국경제의 연구」, 『1950년대의 인식』, 한길사 1981, 211면.

로운 형태의 파행성까지 중첩되어 3백산업을 위주로 한 소비재생산 공업의 성격이 한층 더 강해졌다.

표 4에서와 같이 생산재산업과 소비재산업의 비율을 대비해보면 원조경제체제 아래서의 공업의 파행성은 한층 더 명백해진다. 1953년의 제조업 전체에서 소비재부문이 74.4%를 차지한 데 비해, 생산재부문은 18.3%에 지나지 않았다. 이같은 파행적 공업구조는 원조경제체제의 말기인 1961년에도 전혀 개선되지 않았다. 소비재부문이 오히려 2.9% 증가하여 77.3%로 올라간 반면, 생산재부문은 겨우 1%밖에 증가하지 않았다.

소비재생산 편중의 공업구조가 원조경제체제 아래서의 공업의 대외의존성에 기인하고 있다는 사실은 그 원료조달 상황에서도 잘 드러났다. 예를 들면 1962년 9월 이후 1년간 제조업에서 사용한 원료 총액 175억원 가운데 수입 원료는 112억원이어서 그 수입의존도가 63.7%나 되었다.

그리고 이 시기 국내 제조업 생산의 30% 이상을 차지한 섬유산업의 경우 79%를 수입 원료에 의존했다. 이것은 주로 미국 공법 480호에 의한 잉여 원면의 도입으로 충당된 것이다. 그밖에 주요산업인 화학공업과 펄프공업도 각각 64.7%를 수입 원료에 의존했다.

원조경제체제 아래서의 공업구조가 가지는 두번째 특징인 독점화 문제는 식민지 유제 처리과정에서 이미 그 기초가 마련된 것이었다. 8·15 후 미군정 당국은 귀속된 일본인 소유 기업체에 대해 노동자들의 공동 관리 및 운영을 인정하지 않고 연고자에 의한 개인적 관리체제를 세워나갔다. 이승만정권은 그것을 우선권부여제와 지명공매제 중심으로 불하했기 때문에 중요한 적산기업의 대부분이 정치권력과 유착된 특정인의 소유로 넘어갔다.

6·25전쟁으로 국민경제 전반이 파괴되고 유통구조가 해체된 상황 아래서 국지적 분업에 기초를 둔 중소기업이 비교적 광범위하게 생성되었다. 이들은 일정 지역에서 생산되는 원자재를 기초로 하여 국내시장을 상대로 하는 생산을 전개해나갔다. 그러나 본격적인 원조경제체제로 들어가면서 이들 중소기업은 원조와 재정·금융·외환 등의 특혜권에서 소외되어갔다. 특정인에게 불하된 적산 대기업을 중심으로 미국 원조와 이승만정권의 특혜를 배경으로 한 소비재산업이 발달해간 것이다.

1950년대 면방직공업의 성장은 그 시설 면에서는 귀속재산의 불하를 기반으로 했고, 원료 면에서는 미국 원조의 원면을 기반으로 했으며, 금융 면에서는 원조물자 판매대금으로 마련된 정부의 대충자금(對充資金) 계정에 의한 특혜융자를 기반으로 하여 이루어졌다. 원조 원면의 배정이나 대충자금 융자가 중소기업을 위시한 모

표 5 중요 업종의 생산 집중도

업종별	기업체 수		출하액(백만원)	
	총수	대기업(%)	총액	대기업(%)
제분	58	2(3.4)	2,337	233(9.9)
제당·정당	44	2(4.5)	3,480	3,173(91.2)
방적	174	33(19.0)	11,089	9,834(88.7)
단합판	8	5(62.5)	14,497	7,067(48.7)
타이어·튜브	10	2(20)	1,105	1,023(92.6)
비누	98	1(1.0)	518	255(49.2)
시멘트	5	2(40)	1,337	129(9.6)
고무신류	48	9(18.8)	1,845	1,437(77.9)

자료: 김대환 「1950년대 한국경제의 연구」, 『1950년대의 인식』, 한길사 1981, 221면. 대기업은 종업원 2백명 이상.

든 해당기업에 공정하고 민주적인 기준에서 이루어지지 못하고, 관권과 결탁한 소수의 기업에 집중되어 기업의 집중, 산업의 과점화 현상이 나타나게 되었다.

면방직공업은 괄목할 만하게 성장했으나 원료산업 부문과 기계공업 내지 철강공업 등 중요한 연관산업의 발전을 자극하지 못하고 외국자본의 해외시장 체계의 틀 속에서 이루어졌다. 섬유공업은 선진국의 경우 18, 19세기의 자립적 국민경제를 형성·발전시켰던 선진산업이었으나, 이승만정권 아래서의 그것은 자립경제 형성에 대한 기여도가 낮은 대외의존적 산업으로 발달했다.

소비재산업의 이같은 특권적 발전은 자연히 소수의 독점적 대기업에 의한 산업지배 현상을 가져왔다. 표 5에서와 같이 종업원 2백명 이상의 극소수 대기업이 매우 높은 시장점유율을 나타냈다.

제분업의 경우 총 58개 업체 중 2개의 대기업이 총 출하액의 약 10%를 차지했으며, 제당업은 44개 업체 중 2개의 대기업이 총 출하액의 약 91%를, 비누제조업의 경우 98개 업체 중 1개의 대기업이 약 49%를, 고무신공업의 경우도 48개 업체 중 9개의 대기업이 출하 총액의 약 78%를 차지했다.

이승만정권의 원조경제체제 아래서는 귀속재산 불하과정에서 이미 특권적으로 형성된 대기업들이, 선진자본주의국이 과잉생산 해결책으로 제공한 원료와 정권의 정책적 특혜에 힘입어 소비재산업을 독점하면서 의존적·독점적 재벌기업으로 성장해갔다. 이 때문에 자립적·민족적 경제 기반으로 되어야 할 중소기업의 성장이 극도로 부진했다.

1950년대의 미국 원조를 바탕으로 한 독점기업에 의한 대외의존적 소비재공업의 발전은 상대적으로 자립적·민족적 산업의 부진을 가져왔다. 또한 이같은 경제적 이중구조로 빚어진 국내시장의 협애성, 그 결과로서의 시설과잉 현상을 초래했다. 게다가 1950년대 말기의 원조 삭감으로 원료공급이 감소되면서 재벌기업의 가동률이 저하되었다. 원조경제를 통해 누적된 경제적 모순이 한계점에 다다른 것이다.

4·19운동은 소비재공업 중심의 대외의존적 독점기업화와 그 결과로 나타난 농업·노동·중소기업 문제의 취약점과 정치적 부정이 쌓여 폭발한 것이었다. 따라서 장면정권으로 하여금 민주경제 및 자립경제 체제의 수립을 목적으로 하면서 부정축재자 처벌과 중소기업 육성책을 세우게 했던 것이다.

제3절 외자경제체제의 전개

외자도입과 그 성격

4·19 후 민주당은 7·29총선거의 선거공약으로 부정축재 회수, 특혜와 독점의 배제, 국민소득의 공정한 분배, 실업자 구제, 농어촌 부흥, 중소기업 육성, 금융의 대중화 등을 내세웠다. 장면정권은 총 투자액 4백억원 규모의 '국토건설사업'을 계획하는 한편, '중소기업 육성을 위한 종합대책'을 정하고 경제개발계획을 세워 자립경제 수립의 기초를 마련하려 했다. 이같은 장면정권의 경제정책은 격심한 정쟁으로 실현되지 못하다가 5·16 군사정변으로 무산되고 박정희정권에 의한 외자경제체제가 수립되어갔다.

이승만정권 말기에 이미 종래 무상원조 방식으로 도입되던 외국자본이 점차 차관으로 전환하기 시작했다. 그러나 원조경제체제에서 외자경제체제로 바뀌기 시작한 것은 구체적으로 1962년에 제1차 경제개발 5개년계획이 시작되면서였다. 또 그것이 본격화한 것은 1965년 '한일협정' 체결 이후부터였다.

이 경제개발계획은 소요자본의 대부분을 외국자본 도입에 의존했다. 따라서 재정차관은 물론 상업차관 도입과 외국인 투자, 유상기술도입 등이 일제히 실시되었다. 그러나 1차 경제개발계획 초기에는 상업차관이나 외국인의 직접투자가 활발하지 못했다. 재정차관이 중점적으로 도입되다가 1965년 한일협정이 체결되면서 상업차관과 외국인 직접투자가 급격히 확대되었다. 1964년에 9900만달러이던 외채규모가 1965년에 1억 7700만달러, 1966년에 2억 6100만달러로 급증했다.

한일협정 후 일본자본의 도입을 통해 건설된 포스코(포항제철소)

한일협정은 외자경제체제 전개과정에서 하나의 전환점이 되었다. 이 협정의 결과 상업차관 등 일본자본이 적극적으로 도입되어 과거 식민모국이었던 일본의 자본이 일본제국주의 패망 후 20년 만에 다시 침투하는 길을 열어놓았다. 종전의 미국 일변도의 외자도입선을 일본은 물론 서독·영국·프랑스 등의 선진자본에 개방하는 계기도 되었다. 뿐만 아니라 한일협정은 상업차관 도입이 급증하는 계기가 되었다.

이 협정으로 문호가 개방된 상업차관은 1969년에는 6억 2300만 달러로 증가했고, 1970년에는 이미 상업차관업체 가운데 부실기업이 속출했다. 정부는 부실기업에 대한 강제적 정비 조치를 취하고 기업의 재무구조 개선을 위한 '8·3 사채동결조치'를 단행했다(1972). 한편 외국인 직접투자 우선정책으로 전환하여 마산·이리 등지에 수출자유지역을 설치하고 외국 기업체가 입주토록 했다.

그러나 '오일쇼크'(1973)와 베트남 공산화(1975)의 영향으로 직접투자가 줄어들자 국제금융기구로부터의 차입을 비롯한 재정차관이 증가해갔다. 상업차관도 종래의 물자차입 방식에서 현금차관이 증대하여 국제금융시장에서의 채권발행을 통한 차관도입 방식이 성행하게 되었다. 후진국의 외자도입이 먼저 무상원조 단계에서 재정차관 단계로, 그리고 상업차관 단계, 직접투자 단계, 자유무역지 설치단계로 옮아가는 경우가 많았는데, 남한의 경우도 예외는 아니었다.

방식을 바꾸어가면서 계속 도입된 외채는 1979년 말 현재 채무확정 기준으로 237억달러에 이르렀다. 그 내용은 공공차관 88억 7천만달러, 상업차관 1백억 8천만달러, 외국인 투자 10억 7천만달러였다. 또 국가별 도입 비율을 보면 미국자본이 전체의 23.9%로 단위국가별로는 가장 높았고, 상업차관 쪽에서는 22.4%의 영국과 12.7%의 일본, 그리고 국제금융기구에 치중되어 있었다. 직접투자의 경우 일본이 54.7%, 미국이 20.7%로 두 나라가 전체의 4분의 3 이상을 차지하고 특히 일본인의 투자비율이 높았다.

차관도입의 형태별·산업별 구성상의 특징을 보면, 대체로 공공차관은 사회간접자본·양곡도입·제조업 등에, 상업차관은 제조업·사회간접자본·수산업 등에, 그리고 외국인 직접투자는 제조업과 호텔관광업 등에 치중되었다. 외채도입의 조건은 1976년 6월 현재 재정차관의 경우 거치기간 5년 이상, 상환기간 20년 이상, 이자율 연리 5% 이하가 전체의 절반 이상이었다. 상업차관의 경우 거치기간이 대개 3년 이하이며 상환기간도 10년 이하가 전체의 53%를 차지했다. 이자율 역시 4~8%가 대부분이며, 도입조건은 점점 나빠졌다.

직접투자의 경우 정유공업에서의 합작투자를 시발점으로 하여 비료·화학섬유 공업 등으로 확대되어갔다. 정유회사의 경우를 예로 들면 회사 경영상의 의사결정권은 같은 수로 구성된 양측 이사회 결의가 가부 동수일 때 외국 측 대표에게 주어졌다. 이밖에도 자본금 변동, 정관 변동, 회사 합병 및 청산 등은 양측의 동의를 필요로 하지만 재무·고용·구매·판매 등의 일상업무 면의 기본적 사항은 거의 외국 측 대표의 전결로 되어 있었다. 이같이 외국 측에 유리한 조건은 그 투자액의 150%가 회수될 때까지 보장되었다.

외국인이 직접 투자한 자본에 대해서는 일정한 수준 이상의 연도별 이윤배당이 보장되어 있었다. 가장 대표적인 예가 투자액에 대해 연간 20%를 우선적으로 배당하게 되어 있는 조항이다. 20% 보장의 경우 5년이면 투자액 전체가 회수되지만, 사실 이 20% 배당 보장기간은 대개 15년으로 되어 외국 측 대표의 운영상 우위권 유지기간과 같았다.

외국인 투자대상 품목은 독과점적인 생활필수품이 많았다. 그 원료는 외국투자자 측 계열기업의 생산품을 공급하여 외국투자자 측은 회사운영에서 얻는 이익배당 이외의 이익을 따로 얻었다. 그 제품은 국내외 정부기관이 강제로 인수해야 하는 의무를 가지는 사례도 많아 직접투자의 이윤 보장률은 상업차관의 이자율보다 훨씬 높았다. 표 6에서와 같이 호남정유회사에 투자한 칼텍스는 투자한 지 불과 4년여 만에 투자 원자본 이상의 과실송금(果實送金) 실적을 냈다.

외자경제체제는 이같은 많은 문제점을 가지고 있으면서도 제1차 5개년 경제계획 후 19년간(1962~80) 연평균 40.7%의 높은 수출신장률과 20%의 외자저축 증가율을 기록했고, 연평균 8.9%의 높은 경제성장을 달성했다. 이같은 경제성장은 1966년과 1970년 사이에 59개 개발도상국 중 경제성장률 1위, 수출신장률 1위, 제조업 고용증가율 2위를 차지하여 국제적으로 모범적 성장국으로 인정받았다.

한편으로 과거 식민지시대부터의 경제적 취약점인 대외의존성이

표 6 2대 정유회사 외국투자 측의 과실송금 실적 (단위: 천달러)

연도	유공(걸프)	호남정유(칼텍스)	합계
1964~1971	2,156	-	2,156
1972	4,502	1,015	5,517
1973	4,502	4,144	8,646
1974	4,500	3,056	7,556
1975	5,300	7,498	12,798
합계(A)	20,960	15,713	36,673
당초투자액(B)	30,000	12,147	42,147
자본회수율(A/B)	69.9%	129.4%	87.0%

자료: 이대근 「외자도입」, 『한국경제론』, 유풍출판사 1977.

더욱더 높아진데다 외채는 누적되었고, 사회계층과 지역 및 산업 사이의 불균형도 더욱 심해졌다. 사회·경제구조의 이중성이 한층 더 확대된 한편, 재벌기업의 독점성도 계속 높아졌다.

외자경제와 공업화

이승만정권의 원조경제체제 공업은 자본과 원료 면에서 대외의존성이 높은 소비재 중심 공업이었고, 그것이 일부 재벌에 의해 독점되었다는 점이 두드러진 특징이었다. 박정희정권의 외자경제체제 공업도 그 외형적인 급속한 성장에도 불구하고 이같은 취약성을 청산하지는 못했다. 우선 고도성장 기간을 통해서도 소비재생산 중심의 공업구조는 그다지 변하지 않았다.

표 7에서와 같이 경제개발이 추진된 기간에 소비재공업으로 볼 수 있는 경공업의 부가가치 비율이 1962년 74.9%에서 1979년에는 44.6%로 떨어지고, 중화학공업이 같은 기간에 25.1%에서 55.3%로 현저하게 증가했다. 중화학공업의 비중 증가는 1976년까지는 전기

표 7 공업구조의 추이(부가가치 기준) (단위: %)

	1962	1966	1970	1973	1976	1979
경공업	74.9	71.1	54.3	51.2	48.8	44.6
식료품 및 담배	21.3	18.7	25.7	18.2	18.4	16.5
섬유·의류·가죽	26.1	27.1	17.1	21.8	22.3	19.6
제재 및 가구	6.0	3.2	3.5	4.6	2.5	2.4
종이·제지·인쇄·출판	7.2	7.5	5.1	4.4	3.6	4.3
기타 제조업	14.3	14.6	2.9	2.2	2.0	1.8
중화학공업	25.1	28.9	45.7	48.9	50.2	55.3
화학·석유·석탄·고무·플라스틱	7.0	9.3	22.0	20.0	20.5	17.4
비금속광물	3.5	4.3	5.9	5.1	4.7	5.8
제1차금속	3.4	3.8	4.0	7.6	5.3	7.9
금속제품·기계·장비	11.2	11.7	13.8	16.2	19.7	24.2

자료: 경제기획원 『광공업통계조사보고서』, 1981.

기기 제조업, 석유 및 석탄 제품업 등이 주도했다. 이것들은 중화학공업에 속하기는 하지만 소비재공업적 성격이 강한 업종이며, 반면 중화학공업 중에서도 산업기계나 공작기계 및 기초화학공업 등과 같은 생산재생산 공업은 상대적으로 낙후되어 그런 생산재들을 대부분 외국에 의존했다.

중화학공업을 용도에 따라 제철·제강, 공업용 기본화학, 공작기계 등의 기초생산재 공업과 원료화학품·중간금속제품·산업기계·산업용전기 등의 중간생산재 공업, 그리고 기타 금속제품, 기타의 일반기계, 기타 수송용 기계 등의 최종생산재 공업으로 나눌 때, 기초생산재 공업은 1963년 9.7%에서 1974년에는 6.0%로 줄었다. 중간생산재 공업은 25.4%에서 27.6%로 2.2% 올랐고 최종생산재 공업은 64.9%에서 66.4%로 1.5% 증가한 것으로 나타나 중화학공업의 발달이 후자의 부분에 치중되었음을 알 수 있다.

다음, 식민지시대와 원조경제시대를 통해 한국 공업의 또 하나의 취약점이었던 높은 대외의존도가 고도성장기를 통해 오히려 더 높아졌다. 우선 제조기업의 자기자본비율은 경제개발이 이루어지던 1960년대 이래 점점 낮아져서 1975년에는 22.8%였다. 이는 같은 해의 광업 41.2%, 전기업 33.3%, 건설업 34.4%보다 훨씬 낮았다.

제조업 중에서도 중화학공업은 26.1%인 데 비해 경공업은 19.7%였고, 내수산업은 24.2%였으나 수출산업은 21.0%였다. 중소기업은 36.1%인 데 비해 대기업은 22.1%로 낮았다. 1975년도 제조업의 부채비율은 유동부채의 경우 은행차입이 약 35%, 사채류가 28%였다. 고정부채의 경우 외국차관이 전체의 48%가량 차지하고 은행장기차입금의 비율은 28%에 지나지 않았다. 제조기업의 재무구성상의 특징은 타인자본율이 높으며 그 타인자본도 외국차관의 비중이 높은 점이었다.

고도성장기 남한 공업의 높은 대외의존성은 원자재의 수입의존도에서도 나타났다. 특히 수출용 원자재의 경우 일본으로부터의 수입이 압도적이었고 원유·원면·원모·생고무·유지(油脂)·원당(原糖) 등은 전량 수입에 의존했다. 이밖에도 밀·펄프·고철 등의 원자재도 내수의 80% 이상을 수입으로 충당하지 않을 수 없었다.

제조업 원자재를 대부분 외국에 의존하게 된 것은 천연적 부존자원의 부족에도 이유가 있었지만, 그밖에도 농업·광업과 같은 1차 원료산업의 개발이 지체되어 공업화 과정과 연결되지 못했기 때문이며, 자본과 기술의 대외의존도가 높아 자연히 원료의 대외의존을 가져오게 된 데도 원인이 있었다.

공업의 대외의존성이 높은 또 하나의 원인은 내수시장이 협애한

표 8 **중요 공산품의 시장 점유율(상위 3개사의 집중도)** (단위:%)

공산품	집중도	공산품	집중도	공산품	집중도
분유	92.3	아크릴사	72.1	와이어로프	93.4
라면	100.0	소모직물	68.2	경운기	100.0
정당	90.1	크라프트지	92.1	베어링	100.0
소주	68.0	타이어	68.3	TV수상기	86.6
맥주	100.0	소다회	100.0	냉장고	86.7
사이다	100.0	카바이드	92.0	승용차	100.0
콜라	65.8	치약	100.0	자전거	67.4
폴리에스테르 S. F.	92.0	시멘트	64.0		
비스코스 인견사	100.0	철근	74.2		

자료: 『동아일보』 1976년 3월 27일자.

데에 있었다. 그것은 공업부문의 고도성장 과정에서 농촌이 희생되어 농민의 구매력이 떨어진 데에도 있었으나 제조업 자체의 제조원가 구성비율에서 오는 것도 컸다. 제조업의 원가구성에서 재료비·노무비·일반관리비의 비율이 1947년에는 81.6 대 8.4 대 10.0이었다. 대중 구매력의 원천인 노무비 비율이 낮은 현상은 곧 내수시장이 협애한 직접적인 원인이 되었다.

식민지시대와 이승만정권기의 원조경제 시기에 걸쳐 남한공업의 또다른 취약점이던 지역적 편재성과 고도의 독점적 집중성은 외자경제 시기에도 그대로 연결되었다. 우선 지역적 편중성의 경우 부가가치 기준으로 30.1%가 서울, 15.5%가 경기도 지역, 14.4%가 부산, 13.5%가 경남지방에 치중되었다. 종래의 경인공업지대 외에 수출지향적 공업화로 조성된 몇곳의 임해(臨海)공업단지가 더해졌을 뿐, 공업의 지방 분산과 국내산 원료에 의한 농촌공업의 발달은 기대하기 어려웠다.

표 9 **제조업의 규모별 구성**(1979년) (단위:%)

	사업체 수	종업원 수	생산액	부가가치
영세기업(5~9명)	37.5	3.6	1.5	1.9
소기업(10~49명)	42.0	14.1	7.6	8.8
중기업(50~199명)	14.8	21.8	15.1	17.4
대기업(200~499명)	3.8	17.1	18.4	16.9
초대기업(500명 이상)	2.0	43.4	56.3	55.0
합계	31,804개소	2,116,000명	266,900억원	92,079억원

자료: 경제기획원 『광공업통계조사보고서』 1981년판.

외채와의 직접적인 관련 아래 도입된 고도의 기술과 대규모 자본을 바탕으로 한 대도시 공업지대 및 임해공업단지의 공업과 중소도시 및 농촌지역의 재래적인 중소규모 토착공업 사이의 구조적 이중성, 그리고 세제·금융, 정부지원, 원자재 조달 등에서 큰 차이가 있는 수출공업과 내수공업 사이의 이중성은 점점 심화되어갔다.

공업구조상의 이중성이 점차 심화되면서 외채로 성장한 대규모 업체들은 필연적으로 기존의 중소규모 토착기업을 몰락시키면서 그 생산집중 현상을 심화시켜갔다. 표 8에서와 같이 상위 3개 회사의 시장점유율은 대단히 높았으며, 그것도 생산재 부문에서의 독점화가 먼저 일어나고 소비재공업이 이에 종속되는 과정이 아니라 외국의 생산재공업에 토대를 둔 소비재공업의 독점화가 비정상적으로 이루어지고 국내의 생산재공업이 거기에 종속되는 현상이 나타나고 있었다.

제조업에서의 독점적 집중화는 한편으로 그 규모별 구성비율에서도 그대로 나타났다. 표 9에서와 같이 1979년 현재 종업원 5명 내지 9명의 영세기업이 사업체 수로는 전체의 37.5%이면서도 생산액으로는 불과 전체의 1.5%를 차지할 뿐이며, 종업원 5백인 이상의 대기업은 수적으로는 불과 전체의 2%에 지나지 않지만 생산액에서는 전체의 56.3%를 차지했다. 이들 대기업의 대부분이 외채기업임은 더 말할 나위가 없다.

박정희정권 아래서의 외자경제체제는 외채도입과 수출신장을 바탕으로 공업부문에서 높은 발전을 이루었다. 그러나 종래의 소비재생산 중심 공업구조를 근본적으로 바꾸는 일, 공업의 대외의존도를 줄이는 일, 지역적 편중성 및 수출공업과 내수공업 사이의 격차를 줄여 그 구조상의 이중성을 해소하는 일, 중소기업의 희생 위에서 심화되는 대기업의 독점성을 방지하는 일 등을 과제로 안게 되었다.

외자경제와 수출신장

자원과 자본·기술을 모두 외국에 의존하는 경제개발정책을 세운 박정희정권은 대외 지불수단인 외환을 획득하기 위해 이른바 수출제일주의를 표방했고, 따라서 1960년대 이후 급격한 수출신장을 이루었다. 표 10에서와 같이 1960년에 3280만달러에 불과했던 수출실적이 1964년에 처음으로 1억달러를 넘었다. 1966년에는 2억 5천만달러가 되어 제1차 5개년계획 기간(1962~66)에 연간 평균 44%의 높은 신장률을 보였다.

1970년대의 고도성장은 급격한 수출 신장으로 인해 가능했다.

1971년에는 10억달러에 이르러 제2차 5개년계획 기간(1967~71)에도 연평균 33.6%의 신장을 나타냈다. 이런 신장세는 이후에도 계

표 10 수출입 동향 (단위: 백만달러)

	수출(통관액)		수입(통관액)	
	금액	증감률(%)	금액	증감률(%)
1960	32.8	65.7	343.5	13.1
1961	40.9	24.7	316.1	-8.0
1962	54.8	34.0	421.8	33.4
1963	86.8	58.4	560.3	32.8
1964	119.1	37.2	404.4	-27.8
1965	175.1	47.0	463.4	14.6
1966	250.3	42.9	716.4	54.6
1967	320.2	27.9	996.2	39.1
1968	455.4	42.2	1,462.9	46.8
1969	622.5	36.7	1,823.6	24.7
1970	835.2	34.2	1,984.0	8.8
1971	1,067.6	27.8	2,394.3	20.7
1972	1,624.1	52.1	2,552.0	5.3
1973	3,225.0	98.6	4,240.3	68.1
1974	4,460.4	38.3	6,851.8	61.6
1975	5,081.0	13.9	7,274.4	6.2
1976	7,715.1	51.8	8,773.6	20.6
1977	10,046.5	30.2	10,810.5	23.2
1978	12,710.6	26.5	14,971.9	38.5
1979	15,055.5	18.4	20,338.6	35.8

자료: 한국은행『경제통계연보』1982년판.

속되어 1975년에는 50억달러, 1977년에는 1백억달러를 넘었다. 1972년에서 1979년까지는 '오일쇼크'와 베트남 공산화 등으로 국제경제가 악화했음에도 연평균 41%의 신장률을 나타내었다.

이같은 높은 수출신장률은 곧 박정희정권 아래서의 고도성장을 주도해온 바탕이 되었다. 그러나 수출신장이 국내의 산업기반보다

표 11 **주요품목별 수출** (단위: 백만달러)

품목	1974년		1975년	
	금액	%	금액	%
식료 및 직접소비재	347.3	7.8	669.9	13.2
원료 및 연료	236.1	5.3	218.8	4.3
경공업품	2,414.1	54.1	2,916.0	57.4
섬유제품	1,526.0	34.2	1,840.2	36.2
합판 및 목제품	199.4	4.5	227.6	4.5
신발류	179.5	4.0	191.2	3.8
기타	509.2	11.4	657.0	12.9
중화학공업 제품	1,463.0	32.8	1,276.3	25.1
화공품	91.8	2.1	74.8	1.5
철강제품	450.3	10.1	231.5	4.6
수송용기기	121.1	2.7	183.7	3.6
전기·전자제품	474.2	10.6	441.6	8.7
기타	325.6	7.3	344.7	6.8
합계	4,460.4	100.0	5,081.0	100.0

자료: 유동길 「국제수지·무역·외환」, 『한국경제론』, 1977.

세제·금융 면의 특혜를 중심으로 하는 정부의 수출지원정책에 의해 이루어졌기 때문에 높은 신장률에도 불구하고 취약점이 많았다.

수출이 종래의 1차산업 중심에서 공산품 중심으로 바뀌어갔으나 경공업품 중심에 한정되었다. 전체 수출에서 공산품의 비율은 1961년에 22%, 1962년에 27.7%에 불과했으나 수출증진정책이 본격화한 이후부터 급증했다. 1963년에는 벌써 50%를 넘었고 1974년에는 무려 89.2%에 이르러 공산품이 수출을 주도했다.

그러나 표 11에서와 같이 1974년에 수출품의 67.2%가 식료 및 원료와 섬유제품·합판·신발류 등 경공업품이었고, 1975년에는 74.9%로 그 비율이 오히려 증가했다. 반대로 철강제품·전기전자

제품 등을 중심으로 하는 중화학공업 제품의 수출비중은 1974년의 32.8%에서 1975년에는 25.1%로 오히려 낮아졌다.

1978년 이후에는 중화학공업 분야의 선박이 포함됨으로써 다소 높아지기는 했으나 박정희정권이 끝나던 1979년에도 식료품 · 원료 및 경공업품 수출은 전체의 61.3%나 차지했다. 결국 수출 급성장기의 수출상품에서는 공산품의 비중이 높아지면서도 저임금을 바탕으로 한 노동집약적 경공업품이 그 대종을 차지했던 것이다.

한편 수출비중이 높은 품목은 대개 원자재의 외국의존도가 높아서 외화획득률이 낮은 것이 그 취약점이었다. 공산품만의 외화가득률은 1963년 34%에서 1973년 61.7%로 증가했지만, 수출 전체의 외화가득률은 82.2%에서 65%로 떨어졌다. 외화가득률이 낮은 원인은 수출이 가득률 낮은 공산품 중심으로 증가한 점, 그리고 국내의 1차산업과 연결되지 못하고 그 원자재의 외국의존율이 높았던 점에 있었다. 그 때문에 수출 절대액의 급증에도 불구하고 국제수지 개선에는 도움이 되지 못했다.

급격한 수출신장에 따른 또 하나의 문제점은 국가경제 전체의 무역의존도를 높인 일이다. 무역의존도는 1961년의 21.1%에서 1975년에는 73.9%로 높아졌다. 이 때문에 국내경제는 국제 인플레이션, 국제 자원파동 및 국제적 불황에 따르는 수입규제의 영향을 즉각, 그리고 크게 받지 않을 수 없었다.

외자경제 시기 수출의 또다른 취약점은 그것이 다변화하지 못하고 미국과 일본에 편중되었다는 점이다. 1967년의 경우 미국과 일본 두 나라에 대한 편중도는 69.4%였고 1972년에는 71.8%까지 올라갔다. 이후 다소 감소되었으나 수출 편중화는 그 나라들과의 지나친 정치경제적 밀착관계에서 벗어나기 어려운 결과를 가져왔다.

표 12 **산업별 국민총생산 구성비** (단위: %)

연도	농림어업	광공업	사회간접자본
1962	43.3	11.1	45.6
1965	42.9	13.1	44.0
1970	30.4	19.5	50.1
1975	24.9	28.0	47.1
1979	19.2	33.8	47.0

자료: 한국은행 『경제통계연보』 1982년판.

외자경제체제와 농업

1960년대 이후의 수출제일주의, 급격한 공업화, 고도의 경제성장은 농업부문에도 큰 변화를 가져왔다. 우선 국민총생산에서 농수산업의 비중이 현저하게 감소되었고, 농촌인구 구성비율도 크게 떨어졌다.

표 12에서와 같이 1962년에 국민총생산의 43.3%를 차지했던 농업과 어업은, 비농림어업(非農林漁業)이 계속적으로 증가함에 따라 1979년에는 19.2%로 떨어졌다. 상대적으로 광공업의 비중은 1962년 11.1%에서 1979년에는 33.8%로 커졌다. 특히 1960년대 후반과 1970년대 전반에 걸쳐 농업의 비율이 급격히 떨어졌고, 1974년을 분기점으로 하여 제조업 생산액이 농업 생산액을 상회하게 되었다.

한편 표 13에서와 같이 농가호수가 전체 가구 수에서 차지하는 비율은 1961년 53.6%에서 1980년에는 27%로 떨어졌으며, 총인구에서 차지하는 농가인구의 비율도 같은 기간에 56.1%에서 28.4%로 떨어졌다. 산업별 취업자 구성비에서도 광공업의 경우 1963년 8.7%에서 1975년에 19.2%로 올랐는데 농수산업은 같은 기간에

표 13 **농가호수 및 농가인구 구성비** (단위: 백호, 백명)

연도	농가호수	총가구대비율(%)	농가인구	총인구대비율(%)
1961	2,327	53.6	14,509	56.1
1966	2,540	48.9	15,781	53.6
1970	2,483	42.4	14,422	45.9
1975	2,379	35.2	13,244	38.2
1980	2,156	27.0	10,830	28.4

자료: 한국은행 『경제통계연보』 1982년판.

63.1%에서 45.9%로 떨어졌다.

이 시기 농업부문의 또 하나의 변화는 농가 계층구조 면에서 영세농층이 큰 폭으로 떨어져나가고 중농층이 상당히 증가했다는 점이다. 0.5정보 미만의 영세농가 수는 1960년 약 1백만호에서 1975년에는 69만호로 줄어서 전체 농가의 30.2%로 떨어졌다. 이에 비해 0.5정보 이상의 농가는 모두 증가했는데 그중에서도 1정보 내지 2정보를 가진 중농층의 증가폭이 제일 크고 다음이 0.5정보 이상 1정보까지의 소농층이었다.

영세농가의 감소율이 높은 것은 경제성장의 결과로 나타난 농가와 비농가 사이의 소득격차 및 비농업부문에서의 고용기회의 확대로 인한 이농현상 때문이다. 앞에서 본 농업인구의 감소도 이들의 이농이 대부분을 차지했던 것이다.

경제개발기 농업의 또다른 변화로는 겸업농가의 증가와 농업취업자의 구조변화를 들 수 있다. 1964년경까지도 전업농가가 전체 농가의 90% 내외를 차지했으나 이후 겸업농가가 차차 증가하여 1968년 이래로는 전체 농가의 약 15%, 1979년에는 약 18%로 증가했다. 농촌지역에서 가까운 몇몇 지역에 공업단지 등이 새로 생긴

것이 주된 원인이었다.

한편 이 시기 농업취업자의 연령 구성비율은 20대의 청년층이 1963년 27%대에서 1974년에는 17%대로 떨어진 반면, 50세 이상 노년층은 같은 기간 19%에서 26%로 급상승했다. 성별로는 남성취업자가 1963년 62%에서 1974년에 58.5%로 떨어진 데 반해, 여성의 경우 38%에서 41.5%로 증가했다. 농업취업자 절대인구의 증가는 대부분 이들 여성취업자의 증가에 의한 것이다.

이 시기의 급격한 도시화 및 공업화에도 불구하고 농업에서의 토지조건은 거의 개선되지 않았다. 전국의 경작면적은 1960년 204만 2천정보에서 1968년 233만 4천정보로 약간 증가했다가 1975년에는 224만정보로 감소했다. 도시화와 공업화에 따른 공장 및 택지, 도로용지의 수요 확대로 농지가 잠식되고 농지개간이 저조했기 때문이었다.

경지면적의 감소로, 비농업부문의 고용증대와 농업 취업인구 비율의 저하에도 불구하고 고질적인 영세경영은 해소되지 않았다. 농가 호당 평균 경지면적은 약 1정보의 수준을 넘어서지 못한 것이다. 경지규모별 농가호수 구성도 1정보 미만의 소농층이 1956년 73.5%에서 1975년 66.4%로 약간 낮아진 반면, 1정보 내지 2정보 경작의 중농층이 같은 기간 20.4%에서 27.1%로 증가했고 2정보 이상의 대농층은 6.1%에서 6.5%로 거의 변하지 않았다.

정부의 농업조사에 의하면 소작 내지 임차농(賃借農)은 1960년 전체 농가호수 중 26.4%에서 1970년에는 33.5%로 증가했고 소작지의 규모는 1960년에 전체 농지면적의 12%이던 것이 1970년에는 17.2%로 증가했다. 소작료는 대체로 수확물의 50% 내외여서 봉건적 지주·전호 관계에서와 같은 고율이었다.

다시 나타난 소작제를 봉건적 지주·전호 관계의 부활로 보건 근대적 성격의 임차농 관계로 보건, 그것이 농민적 토지소유제와는 방향이 다른 현상임은 사실이었다. 그러나 박정희정권은 농업의 고질적 취약점인 영세경영 극복의 길을 기업농화의 방향으로 잡았다. 새로 나타난 소작제를 위탁관리제 내지 임차농제로 인정하면서 합법화하고 농지소유의 상한제를 폐지하려는 방향으로 나아갔다.

도시자본의 농업부문 유치와 기계화를 통한 대규모 농업경영을 통해 농업의 자본주의화를 기도한 이같은 농업정책은 농업생산력을 향상시키는 데 목적을 두었지만, 한편으로 경자유전(耕者有田)을 기본으로 하는 농업의 민주화를 포기하고 직접생산자인 농민을 본질적으로 임금노동자화하는 방향이라 평가되었다.

이것은 또 자영소농제가 오히려 토지이용도 및 토지생산성을 높이고 과잉인구의 압력 아래서의 고용증대와 경제적 형평 및 유기농법의 가능성을 가져오는 한편, 전문적 용역제 및 공동이용제에 의한 영농기계화도 가능하다는 측면을 도외시한 농업정책으로 평가되기도 했다.

제4절 개방경제체제의 전개

독점자본체제의 강화

'유신'체제 아래서인 1970년대 후반기부터 남한 경제는 중화학공업을 중심으로 하는 본격적 독점자본체제로 나아갔다. 그러나 중화학공업에 대한 과도한 투자가 1970년대 말 1980년대 초에 걸친 시기에는 심한 공황을 가져왔다. 전두환정권은 그 타개책으로 '공장발전법'(1986.7) '조세감면규제법'(1986.12) 등을 마련하여 '산업합리화정책'을 펴고 부실기업을 정리했다.

전두환정권은 '합리화' 업종을 건설중장비·자동차 등 투자조정업종과 섬유직물·무기질화학비료 등 구조불황업종으로 나누어 전자에 대해서는 신규참여 배제와 제품전문화를 규정하고, 후자에 대해서는 보완투자·업종전환 등을 위해 2100억원 규모의 자금을 지원하여 독점자본의 기반을 강화했다.

부실기업 정리는 1986년부터 5차례에 걸쳐 78개 기업을 대상으로 실시되었다. 그 가운데 57개 기업은 제3자가 인수했고, 21개 기업은 합병·법정관리·계열기업정리·청산정리 등의 형태로 정리되었다. 정리과정에서 7조 2824억원의 금융지원과 2414억원의 조세감면이 이루어졌다. 시중은행의 손실보전을 위해 한국은행이 1조 7222억원을 저리로 특별융자했다. 제3자 인수는 대부분 기존의 재벌기업에 의해 이루어졌고, 전체 9조 7824억원에 달하는 엄청난 특혜가 소수 독점재벌에 돌아갔다.

1980년대로 들어서면서 미국 초국적자본의 아시아 진출이 강화되면서 일본은 부가가치가 한층 더 높은 고급기술 부문으로, 한국 등 아시아 신흥공업국(NICs)은 중위의 부문으로, 그리고 동남아시아국가연합(ASEAN)과 그 주변은 노동집약적 단순가공 부문으로 특화하는 형태로 새로운 분업연관이 형성되었다. 이같은 국제 분업구조의 재편에 적응하기 위한 내적 정비가 바로 산업구조조정이기도 했다.

정부의 강력한 조치로 투자효율의 안정성을 얻은 재벌기업들은 1986년부터 3년간 저금리·저유가·저달러의 '3저호황'을 맞아 자동차·가전제품·기계·철강 등 중화학부문을 주력산업으로 하여 연간

1980년대로 들어서면서 중화학공업부문이 정부의 강력한 지원을 등에 업고 발전하였다. 사진은 현대자동차 울산공장이다.

12%의 높은 경제성장을 이루었다. 수출의 연평균증가율도 1970년대의 고도성장기와 비슷한 수준으로 회복되었다. 수출의 호조와 수입 억제의 결과 경상수지는 1986년에 사상 최초로 46억달러의 흑자를 기록했으며, 이후 3년간 이 흑자 폭은 계속 확대되었다.

'3저호황'으로 한국경제는 1970년대 말부터 1980년대 초기에 걸친 공황에서 벗어날 수 있었다. 그러나 '3저호황' 자체가 기본적으로 외적 조건에 의한 것이었고, 1988년 말부터 그것이 끝나가자 호황도 따라서 끝나갈 수밖에 없었다. 1989년의 GNP 증가율은 6.7%로, 광공업 성장률은 3.5%로, 수출 증가율은 2.8%로 떨어졌고 경상수지는 다시 적자로 돌아섰다.

독점자본은 '3저호황'으로 얻은 여유자금을 주로 투기적 축적에 사용하여 호황이 끝나가는 것에 대비하지 못했다. 30대 계열기업군의 부동산 보유 규모는 1986년 말 394평방km에서 1989년 상반기

표 14 **1980년대 한국경제 발전의 주요지표**

연도	GNP(조원)	1인당 GNP(달러)	산업생산지수	노동생산지수
1980	52.3	1,592	100.0	100.0
1981	55.4	1,734	112.7	116.8
1982	59.3	1,824	118.4	125.3
1983	66.8	2,002	137.0	141.9
1984	73.0	2,158	157.6	155.6
1985	78.1	2,194	164.5	166.4
1986	88.2	2,505	198.5	193.2
1987	99.6	3,110	236.2	219.3
1988	112.0	4,127	268.3	250.9
1989	119.5	4,968	276.0	279.5

자료: 한국사회연구소 『한국경제론』, 160면.

에는 469.2평방km로 약 1.2배 증가했다.

그럼에도 불구하고 표 14를 보면 1980년대 전체를 통해 산업생산은 1980년을 100으로 하는 경우 1989년에는 276으로 상승했다. 이를 기반으로 GNP는 약 52조원에서 약 120조원으로, 1인당 GNP도 1592달러에서 4968달러로 증가했다. 그리고 노동생산성도 1980년을 100으로 하는 경우 1989년에는 279.5로 연평균 12.1% 증가했다.

1980년대에는 또 산업구조의 고도화가 진전되어서 농림어업의 비율이 1981년 15.6%에서 1989년에는 10.2%로 감소되고, 제조업은 같은 기간에 29.9%에서 31.3%로, 써비스업은 53.1%에서 57.9%로 증대되었다. 제조업 안에서도 중화학공업 비율이 1980년 51.2%에서 1989년에는 61.3%로 늘어났다. 중화학부문의 수출상품 비율도 1981년 47.3%에서 1989년에는 57.9%로 높아졌다.

한편 1981년부터 1988년 사이에 제조업은 약 2.8배가량 생산이 늘어났는데, 중화학부문의 생산신장이 경공업의 그것에 비해 두드러졌다. 전기·전자는 약 6.9배, 기계는 약 6배, 운수장비는 약 5.4배 생산이 증대했다. 조립금속 및 기계장비 부문이 1980년 제조업의 21.8%에서 1988년에는 33.2%로 크게 증가했다. 이들 부문이 성장의 중핵부문이 되어 1980년대의 수출증대와 고도성장을 주도해 왔음을 알 수 있다.

1980년대를 통해 경제성장의 주도적 위치를 확보한 비내구소비재와 내구소비재 중심의 조립가공형 중화학공업을 살펴보면, 그 생산수단의 총공급에서도 수입에 의해 충당되는 부분의 비율이 1970년 25.3%에서 1987년에는 22.4%로 떨어졌고, 이 부문에서의 수출도 증가하여 수출구조에서의 고도화 양상이 나타났다. 그만큼 국내생산기반이 확충된 것이다. 그러나 이들 생산수단의 생산과 수출증대가 주로 저가격·저기술·저부가가치 상품에 집중되고 고가격·고기술·고부가가치 품목에서는 오히려 수입이 크게 늘어났다.

중화학공업의 발달과 더불어 생산재 수입은 여전히 증대되었고, 그 생산마저 국내 분업연관에 앞서 국제 분업망의 요구에 의한 수출이 되어갔다는 점에서 국제 하청생산적 성격이 있었다. 한편 재벌기업을 중심으로 기술 면의 연구개발투자가 증대되는 추세 아래서도 기술의 취약성 때문에 고성장산업의 기술도입이 크게 늘어났다. 기술료 지급이 1980년대 초 1억달러 내외 수준에서 1989년에는 10억달러에 육박했다.

중화학공업의 발달에도 불구하고 '기계설비 및 부품의 대일수입과 비내구소비재 및 내구소비재 등 완제품의 대미수출'이라는 구조는 그다지 변하지 않았다. 따라서 표 15에서와 같이 무역의 대미의존도와 대일의존도는 여전히 높은 수준이었다. 1989년에는 대미무

표 15 **미국 및 일본에의 수출입 의존과 무역수지** (단위: %, 백만달러)

	대미국			대일본		
	수출의존도	수입의존도	무역수지	수출의존도	수입의존도	무역수지
1970	47.3	29.5	-165.9	28.1	40.8	-575.0
1980	26.3	21.9	552.0	17.4	26.3	-2,818.4
1989	33.1	25.9	937.9	21.6	28.4	-3,991.8

자료: 한국사회연구소『한국경제론』, 189면.

역에서 약 9억 4천만달러의 흑자를 낸 반면, 대일무역에서의 적자폭은 계속 확대되어 무려 약 40억달러에 이르렀다.

1980년대로 접어들면서 외채위기에 빠진 독점자본은 원리금 상환 부담이 없고 선진기술 이전의 가능성이 높은 외국인 직접투자에 대해 문호를 개방했다. 1980년대 중반 이후의 흑자발생에 따른 통상마찰 심화와 개방 압력으로 대외개방이 급속도로 진전되었다. 이에 따라 1987년에 10억달러를 넘은 외국인 직접투자액이 1989년 8월말 현재 인가기준으로 65.7억달러로 증가했다.

1986년 현재 외국인 직접투자 기업이 부가가치 생산에서 점유하는 비율은 13.0%였고 수출에서 차지하는 비율은 29.3%나 되었다. 즉, 수출입의 4분의 1 정도가 외국인 투자기업에 의해 이루어진 것이다. 42억달러의 무역흑자를 낸 1986년의 경우 그중 26억달러가 외국인 직접투자 기업에서 발생했다.

1980년대에 계속된 산업구조조정 과정을 통해 독점기업의 경제지배는 한층 더 강화되었다. 30대 재벌의 출하액은 계속 전체의 40% 이상을 차지했고, 50대 재벌기업의 부가가치가 GNP에서 차지하는 비율은 1980년 15.8%에서 1984년에는 20.8%로 늘어났다. 1980년대를 통해 추진된 산업구조조정은 결국 국내의 독점자본체제를 강화하면서 밖으로 자본합작·기술제휴 등을 통해 국제 분업 구조에 적응해가는 과정이었다.

중소기업의 성격 변화

1970년대 중반까지 독점자본의 비독점 중소자본에 대한 지배는 축출·흡수로 귀결되었다. 그러나 중화학공업화가 본격화한 1970년대 중반 이후에는 중소기업에도 오히려 그 구조의 고도화가 나타났다. 1980년대를 통한 산업구조 고도화과정은 기본적으로는 중화학공업의 대기업이 주도했으나 중소기업의 생산액 비율도 1974년 38.4%에서 1985년에는 47.4%로 높아졌다. 또한 중화학공업의 비중 증가와 함께 수출에서도 중소기업의 비중이 커져 내적 구조면에서도 고도화되었음을 나타냈다.

이제 중소기업은 직접소비를 위한 완제품만을 생산하는 것이 아니라 독점기업체로부터 발주받은 반제품이나 부품을 생산하는 형태로 독점자본과 공존해가게 되었다. 중소기업이 사회적 분업의 확대 아래서 대기업을 보완하는 형태로 생산력 기반의 일부를 형성하게 된 것이다.

독점자본이 경제지배를 확립해가는 과정에서는 소규모 기업을 압박하고 질식시켰으나 이제 경제지배가 확립됨으로써 그 지배력 강화와 더 높은 이윤축적을 위해 중소기업과 공존하며 종속관계를 이루어갔다.

정부도 각종 중소기업의 창업 및 육성을 위해 '중소기업창업지원법'을 제정했다(1986.5). 중소기업의 설비투자는 1981년부터 1988년 사이에 3배 이상 증가했고, 그 구성에서도 기계 및 장치에 들어가는 투자의 비율이 같은 기간에 46.0%에서 56.0%로 증가했다. 그 결

중화학공업 발달과정에서 영세한 중소기업은 점점 대기업에 종속되어갔다.

과 1981년에서 1987년 사이에 중공업의 매출액이 3.3배 늘어난 데 비해 중공업 내 부품산업의 매출액은 5.3배로 늘어났다. 그리고 전자·자동차·조선 등 주요 조립가공산업 부품의 수입의존도도 1978년 40.5%에서 1985년에는 29.3%로 낮아졌다.

중소기업의 구조고도화가 이루어지면서 중소기업과 대기업의 분업관계는 수직적 관계로 변해갔다. 예를 들면 중소기업 중 하청계열관계를 의미하는 것으로 볼 수 있는 수급업체의 비중이 1975년에 17.4%였으나 1988년에는 55.5%로 절반 이상에 이르렀다. 특히 기계부문에서는 1988년 현재 80% 정도가 수급업체인 것으로 나타났다.

이들 수급기업 중 전속형 하청관계를 뜻하는 수급의존도가 80% 이상 되는 업체가 80%나 되었다. 또 중소기업의 대종을 이루는 기계장비부문 기업의 약 3분의 2가 하청관계를 기반으로 존립하는 실정이었다.

한편 중소기업 역시 조립가공·수출에 의존하는 수출 중소기업화해갔다. 1980년에 이미 총수출액의 32.1%를 중소기업이 담당했고 1988년에는 37.9%를 담당했다. 또 중소기업의 총판매액 중 수급업체화에 따르는 타제조업에 대한 판매가 증가하는 한편, 수출의 비중도 높아졌다. 표 16에서와 같이 1980년에는 판매의 23.8%가

표 16 **중소기업의 판매형태별 판매액 비율의 추이** (단위: %)

연도	수출	국내판매	
		타제조업 판매	시장 판매
1970	9.1	20.9	70.0
1980	23.8	28.1	52.9
1986	29.7	33.2	42.0
1987	32.2	42.0	33.9
1988	28.8	40.8	33.5

자료: 한국사회연구소 『한국경제론』, 227면.

표 17 **외국인투자 중 중소기업과의 합작투자 추이** (단위: 건, %)

	1983	1984	1985	1986	1987	합계
전체 외국인투자(A)	75	104	127	203	363	872
중소기업과의 합작(B)	53	72	81	135	267	608
대기업과의 합작	17	20	23	29	44	133
외국인 단독투자	5	12	23	39	52	131
B/A	70.6	69.3	63.8	66.5	73.6	69.7

자료: 한국사회연구소 『한국경제론』, 230면.

수출되었으나 1987년에는 32.2%로 높아졌다. 생산물의 3분의 1가량을 수출한 것이다.

중소기업은 수출확대를 지속하는 과정에서 대기업의 하청계열화 및 직접적인 접촉을 통해서 대외적으로 자본과 노동력 및 노동수단 그리고 시장 등을 더욱 의존할 수밖에 없었다. 특히 미국과 일본에 대한 대외의존도가 높아졌다. 그 외국산 원자재 사용비율은 계속 높아져갔고, 외국자본과의 합작 및 기술도입도 증대되었다. 표 17에서와 같이 1983년에 53건이던 중소기업과 외국자본의 합작이 1987년에는 267건으로 증가했다. 기술도입도 1982년 95건(30.8%)에서

1987년에는 325건(51.0%)으로 증가했다.

1980년대 이후의 중화학공업 발달과정에서 중소기업들은 심한 분화를 겪으면서 그 존재형태가 수출 중소기업, 대기업하청 중소기업, 내수 중소기업, 대기업계열 중소기업, 외국인투자 중소기업 등의 유형으로 구분되었으며, 그 지위와 성격에 따라서 각각 다른 특징을 가지게 되었다. 그러나 전체적인 면에서는 구조적 취약성과 낙후성을 면치 못했다.

자산규모 면에서는 1억원 미만이 1986년 현재 전체의 46.8%를 차지했고, 종업원 수에서는 99명 이하가 1987년 현재 사업체 전체의 93.2%나 되었다. 대다수 중소기업은 주식회사 형태보다 개인기업 형태였고 그것이 전체 중소기업의 73.0%였다. 또 생산설비와 기술수준의 낙후로 그 생산성도 낮았다. 중소기업의 1인당 부가가치 생산성은 1987년 제조업 전체의 그것에 비해 68.8%였고, 대기업에 비해서는 49.0%에 불과했다.

이 시기의 중소기업은 국내 독점대기업 및 선진국 독점자본의 하청계열화로 종속관계가 심화되었고, 그런 위계구조 속에서 국가의 금융 및 세제 지원에서 상대적으로 배제되어 있었다. 재정지원의 경우 경제개발비의 5.4%(1987년 기준)에 불과하여 일본의 18.0%(1985년 기준)에 비해 훨씬 낮았다. 게다가 대출의 대부분이 신용대출이 아니라 담보대출이어서 대기업에 대한 특혜지원과는 크게 차별화되었다. 따라서 중소기업의 자금난은 계속되었다.

중소기업의 구조고도화에도 불구하고 전반적인 조업률 저하로 휴·폐업률이 높아지고 자금난으로 인한 조업단축 업체도 크게 늘어나고 있었다. 1987년의 경우 7백개 업체가 휴·폐업을 했고 1988년에는 1037개 업체가 휴·폐업했다. 특히 음식료품업의 폐·휴업률이 29.2%, 인쇄 · 제지업이 22.6%, 화학 · 플라스틱업이 21.4%여서 제조업 전체의 13.7%보다 훨씬 높았다.

요컨대 1980년대의 산업구조조정 과정을 통해 중소기업은 구조 고도화가 어느정도 이루어지는 한편, 국내 독점자본 및 선진국 독점자본의 하청계열화가 이루어지면서 그들에 예속화되어갔다. 특히 그 원료와 시장이 대부분 국내 독점자본 및 외국 독점자본에 의해 장악됨으로써 예속도는 더 높아져갔다. 따라서 비독점기업으로서의 중소기업 중심 경제체제가 자리잡을 조건은 점점 제거되고, 외국 독점자본과의 유착이 심화되면서 독점자본체제가 강화되는 경제체제가 자리잡아갔다.

금융구조의 변화 이승만정권이 은행의 귀속주식을 공매함으로써 은행의 민영화가 일단 이루어졌으나 그것은 은행이 재벌의 사금고로 변하는 결과를 가져왔다. 5·16 군사정변 이후 정부가 대주주의 주식을 환수하여 민영화조치가 백지화되었다. 국영화된 은행자본이 1970년대까지 수행한 중요한 역할은 저금리와 정책금융으로 요약될 수 있다.

기업에 대한 은행의 대출금리는 사채시장의 이자율에 비해 훨씬 낮았고, 정책금융의 경우 일반대출 금리의 절반 수준이었다. 정책금융은 정부의 산업정책에 의해 주로 수출산업이나 중화학부문 산업에 집중되었다. 이 부문의 주된 담당자는 독점자본이었고, 정책금융을 거의 독점한 독점자본의 자본축적은 가속화되었다.

따라서 예금을 통해 국내의 유휴 화폐자본을 동원하는 은행 본연의 역할은 제대로 수행될 수 없었으며, 은행은 부족한 대출자금을 한국은행에서의 차입을 통해 보충했다. 그것은 또 통화량을 증가시

표 18 **은행 민영화의 내용**(1983.8.4 현재)

은행(민영화)	대주주	지분율(%)
상업은행	무역협회	21.6
(1973.1.31)	삼성계열	13.8
	산학협동재단	6.7
한일은행	대림계열	12.1
(1981.7.1)	한진계열	10.9
	현대계열	2.2
	럭키금성계열	6.9
제일은행	대우계열	18.0
(1982.9.10)	현대계열	10.3
	럭키금성계열	10.2
	대한교육보험	9.0
	삼성계열	8.0
서울신탁은행	동국제강계열	10.1
(1982.9.10)	동아건설계열	10.1
	현대계열	6.9
	서주산업계열	6.7
	신동아계열	6.3
조흥은행	태광산업계열	11.4
(1983.3.8)	삼성계열	9.8
	신동아계열	7.8
	쌍용계열	5.9

자료: 한국사회연구소 『한국경제론』, 324면.

켜 인플레이션을 가져오는 중요한 원인이 되었다. 실제로 1963년부터 1985년까지 은행자금 중 중앙은행으로부터의 차입비율은 10% 이상이었다. 낮은 금리로 독점적으로 대부받은 기업들의 과잉투자로 부실기업이 속출했고, 그것에 대한 대손충당금은 1985년의 경우 1256억원이나 되었다.

1980년대로 들어서면서 '일반은행 경영의 자율화 방안'이 발표되고(1980.12) 시중은행의 민영화와 은행경영 자율화가 추진되었다. 한일은행·제일은행·신탁은행·조흥은행 등 시중은행의 정부보유 주식 50%를 공매함으로써 추진된 민영화는 법인과 개인 모두 총 발행주식의 8% 이상을 소유할 수 없게 하여 독점자본의 은행 소유를 방지하려 했다. 그러나 계열사에 의한 위장 분산 등으로 5개 시중은행의 재벌그룹계열 대주주 지분율이 20~27%에 이르렀다(표 18 참조).

은행에 대한 소유민영화와 함께 경영자율화도 추진되었다. 금융기관 임원들의 임명승인권을 은행감독원장에게 주었던 '금융기관에 관한 임시조치법'이 폐지되었고, 6백여개나 되었던 금융기관 경영에 대한 정부의 규제통첩이 1981년 1월과 1984년 말에 대폭 폐지되었다.

또 은행법 개정으로 금융기관 경영에 대한 은행감독원장의 지시명령권 조항이 삭제되었다(1982). 그런데도 시중은행들이 '금융산업 개방에 대비한 은행경쟁력 강화를 위한 건의안'(1990.11)을 통해 최고경영조직의 자율적 결정, 회장제 도입, 대형화를 위한 증자와 합병 허용 등 경영자율권 보장을 건의했다.

1980년대를 통해 세계 자본주의체제의 변화의 하나로, 초국적 금융자본이 대두하여 발전도상국의 금융 및 써비스 부문의 개방을 요구한 점을 들 수 있다. 한국의 경우도 예외는 아니었다. 본격적 자본자유화는 정부가 '자본자유화를 위한 자본시장 국제화의 장기계획안'(1981)을 발표한 것이 계기가 되었다. 1970년대 말 1980년대 초의 공황기를 통해 다국적기업의 직접투자를 적극 유치하고, 일시

표 19 **주요 계열그룹군의 외국은행 지점에 대한 대출의존 현황** (1988년 7월말, 단위: 억원)

계열별	대출금합계	외은대출/대출금합계(%)
삼성	20,799	25.47
현대	24,451	16.77
대우	29,270	8.04
럭키금성	14,272	32.31
선경	7,612	22.74

자료: 한국사회연구소『한국경제론』, 320면.

적 무역흑자에 따라 상품시장 개방이 확대되면서 증권·금융·보험·부동산 등을 통한 자본거래의 자유화가 서둘러 추진되었다.

이에 따라 화폐자본의 대외의존성에도 변화가 나타나기 시작했다. 즉, 1970년대까지의 외채도입 형태에서 1980년대 이후에는 외국 금융기관으로부터의 대출이 허용되고, 주식·증권 등에 외국인의 투자가 허용되는 방식으로 전환되어간 것이다. 이에 따라 초국적은행의 국내 진출도 활발해져서 외국은행 국내지점의 총 자산규모는 1970년 말 145억원에서 1989년 말에는 7조 901억원으로 증가했다. 표 19에서와 같이 재벌그룹들의 외국은행으로부터의 자금대출 비율도 높아져갔다.

1980년대 이후에는 금융시장 개방을 통해 국제적 분업구조에 대한 예속이 심화되고 국내 독점재벌의 금융지배도가 점점 높아졌다. 1970년대부터 설립되기 시작한 단자회사·종합금융회사·증권회사들을 거의 재벌이 지배하여 제2금융시장을 독점한데다가 다시 민영화된 은행을 지배하게 됨으로써 금융산업 전반을 직접 지배해가는 길이 열렸다.

요컨대 1980년대 이후 개방경제체제로 전환되면서 외국 독점자본이 본격적으로 진입하는 상황 아래서 그것에 대한 보호막의 약화로 빚어지는 국내기업간의 경쟁 심화가 기업의 대형화와 독점화를 가속화하는 추세로 갔다. 그 결과 민영화·자율화의 명분 속에서 금융기관에 대한 독점기업의 직접지배 경향이 크게 강화되어갔다.

개방경제체제와 농업

1970년대 후반기에 한때 경상수지가 흑자로 돌아서고 수출액이 1백억달러에 이르게 되자 교역상대국들의 수입규제가 강화되었고, 따라서 일정한 수입개방정책을 시행하지 않을 수 없었다. 1978년과 1979년에 3차에 걸쳐 국내에서 생산되지 않거나 수급불균형에 따른 가격파동이 있었던 일부 농축산물을 포함한 160여종의 품목을 수입자유화하고 수출추천제 등을 단계적으로 폐지했다.

1970년대 말과 1980년대 초에 다시 국제수지 적자 폭이 확대되었고 수입개방 속도도 늦추어졌다. 그러나 쌀의 경우 종전에 강제하다시피 했던 통일계 품종의 재배면적이 급속히 감소됨에 따라 1979년에 50만톤, 80년에 119만톤, 81년에 183만톤, 82년에 50만톤을 수입했다.

1985년에 들어서면서 미국은 무역적자 해소를 위해 농산물 수출을 강화하는 신통상정책을 시행하고 무역보복조치 조항을 두었다. 특히 종합무역법에서는 통상협상을 신속히 진행시키고 보복조치 발동을 더 쉽게 하기 위해 그 권한을 종전의 대통령에서 통상대표부로 이관시켜 보복조치를 의무화하고 불공정거래 범위를 확대했다.

미국은 한국에 대해 1988년 말까지 사료·원료곡물에 대한 수입쿼터제를 폐지하고 1991년 1월까지 쇠고기·오렌지 등 고가치 농산물과 밀·옥수수 등 대량구매 농산물을 3단계에 걸쳐 수입자유화할

표 20 **연도별 농림수산물 수입자유화율**

	1988.12	1989	1990	1991
농축산물	75.1	79.3	82.8	86.2
임산물	94.6	94.9	95.3	97.3
수산물	40.2	57.9	57.9	69.2
계	71.9	76.1	80.3	84.9

자료: 한국사회연구소 『한국경제론』, 394면.

것을 요구했다. 그 결과 한국의 농축산물 수입개방은 크게 확대되었다. 또 1986년 9월부터 양담배가 수입 개방된 결과 잎담배 재배농가가 1987년 9만 1389가구에서 1988년에는 7만 7485가구로 감소했고 경작면적도 35,226.9헥타아르에서 31,821.4헥타아르로 줄었다.

정부는 1989년부터 3년간에 걸쳐 농축산물 243개 품목을 수입자유화한다고 발표했다(1989.4). 여기에는 미국이 개방을 요구한 119개 품목 중 62개 품목이 포함되었다. 표 20에서와 같이 농축수산물 수입자유화율은 1989년 1월 71.9%에서 1990년에는 84.9%로 높아졌다.

중화학공업을 중심으로 자본주의가 본격적으로 전개된 1970년대 중반 이후부터 이전의 상대적 고미가(高米價)정책이 비판되기 시작했다. 식생활의 변화로 쌀 소비량이 감소하는 반면, 고미가정책으로 양곡재고량이 증가하고 이중곡가제에 의한 매매차손이 급증함으로써 재정적자가 확대된 것이다.

이 적자를 일반회계 세입이 아닌 한국은행 차입과 같은 방법으로 충당했고, 따라서 통화팽창과 물가상승을 가져왔다. 정부는 물가상승을 막기 위해 재정부담을 일반회계 세입으로 충당하는 대신, 이

중곡가제 자체를 폐지하는 쪽으로 정책방향을 잡아갔다.

1987년의 6·10민주화운동을 통해 한때 수매가격이 이전에 비해 상승했다. 또 양곡관리법을 개정하여 수매가격·수매량 결정에 국회의 동의를 얻게 하고 수매가격 결정에 각계각층이 참가하는 양곡유통위원회의 의견이 반영되게 했다(1988). 그러나 정부의 양곡수매정책은 생산정책과는 분리된 채, 농민의 이해관계보다 물가정책 차원에서, 또 그때마다의 정치적 상황에 따라 결정되었다. 1988년의 경우 약 4200만섬의 쌀이 생산되었고 그 16%인 약 670만섬이 수매되었으나, 1989년에는 약 4100만섬이 생산되었는데도 그 28.7%인 약 1170만섬이 수매되었다.

1983년의 양곡수매가 동결에 따른 농가소득 감소를 보충하기 위해 정부는 벼농사와 지역특화작물 및 보완작물을 함께 경작하게 하는 복합영농 장려정책을 추진했다. 1988년까지 2천개에 가까운 단지를 조성하고 총 2453억원의 자금을 지원했다. 정부의 장려정책에 자극된 농민들은 쌀농사 이외의 상업적 농업생산에 적극 참가했다. 그러나 쌀과 보리를 근간으로 한 영세규모의 복합영농화는 과잉생산을 가져왔고, 그 때문에 격심한 가격폭락 및 가격변동 현상이 일어났다.

그 대표적인 예의 하나로 '소값파동'을 들 수 있다. 1970년대 후반기에 쇠고기 공급부족으로 가격폭등을 겪은 정부는 복합영농품목으로 소를 지정하여 그 사육을 장려했다. 1973년부터 1982년 사이에 사육 소는 연 153만마리 수준이었으나 1983년부터 수입과 입식이 급격히 증가하여 1985년 6월에는 265만마리나 되었다.

이것이 소값의 급락을 가져와 소 사육 농민에게 큰 타격을 주었다. 1983년과 1984년 2년간에 방출된 소 입식자금 미상환액은 305만농가에 2502억원이어서 농가당 82만원 꼴이었다. 그것은 당시 농가부채 총액 4조 1800억원의 6%나 되는 액수였다.

한편 양곡증산정책의 포기, 상대적 고미가정책의 후퇴, 농축산물 수입확대 등이 일반화되어가던 1980년대에는 정부가 '농어가부채 경감대책' '농어촌경제활성화 종합대책'(1987) 등의 조치를 취하지 않을 수 없을 만큼 농가부채가 급증했다.

그러나 농민들의 미약한 자본력과 농촌금융구조의 취약성 아래서 이루어진 상업적 농업의 확대, 농업기계화의 진전 등은 계속 농가부채를 증가시켜갔다. 표 21에서와 같이 1980년에 33만 9천원이던 농가 호당 평균부채액이 1989년에는 389만 9천원으로 증가했고, 사채 의존도도 점점 높아졌다.

농가경제의 악화는 이농인구의 증가와 농업노동력의 감소를 가져왔다. 1970년에 총인구 3143만 5천명 중 농촌인구가 1442만 2천명으로 45.9%였으나 1980년에는 총인구 3812만 4천명 중 1083만명이어서 28.4%로 줄었고, 1987년에는 다시 총인구 4240만명 중 777만명이어서 18.3%로 줄었다.

총 농가 수도 1967년 258만호를 정점으로 계속 감소해갔다. 1967년부터 1975년까지는 농가 호수가 연평균 2만 6천호씩 줄어 그 연평균감소율이 1.0% 정도였으나 1975년부터 1988년까지는 연평균 4만 2천여호가 줄어들어 그 감소율이 2.0%가량이나 되었다. 이농인구의 청장년층에의 집중, 농촌노동력의 고령화 및 여성화 현상도 더 심해졌다.

경영규모에 따른 농가 구성비율에도 큰 변화가 일어났다. 총 농가 중에서 0.3정보 이하 경영 농가는 1970년 15.7%에서 1980년에는 13.4%로 줄었고 1986년에는 12.7%로 줄었다. 또 이농인구의 증

표 21 **농가부채의 추이(호당 평균)** (단위: 천원, %)

연도	합계(A) (증가율)	제도금융 계(B)	 농협	 기타	사채(C)	B/A	B/C
1980	339	173	165	8	166	51	104
1981	437(28.9)	227	216	11	210	52	108
1982	830(89.9)	554	524	30	276	67	201
1983	1,285(54.8)	864	823	41	421	67	205
1984	1,784(38.8)	1,226	1,147	79	558	69	220
1985	2,024(13.5)	1,440	1,337	103	584	71	247
1986	2,192(8.3)	1,550	1,436	114	642	71	242
1987	2,390(9.8)	1,876	1,718	158	514	75	365
1988	3,131(31.0)	2,652	2,511	141	479	85	554
1989	3,899(19.7)	3,272	3,069	203	627	84	522

자료: 서울사회과학연구소 『한국에서 자본주의의 발달』, 310면.

가에 따른 노동력의 감소는 농업기계화를 진전시켰다. 1970년대까지는 경운기에 한정되었으나 그 후반기 이후부터 동력 이앙기와 수확기가 집중적으로 보급되어 벼농사에서의 일관기계화 작업체제가 이루어져갔다.

또 농업기계화의 진전으로 경지면적 1정보 이상 경영층의 경지획득 경쟁력이 상대적으로 높아졌다. 그러나 평균적으로 농업소득만으로도 가계비를 충족시킬 수 있는 경지규모, 즉 중농의 하한이라 할 수 있는 경지규모는 1976년까지는 0.5~1.0정보였으나 1983년 이후에는 1.5~2.0정보로 급속히 확대되었다.

이농에 의해 농업노동력이 급속히 감소해간 1970년대 후반기 이후 지주소작관계는 이전의 어느 시기보다 크게 확대되어갔다. 소작지 비율은 1977년 16.5%에서 1988년에는 34.8%로 크게 증가했고, 소작농 비율은 1975년 27.8%에서 1985년에는 64.7%로 급상승했

박정희, 전두환 정권기에 농촌은 현대화되었지만, 농가의 부채는 크게 늘어나 농촌경제가 악화되었다

다. 1985년의 경우 연간 5천억원 이상의 소작료가 지주에게 귀속되었으며 이중 60%가 넘는 3215억원이 비농민에게 유출되었다. 소작농 1호당 소작료는 평균 41만 9천원으로 농업소득의 11.3%에 해당했다.

중화학공업을 중심으로 하는 독점자본주의의 발달과정에서 빚어진 농업경영의 수익성 악화, 지주소작관계의 만연, 농가부채의 증가, 이농인구의 급증, 식량자급도의 저하 등 농업의 위기적 상황에 대비하여 추진한 복합영농 장려정책이 농축산물 수입개방으로 실패했다.

이에 정부는 다시 농수산 소득원의 확충, 농외소득원의 개발 촉진, 농어촌 생활여건의 개선 등을 통해 기본적으로는 농공지구 조성에 의한 전업농 육성을 목적으로 농촌공업화정책으로 선회하고 '농어촌발전 종합대책'을 마련했다(1989.4).

이 '대책'에 의해 설립된 농어촌진흥공사가 1993년까지 2조원의 농지관리기금을 조성하고, 이 기금을 농지 구입자금으로 지원하여 농업진흥권역에 상업적 전업농을 육성하는 계획을 세웠다. 또 농촌공업화의 추진을 위해 수도권에 인접한 충청남북도에 53개소, 부산 중심 공업지역에 인접한 경상남북도 지역에 53개소의 농공지구를 지정했다. 그러나 농지관리기금 지원으로 소작지를 축소시키면서 농가의 경영규모를 확대하고, 영세농가가 재촌탈농(在村脫農)할 만큼 노임소득을 얻는 기회를 확보하게 하는 문제 등이 있다.

1980년대 이후의 개방경제체제 아래서 농업이 당면한 최대의 난관은 '관세 및 무역에 관한 일반협정'(GATT)의 8번째 다자간무역협상인 '우루과이라운드'다. 미국이 주도하는 가운데 모든 비관세조치품목 농산물에 대한 관세화와 농산물에 대한 국내보조 및 수출경쟁을 위한 보조의 철폐, 다시 말하면 쌀을 비롯한 농산물 무역의 완전자유화와 농업보조금의 철폐를 요구한 것이다.

여기에는 한국정부의 반대가 어느 선까지 관철될 수 있을 것인가, 농업구조를 어떻게 개선하여 국제경쟁력이 있는 농업으로 육성해갈 것인가 하는 것과 함께 전체 농산물에 대한 가격보장제도를 실시하는 일, 농산물 가격의 안정을 위해 그 유통구조를 개선하는 일, 생산조절과 출하조절을 효과적으로 실시하는 일 등이 과제로 지적되고 있다.

분단시대의 사회와 문화

8·15 후 남한의 통치체제가 미군정, 이승만정권, 장면정권, 박정희정권, 전두환정권, 노태우정권으로 이어지면서 정치·경제·사회·문화 면에서 분단체제가 강화되어갔다. 그 과정을 통해 큰 몫을 한 것 중 하나가 교육정책이었다. 반세기 가까이 실시된 식민지 교육체제는 8·15 후 미군정의 실시와 함께 미국식 교육제도로 대체되었다. 이승만정권이 성립한 후에는 거기에 반공교육이 더해졌고, 박정희정권 아래서는 그 위에 또 정권의 정통성 확립을 목적으로 한 '주체성' 교육이 더해져갔다.

단독정부의 성립과 6·25전쟁 후 이승만정권이 북진통일정책을 확고히 함에 따라 반공교육과 군사교육이 강화되었다. 박정희정권은 '7·4남북공동성명' 이후 일련의 평화통일론을 표방하면서도 반공교육을 강화했고 정권의 정통성을 강조하기 위한 주체성 교육, '국적 있는 교육'을 강조했다.

북진통일론의 이승만정권과 비교할 때, 평화통일론의 박정희정권에서 통일 교육정책은 차이가 없었을 뿐 아니라 반공교육, 북한에 대한 적대교육은 심화되었다. 주체성 교육에서 나타난 복고주의·국수주의적 성격 강화는 당연히 분단체제를 극복하고 민족통일을 이룩하는 데 역작용을 했다.

1980년대 이후의 전두환·노태우정권 아래서는 세계사가 탈이데올로기 및 평화주의 체제로 변해가는 추세로 인해 적어도 표면적으로는 평화통일정책이 정착되어갔지만, 그 교육은 여전히 냉전체제적·대결체제적 한계에서 벗어나지 못하고 있었다.

구체적으로 역사교육의 경우 박정희정권의 7·4남북공동성명 이후에는 말할 것도 없고 전두환정권의 '민족화합민주통일방안'이나 노태우정권의 '7·7선언' 및 '한민족공동체통일방안' 등 평화통일방안이 발표된 후에도 식민지시대의 좌우익 통일전선운동과 8·15 후의 평화통일운동으로서의 좌우합작운동이나 1948년 남북협상, 그리고 1970년대 이후의 민간통일운동 등에 대한 역사적 정당성이 제대로 교육되지 못했다.

8·15 후의 노동문제 역시 분단체제가 주는 제약성을 극명하게 드러낸 부분이었다. 비록 식민지시대를 겪은 후발자본주의 지역이기는 했으나 식민지시대의 노동운동이 민족해방운동의 중요한 부분을 차지하여 노동자층의 정치의식·사회의식·역사의식은 고조되었다.

이 때문에 특히 국내 민족해방운동의 경우 노동운동이 그 주체가 될 정도로 활발했다. 이같은 노동자층의 높은 역사의식과 함께 일본제국주의 패망 후 식민지적 독소를 안고 자본주의경제체제를 다시 세워가는 과정에서 열악한 노동조건 때문에 노동운동이 활성화될 여지가 많았다.

그러나 8·15 후의 분단상황, 그것도 자본주의체제와 사회주의체제가 대치된 상황 때문에 노동운동기구는 통치권력과의 유착관계를 떨칠 수 없었을 뿐만 아니라 오히려 권력구조의 일부분이 되어가는 상황이었다. 노동운동기구들과 정권의 유착관계가 심화하는 한편에서 조직노동자의 쟁의 및 파업은 계속 일어났고, 비조직노동자의 운동도 활발해져갔다. 그러나 분단체제가 갖는 제약성 때문에 이승만정권, 박정희정권 그리고 전두환정권 시기의 노동운동은 대부분 분산적이고 제한적인 것에 머물렀다.

이런 조건 속에서도 1987년 6·10민주화운동 이후 7월에서 9월에 걸쳐 전국적으로 전개된 노동자들의 투쟁으로 노동운동은 6·25전쟁 후 본격적으로 전개된 전체 분단시대를 통해 '4·19 공간'에서의 노동운동에 이어 다시 한번 활성화되었다. 특히 '민주노조'들의 결성이 늘어나면서 지역노동조합협의회의 성립에 이어 전국노동조합협의회가 결성되기에 이르렀다.

그러나 다시 정부와 사용자 쪽의 탄압이 강화되어 '무노동무임금' 정책이 관철되고 총액임금제가 실시되었다. 1990년대에 들어와서 군사정권이 끝나고 문민정권이 들어섰으나 이 문제들은 아직 해결되지 못하고 있다.

한편 분단체제 아래서의 민족문화운동 역시 그 방향모색에 많은 혼선을 빚어왔다. 우선 민족의 분단과정에서 민족문화운동의 역량 자체가 양분되었고 민족문화 자체에 대한 이해에도 큰 차이를 보였다.

분단국가의 성립과 6·25전쟁을 통해 문화계는 철저히 양분되어 각기 분단체제를 고정 강화하는 데 제 몫을 다했다. 분단체제가 장기화하고 심화되어감으로써 그것을 긍정하고 그것에 안주하는 문화활동이 있는 한편, 분단으로 인한 민족적·인간적 고통을 작품화하고 나아가 민족의 재통일에 이바지하려는 새로운 민족문화운동도 나타났다.

이같은 움직임은 주로 문학부문에 한정되었으나 1980년대 이후에는 여타의 학문·예술분야에서도 직접 간접으로 분단을 극복하려는 노력이 싹텄고, 그것을 새로운 의미의 민족문화운동으로 인식하게 되었다.

그 결과 1980년대 문학부문에서는 1970년대의 자유실천문인협의회가 민족문학작가회의로 개편되는 조직상의 발전이 있었다. 민족문학론에서도 계급성·당파성이 한층 더 강조되면서 '민족해방문학론' '노동해방문학론' '노동해방문예론' 등이 등장하여 논의를 심화시켰다. 또한 노동현장 출신의 시인, 소설가 들이 배출되어 노동현실을 형상화한 우수한 작품들이 생산되었다. 우리 문학사상 하나의 특징적 시기를 이룬 것이다.

1980년대에는 문학 이외에 미술·음악·영화·극·건축·무용·사진 등 각 예술분야에서도 진보적·민중적 노선에 선 문화예술활동이 활발해지는 또 하나의 특징을 보였다. 이들 각 문화·예술 부문의 단체가 6·25전쟁 후 처음으로 연합체를 이루어 한국민족예술인총연합을 결성하고 전체 민족·민중운동과의 연대사업을 펼쳐나갔다.

제1절 분단체제하의 교육과 학원운동

미군정의 교육정책

식민지시대 해외 민족해방운동전선에서의 각 정당들은 모두 해방 후의 교육정책으로서 무상 의무교육제를 채택했다. 한국독립당은 3균주의 원칙에 의해 "국민의 각종 교육의 경비는 일률적으로 국가에서 부담할 것"을 정책으로 채택했고, 조선민족혁명당도 그 정강에서 "의무교육과 직업교육은 국정의 경비로써 한다" 했다.

조선독립동맹도 "국민의 의무교육제도를 실시하여 이에 요하는 경비는 국가가 부담한다" 했다. 그리고 이같은 교육정책은 통일전선정부인 임시정부의 건국강령에도 그대로 채택되어 "국민의 각종 교육의 경비는 일률적으로 국가에서 부담할 것" "교육 종지(宗旨)의 내용을 독립·민주·단결로 확정하고 신교과서를 편찬할 것"을 규정했다.

돌이켜보면 조선왕조시대까지의 교육은 대체로 양반계급에게만 한정되었으나 문호개방 이후 일반 서민층에도 교육받을 기회가 확대되면서 교육기관도 급격히 증가해갔다. 그러나 식민지시대로 들어오면서 지배당국의 우민정책(愚民政策)으로 교육은 대부분 식민지 지배기구의 하급 실무자를 양성하는 데에 한정되었다.

이 때문에 민족해방운동전선은 좌우익을 막론하고 우민교육체제를 타파하고 교육의 기회균등은 물론 전체 국민의 교육수준 향상을 위한 의무교육제도를 채택했던 것이다. 그러나 8·15 후 남한의 경우 미군정이 실시되면서 민족해방운동전선이 세운 교육정책이 그대로 실시되지 못했다.

38도선 이남에 진주하여 군정을 실시한 미군은 우선 조선총독부의 학무국을 접수하여 문교부로 개편하는 한편, 7명(후에 10명)으로 구성된 한국교육위원회를 조직하고(1945.9.16) 초등학교(9.24)와 중등학교 이상(9.28)의 학교를 개학하게 했다.

미군정 당국은 안재홍을 위원장으로 하여 10개의 분과위원회로 구성된 교육심의회를 발족시켜 "홍익인간의 건국이념에 기하여 인격이 완전하고 애국정신이 투철한 민주국가의 공민을 양성함을 교육의 근본이념으로 함"이라 한 교육이념을 채택했다(1945.11). 이 과정에서는 특히 '홍익인간'이 과학적으로 증명할 수 없는 신화적 바탕에서 나왔으며, 일본제국주의가 표방한 '팔굉일우(八紘一宇)'와 비슷한 점이 있다는 지적도 있었다.

교육심의회는 또 학제를 개편하여 식민지시대의 간이학교·보습(補習)학교·강습과(講習科)·연습과 등을 폐지하고 이수 연한을 국민학교 6년, 중등학교 6년, 대학교 4년으로 한 단선형으로 바꾸었고, 중등학교 6년은 초급중학교 3년과 고급중학교 3년으로 나누어 미국식 6·3·3·4제를 채택했다.

미군정 말기에는 교육의 지방자치를 실시하기 위한 기초 작업으로 교육구회설치법령(教育區會設置法令)을 공표했다(1948.8.12). 한편 교육방법에서도 식민지시대의 억압주의, 획일주의, 교사 중심의 주입식 및 서적 중심의 방법을 탈피하고 민주적 방식을 정착시키려는 노력도 어느정도 있었으나 교사 및 교육재료의 확보에 질적·양적 한계가 있어 큰 효과를 거두지 못했다.

식민지시기의 전체 민족해방운동전선이 정책으로 내세웠던 국비의무교육제가 8·15 후 미군정기를 통해 실시되지는 못했으나 식민지시대에 비해 교육인구와 교육기관은 급격히 증가했다. 초등교육의 경우 8·15 현재 학교 수 2834개교에 학생 수 136만 6024명이던 것이 이승만정권 성립 당시에는 학교 수 3443개에 학생 수 242만 6115명으로 증가했다.

같은 기간 중등학교의 경우 학교 수는 165개교에서 564개교로, 학생 수는 13만 3857명에서 39만 7567명으로 증가했으며, 고등교육의 경우는 학교 수가 19개교에서 31개교로, 학생 수는 7819명에서 2만 4천명으로 증가했다. 특히 고등교육의 경우 학교 수의 증가에 비해 학생 수가 훨씬 더 증가했는데도 교육시설은 그다지 확보되지 못했다. 식민지 치하에서 극히 제한되었던 중등학교 이상의 교육기관이 갑자기 많아짐으로써 학생 수는 급증했으나 교육시설의 확충이 이를 따르지 못해 교육의 질이 저하되기도 했다.

학생 수가 급증한데다가 사회 일반의 분위기가 급변함에 따라 많은 학원문제가 발생했다. 우선 식민지시대의 조선인 교원을 모두 확보해도 교원의 절대 수가 부족했으며, 게다가 식민지교육의 담당자였던 이들 교원이 일정한 재교육을 거치지 않은 채 그대로 교육현장에 섰다. 이 때문에 민주주의적 교육을 요구하는 학생과 큰 마찰이 빚어졌다.

뿐만 아니라 좌우익 세력의 사상적 대립의 심화로 학원은 큰 격동 속에 빠져들어갔다. 전국 각지의 각급학교에서 동맹휴학이 잇따라 일어났으며, 그 대표적인 예로 '국대안(國大案)' 반대운동을 들 수 있다.

미군정청 문교부가 재정상의 이유와 인적·물적 자원의 활용을 이유로 내세워 "서울과 그 부근에 있는 관립 고등교육기관을 전부 폐지하고 새 이상과 새 구상 아래 국가의 전 학계를 대표할 만한 거대한 종합대학을 신설키로 결정하였다"고 발표하여(1946.6.19) 이른바 '국대안' 문제가 표면화했다.

군정청 문교부의 국대안이 발표되자 전문·대학교수단연합회는, 국대안을 운영하는 이사회가 문교부 관료로만 구성된 것은 고등교육기관의 자치권을 박탈하고 관료독재화할 우려가 있으며, 경성대학 이공학부 등 자연과학과 광산전문학교 등 기술부문의 학교를 약화시킬 우려가 있다 하여 반대했다.

그들은 경성대학을 종합대학으로 확장하고 각 단과대학의 독자성을 살릴 것을 주장했으며, 학생들의 반대운동도 거세게 일어났다. 대체로 좌익계 학생들이 주동한 국대안 반대운동은 서울대학교로 통합될 각 대학교 학생들의 동맹휴학으로 번졌다.

문교당국이 경성대학의 휴교를 선언하고 동맹휴학 참가학생을 정학처분하자 국대안에 반대하는 교수들이 학교를 떠나고 동맹휴학은 전국의 4백여개 학교로 퍼져갔다. 이후 서울대학교는 예정대로 신설되고(1946.8.22) 동맹휴학도 차차 수습되어갔다. 그러나 국대안 반대운동은 미군정시기 최대의 학원문제였다. 문교당국의 일방적 처사에 대한 반발이 있었던데다가 기존 학교의 전면적 폐지계획이 좌익계 교수 축출방책으로 간주되어 거센 반대운동을 가져왔던 것이다.

이승만정권의 교육정책

미군정이 끝나고 이승만정권이 성립되면서 그 헌법 제16조에서 "모든 국민은 균등하게 교육을 받을 권리가 있다. 적어도 초등교육은 의무적이며 무상으로 한다" 하여 국민학교 교육의 무상 의무화를 규정했다.

정부가 수립된 1948년의 문교예산은 정부예산의 8.9%였고 그중 69.4%가 의무교육비로 쓰였다. 다음해에는 문교예산이 정부 전체

예산의 11.4%로 증액되었고 그중 71.6%가 의무교육비로 쓰였으나, 이때의 초등교육비 중 공비 부담은 30% 미만이었고, 나머지 70% 이상은 후원회비·사친회비(師親會費) 등으로 학부모가 부담해야 했다. 후원회·사친회가 일단 폐지된 것은 정부수립 14년 후인 1962년이었다.

정부수립 후 신교육법이 제정되었으나(1949.12.31) 교육이념은 미군정 시기의 '홍익인간'이 그대로 계승되었다. 거기에 '민주주의 민족교육 이념'이라는 '일민주의(一民主義)'가 더해지는 한편, 학도호국단이 조직되어 중학교 이상의 학생들에게 군사훈련이 실시되었다.

단독정부로 수립된 이승만정부가 민주주의 교육을 표방하면서도 국수주의적 색채가 있는 '일민주의'를 내세우고, "히틀러 청년단을 연상케 하는" 학도호국단을 조직하여 교육이념을 강압적으로 적용하고 중앙집권적 교육정책을 펴나가려 한다는 우려도 있었다. 그 후 '일민주의'는 흐지부지되고 말았지만 학도호국단은 그대로 존속했다.

이승만정권은 성립 당초부터 문교정책의 방향을 '민주주의·민족주의 교육' '국민사상의 귀일(歸一)' '반공정신' '1인1기(一人一技)교육'에 두어 반공교육을 통해 민심을 정부에 귀일되게 하려는 정책을 썼다. 6·25전쟁이 발발한 후에는 특히 국방교육을 표방하여 반공교육을 한층 더 강화했다.

이를테면 '전시하 교육특별조치요강'(1951.2)을 발표하여 교육의 중점을 "멸공필승(滅共必勝)의 신념을 배양하고 전국(戰局)과 국제 집단안전 보장의 인식을 명확히하여 전시생활을 지도하는 데 둔다" 하여 도의교육·기술교육·국방교육을 표방한 것이다.

한편 전쟁중에 학제를 개편하여 종래의 6년제 중학을 3년제 중학교와 3년제 고등학교 두 과정으로 분리했다(1951.3). 중학교와 고등학교의 분리로 학생들은 잦아진 상급학교 입학시험에 시달리고 학교교육이 진학시험 준비교육에 치우치며 학부모의 부담이 이중으로 늘어난다는 반대도 있었으나 그대로 시행되었다.

신교육법에 의해 교육자치제도의 법적 근거는 마련되었으나 6·25전쟁으로 그 시행령의 공포가 늦어져서 1952년 6월에야 한강 이남지역에서 시(市)와 교육구 교육위원회가 설치되었다. 군(郡) 단위로 설치된 교육구는 도지사·문교부장관·내무부장관의 지휘를 받고, 당연직인 군수와 각 읍·면에서 선출되는 위원으로써 교육위원회가 구성되었다. 교육위원회 집행기관인 교육감은 교육위원회가 추천하고 도지사·문교부장관을 경유하여 대통령이 임명하게 했다.

시에도 시장과 시의회에서 선출하는 10인의 교육위원으로 구성되는 시교육위원회를 두었고 역시 교육감을 두었다. 도교육위원회는 도내 각 교육구와 시교육위원회에서 1명씩 선출된 위원과 도지사가 선임한 3명으로 구성되었으나 실질적인 교육행정의 집행권은 도의 문교·사회국장에게 있었고, 교육위원회는 자문 역할밖에 하지 못했다. 중앙교육위원회는 특별시와 각 도에서 1명씩 추천한 위원과 문교부장관의 제청으로 대통령이 위촉한 위원으로 구성되어 문교부의 자문 역할을 했다.

교육자치제는 교육의 중앙집권화를 탈피한 지방분권화 및 일반행정으로부터의 독립화와 전문화, 그리고 관료의 통제를 배제한 민주화를 지향했으나, 이승만정권 아래서의 그것은 중앙집권과 지방분권을 절충하고, 일반행정과 교육행정의 완전 분리가 아닌 분리와 협력을 적정화하며, 교육행정의 관료통제와 민간통제를 조화시키고, 비전문적 관리(管理)를 완전히 배제하지 않은 절충적 성격으로 이루어졌다.

시교육위원회는 집행기관인 데 비해 도 및 중앙 교육위원회는 자문기관의 역할도 제대로 하지 못했다. 군교육위원회는 의결기관이어서 그 성격이 모호했으며, 교육자치제의 재정적 기반 등에 문제가 있어서 교육의 중앙집권성, 관료통제성을 배제하기 어려웠다.

헌법에 명시된 초등교육의 무상 의무교육이 철저히 실시되지는 못했으나 완전한 의무교육을 실시하기 위한 정책적 노력은 계속되었고 교육예산도 차차 증가했다. 정부수립 당시인 1948년의 경우 전체 정부예산의 8.9%에 지나지 않았던 문교예산은 1960년에 15.2%로 증가했고, 같은 기간에 문교예산의 69.4%이던 의무교육비는 80.9%로 증가했다.

교육인구도 크게 증가했다. 8·15 당시와 1960년도를 비교하면 국민학교의 경우 학교 수는 2834개교에서 4602개교로 62.3% 증가한 데 비해, 학생 수는 136만 6024명에서 359만 9627명으로 2.6배 증가했고, 중학교의 경우 학교 수는 97개교에서 1053개교로 무려 11배 가까이 증가했다.

고등학교는 인문고등학교와 실업고등학교를 합해서 1945년 224개교에서 1960년에는 640개교로 3배 가까이 증가했고 학생 수는 8만 4363명에서 26만 3563명으로 3.1배 증가했다. 대학의 경우 같은 기간에 학교 수는 19개교에서 63개교로 3.3배, 학생 수는 7819명에서 9만 7819명으로 12배 이상 증가했다.

교육인구가 급증한 원인은 첫째, 식민지시대의 우민정책에 의한 교육억제정책이 풀리면서 눌렸던 교육열이 갑자기 폭발한 점, 둘째, 8·15 후의 학령인구 증가와 교육열에 맞춘 문교정책의 교육문호 개방주의, 셋째, 식민지시대의 지배계급 중심 및 자산계급 중심의 폐쇄적인 대학관(大學觀)이 약화되어 대중화되어간 점, 넷째, 6·25전쟁 기간을 통한 학생에 대한 병역면제와 해방 후의 취직난, 특히 초·중·고등학교 졸업자의 취직난 때문에 대학진학률이 높아진 점 등을 들 수 있다. 학교 수의 증가 폭보다 학생 수의 증가 폭이 커서 교육의 양적 팽창에 따른 질적 저하가 심해졌으며, 이 문제는 특히 고등교육에서 더욱 심했다.

4·19 후의 학원민주화운동 이승만정권의 독재정치와 부정부패에 대항하여 일어난 민주주의운동인 4·19운동은 이승만 독재정권이 무너진 후 곧바로 독재정권 아래서 자리잡은 학원의 비민주요소 제거운동으로 전환되었다. 학교와 재단을 상대로 하는 학생들의 시위가 계속되고 학원분규가 끊이지 않았다. 학원 안에서의 민주화운동은 우선 이승만정권의 부정부패와 부정선거에 적극 가담한 교육관계자의 축출에서 시작되었다.

학생들의 강력한 요구가 뒷받침되어 허정 과도정권이 공포한 '학원정상화를 위한 긴급조치의 건'(1960.5.26)은 교육공무원 중 "3·15 정·부통령선거에 적극 가담하여 교육계나 일반 국민의 지탄 대상이 되고 있는 자" "구 정권을 배경으로 학교경영과 교육행정 수행에 있어 독재와 부정·불법을 자행하여 개인의 명리를 도모하고, 학원의 질서를 문란케 하여 교육계의 위신을 손상케 한 자" "불순한 동기로 학생 또는 동료를 선동하여 학원의 질서를 문란케 하거나 직무를 유기 또는 태만히 한 자" 등은 의법 처단하고 사립학교 관계자는 학·총장, 교장 및 법인임원의 취임 승인이나 인가를 취소하게 했다.

4·19 후의 학원민주화운동은 종래 비민주적이고 하강식(下降式)이며 관료체제적이고 정치적으로 이용되어온 학도호국단을 해체하고 자치적 학생회로 대체할 것을 요구했다. 이에 따라 허정정권은 '학도호국단규정 폐지에 관한 건'을 공포하여(1960.5.10) 창단된 지 10년이 넘은 학도호국단을 해체했다.

학도호국단이 해체된 후 각급학교에는 집행기구인 학생회와 의결기구인 대의원회가 구성되었고, 다시 전국대학생총연합회가 조직되어(1960.9.12) 4·19 후의 민주주의운동, 민족통일운동에서 학생활동의 모체가 되었다.

또한 학원민주화운동은 장면정권으로 하여금 교육행정에서의 중앙집권적 체제를 완화하고 교육공무원의 인사권을 비롯하여 유치원, 초·중·고등학교를 경영하는 법인체에 대한 인가권 등을 지방으로 이관하게 했다. 또 교육자치제의 강화를 위해 '교육자치제도심의위원회'를 설치하고 이승만정권 때 거의 열리지 않았던 중앙교육위원회를 활성화했다.

4·19 직후의 교원노동조합

4·19 후의 학원민주화운동에 하나의 큰 시금석으로 등장한 것이 교원노동조합 조직 운동이었다. 이에 대해서는 이승만정권 말기에 이미 교원과 학교재단 사이에 논란이 있었고(1959), 4·19 후에는 주로 대한교육연합회를 배척해온 교원들에 의해 교원노동조합운동이 거세게 일어났다. 대구시의 중·고등학교 교원노동조합 결성(1960.5.7)을 출발점으로 하여 이 운동은 삽시간

에 각 지방으로 확산되어갔다. 마침내 대학교수를 포함한 각급학교 교원 대표 3백여명이 서울대학교에 모여 "교원의 경제적 지위향상을 위하여 투쟁한다" "학원의 자유와 민주화를 기한다" "민주국가 건설로써 세계평화에 공헌한다"는 강령을 내세우고 대한교원노동조합연합회를 결성했다(1960.5.22).

이후 각 도에도 연합회가 결성되어 대한교육연합회와 대결했다. 이 운동이 가장 활발했던 경상남도에서는 전체 교원의 약 90%가, 경상북도에서는 약 70%가 교원노동조합에 가입했다. 허정 과도정권과 장면정권은 교원노동조합을 허가하지 않는 방침으로 일관했고, 일부 국회의원들도 교원노동조합을 불법화하기 위한 법률을 제안했다. 그러나 교원노동조합 측의 맹렬한 반대에 부딪혀 폐기되었다.

장면정권은 교원노동조합운동에 대처하기 위해 교원들의 단체조직과 단체교섭권은 인정하되 단체행동권은 인정하지 않는 '교직단체법안'을 성안했으나 대한교육연합회가 교원간의 분열을 조장한다는 이유로 반대했다. 교원노동조합 측은 그 내용이 단체 결성을 사실상 허가제로 했으며 쟁의권은 물론 공립학교에서의 단체협약권도 인정하지 않았다는 이유로 역시 반대하여 국회에 제안되지도 못한 채 폐기되었다.

교원노동조합연합회는 '교원노조불법화 반대 전국대표자대회'를 열고(1960.10.18) 4백여명의 대표가 국회와 문교부에 항의했다. 문교부는 "교직을 노동자의 수준으로 격하시키는 것은 그 신성성을 모독하는 일이다. 그러므로 조직은 허용하되 쟁의권을 부여하는 데는 찬성할 수 없다" 하여 역시 교원노동조합운동을 인정하지 않았다.

장면정권의 부정(否定)에도 불구하고 교원노동조합운동은 계속되어 정부가 '반공임시특례법' '데모규제법'을 제안했을 때는 그 법의 철회를 요구하는 결의문을 채택했고, '남북학생회담'에도 호응했다. 그러나 5·16 군사정변으로 이 운동은 일체 불법화되어 참가했던 많은 교원들이 탄압받고, 대한교육연합회만 존속했다.

4·19 민주주의운동이 독재정권을 무너뜨리는 데 성공하자 이 운동은 곧 학원민주화운동으로 연결되었다. 독재체제에 억눌려왔던 사회 분위기 일반이 갑자기 풀리고, 오랫동안 쌓였던 학원 내의 비민주적 요소를 일제히 제거하려는 과정에서 일시적인 혼란도 없지 않았다. 하지만 학도호국단의 해체와 교원노동조합운동 등을 골자로 하는 4·19 후의 학원민주화운동은 8·15 후의 민주주의운동사에서 하나의 장을 이루었다.

박정희정권의 교육정책

박정희정권 약 20년간의 교육이념 및 교육정책의 방향은 「국민교육헌장」의 제정(1968.12.5)으로 특징지어진다. 「국민교육헌장」은 '개척정신' '협동정신' '국민정신' '민족중흥' '반공·민주정신' '인류공영' '공익과 질서' '통일조국의 앞날' '소질 계발' 등의 용어들을 중심으로 작성되었다.

일제 식민지시대 사범교육을 받은 박정희의 발의와 역시 식민지교육을 받은 일부 학자·교육자 들의 참여로 만들어진 「국민교육헌장」은 군주국가에서의 교육칙어(教育勅語)나 교육조서(教育詔書)를 연상케 하며, 국가와 민족이 지나치게 강조되었다는 비판을 받았다. 그것은 박정희정권 아래서의 주체성 교육의 강화, 안보교육체제의 강화, 새마을교육을 통한 산학협동체제 강화 등을 가져왔다.

'주체성 교육'의 강조는 대체로 교육을 통한 식민지적 잔재 '청

「국민교육헌장」 선포

산'을 표방하고 남북한의 대립에서 정통성을 확립하려는 두가지 목적을 바탕으로 한 것이었다. 따라서 '국적 있는 교육'을 내세우면서 '국사교육강화위원회'가 성립되고(1972) 중·고등학교의 국사교과서가 국정화되었다(1973). 각급학교에서 반공교육과 도의교육을 내용으로 하는 '국민윤리' 교육이 강화되었고, 그것은 '유신체제' 이후 더욱 심화했다.

박정희정권은 4·19 후 해체된 학도호국단을 다시 편성하여 군사교육을 실시했다. 1970년대에 들어와서는 남북적십자회담을 열면서도 학원의 민주화운동에 대처하여 국가비상사태를 선언하고(1971.12.6) 안보교육체제를 강화했다.

그 교육방침도 "학교교육의 모든 영역에 걸쳐서 안보교육체제를 정비 강화하고, 모든 교직원과 학생은 국가비상사태에 대한 새로운 결의와 각오로 면학 기풍을 견지하고 일심 단합하여 일사불란한 학원질서를 확립하며, 국가비상사태를 극복하고 민족중흥의 역사적 사명 완수를 위한 가치관의 확립을 위하여 선도적 역할을 다한다"는 방향으로 잡고, 구체적으로는 각급학교에서 군사훈련을 강화했다.

5·16 군사정변 후 제정된 '교육에 관한 임시특례법'(1962.2.1)은 시·군 단위의 교육자치제를 일반행정에 병합시켜 교육자치제 자체를 한때 폐지했다가 만 2년 만에 부활시켰다. 그러나 종래와는 달리 자치제의 단위가 시·군에서 도 단위로 대단위화했고, 각 도의 도지사를 포함한 교육위원 6명은 모두 임명제로 선출되었다. 교육감 역시 이들의 추천을 거친 임명제로 선출되어 그 자치성이 크게 제한되었다.

박정희정권 아래서의 교육제도상의 큰 변화 중 하나는 각급학교에서 입학제도를 개편한 일이었다. 중학교 입학제도의 경우 학교관리제에서 국가시험제 공동출제제로, 그리고 1971년부터 학군제(學群制)의 시행과 추첨에 의한 무시험 입학제로 바뀌었다.

이 변혁으로 종래의 과도한 입시경쟁과 그로 인한 과외수업의 폐단을 해소하는 것과 중학교 과정까지의 의무교육 연장을 전망할 수 있었다. 반면 학교간 교육시설의 차이와 학생의 능력 차이에 따르는 교육적 조치의 불완전성 등으로 교육의 질적 저하를 가져올 우려가 있었다.

고등학교 입학시험의 경우 연합고사를 실시한 후 추첨에 의해 배정하는 방법을 택하고, 우선 입학경쟁이 극심했던 서울과 부산에서부터 실시했다가 일부 지방도시로 확대해나갔다. 그러나 학교간 교육시설 및 교원의 평준화와 학생의 능력차에 따르는 교육적 대책이 제대로 세워지지 않아 평준화지역이 크게 확대되지 못했다.

대학에서는 '교육에 관한 임시특례법'에 의해 '학사자격고시제'가 실시되었으나(1961) 두번 시행에 그쳤다. 다시 예비고사제를 실시해 예비고사 합격자 수를 대학정원의 2배로 하고 그 성적을 각 학교에서 실시하는 본고사에 일부 반영하게 했다(1969). 입시제도의 개정은 역시 과도한 입시경쟁과 대학에서 정원 이상으로 학생을 모집하는 것 등을 방지하기 위한 방책으로 마련된 것이었으나 입학시험에서 대학의 자율성을 크게 제한하는 것이었다.

박정희정권의 교육정책은 주로 민족 주체성 교육 및 안보교육 강화 중심으로 실시되면서 국사교육·윤리교육·반공교육·군사교육을 강화해갔다. 그러나 한일협정 체결(1965), 부정선거(1967), 3선개헌(1969), 군사교육 강화(1971), '유신'체제화(1972) 등에 대한 학생들의 반대운동이 계속 일어나서 대학의 경우 휴강·휴교·조기방학 등이 거듭되었다.

'유신'체제 아래서는 '유신'교육·새마을교육·충효교육 등이 강조되면서 국가의 지배이데올로기만이 일방적으로 주입되었다. 이런 조건 아래서도 연세대학교 교수 성내운(成來運, 1926~89)과 송기숙(宋基淑)을 중심으로 하는 전남대학교 교수 12명이 '유신'교육의 이념적 기초라 할 수 있는 「국민교육헌장」을 비판하고 "참다운 민주교육, 참다운 인간교육"을 주장하는 「우리의 교육지표」를 발표하여 '유신'교육체제에 정면으로 도전하다가(1978.6.27) 모두 해직되고 옥고를 치렀다.

전·노 정권의 교육정책과 '전교조'

전두환정권과 노태우정권 초기에 걸치는 1980년대의 교육정책은 '교육개혁심의회' 설치(1985.3.7)를 고비로 전·후반기로 나누어진다. 두 기간 모두 '국민정신교육의 강화'라는 정책목표가 교육정책의 근간을 이루었지만, 당면한 교육현안과 대책방식에 따라 전반기와 후반기를 특징지을 수 있는 정책변화가 나타났다.

전반기의 교육정책은 국가보위입법회의에 의해 단행된 '7·30 교육개혁조치'(1980)에 그 방향성이 나타났다. 반면 후반기 교육정책은 전두환정권 5년간에 걸쳐 실시된 방향과는 달리 교육을 통해 급변하는 경제여건에 대처할 수 있는 국민의식 및 노동력을 창출하는 데 주안점이 두어졌다.

'12·12사태'를 계기로 한 군부권력의 재편, '5·17 계엄확대'와 광주민중항쟁 탄압, 국가보위비상대책위원회의 성립 등의 과정을 통해 성립된 전두환정권은 권력의 정당성 취약에서 오는 부담과 함께 1970년대 말 1980년대 초엽에 걸친 경제공황의 극복이라는 난제에 직면했다. 따라서 모든 정책이 정권의 정당성 창출에 집중되었고 교육정책도 예외일 수 없었다. '국민정신교육'의 체계화 내지 강화를 강조한 것은 바로 이 때문이었다.

'국민정신교육'은 "민족·국가 공동체의 존속과 번영을 위해 국민생활에 요청되는 기본적 가치관의 형성과 이에 따른 실천적 태도의 함양을 위한 교육"이라 했다. 그것은 통일안보교육·경제교육·새마을교육·사회정화교육 등을 포괄하는 개념으로 체계화되어 학교교육은 말할 것도 없고 사회의 전체 영역에서 널리 실시되었다.

이 가운데 경제교육은 1960~70년대를 통해 심화된 경제적 불평등으로 야기된 국민 사이의 위화감을 해소하고, 급변하는 경제여건에 부합하는 국민의식을 고취한다는 목적을 가지고 있었다. 경제성장에 따른 노동자층의 자기 몫 찾기 운동을 이데올로기 비판 교육을 통해 원천적으로 봉쇄하려는 의도가 경제교육을 통해 체계화된 것이기도 했다.

국민정신교육은 그 방법에서 국민들의 자발적 참여를 강조했으나 실제는 강력한 공권력을 배경으로 정부시책의 홍보에 치중되었다. 특히 학교교육의 경우 문교부장관 이규호(李奎浩, 1926~2002)의 주도로 전국 4년제 대학에서 '국민윤리'를 필수과목으로 하여 이데올로기 비판 교육을 강화하고, 초·중·고등학교에서는 '국민정신교육 9대덕목'을 설정하여 집중적으로 주입 교육했다.

한편 '7·30 교육개혁조치'의 내용은 대학입시제도 개혁과 이른바 교육정상화대책으로 요약될 수 있다. 대학입시제도 개혁은 대학의 본고사를 폐지하고 내신제를 일부 도입하는 한편, 대학에 입학정원제 대신 졸업정원제를 도입하는 등 서로 연계된 제도개혁을 골자로 했다. 본고사 폐지에 따라 대학입학 학력고사와 고등학교 내신성적을 근거로 학생을 선발하여 학교교육 정상화와 과열과외 해소 효과를 기대한 것이었다.

1981년부터 시행된 졸업정원제는 면학풍토를 조성하고 만성적 학원사태를 해결했다는 문교당국의 자체평가와는 달리 획일적인 제도 시행으로 대학의 학생선발권을 정부로 이전시키는 결과를 가져왔다는 평가와 함께 심한 저항에 부딪혔다.

당시 980여만 초·중·고등학생의 15%, 대학입시 관련 인문계 고등학생의 26.2%가 과외수업을 받고 있었고, 과외수업을 위한 사교육비 총액은 3275억원으로 문교예산의 30%에 이르렀다. 이른바 교육정상화대책은 과외공부에 대한 엄격한 금지조치와 이수과목 수를 줄이는 조치를 근간으로 하는 교육과정 개편조치로 나타났다.

'7·30 교육개혁조치'의 핵심문제이던 과외금지 조치는 이같은 비정상적 교육상황을 공권력의 강제를 통해 해결함으로써 국민의 공감을 사고 정권의 지지기반을 굳히려는 시책이었다. 그러나 학력간 임금격차 해소나 독점적 경제구조의 해소와 같은 근원적 변화 없이 교육제도의 피상적 개혁만으로 사회병리현상의 일환인 교육문제를 근본적으로 해결할 수는 없었다.

교육과정 개편조치 역시 '전인교육'을 목표로 도입한 것이었으나 과외수업이 학교 내 보충수업이나 교육방송을 통한 이른바 텔레비전과외 등으로 장소만 옮겼을 뿐 실효를 거두지는 못했다. 이것 역시 오히려 각급학교의 교육내용에 대한 국가의 획일적 관리체제를 강화했다는 지적이 많았다.

1980년대 전반기 교육정책의 핵심인 졸업정원제와 과열과외 해소책은 정당성에서 취약했던 정권이 적어도 이론상으로는 평등주의 이념, 즉 교육개혁을 통해 누적된 사회·경제적 불평등을 어느정도 해소하여 국민의 지지기반을 넓히겠다는 목적을 가진 것이었다. 그러나 곧 졸업정원제가 사실상 폐지되고 과외금지 조치도 국민의 공감대가 약화되어 더는 강제할 수 없게 되었다. 이에 '7·30 교육개혁조치'로 대표되는 1980년대 전반기의 교육정책은 새로운 방향이 모색되어야만 했다.

1980년대 중반기 이후 세계정세의 급격한 변화에 대응하여 대두한 교육개혁 움직임과 경제부문에서의 국제경쟁력 약화에 대한 대비책을 교육에서 찾아야 한다는 경제부문의 요구가 커져갔다. 그 위에 제반 정책에 대한 국민들의 불만과 불신이 팽배해져갔고, 전국교직원노동조합을 중심으로 한 교사들의 교육개혁 요구가 높아져갔다. 1980년대 전반기 교육이 '3저호황' 등을 배경으로 시급했던 정치적 목적 달성에 치중되었다면, 그 후반기에는 그것에 더하여 새로이 대두되는 경제부문의 요구를 담아내는 정책을 구체화하는 방향으로 선회하지 않을 수 없게 된 것이다.

1980년대 중반 이후에는 교육의 다양성과 수월성(秀越性) 추구가 교육정책의 기본방향으로 자리잡게 되었다. 특히 교육의 수월성 추구는 1960~70년대의 노동집약적 산업에서 첨단기술산업으로 변화하는 여건에 대응하여 우수인력을 확보해야 한다는 경제적 요구가 반영된 것이다.

이미 1980년대 전반기부터 과학기술진흥방안(1982.10)을 마련하여 기초과학교육을 지원하고 과학고등학교를 설치하여 일부 영재교육을 실시한 것도 같은 맥락이라 할 수 있다. 획일적 국가 관리 교육에서 벗어나 교육의 다양성과 질적 제고를 추구한다는 명분이 한편으로 교육의 기회균등에 위배되는 차별화 교육정책의 재판이 된다는 문제가 있었다.

이밖에 1980년대의 교육부문에서는 교육세 신설(1981.12.5), 유아교육진흥법(1982.12.31) 및 사회교육법(1982.12.31)의 제정과 개방대학 및 산업체 부설학교 설립 등이 이루어졌다. 그러나 이런 과정에서 '참교육'을 주장하는 교사들에 의해 전국교직원노동조합이 결성된 것은 특기할 만한 일이다(1989.5.29).

광주민중항쟁을 탄압하고 성립한 전두환정권의 강압통치로 1980년대 전반기에는 한때 사회 전반의 민주화운동이 침체했고 교육부문도 예외는 아니었다. 그러나 1980년대의 후반기로 들어서면서 민주화운동의 열기가 다시 되살아났고, 교육부문에서도 의식 있는 교사들에 의해 『민중교육』지가 출간되었다(1985).

이 잡지의 간행을 주도했던 김진경(金津經) 등은 구속·파면·해임되었으나 '6·10민주화운동' 후에는 민주교육추진전국교사협의회가 결성되어 교육악법 개정투쟁을 전개했다(1987.9.27). 민주교육추진전국교사협의회는 교육관계법 개정을 위한 서명운동 등을 벌이고, 여의도광장에서 1만 2천여명의 교사들이 모여 전국교사대회를 열었다(1988.11.20).

민주교육추진전국교사협의회의 대의원회는 노동3권의 보장을 요구하는 교직원노동조합의 결성을 결의했고(1989.2.19), 정부의 탄압을 이기면서 5·16 군사정변으로 교원노동조합이 해체된 지 28년 만에 전국교직원노동조합을 결성했다(1989.5.29). '전교조'는 곧 15개 시·도지부와 130개 지회, 6백여개의 분회와 2만여명의 조합원을 확보했다.

전교조는 그 강령으로 첫째, 교육의 자주성·전문성 확립과 교육민주화 실현, 둘째, 교직원의 사회경제적 지위 향상과 민주적 권리의 획득 및 교육여건의 개선, 셋째, 학생들이 민주시민으로서 자주적 삶을 누릴 수 있게 하는 민족·민주·인간화 교육의 실현, 넷째, 자유·평화·민주주의를 사랑하는 여러 단체 및 교원단체와의 연대 등을 내세웠다.

그러나 노태우정권의 탄압으로 구속 60명, 파면 157명, 해임 927명, 직권면직 383명, 정직 13명 등 총 1500여명의 조합원 교사가 교단에서 쫓겨났다. 군사정권이 종식되고 문민정권이 성립된 후에도 전교조의 합법화와 교단에서 쫓겨난 교사들의 복직은 실현되지 않고 있다.

제2절 분단체제하의 노동운동

미군정의 노동정책과 노동운동

일제의 혹독한 식민지배에서 일단 벗어난 한반도지역은 생산위축, 물가상승, 노동자 실질임금 하락, 실업자 증가 등 사회·경제적으로 심각한 문제에 부딪혔다. 공업생산력은 1939년 남한만의 생산액이 5억 2793만 5천엔(원)이었던 데 비해, 1946년에는 1억 5219만 2천원으로 떨어져서 그 감소율이 71.2%나 되었다.

8·15 당시 남한에는 비료·시멘트 및 기계공업 부문에 몇몇 군수중공업 공장이 남아 있었고, 경공업부문에는 면방직공장·모방직공장 등 약간의 대규모 공장이 남아 있었다. 그러나 일본을 대상으로 하던 생산활동은 중단되었고, 이들 공장은 귀속재산으로서 미군정의 관리하에 들어가서 거의 방치된 상태에 있었다.

심한 생산위축 속에서 물가가 급등하여 1945년 8월을 100으로 했을 때 1947년의 물가지수는 2295에 이르렀고, 1936년을 100으로 하면 1947년의 지수는 무려 40203이나 되었다. 일본제국주의의 패망으로 전시(戰時) 통제경제의 해제, 이에 따르는 투기활동의 성행, 패전 당시 일본의 조선은행권 남발과 식량수집자금 방출, 미군정의 통화 남발, 생산활동의 일시적 정지, 북한지역민의 월남과 해외동포의 귀환으로 인한 인구증가 등이 원인이 되어 물가가 급등한

표 1 **남한 산업별 사업체 및 노동자 수**(5인 이상 사업체)

	사업장 수			노동자 수		
	1943년	1947년 3월	감소율 (%)	1943년	1947년 3월	감소율 (%)
금속공업	426	262	36.9	12,578	6,118	51.4
기계기구공업	944	874	7.4	27,331	20,510	25.0
화학공업	681	582	14.5	22,869	21,457	6.2
가스 · 전기 · 수도업	70	32	52.8	2,864	1,927	32.7
요업 · 토석공업	1,172	700	40.3	20,616	10,686	48.2
방직공업	1,683	537	68.1	61,210	37,353	39.0
제재 · 목제품공업	1,359	542	60.1	14,598	11,315	22.5
식료품공업	1,704	643	62.3	19,854	12,506	37.0
인쇄제본업	420	143	65.9	7,370	2,655	63.7
토목건축업	997	90	91.0	53,680	6,297	88.3
기타공업	619	95	84.6	12,423	3,155	74.6
합계	10,065	4,500	55.3	255,393	133,979	47.5

자료: 김낙중 『한국노동운동사 — 해방후편』, 52면.

것이다.

생산력 저하와 인구증가는 한편으로 실업률을 높여갔다. 표 1에서와 같이 1943년과 1947년을 비교할 때 사업장 수는 1만 65개소에서 4500개소로 55.3% 감소했고, 노동자의 수도 같은 기간에 25만 5393명에서 13만 3979명으로 47.5% 줄었다. 게다가 월남민과 해외에서의 귀환동포가 증가하여 실업률은 더욱 높아졌다.

1946년 11월 현재 남한의 실업 · 무직자 총수는 110만 2천명으로 집계되었다. 그중 57.8%는 전재(戰災)로 인한 실업이었고, 42.2%가 기업의 도태와 조업단축 등으로 인한 실업이었다. 물가상승과 실업률 증가는 자연히 노동자의 실질임금을 떨어뜨려갔다. 표 2에

표 2 해방 직후 실질임금의 추이

연월	도매물가	명목임금	실질임금
1936	100	100	100
1937	116.61	120.12	103.0
1940	180.01	145.72	80.9
1943	215.09	199.80	92.8
1944	241.12	224.51	93.1
1945.12	4,359.20	2,724.50	62.5
1946.7	12,806.60	6,996.40	54.6
1947.1	29,261.00	11,450.90	39.1
1947.7	38,797.30	15,666.10	40.3
1947.12	58,305.20	17,088.30	29.3

자료: 김낙중 『한국노동운동사—해방후편』, 52면.

서와 같이 1936년을 100으로 했을 때 1947년 말의 도매물가는 58305인데 그에 따른 노동임금은 17088이어서 노동자들의 실질임금은 29.3으로 떨어졌다.

민족해방운동전선에서 각 정당들이 채택한 노동정책을 보면 한국독립당의 경우 "공장법과 노공(勞工)보호법을 제정하여 노공생활의 개선을 보장할 것"이라 했고, 조선민족혁명당은 "노동운동의 자유를 보장한다" 했다. 임시정부의 건국강령은 "노공·유공(幼工)·여공의 야간노동과 연령·지대(地帶)·시간의 불합리한 노동을 금지함"이라 하고, 노동자보호법의 제정, 8시간노동제, 노동운동의 자유, 노년공·소년공·여공의 보호 등을 제시했다.

8·15 후 민족해방운동세력이 정권을 담당했을 경우 생산위축, 물가상승, 실질임금 하락, 실직률 상승 등 중첩된 악조건 아래서 어떤 노동정책을 펼 수 있었을지 의문이지만, 미군정의 노동정책은 '폭리

(暴利)에 관한 취체법규'(1945.10.30) '노동조정위원회법'(1945.12.8) '노동문제에 관한 공공정책 및 노동부 설치에 관한 법령'(1946.7.23) '아동노동법규'(1946.9.18) '최고노동시간에 관한 법령'(1946.11.7) 등으로 나타났다.

'폭리에 관한 취체법'은 노동의 권리를 보호하고 생활필수품의 폭리를 불법화한 법령이며, 그것을 집행하기 위해 중앙노동위원회와 각 도노동위원회를 두었다(1945.12.28). 중앙노동위원회는 한국인 5명과 미국군인 7명으로 구성되어 2개 도(道) 이상의 노동쟁의를 조정하고, 각 도위원회는 도내의 쟁의를 조정하게 했다. 노동쟁의가 빈발함에 따라 군정청의 상무부 광공국 노무과를 상무부 노동국으로 승격시켰다.

미군정청은 '소년노동법'을 통해 소년노동자의 노동시간·노동조건·건강위생·오락시설·최저임금 등을 규정했으나 당시 약 80만 명으로 추산된 소년노동자의 노동조건 개선에는 큰 도움이 되지 못했다. 이후 소년노동법은 입법의원에서 '미성년노동보호법'으로 개정 통과되었다(1947.4.8). 소년이 위험한 작업이나 과중한 노동에 취업하는 것을 금하고, 12세 미만의 소년노동에는 고용자와 부모까지도 처벌하도록 규정했다. 그러나 현실적으로 이 법령은 유명무실했다.

'최고노동시간에 관한 법령'은 노동자의 노동시간을 1주당 48시간으로 정하되 최대한 늘리더라도 60시간을 초과할 수 없게 했다. 48시간을 넘을 경우 시간당 기본급료의 15할 이상을 지불하도록 규정했고 위반시의 벌칙도 정했다. 그런데도 군정청 조사에 의하면 1947년 11월부터 12월 말까지 2개월 동안 적발된 최고노동시간법 위반 건수가 157건이나 되었다. 그러나 고용주가 처벌되지 않았으며 실제 위반 건수는 이보다 많았다.

1920년대 이후 활발히 일어났던 노동운동이 1930년대 이후 일본의 탄압으로 위축되었다. 그러나 8·15 후 한때의 정치활동 자유화와 미군정에 의한 치안유지법, 정치범처벌법, 예비검속법의 폐지(1945.10.9), 그리고 물가고, 실질임금 저하, 실직률 상승 등을 배경으로 다시 활성화했다. 1945년 11월에는 이미 전국에 1천개 이상의 노동조합이 결성되었던 것으로 추정되었다.

전국규모의 노동조합연합회는 좌익계의 조선노동조합전국평의회(전평)가 먼저 결성되었다(1945.11.5). 전국 1194개 노동조합과 그 회원 약 50만명 그리고 광산노동조합 등 13개 산업별 노동조합의 연합체로 조직된 '전평'은 "조선의 완전독립, 즉 친일파·민족반역자를 제외한 진보적 민주주의에 입각하는 민족통일전선정권의 수립에 적극 참가"하고 "민족자본의 양심적인 부분과 협력하여 산업을 건설함으로써 부족공황(不足恐慌), 악성 인플레를 극복"하며 "이와같은 운동을 통해서 노동자의 이익을 옹호하고 노동자 대중을 교육·훈련하여 자체 조직을 확대 강화"하는 것을 '실천요강'으로 제시했다.

'일반행동강령'으로는 최저임금제 확립, 8시간노동제 실시, 7일 1휴제와 연 1개월간의 유급휴가제 실시, 14세 미만의 유아노동 금지, 부인노동자의 산전산후 2개월 유급휴가제 실시 등 19개항을 제시했다.

결성대회 선언문에서는 "노동자의 일상 이익을 위한 투쟁을 무시하고 정치적 투쟁으로만 지도하려는, 대중과 유리된 좌익소아병적 경향과도 싸워야 될 것이다. 특히 현 단계에 있어서 쌕트적 극좌적 경향의 위험성이 크다는 점을 강조하여 마지않는다" 하여 전평

반공청년단체를 모태로 설립된 대한노총의 좌익 규탄 집회

운동의 주된 목적이 정치운동이 아닌 노동자들의 경제적 이익 추구에 있음을 밝히고 그 방법에서도 극좌성을 거부했다.

산업별 노동조합을 전평에 빼앗긴 우익계의 노동운동은 반공청년운동을 모체로 하여 출발했다. 불교청년회 · 기독교청년회 · 국민당청년부 등 우익계 청년단체의 연합회로 조직된(1945.11.21) 대한독립촉성전국청년총연맹은 노동부를 두고 일부 공장에 조직을 침투시켜갔다. 이후 신탁통치 반대운동을 펴나가는 과정에서 독립된 우익 노동운동단체의 필요성이 있다 하여 마침내 대한독립촉성노동총연맹(대한노총)을 결성했다(1946.3.10).

"민주주의와 신민족주의의 원칙으로 건국을 기함" "혈한불석(血汗不惜)으로 노자간(勞資間) 친선을 기함" "전국 노동전선의 통일을 기함" 등을 강령으로 내세운 '대한노총'은 당초 노동자나 노동단체가 아닌 반공청년단체를 모체로 하여 결성되어 그 산하 노동자는 매우 적었다. 그러나 우익 정치단체의 강력한 후원을 받고 전평 산하의 노동조합에 침투하여 그것에 맞서는 '노총 분회'를 만들어갔다.

미군정시기의 노동운동조직은 좌익계의 전평과 우익계의 노총으로 크게 양분되어 1946년의 메이데이 기념행사를 따로 개최했다. 이후의 노동운동 과정에서도 그 대립이 점점 격화되다가 전평은 결국 불법화되고 대한노총이 노동운동의 주역이 되어갔다.

전평이 주도한 최초의 전국규모 총파업은 그 산하의 조선철도노동조합이 점심 지급, 일급제 폐지와 월급제 실시, 식량배급 실시 등을 요구하며 단행한 '9월총파업'(1946.9.13)이었다. 미군정청이 이 요구조건을 거부하자 파업은 전국의 철도노동자에게 파급되어갔다.

군정청은 경찰과 우익계 청년단원 및 대한노총원을 파업본부에 투입하여 1200명의 노동자를 검거하고 실력으로 이를 저지했다. 또 전평 쪽이 제시한 요구조건을 대한노총이 그대로 다시 제시하여 미군정청이 그것을 수락함으로써 파업은 일단 수습되었다.

철도파업은 일단 수습되었으나 그것을 시발점으로 하여 전평이 개입한 각종 파업은 이후에도 계속되었다. 대구에서는 노동자와 학생·시민이 합세하여 경찰관서를 습격하여 많은 희생자를 낸 10월 민중항쟁이 일어났고(1946.10.1) 그 여파가 경상도·전라도·강원도 지방으로 확대되어갔다. 다음 해 3월에도 경찰간부의 처단, 경찰의 민주화, 테러 방지, 실업 방지, 검거된 좌익인사 석방, 생활 확보 등을 요구하면서 다시 전국적인 파업을 벌여 3월 말까지 2천명이 검거되었다.

미국이 한반도문제를 유엔으로 가져가면서 미군정은 전평을 불법화했고, 좌익계 사회단체원에 대한 대량검거가 진행되었다(1947.8). 그러나 다시 유엔한국위원단의 내한(來韓)을 반대하는 '2·7파업'이 일어났다(1948). 경찰 발표에 의하면 "봉기 70건, 데모 103건, 봉화(烽火) 204건, 파업 50건, 동맹휴학 34건이 있었다. 8479명이 체포되어 1279명이 송청"되었다.

전평은 결성대회 선언문에서 정치적 투쟁과 극좌적 방법을 거부한다 했으나 일찍이 건국준비위원회가 선포한 조선인민공화국을 지지했고, 이후 찬탁운동을 지지했으며, 9월총파업을 계기로 미군정에 대한 적대관계를 분명히하면서 결국 정치운동으로 나아갔다. 반면 대한노총은 출발부터 반공·반탁 정치노선을 분명히했다. 어느 쪽을 막론하고 노동운동에만 한정되지 못했다.

이승만정권의 노동정책과 노동운동

이승만정권이 성립되면서 그 헌법 제17조에서 "모든 국민은 근로의 권리와 의무를 가진다" 하고 "여자와 소년의 근로는 특별한 보호를 받는다"고 했다. 또 제18조에서는 "근로자의 단결, 단체교섭과 단체행동의 자유는 법률의 범위 내에서 보장된다. 영리를 목적으로 하는 사기업에 있어서는 근로자는 법률의 정하는 바에 의하여 이익의 분배에 균점할 권리가 있다"고 규정했다.

이들 헌법조문에 의한 노동관계법은 6·25전쟁으로 제정되지 못하다가 1953년에 와서 "근로자의 자유로운 단결권, 단체교섭권과 단체행동권을 보장하며, 노동자의 노동조건을 유지함으로써 그 사회경제적 지위 향상과 국민경제 발전에 기여함"을 목적으로 하는 노동조합법과 "노동자의 단체행동 자유권을 보장하고 노동쟁의를 공정히 조정하여 산업의 평화가 유지되도록 함"을 목적으로 하는 노동쟁의조정법을 제정했다.

그리고 "국민경제의 발전과 근로행정의 민주화를 기하기 위한" 노동위원회법, "근로조건의 기준을 정함으로써 근로자의 기본적 생활을 보장시키며, 균형 있는 국민경제의 발전을 기하기" 위한 근로기준법이 공포되었다. 비로소 노동관계 기본4법이 제정된 것이다.

대한노총은 단독정부 수립을 위한 5·10선거에 적극 참여하여 대한민국 정부수립에 크게 기여했고, 정부수립 후에는 그 명칭을 대한노동총연맹으로 바꾸었다. 그러나 대한노총은 곧 공무원노동조합 문제로 이승만정권과도 맞서게 되었다. 대한노총 철도연맹은 정부수립 후 국가공무원법의 공무원노동조합 불허원칙과 싸워 노동조합을 유지했다. 조선전업(朝鮮電業) 노동자들도 정부와 회사 측의 방해를 이기고 노동조합을 결성했다.

'부산정치파동'(1952)을 계기로 이승만은 대한노총에서 정치적 반대파를 몰아내고 그의 재선을 지지하는 세력에 대한노총을 넘겨 자유당의 기간단체로 만듦으로써 정치도구화했다. 이 때문에 대한노총의 전국대의원대회는 추악한 파벌투쟁장으로 변하거나 권력에 대한 충성경쟁장으로 되었다.

대한노총의 제7차 전국대의원대회(1954)에서는 그 결의문에 "이 대통령 각하의 외교정책을 절대 지지한다"는 항목을 넣었다. 이승만이 3선을 위해 '4사5입'개헌을 강행한 후 선거 불출마설을 흘렸을 때 대한노총은 우마차를 동원하여 시가행진을 하면서 그의 재출마를 '염원'했다(1956).

한편 대한노총 상층부의 부패 및 어용화와 파벌투쟁을 비판하는 일부 노동조합 지도자들이 별도로 노동조합의 전국적 연합체를 만들려는 움직임을 보이다가 마침내 전국 37개 노동조합연합체 중 24개 연합회 대표 32명이 모여 가칭 '전국노동조합협의회 설립준비위원회'를 구성했다(1959.8.11).

이들은 "자유로우며 민주적인 노동운동을 통해서 노동자의 인권수호와 복리증진을 위하여 투쟁한다" "민주노동운동을 통해서 건전한 국민경제의 발전을 기하고 노자(勞資)평등의 균등사회 건설에 이바지한다" "민주노동을 통해서 민족의 주권을 확립하고 국제노동운동과 제휴하여 세계평화에 기여한다" 등을 강령으로 내걸었다. 대한노총 쪽의 끈질긴 파괴공작을 이기며 14개 노동조합 대표 21명이 비밀리에 모여 결성대회를 열고 활동하다가, 4·19를 맞음으로써 노동운동은 새로운 국면으로 접어들게 되었다.

이승만정권 성립 후에도 초기의 대한노총 철도연맹을 존속시키기 위한 운동, 조선전업 노동조합 결성운동 등을 비롯한 많은 노동쟁의가 일어났다. 6·25전쟁중에도 부산 조선방직회사 쟁의, 부산 부두노동자의 파업 등 대규모 노동운동이 있었다. 귀속재산인 부산 조선방직회사 파업은 이승만정권이 강권으로 임명한 사장의 파면, 자유노동운동의 보장, 노동자의 인권옹호 등을 요구하며 1천여명의 여공들이 피난지 국회 앞에서 농성하는 등 일진일퇴하며 약 3개월 동안 계속되었다(1951). 그러나 이승만정권의 무자비한 탄압과 대한노총의 소극적인 태도 때문에 노동자 약 1천명이 해고되고 약 5백명이 자퇴한 채 끝나고 말았다.

전쟁중의 부두노동자 파업은 전국 부두노동조합 연맹체인 대한노총 자유연맹이 임금 280% 인상을 요구한 데서 발단되었다. 부산에 몰려든 피난민의 상당수가 부두에서 군수물자 하역작업으로 연명했는데, 이들 부두 일고노동자의 월수입은, 쌀 20리터 1말이 11만

5천원인 데 비해 12만원에 불과했다. 이들은 미군 측이 임금인상요구를 기피하자 파업에 들어갔다(1952.7.17). 당황한 미군 측이 일고노동임금 200%, 청부노임 100%를 인상하여 파업은 끝났다.

6·25전쟁이 끝난 후 전쟁피해 복구작업이 어느정도 이루어졌으나 이 기간에도 노동자들의 생활은 어렵기만 했다. 1957년에 보건사회부가 전국 101개 사업체의 3만 7909명 노동자에 대해 실시한 조사에 의하면, 월평균 수입은 2만 153환인 데 비해 월평균 생활비는 4만 509환이어서 기타소득을 합해도 생활비의 32.5%인 1만 3178환이 적자였다. 저임금과 노동조건의 악화 때문에 파업은 끊임없이 계속되었다.

6·25전쟁 직후에는 체불임금 청산을 요구하며 7천여명이 파업한 석탄공사 산하 노동자 파업(1954.12), 임금인상과 한국의 근로기준법 적용을 요구하며 1만 2천명이 파업한 부산 미군부대 한국인 종업원 파업(1954.8), 역시 임금인상을 요구하며 1만 7천여명의 수입비료 하역노동자들이 금융조합연합회를 상대로 한 파업(1954.8), 8시간노동제 확립과 단체협약 체결을 요구하여 성공한 서울 자동차노동조합 파업(1954.9) 등이 거의 같은 시기에 일어났다.

쟁의와 파업은 이승만정권의 독재체제가 강화되어간 1950년대 후반기에도 끊이지 않았다. 비교적 큰 경우만 봐도 부당해고에 항의하고 단체협약 체결을 요구한 대구 대한방직 노동자 쟁의(1956), 임금인상을 요구하여 성공한 석탄광노동조합연합회 쟁의(1956), 체임 지불을 요구하며 농성했다가 성공한 삼척시멘트 노동자들의 쟁의(1956) 등이 있었다.

이후에도 보상금 지불을 요구한 남선전기회사 노동자 4천명의 쟁의(1958), 체불임금 청산을 요구한 대한조선공사 노동자 6천여명의 쟁의(1958), 전국섬유노조연맹 3만 6500명의 노동시간 단축 쟁의(1959), 부산부두노동조합 노동자 5천여명의 임금인상 쟁의(1959), 대한석탄공사를 상대로 한 석탄광노조연합회 산하 8700명 노동자의 임금인상 요구 쟁의 등이 계속되었다.

이승만정권에 의한 대한노총의 어용화에도 불구하고 그 산하 노동자들의 쟁의와 파업은 꾸준히 계속된 것이다. 성공한 경우도 있었지만 대한방직 쟁의와 같이 국회의 결의까지 무시하고 회사 측이 경찰력을 동원하여 탄압함으로써 실패한 경우도 있었다. 이승만정권의 말기인 1959년에는 정부수립 후 가장 많은 건수의 쟁의가 있었다. 그 참가인원도 가장 많아서 독재정권의 최후를 재촉했다.

'4·19 공간'의 노동운동

이승만정권 말기에 노동자들의 쟁의가 빈번했으나 그들이 이승만정권을 무너뜨리는 데 직접적인 역할을 하지는 못했다. 그러나 이승만정권이 무너진 후 곧 부정선거에 한몫을 한 대한노총을 상대로 노동자들의 투쟁은 거세게 전개되었다. 이 때문에 대한노총의 집행부가 바뀌고 나아가서 노동조합의 민주화가 어느정도 이루어져갔다.

노동조합 민주화운동은 부산 부두노동조합에서 시작하여 인천 자유노조, 철도노조, 경전(京電)노조, 섬유노조 등 전체 노동조합으로 번져갔다. 노동자들은 시위를 벌여 조합간부들을 물러나게 하고 새로운 임원을 선출하여 조합운동의 민주화를 어느정도 이루어갔다. 이 운동으로 전체 노동조합이 모두 개편된 것은 아니었지만 4·19 후 노동자들의 민주의식은 급격히 높아졌다.

한편 대한노총은 4·19 후 스스로를 유지하기 위해 모든 정당과의 관계를 끊고, 부통령 당선자 이기붕의 공직사퇴와 전체 국회의원의 사퇴를 요구하는 성명을 내어 이승만정권만은 유지되게 하려 했다(1960.4.23). 이승만정권 말기의 탄압을 이기면서 결성된 전국노동조합협의회는 성명서를 발표하여 기아임금과 임금체불을 규탄하고, 관권과 기업주의 앞잡이 노릇을 한 대한노총 간부의 사퇴, 기업주와 야합한 노조간부의 사퇴, 노동조합의 민주적 개편, 경찰의 노동운동 간섭 반대, 노동행정 책임자의 사퇴 등을 요구했다.

4·19 후 전국노동조합협의회는 그 조직을 확대해서 170개 단위노동조합을 개편 포섭하고 16만명의 조합원을 흡수했다. 한편 대한노총과 노동조합협의회의 통합운동이 일어나서 이들 두 단체와 무소속 노동조합의 대의원 723명이 모여 한국노동조합총연맹(한국노련)을 결성했다(1960.11.25).

'한국노련'은 민주적 노동운동을 통한 노동자의 인권 수호와 경제적·사회적 지위 향상을 위한 공동투쟁, 생산성 앙양을 통한 산업경제 재건과 노사평등의 균등사회 건설, 민권확립을 통한 완전한 국가적 자유의 구현과 국제 자유노동조직과의 제휴에 의한 세계평화에의 공헌 등을 기본강령으로 내세웠다.

또 8시간노동제, 단체협약권 확립, 파업권 확립, 최저임금제 실시, 사회보험·실업보험제 실시 등 21개 사항의 행동강령을 내세웠다. 집단지도체제인 운영위원회 제도를 채택하여 노동운동의 새로운 방향을 제시했다. 그러나 5·16 군사정변의 발발로 해산되었다.

4·19 후 사회 일반의 자유로운 분위기와 노동자들의 민주의식 성장 등에 힘입어 노동운동도 갑자기 활발해졌다. 표 3에서와 같이 이승만정권 아래서인 1957년에 45건 발생한 노동쟁의가 4·19가 일어난 1960년에는 227건으로 증가했고, 쟁의 참가 인원수도 같은 기간에 9천여명에서 6만 4천여명으로 증가했다.

표 3 **취업과 쟁의동향** (단위: 천명, 쟁의 참가인원은 명)

	취업자		완전실업자		노동쟁의			
	인원수	지수	인원수	지수	발생 건수	지수	참가인원	지수
1957년	8,076	100	277	100	45	100	9,394	100
1958년	8,748	108	334	121	41	91	10,031	107
1959년	8,768	109	347	125	95	211	49,813	530
1960년	8,521	106	434	157	227	504	64,335	685

자료: 김낙중 『한국노동운동사—해방후편』, 청사, 294면.

또 4·19 후 1년간의 쟁의 발생 건수가 282건이나 되었고, 쟁의에서 파업이 차지하는 비율도 19% 이상이었다. 1953년에서 1959년까지의 연평균 쟁의 건수 41건, 파업 비율 7% 미만이었던 데 비하면 4·19 후 노동운동이 활발했음을 알 수 있다.

4·19 후 장면정권 아래서의 중요한 노동쟁의로는 단체협약의 즉시 체결, 급료 30% 인상, 외지(外地)수당 인상, 법정지급률에 의한 시간외 근무수당 지급 등을 요구한 해원노조(海員勞組)의 파업(1961.1), 임금인상과 8시간노동제 및 어용 노조간부 사퇴 등을 요구한 홍한방직(1960.5)·경성방직(1960.9)·제일모직(1960.6) 등 섬유공업부문 여공들의 파업을 들 수 있다.

장면정권 시기 노동운동의 한 특징은 공무원노조와 지식인노조의 활동이 강화된 점이다. 그 투쟁대상이 정부인 철도노조·전매노조·체신노조 등 공무원노조운동은 이승만정권 아래서는 크게 제한받아왔으나 4·19 후 그 불만이 함께 폭발하면서 활성화했다.

철도노조의 경우 봉급·위험수당·여비 인상과 작업시간 개정, 단독보수제 책정 등을 요구하면서 쟁의에 들어갔다가 위험수당·여비 및 작업시간 조정에 합의했으나 임금인상에는 실패했다. 이에 통신 시한파업, 차표판매 거부, 기관차 연료보급 중단, 역 구내 신호 중단, 전면파업의 차례로 단계적인 파업을 결의하고 그 1단계를 실시했다. 당황한 정부가 30% 임금인상에 동의하여 파업은 중지되었다.

전매노조의 경우도 임금인상, 기술수당 지불, 생산장려금 지불, 단체협약 갱신 체결 등을 요구하며 태업했다가 성공했다. 체신노조도 임금인상, 법정수당 지급, 법정공휴일의 완전 실시, 휴가제 완전 실시 등을 요구하며 조합원들의 투표에 의한 파업을 결정하여 요구를 관철시켰다.

4·19 후의 지식인 노동조합운동의 예로는 앞에서 교원노조운동을 들었지만, 그밖에 특히 은행노조의 결성과 활동이 두드러졌다. 이승만정권 아래서 몇개의 은행들이 민영화를 구실로 재벌들의 소유로 되고 그것들이 대부분 이승만정권의 정치자금 조달원이 되었다. 그 때문에 4·19 후에는 금융의 민주화와 은행원들의 권익을 보호하기 위한 노동조합운동이 활발하게 일어났다.

조흥은행 노동조합을 위시하여 한국상업은행·제일은행·한일은행·서울은행 등에 노동조합이 결성되었고, 다시 전국은행노동조합연합회가 결성되었다(1960.7.23). 부당한 외부간섭의 배격을 통한 권익 옹호, 불건전한 음성적 경쟁상태를 지양한 금융질서의 정화, 금융민주화를 통한 국민경제의 정상적인 발전 등을 강령으로 내세운 은행노조연합회는 먼저 단체협약 체결을 교섭하여 성공했다.

농민과 농업협동조합 및 기타 농업단체들이 출자하여 이루어진 농업은행에서도 노동조합이 결성되어 임금인상과 단체협약 체결을 요구하며 쟁의를 벌였다. 은행당국은 노동조합 간부를 탄압했고 이에 부산 시내의 점포들이 파업에 들어갔으나 곧 이탈자가 생겼다.

특히 농민층보다 나은 처지에 있는 은행원들이 임금인상을 이유로 파업한다는 것은 옳지 못하다는 사회적 비난이 일자 경남지구 조합, 서울지구 조합 등이 해체성명을 내기에 이르렀다. 지식인 노동조합운동의 한 단면을 보여준 것이다.

경제성장기의 노동정책과 노동운동

5·16정변 후 군사정권은 계엄포고 제5호로 '경제질서 회복에 관한 특별성명서'를 발포하여 모든 노동쟁의를 일체 금지시켰고(1961.5.19), 다시 국가재건최고회의 포고령 제6호를 공포하여 정당·사회단체를 해산시켰다(5.23). 이 때문에 한국노련을 비롯한 전국의 노동단체가 해산되고 많은 노동조합 간부가 구속되었다.

국가재건최고회의는 '근로자의 단체활동에 관한 임시조치법'을 발표하여 노동조합활동을 허용하고(1961.8.3) 다음날로 산업별 노동조합 조직책임자를 지명하여 '한국노동단체재건조직위원회'를 발족시켰다. 이 위원회가 15개 산업별 노동조합의 조직위원을 위촉하여 부두·연합·출판 노조를 제외한 12개 산업별 노동조합의 결성대회가 일사천리로 진행되었다. 이들 산업별 노동조합의 연합체로서 한국노동조합총연맹(한국노총)이 결성되었다(1961.8.30).

"반공체제를 강화하고 자주경제 확립으로 민주적 국토통일을 기한다" "공고한 단결로 노동자의 기본권리를 수호하고 생활수준의 향상을 기한다" "정치적 중립과 재정의 자립으로 민주노동운동의 발전을 기한다" 등의 강령을 내세우고 '5·16군사혁명'의 전폭적 지지, 적극적 외자도입 요구, 노동쟁의 금지령 해제, 최저임금제와 사회보장제 실시 요구 등을 결의한 '한국노총'은 곧 5·16 전 '한국노련'계의 반발을 받았다.

한국노련계는 "노동조합의 재조직은 자율적이고 민주적으로 재건되어야 한다" 하고 5·16 후의 한국노총 재건에 이의를 제기했다. 정치활동이 재개된 후에는 '노총창립대회 결의 무효확인청구소송'을 제기하고 철도·광산·외국기관 노조 등 각 산업별 노동조합에서 나온 3백명의 발기인이 모여 한국노총과는 별도로 한국노동조합총연합회 결성 준비대회를 열었다(1963.2.17).

이후 본격적인 하부단위 조직에 착수하여 "관제노조를 뿌리 뽑자" "쟁의권을 확립하자"는 구호를 내걸고 한국노총에 맞서갔다. 그러나 '민정이양' 절차를 발표한 군사정권이 노동조합법을 개정하여 노동조합 설립을 허가제로 하고 "기존 노동조합의 정상적인 운영을 방해하는 조직"을 불허함으로써 한국노동조합연합회 계열의 노동조합은 신고증을 받지 못하고 불법노동조합이 되고 말았다.

한편 박정희정권의 '민정이양'을 앞두고 노동자정당을 창당하려는 움직임도 있었다. 한국노총이 정치적 중립성을 지키지 못할 것이 확실한 이상 차라리 뚜렷한 노동자정당을 만들고 국회를 통해 권익옹호를 실현하는 것이 바람직하다는 방안이 대두된 것이다. 이에 따라 광산노동조합을 비롯한 8개 산업별 노동조합 위원장들이 중심이 되어 '민주노동당 창당발기위원회'를 구성하고 창당취지문을 발표했다(1963.1.11). 그러나 정부와 한국노총의 방해로 노동자정당은 출현하지 못했다.

1960년대 이후 박정희정권의 경제개발정책은 노동자들의 생활에도 일정한 변화를 가져다주었다. 우선 1·2차 5개년계획 기간(1962~71)을 통해 급속히 진행된 농민층의 분해, 급증한 이농민의 저임금노동력화로 광공업 분야의 노동인구가 증가했다. 1963년에 63.1%이던 농림수산업 취업자 구성비가 1971년에는 48.4%로 격감

표 4 제조업 월평균 임금과 생계비 대비 (단위: 원)

연도	임금	도시가계 소비지출	
		총액	식료품비
1961	2,610		
1962	2,780		
1963	3,180		
1964	3,880	8,620	5,130
1965	4,600	9,780	5,550
1966	5,420	13,560	6,580
1967	6,640	20,620	9,180
1968	8,400	23,190	9,840
1969	11,270	26,070	10,670
1970	14,150	29,950	12,120

자료: 한국노동조합총연맹 『한국노동조합운동사』, 563면.

했고, 반면 광공업 분야는 1963년 8.7%에서 1971년에는 14.2%로 증가했다.

경제성장과정을 통해 농촌에서의 이농인구가 제조업 분야의 값싼 노동력으로 수용되었고, 노동자들의 생활수준은 향상되기보다 오히려 떨어져갔다. 경제성장기 피고용자 보수 구성비를 보면 1959년에는 38.7%였으나 해마다 떨어져서 1964년에는 28.8%로 내려갔다가 1968년에야 겨우 1959년 수준으로 올라갔다.

또 표 4에서와 같이 1960년대 제조업 분야 노동자 평균임금은 도시가계 소비지출의 총액에 미치지 못함은 물론, 주거비·광열비·피복비·잡비를 제외한 순음식물비에도 미달했다. 뿐만 아니라 노동조건도 향상되지 못해 1969년 부녀노동자의 경우 6시간 노동이 전체의 13.7%, 8시간이 17.9%, 10시간이 17.9%, 12시간이 20.9%, 13시간이 15.2%, 17시간이 0.4%여서 평균 노동시간은 11.1시간이었다.

산업재해와 직업병도 해마다 증가하여 1964년에 1189명이던 피재해자가 1969년에는 3만 8872명으로 증가했다. 1970년 8월부터 12월까지 영등포의 75개 사업장을 대상으로 한 조사에 의하면 조사대상 근로자의 78.7%가 직업병에 걸려 있었다.

전체 노동자 수가 증가함에 따라 조직노동자의 수도 증가했다. 군사정권이 제정한 '근로자의 단체활동에 관한 임시조치법'으로 노동자가 다시 조직되기 시작했을 때(1961.8.3) 14개 산업별 노조, 172개 지부에 9만 6831명의 조합원이 있었으나 1971년 말에는 17개 산업별 노조, 437개 지부에 49만 3711명이어서 조합원 수는 약 5배 증가했다. 경제성장기를 통해 조직노동자가 크게 증가했으나 외국에 비하면 아직 그 비율이 대단히 낮았다. 특히 국가보위법이 발동된 이후(1972)에는 조직노동자의 증가율이 떨어졌다.

1970년 현재 피고용자 수 378만명에 조합원 수는 49만 6천명으로 추정되어 조직률이 13.1%였다. 이에 비해 일본은 34.5%, 영국은 48%, 서독은 35.4%였고 미국은 1967년 현재 29.4%였다. 노동자의 조직률이 낮은 이유는 공장노동자의 대다수가 조직되기 어려운 중소 영세기업 노동자들이며, 대기업의 경우 노동조합 결성을 사전에 봉쇄하거나 결성된 후에도 그 파괴공작이 심했기 때문이었다. 또 국가공무원과 교원 등의 노조 설립을 규제하는 법률적 제약이 있었기 때문이었다.

이같은 조건 아래서도 1960년대를 통해 노동쟁의는 꾸준히 계속되었고 또 증가해갔다. 5·16 직후 계엄령 아래서 노동조합이 해체되고 노동쟁의가 금지되었을 때도 조합 결성과 임금인상, 근로조건 개선 등을 요구하는 항의·진정·고발이 계속되었고, 계엄령이 풀

표 5 노동쟁의 발생과 요구내용별 추이

연도	발생 건수	참가인원	주요 요구내용별 구성비(%)					
			임금인상	임시급여	해고반대	노동시간	권리분쟁	기타
1963	89	168,843	58.4	7.9	3.4	1.1	22.5	-
1964	126	207,406	73.3	6.7	4.8	0.9	12.4	-
1965	113	103,707	61.9	7.2	8.2	2.1	14.4	-
1966	117	145,168	69.2	9.6	0.9	3.8	13.5	3.0
1967	105	150,535	80.0	3.9	-	0.9	14.3	0.9
1968	112	265,941	54.3	5.3	6.2	-	22.3	1.9
1969	70	108,248	70.0	2.9	2.9	-	22.8	1.4
1970	88	182,808	70.0	-	2.5	-	25.0	2.5
1971	101	115,934	68.3	5.0	2.0	-	18.0	5.9

자료: 한국노동조합총연맹 『한국노동조합운동사』, 567면.

린 1963년에는 89건에 16만 8843명이 쟁의에 참가했다.

1971년 말 비상사태가 선포되고 국가보위법이 발동될 때까지 연평균 103건에 15만 4288명이 노동쟁의에 참가했다. 1960년대 중반에는 수출의 주종품목인 섬유·금속·화학 등 제조업 분야의 쟁의가 대규모로 일어났다. 1970년대로 들어서면서 수출주도형 고도성장정책에서 소외된 기층의 미조직노동자에 의한 밑으로부터의 저항과 운동이 활발해졌다. 서울 청계시장 봉제노동자 전태일의 분신자살사건(1970.11.13)은 그 중요한 예다.

이 시기 노동쟁의는 표 5에서와 같이 임금인상 요구가 전체의 68.3%로 가장 많았다. 다음은 권리분쟁으로서 단체협약과 조합결성을 요구하는 쟁의가 18%를 차지했다. 이것은 고도성장 아래서 노동자의 낮은 임금실태를 그대로 반영하고 있으며, 사용자들의 노동조합 결성 방해 및 그 어용화 책동이 심했음을 말해주고 있다.

‘유신’체제하의 노동정책과 노동운동

노동자들의 저항이 거세지자 박정희정권은 국가비상사태를 선포하고(1971) ‘국가보위에 관한 특별조치법’을 공포하여 헌법에 보장된 노동3권 중 단결권을 제외한 단체교섭권과 단체행동권을 크게 제한했다. 이제 노동조합은 자율적으로 쟁의를 제기할 권한을 잃었고, 모든 쟁의와 교섭은 관계 공무원에 의해 조정되도록 규정되었다. 곧 ‘유신’체제로 들어가면서 노동운동을 비롯한 사회운동 전체가 한층 더 심하게 탄압받았다.

동일방직의 노동자들이 해고노동자 복직을 요구하며 시위를 벌이고 있다(1978년).

그러나 ‘유신’정권의 혹심한 탄압 아래서도 노동자의 저항과 노동운동은 발전해갔다. 1970년대의 노동운동을 이끌어간 주체는 기존 노동조합들과는 구분되는 ‘민주노조’들이었다. 그 대표적인 것은 청계피복노조·동일방직노조·원풍모방노조·콘트롤데이타노조·반도상사노조·YH노조 등이었다. 이들은 정권의 탄압 속에서도 노동조건 개선을 위해 지속적인 투쟁을 해나갔다.

이들 민주노조는 조합 내 민주주의를 관철하면서 노동현장에 뿌리내려갔다. 집행부는 조합원의 의사에 충실하면서 지지를 얻어갔고, 교육과 소조활동을 통해 조합원의 의식을 높여갔다. 소조활동에서는 노동문제를 학습하고 그것을 통해 조직을 강화하여 ‘국가보위법’ 아래서도 과감히 노동조건 개선을 위한 단체행동을 펼쳐갔다.

민주노조들은 치밀한 준비를 통해 단체행동을 감행하여 요구조건을 관철하고 노동조건을 개선하여 조합원들의 신임을 얻는 한편, 사회 일반의 노동문제에 대한 관심을 높여갔다. 청계피복노조의 조합과 노동교실 사수를 위한 투쟁, 동일방직노조의 조합수호와 복직을 위한 투쟁, YH노조의 신민당사 점거농성 등은 노동문제에 대한 정치계 및 사회 일반의 관심을 높인 대표적인 예다.

전태일 분신자살사건은 지식인과 종교계가 노동운동에 적극 참가하는 계기가 되었다. 도시산업선교회와 가톨릭노동청년회는 1950년대 말에 노동자에 대한 선교를 목적으로 성립되었는데 1970년대 이후 본격적으로 기여하기 시작했다. 학생·지식인들에 의해 1970년대 후반기 이후 크게 확대된 노동야학도 노동자들의 의식향상에 크게 기여했다.

특히 도시산업선교회와 가톨릭노동청년회는 노동자 회원을 모집하여 노동문제에 대한 교육을 실시하고 노동조건 개선활동을 지원하는 한편, 노동문제를 사회여론화하여 해결하려는 활동을 펴나갔다. 이 단체들은 민주노조의 결성과 교육 및 단체행동을 적극 지원했고, 노동자들의 8시간노동제 쟁취투쟁 과정에서도 큰 역할을 했다. 한국노총과 산별노조가 상당히 관변화한 상황에서 도시산업선교회와 가톨릭노동청년회는 개별기업의 노조 지부나 분회가 실질적인 도움을 얻을 수 있는 거의 유일한 단체였다.

민주노조운동이 활성화되어가는 과정을 통해 전체 노동운동도 지속적으로 성장해갔다. 표 6에서와 같이 1971년에 49만 7천명에 불과했던 노동조합원 수가 1979년에는 1백만명을 넘어섰고, 단위노조라 할 수 있는 분회의 수도 같은 기간에 3061개에서 4394개로 증가했다. 쟁의 건수는 연간 1백건 내외로 많지는 않으나 국가보위

표 6 노동조합 수, 조합원 수 및 쟁의 건수 추이

연도	조합(분회) 수	조합원 수	쟁의 건수
1971	3,061	497,000	101
1972	2,961	515,000	0
1973	2,865	548,000	0
1974	3,352	656,000	0
1975	3,585	750,000	133
1976	3,854	846,000	110
1977	4,042	955,000	96
1978	4,305	1,055,000	102
1979	4,394	1,088,000	105

자료: 한국노동연구원 『임금관련통계자료집』, 153~55면.

법 아래서 합법적 쟁의가 불가능했음을 고려하면 노동자들의 저항이 끊이지 않았음을 알 수 있다.

'10·26사태'로 박정희 '유신'정권이 무너지고 노동운동에 대한 강압적 통제가 상대적으로 약해지자 그동안 저임금과 장시간노동에 시달려온 노동자들의 저항이 일시에 분출되었다. 많은 사업체에서 쟁의가 발생하여 1980년의 쟁의 건수는 정부의 통계로도 407건으로 예년의 4배나 되었다. 특히 대규모 사업체에서 노동자들의 치열한 파업과 시위농성이 계속되었다.

1980년 4월에는 강원도 사북(舍北)의 동원탄좌 노동자들이 임금인상과 어용노조 퇴진 등을 요구하며 파업농성에 들어갔다. 이 쟁의에는 지역주민까지 동조하여 지역 내 집단시위로 발전했다. 사북읍이 며칠간 노동자들에 의해 점령되는 사태에까지 이르렀다.

이밖에도 인천제철·동국제강·원진레이온 등 대규모 제조업체의 노동자들도 격렬한 파업농성을 벌였다. 단위노조에서 지역지부

그리고 한국노총에서까지 어용노조 퇴진과 노조 민주화를 요구하는 운동이 급속히 확대되어갔다. 그러나 전두환 보안사령관을 중심으로 하는 '신군부'의 5·17 계엄확대로 노동운동의 활성화는 중단되었다.

전두환정권하의 노동운동

'12·12사태'를 거쳐 '계엄확대'와 광주 민중항쟁 탄압을 통해 본격적으로 성립된 전두환정권의 노동운동 탄압은 박정희 '유신'정권보다 한층 더 심했다. 전두환정권은 계엄확대 직후 이른바 '정화'를 내세워 많은 노조간부들을 쫓아냈고, 지역지부를 해산시켜 특히 영세기업 노조들에 큰 타격을 입혔다. 뒤이어 노동법을 대폭 개정하여 노동운동에 대한 제도적 제약을 강화했다(1980.12).

노동법 개악의 중요내용은 노동조합의 형태를 기업별 노조로 한정한 점이다. 노동조합의 설립요건을 강화하여 노조설립을 어렵게 했고, 유니언숍 제도를 불법화했다. 노조에 대한 행정관청의 개입 권한을 대폭 확대하는 반면, 제3자개입 금지조항을 새로 두어 지식인들의 노동운동 개입을 차단하려 했다. 쟁의에 대한 규제도 강화했다. 국가·지방자치단체·국공영기업체·방위산업체에서의 쟁의행위를 금지시켰고, 쟁의행위의 냉각기간을 연장했다. 직권중재제도를 공익사업뿐만 아니라 일반사업에까지 확대하여 실질적으로 정부가 모든 쟁의를 중지시킬 수 있게 했다.

전두환정권의 노동운동 탄압은 1970년대부터 성장한 민주노조들을 와해시켜갔다. 먼저 청계피복노조에 대해 해산명령을 내리고 경찰이 사무실을 폐쇄했다(1981.1). 조합원들은 '아시아·아메리카 자유노동기구'(AAFLI) 사무실을 점거하고 항의했으나 경찰이 강제

해산하고 11명을 구속했다. 뒤이어 반도상사노조·콘트롤데이타노조 등도 와해되었다. 마지막까지 남았던 원풍모방노조도 회사와 당국의 사주를 받은 종업원들에 의해 파괴되고(1982.9), 대신 어용적 노조가 성립되었다.

민주노조들이 권력의 탄압에 의해 와해된 경험은 노동자들로 하여금 노동운동이 정치운동과 분리될 수 없음을 자각하게 했다. 또 광주민중항쟁이 무력으로 탄압된 후 많은 대학생과 대학출신 지식인들이 노동자로서 현장에 취업하고 노동운동에 투신하여 노동자들의 권리의식을 높이는 데 크게 기여했다.

전두환정권의 억압통치가 1984년에 들어와서 다소 완화되자 노동자들의 저항이 다시 활성화했다. 먼저 대구지방 택시기사들의 총파업이 일어났고 곧 부산·마산·대전 등 전국 도시로 확산되었다. 뒤이어 1970년대 민주노조의 뒤를 잇는 대우어패럴노조·효성물산노조·선일섬유노조·가리봉전자노조 등의 민주노조가 다시 결성되었다. 그러나 정부가 이들 신규노조의 결성을 불허하여 민주노조의 폭넓은 재건은 이루어지지 않았다.

그런 가운데에서도 일부 합법화된 노조들은 1970년대 민주노조들의 한계성이 경제주의에 한정되었던 점과 연대활동에 소극적이었던 점에 있었음을 깨닫고, 초보적이나마 정치교육과 연대활동을 위해 힘쓰고 조직력을 강화해갔다. 그 결과 1985년으로 들어서면서 노조 집행부와 별도로 현장노동자들에 의한 운동이 활성화했다. 대우자동차에서는 대학생출신 노동자 주도의 파업농성이 일어났고, 장성광업소·해태제과·통일산업·한일스텐레스 등에서 노조민주화를 위한 단체행동이 이어졌다.

전두환정권의 탄압정책이 다시 강화되면서 민주노조의 중심이었

구로동맹파업은 그 규모나 투쟁 형태뿐 아니라 요구조건에 있어서도 개별 기업 차원을 넘어서 정치적 투쟁의 모습을 띠었다(1985년).

던 대우어패럴노조 간부들이 노동쟁의법 위반으로 구속되었고 (1985.6) 노조원들은 이에 맞서 공장건물을 점거하고 농성했다. 효성물산·선일섬유·가리봉전자·부흥사 노조와 구로공단의 세진전자·롬코리아·남성전기·통일산업 노조 등이 이에 대항하여 일제히 연대투쟁에 들어갔으나 경찰과 관리직 사원들에 의해 강제 해산되었다. 노동자 30여명이 구속되고 1천여명이 해고된 채 민주노조도 와해되었다. 그러나 모처럼 본격적인 연대투쟁이 전개되었다는 점에 큰 의미가 있었다.

1980년대 중반에는 노동조합뿐만 아니라 반합법적인 노동운동 단체들이 조직되어 노동운동 발전에 기여했다. 1970년대 민주노조의 간부로 활동했던 사람들의 주도로 한국노동자복지협의회가 창립되었고(1984.3), 한국기독교노동자총연맹이 결성되었다(1985.2).

이 단체들은 1970년대의 기독교산업선교회 등과는 달리 노동자들이 주도했다. 노동운동의 지원단체가 아니라 스스로 그 주체로서 활동한 것이다.

구로지역의 연대파업 이후 노동운동이 노동조합주의를 극복하고 사회변혁운동으로서의 성격을 분명히해야 한다는 주장이 강력히 제기되면서 노동조합과는 다른 비합법·비공개 노동운동단체들이 등장했다. 그 가장 대표적인 단체는 서울노동운동연합(서노련)이었다. '서노련'은 스스로의 성격을 대중정치조직으로 규정하고 사회변혁을 위한 정치선동·정치투쟁을 가장 중요한 임무로 설정했다. 경제투쟁에서도 비타협적 방법을 표방했다.

서노련이 조직된 후 각 지역에서 그와 유사한 성격의 지역 노동조직들이 결성되었다. 인천지역노동자연맹과 안양지역노동3권쟁취위원회 등이 그것이다. 이 단체들은 노동자들의 노동조건 개선투쟁을 지원하고 그 정치의식을 높이기 위한 활동을 추진해갔다. 그러나 대체로 대학생출신 활동가들과 일부 의식 높은 노동자들의 활동에 한정되었을 뿐, 광범위한 노동자층을 참여시키지는 못했다.

이 단체들이 지나치게 정치투쟁을 중시하여 노동자들의 절실한 요구를 해결하는 데 소홀했고 노동자들의 정서와는 괴리된 선도적 투쟁에 집착했기 때문이다. 그 위에 정치적 노선도 불분명하다는 비판까지 제기되면서 점차 영향력을 잃어갔다. 그후 노동운동의 노선을 둘러싸고 다양한 논의가 이루어지고 다양한 비공개조직들이 결성되었으나, 정권의 강력한 탄압 아래서 노동현장의 대중 속에 기반을 확보하기는 어려웠다.

6·10민주화운동 후의 노동운동

전두환정권이 1987년 '6·10민주화운동'에 밀려 '6·29선언'을 발표한 후 정치적 억압이 완화되자 그동안 억눌렸던 노동자들의 불만이 폭발했다. 그것은 같은 해의 '7,8월투쟁'으로 불리는, 8·15 후 최대규모의 노동쟁의로 이어졌다. 7,8월투쟁은 울산의 현대그룹에서 시작되었다. 그 산하업체에서 연이어 노동조합이 결성되자 주력업체인 현대자동차와 현대중공업에서 어용노조를 만들어 민주노조 성립을 저지하려 했고, 이에 반대한 노동자들이 파업과 농성을 단행했다.

현대그룹 계열사 노동자들의 파업·농성은 곧 울산지역 다른 사업체로 파급되었고, 이어 부산·마산·창원 등 경남의 공업지역과 전국으로 퍼져갔다. 8월 중순 이후에는 당일 진행중인 쟁의 건수가 4백건을 넘었고 8월 20일 이후에는 5백건을 넘어섰다. 8월 29일에는 진행중인 쟁의가 무려 743건에 이르렀다. 노동자들은 파업을 통해 노동조건 개선을 위한 다양한 조건을 내세웠고, 특히 민주적 노동조합 건설을 위해 투쟁했다. 제조업뿐만 아니라 광산·운수노동자들도 격렬한 파업과 시위를 벌였다.

노동쟁의가 확산되자 전국경제인연합이 "인륜을 파괴하는" 34건의 쟁의사례를 발표하고 이를 언론이 대대적으로 보도했다. 정부는 다시 탄압책으로 돌아서서 현대중공업·대우자동차 등 주요 노사분쟁 사업체에 경찰을 투입하여 많은 노동자를 강제 연행하고 구속했다. 이를 계기로 쟁의는 수그러들어 9월 중순 이후에는 대규모 투쟁이 마무리되었다.

7,8월투쟁 기간에 무려 3337건의 쟁의가 발생했다. 특히 종업원 1천명 이상 대기업의 75.5%에서 쟁의가 일어나 노동자들의 저항이

광범위했음을 말해준다. 또 이 과정을 통해 많은 민주적 노동조합이 결성되어 이후 노동운동 발전의 토대가 되었다.

7, 8월투쟁을 통해 노동운동은 몇가지 다른 모습으로 발전해갔다. 첫째, 무엇보다도 노동대중이 운동의 실질적 주체가 되어갔다. 사업장마다 노동자들이 조합을 조직하고 민주적으로 운영하는 한편, 단체행동을 통해 요구를 관철해갔다. 이제 노동운동은 커다란 사회세력으로 자리잡고 전체 사회에 중요한 영향력을 행사하게 되었다. 그만큼 노동조합의 수도 크게 증가했다.

구체적으로 1987년 6월 말에 2742개이던 노동조합이 1989년 말에는 7861개로 늘어났다. 조합원 수도 같은 기간에 약 1백만명에서 190만여명으로 거의 두배 증가했다. 사업체 규모별로는 종업원 300~499명 사업체의 59.4%, 500~999명 사업체의 77.0%, 1천명 이상 사업체의 79.2%에 노동조합이 결성되었다. 대부분의 대기업에 노동조합이 결성된 것이다. 게다가 노동조합의 민주화도 크게 진전되어 과거와 같은 '어용노조'는 거의 없어졌다.

7, 8월투쟁 후에 나타난 노동운동의 두번째 변화는 생산직 노동자뿐만 아니라 화이트칼라 노동자도 운동의 주체로 등장한 점이다. 한국에서 화이트칼라 노동운동은 4·19 직후 일시 시도되었다가 실패한 후 단절되었다고 할 수 있다. 그러나 6·10민주화운동 이후에는 금융기관·언론기관·병원·대학교·정부투자기관과 각종 사회단체 등에서 노동조합이 속속 결성되었다.

이밖에 각급학교 교사들도 정부와 보수진영 및 기득권층의 방해를 무릅쓰고 전국교직원노동조합을 결성하여 노동운동에 동참했다. 화이트칼라 노동조합은 임금인상이나 근로조건 개선 등 기본적인 활동 이외에 언론노조의 경우 공정방송 제도화운동, 전교조의 경우 '참교육'운동을 펼치는 등 사회의 민주화에 앞장섰다.

7,8월투쟁 후 노동운동의 세번째 변화는 기존의 한국노총과 구분되는 '민주적' 노동조합이 전국적 조직을 이루었다는 점이다. 먼저 6·10민주화운동 후 새로 결성되었거나 민주화된 노동조합을 중심으로 지역노동조합협의회(지노협)가 성립되었다(1987). '지노협' 소속 노조들은 한국노총 산하 노조들과는 달리 사용자에 대해 선명한 입장을 견지하고 노조 운영의 민주화를 기하면서 마산·창원 등 각 지역에서 자리를 잡아갔다.

지노협은 얼마간의 준비를 거쳐 단병호(段炳浩)를 위원장으로 하는 전국노동조합협의회(전노협)를 결성했다(1990.1). '전노협'은 1970년대 이래 민주노동운동의 전통을 잇는 노동운동의 구심임을 자임했다. "한국노총으로 대표되는 노사협조주의와 어용적, 비민주적인 노동조합운동을 극복하고 자주적이고 민주적인 노동운동을 전개해나가겠다" 하고 "경제·사회구조의 개혁과 조국의 자주화·민주화·평화통일을 앞당기기 위해 제 민주세력과 연대하여 투쟁할 것"이라 했다.

전노협은 이후 전국적 연대 임금투쟁을 주도하고 단위노조의 단체행동을 적극 지원했으며, 5월의 메이데이 총파업을 주도했다. 또 민중운동 연합체인 '전국연합'에 참여하여 정치적 민주화운동에도 동참했다. 그러나 정부의 적극적인 탄압으로 가입노조를 늘리는 데는 별 성과를 거두지 못했다. 따라서 전체 노조운동 내에서는 '전투적 소수파'의 위치를 벗어나지 못했다. 특히 대기업 노조들이 전노협의 노선에 동조하면서도 가입을 꺼려, 영향력 확대에 한계가 있었다.

화이트칼라 노조들 역시 한국노총과 별도로 업종별로 결집되어갔다. 사무금융노련·병원노련·전문기술노련·언론노련 등의 전국적 조직이 이루어지고 업종노련협의회회의(업종회의)를 구성했다. '업종회의'는 전노협과 통합하는 데는 실패했으나 여러 면에서 공동보조를 취하면서 노동운동의 발전을 위해 활동했다.

한편 이같은 민주노동조합의 전국적 조직이 이루어지는 데 자극을 받아 한국노총도 대규모 집회를 열기도 하고 사안에 따라서는 정부방침에 강력히 반대하기도 했다. 그러나 노동자의 편에 서서 정부의 노동운동 탄압에 철저히 맞서기에는 한계가 있었다.

6·10민주화운동으로 활성화되었던 노동운동도 1989년 이후 정부의 강압정책 회복에 따라 다시 위축되어갔다. 노조의 단체행동이 급속히 감소하여 1988년에 1873건, 1989년에 1616건이던 쟁의가 1990년에는 322건, 1991년에는 234건으로 감소했다. 정부와 사용자가 추진한 '무노동무임금'정책도 관철되었다. 총액임금제의 실시(1992)도 노동조합들이 강력히 반대했으나 저지하지 못했다.

이후 노동조합간의 연대활동도 침체하고, 기업별 노조 체제를 극복해야 한다는 인식이 확산되어갔음에도 오히려 그것이 더 공고해져갔다. 전노협의 가입조합원 수는 계속 감소했고, 일부 지노협은 실질적인 활동을 거의 하지 못하는 상황이 되기도 했다. 개별기업의 단위노조에서도 조합원의 참여도가 대체로 약화되어갔고, 이에 따라 사용자들은 온건하고 노사협조주의적 노선이 조합원의 지지를 받을 것이라 전망하기도 했다.

그러나 1990년 이후에도 주요 대기업 노조의 선거에서는 민주노조를 표방하는 노동자들이 당선되어 집행부를 구성하는 것이 일반적이었고, 이를 바탕으로 민주적인 노동운동의 힘은 유지되어갔다. 따라서 현대중공업이나 한국방송공사의 파업과 같이 정부의 탄압에 대한 개별노조의 강력한 저항도 이어졌다.

제3절 분단시대의 문화운동

문화계의 분열 식민지시대, 특히 그 말기의 침략전쟁시기를 통해 질식 상태에 빠졌던 민족문화활동은 일본제국주의의 패망과 함께 활기를 띠어 각종 문화단체가 앞을 다투어 결성되었다. 그러나 이들 문화예술단체는 곧 좌우익으로 그 노선이 나뉘면서 문화예술계의 분열을 가져왔다. 민족문화 건설을 위한 역량은 반감되고 그 방향에 혼선이 빚어졌다.

문학계의 경우 8·15 후 맨 먼저 식민지시대의 '카프'계와 일부 순수문학파 문인들이 모여 조선문학건설본부를 조직했고, 역시 카프계가 중심이 되어 프롤레타리아문학동맹을 성립시켰다. 그후 이 두 단체가 합쳐져 홍명희를 위원장으로 하고 이태준(李泰俊, 1904~?)·이병기(李秉岐, 1891~1968)를 부위원장으로 하는 조선문학가동맹이 조직되었다(1945.12.16).

이와는 달리 우익계 문인단체로서 중앙문화협회가 생겼다가 그것을 모체로 정인보를 회장, 박종화(朴鍾和, 1901~81)·설의식(薛義植, 1900~54)을 부회장으로 하는 전조선문필가협회가 결성되었고(1946.3.13) 그 전위대적 조직체이며 우익적 성격이 한층 더 선명한, 김동리(金東里, 1913~95)를 회장으로 하는 조선청년문학가협회가 조직되었다(1946.4.4).

미술계는 해방 직후 그 성격이 아직 선명하지 않았던 조선미술건설본부가 동양화·서양화·조각·공예·아동미술·선전미술 등 각 분

좌익인 조선문학가동맹에 대항해 순수문학을 지향하는 문인들의 모임인 전조선문필가협회 결성식(1946년)

야를 망라하여 성립되었으나(1945.8.18) 좌익계의 프롤레타리아미술동맹이 따로 결성되자(1945.9.22) 조선미술건설본부는 해체되었다.

이후 프롤레타리아미술동맹을 중심으로 조선미술가동맹이 결성되었고, 또 하나의 미술단체인 조선조형예술동맹이 성립되었다가 이 두 단체가 합쳐져 길진섭(吉鎭燮, 1907~75)을 위원장으로 하는 조선미술동맹으로 발족했다. 조선미술건설본부가 해체된 후 우익계의 미술단체로는 고희동(高羲東, 1886~1965)을 회장으로 하는 조선미술가협회가 성립되어 두 단체가 대립했으나 이승만정권 수립 후에는 조선미술동맹이 도태되고 조선미술가협회가 대한미술협회로 이름을 바꾸었다.

연극계도 해방 직후 아직 좌우익의 뚜렷한 구별 없이 조선연극건설본부가 성립되고 좌익계의 프롤레타리아연극동맹이 결성되었다. 이후 연극건설본부 안의 좌익계와 프롤레타리아연극동맹이 합쳐져 조선연극동맹으로 발족하여 일제잔재 소탕, 봉건유제 청산, 국수주의 배격, 진보적 민족연극 수립, 진보적 국제연극과의 제휴 등을 강령으로 내세우고 그 산하에 조선예술극장 등의 극단을 두어 8·15 직후의 연극계를 주도했다.

한편 연극건설본부에서 이탈한 우익계 연극인들은 유치진(柳致眞, 1905~74) 등이 중심이 된 극예술협회를 성립시켜 순수연극과 순수예술주의를 지향했다(1947). 이후 이승만정권의 수립으로 좌익계 연극인 대부분이 월북해버리자 극예술협회가 점차 연극계의 주도권을 쥐게 되었다.

음악계 역시 8·15와 함께 음악건설본부가 결성되고 곧이어 프롤레타리아음악동맹이 결성되었다가 그것이 합쳐져 이영세(李永世)를 위원장으로 하는 조선음악가협회로 발전했다. 우익계 음악인들은 현제명(玄濟明, 1902~60)이 이사장인 교향악협회와 대한연주가협회 등을 만들었다. 영화계도 역시 영화건설본부와 프롤레타리아영화동맹을 거쳐 안종화(安鐘和, 1902~66)를 중앙집행위원장으로 하는 조선영화동맹이 결성되고 그 산하에 제작단체·흥행단체·기술단체·연구단체 등을 두어 지방조직도 갖추었다.

이같은 각 문화단체의 분립을 바탕으로 하여 그 협의기관들도 역시 분립 결성되었다. 먼저 문학·미술·음악 등 개별 건설본부의 협의기관으로 조선문화건설중앙협의회가 성립되었다(1945.8.18). 문화의 해방, 문화의 건설, 전선의 통일을 행동강령으로 하는 문화건설중앙협의회는 8·15 직후 최초로 결성된 문화예술단체 협의체로서 그 산하단체들의 구성원은 아직 좌우익의 구분이 확연하지 않았다.

그러나 곧 좌익적 성격이 분명한 프롤레타리아문학동맹을 비롯한 프로미술동맹·프로음악동맹·프로연극동맹 등이 성립되고 그 협의체로서 프롤레타리아예술동맹이 결성되었다(1945.9.31).

이 시기에는 좌익세력 사이에서도 '8·15 공간'의 역사적 단계를 사회주의혁명 단계로 보려는 이론과 그것을 부르주아민주주의혁명 단계로 보려는 이론이 대립되어 있었다. 문화예술운동에도 그런 혼선이 있어서 일부 극좌주의 노선이 나타나는 한편, 민족문화운동의 방법론적 혼란을 극복하기 위한 노력의 하나로 조선문화건설중앙협의회와 조선프롤레타리아예술동맹이 합쳐 조선문화단체총연맹이 결성되었다(1946.2.24).

조선문화단체총연맹은 8·15 직후에 조직된 조선학술원·조선과학자동맹과 식민지시대 이래의 진단학회 등 13개 학술단체, 그리고 문화건설중앙협의회계 및 프롤레타리아예술동맹계의 예술단체들이 병합되어 이루어진 문학가동맹·음악동맹·연극동맹 등 9개 예술단체, 조선신문기자협회·조선교육자협회·조선체육회 등 총 25개 문화단체의 연합에 의해 이루어졌다.

조선문화단체총연맹은 그 강령으로 민주주의 민족문화의 건설을 위해 첫째, 고유문화의 정당한 계승 및 세계문화의 일반적 섭취, 둘째, 진보된 과학의 수입·연구 및 이론의 확립, 셋째, 인민의 민주주의적 교육 및 과학적 계몽, 넷째, 비과학적·반민주적 문화경향의 배제 등을 내세웠다.

조선문화단체총연맹은 좌익계 정치·사회·문화 단체의 연합전선으로 성립된 민주주의민족전선을 지지함으로써 그 정치적 입장을 분명히했다. 이 때문에 우익계 문화예술인들은 따로 새로운 문화단체 협의회인 전국문화단체총연합회를 결성했다(1947.2.13).

전조선문필가협회·조선미술협회·전국음악문화협회 등 우익계 33개 문화단체가 연합하여 성립된 전국문화단체총연합회는 그 강령으로 광복도상의 모든 장벽의 철폐와 완전 자주독립의 촉성, 세계문화의 이념에서 민족문화의 창조와 전세계 약소민족 자존의 고양, 문화유산의 권위와 문화인의 독자성 옹호 등을 내세웠다. 이로써 '8·15 공간'의 문화예술계는 좌익계의 문화단체총연맹과 우익계의 문화단체총연합회로 양분되었다.

문학계의 경우 8·15 후의 판도는 대개 계급문학파라 할 수 있을 프롤레타리아문학동맹계와 민족문학파의 좌파라 할 문학건설본부계, 그리고 민족문학파의 우파라 할 수 있을 문필가협회계와 순수문학파라 할 수 있을 청년문학가협회계로 나눌 수 있었다.

민족문학파의 좌우파가 중심이 되어 이 시기 민족문학론의 합일점을 찾을 만도 했으나 분단국가가 성립되는 과정에서 그 민족문학론은 설 땅을 잃었다. 반면 계급문학론과 순수문학론 및 나아가서 반공문학론이 문학계를 지배하게 되었다. 다른 문화예술분야도 대체로 이같은 길을 걸음으로써 문화계의 분단체제는 굳어져갔다.

4·19, 5·16과 문학활동

분단국가들의 성립과정에서 남쪽의 좌익계 문학·예술인 대부분이 월북하고 반대로 북쪽의 우익계 문화예술인이 월남하여 문화예술계의 분단은 분명해졌다. 뒤이어 일어난 6·25전쟁은 문화계의 분단을 한층 더 확연히하는 계기가 되었다.

전쟁이 발발한 후 문화예술인들은 비상국민선전대(非常國民宣傳隊)·문총구국대(文總救國隊) 등을 만들어 군의 정훈국 소속으로 종군활동을 하거나 육·해·공군의 종군작가단을 만들어 활동했다. 이들은 『전선문학(戰線文學)』 등의 잡지를 통해 정훈문학을 펴거나 군가를 작사·작곡하고 구국결전문화인대회(救國決戰文化人大會)를 열기도 했다.

민족상잔 과정에서 문화예술계는 분단체제의 심화에 나름대로의 역할을 했음은 물론, 그 과정을 통해 분단체제 자체와 밀착함으로써 이후의 정치적 독재화 과정에서도 일정한 역할을 했다. 민족상잔 전쟁을 겪고 난 후의 문화예술계는 전후파적 퇴폐성과 도피적 향락주의, 침통한 비관주의에 빠져들었다. 민족문화의 활로를 열거나 민족문제의 해결을 모색하는 길과는 멀어져가는 반면, 이승만정권의 부패와 독재에 휩싸여들어갔다.

휴전이 성립된 후 순수문학지 『현대문학』이 창간되어 문학계를 주도하는 한편(1955), 문화인등록령이 공포되고 학술원·예술원이 개원되었으며(1954.7.30) 반공지식인회의·반공예술제전 등이 열렸다. 이승만정권의 독재체제가 강화되면서 불량배를 중심으로 반공예술인단이 조직되어 영화 「독립협회와 청년 이승만」 등이 만들어져 선거에 이용되었다. '이승만박사·이기붕선생 출마환영 예술인대회'가 열리고, 일부 문인들이 번갈아가며 이기붕을 찬양하는 「인간 만송(人間晩松)」이란 글을 써서 그의 선거운동을 뒷받침하기도 했다.

순수문학·반공예술을 지향하면서 이승만의 독재체제를 뒷받침한 것이 1950년대 전체 문화·예술계의 일반적 추세였던 한편, 잡지 『사상계(思想界)』가 발간되어 독재정권에 대한 비판의식을 길러갔다(1953.4). 이승만정권 말기에는 깊은 실존주의적 영향 아래서도 사회적 부조리에 대한 고발문학과 민족분단의 아픔을 노래한 작품들이 나오기 시작했다.

"저어 서로 응시하는 쌀쌀한 풍경. 아름다운 풍토는 이미 고구려 같은 정신도 신라 같은 이야기도 없는가. 별들이 차지한 하늘은 끝끝내 하나인데…… 우리 무엇에 불안한 얼굴의 의미는 여기에 있었던가. (…) 언제 한번은 불고야 말 독사의 혀같이 징그러운 바람이여. 너도 이미 아는 모진 겨우살이를 또 한번 겪으라는가 아무런 죄도 없이 피어난 꽃은 시방의 자리에서 얼마를 더 살아야 하는가 아름다운 길은 이뿐인가." 하고 노래한 시 「휴전선(休戰線)」(박봉우朴鳳宇, 1956)은 분단의 아픔과 전쟁 재발의 두려움을 지닌 채 '아름다운 길'을 찾고 있었다.

순수문학과 반공문학이 주류를 이루고 일부의 고발문학이 고개를 드는 싯점에서 폭발한 4·19는 이후의 문화·예술계에 큰 영향을 끼쳤다. 우선 이승만정권의 어용단체 노릇을 하던 전국문화단체총연합회와 반공예술인단 등이 해체되고 "독재정권이 자행한 객관적 제약과 문단정치인들의 독선적 행위를 배격하고 민족문학 수립을 위하여 한층 더 적극적인 작품활동을 한다" 하고 민족문학을 지향한 전후문학인협회(戰後文學人協會)가 결성되었다.

또 4·19운동 자체와 민주주의를 찬양하는 작품이 홍수같이 쏟아져나왔다. 이승만정권 아래서 민족문제·현실문제를 외면하고 상징주의·초현실주의·실존주의 사조에 빠져 있던 문학계 일반이 민주주의운동으로서의 4·19를 일제히 찬양하고 나선 것이다.

"잊을 수 없는 4월 19일 (…) 학교에서 파하는 길에 / 총알은 날아오고 / 피는 길을 덮는데 / 외로이 남은 책가방 / 무겁기도 하더군요 // 나는 알아요 우리는 알아요 / 엄마 아빠 아무 말 안해도 오빠와 언니 들이 왜 피를 흘렸는지를"(강명희) 하고 읊은 국민학생의 시가 세상에 크게 알려졌다.

"철저한 민주정체, / 철저한 사상의 자유, / 철저한 경제균등, / 철저한 인권 평등의, // 우리들의 목표는 조국의 승리, / 우리들의 목표는 지상에서의 승리, / 우리들의 목표는 / 정의, 인도, 자유, 평

등, 인간애의 승리인, / 인민들의 승리인, / 우리들의 혁명을 전취(戰取)할 때까지, // 우리는 아직 / 우리들의 피깃발을 내릴 수가 없다. / 우리들의 피외침을 멈출 수가 없다. / 우리들의 피불길, / 우리들의 전진을 멈출 수가 없다. / 혁명이여!"(박두진 朴斗鎭) 하며 혁명의 계속을 절규한 기성시인에 이르기까지 4·19 후의 문학계는 온통 자유와 민주주의를 찬양하는 '참여'의 마당이 되었다.

그러나 문화예술계의 이같은 새로운 움직임은 5·16 군사정변으로 다시 위축되었다. 정변 후 군사정부는 포고령을 발표하여 각종 정치·사회단체와 함께 문화예술단체도 모두 해체시켰다. 그리고 이승만정권 때의 전국문화단체총연합회를 대신할 만한 한국예술문화단체총연합회를 다시 결성하게 했다(1962.1).

군사정변으로 문화계가 다시 위축되기는 했지만, 4·19 후의 문학활동을 통해 한층 더 진전된 현실 고발성 및 비판성은 박정희정권 아래서 경제개발·한일협정·베트남파병·3선개헌 등을 거치면서 더욱 활발해져갔다. 뿐만 아니라 문학의 사회성에 대한 자각이 커지고 문학활동에서 역사의식이 더욱 높아져갔다.

"조용한 후방 / 따사로운 마을길을 / 전쟁도 적도 없이 / 한밤중을 짓밟듯 지나가는 / 군화의 발굽소리가 / 너는 두렵지 않느냐 / 내 조국아 // 더더구나 밤낮 없이 / '앞으로 갓' / '뒤로 갓' / 사슬보다 무거운 / 호령이 뒤바뀌는데 / 너는 답답치도 않느냐 / 내 조국아 // 그리고 죄도 벌도 없는 / 우리의 입 귀 눈을 막고 / 후렴이나 부르며 / 따라오라는데 / 너는 분하지도 않느냐 / 내 조국아."(신동문 辛東門)

시인의 눈에 비친 1963년의 조국은 두렵고 답답하고 분하고 억울하고 슬픈 조국이었다. 같은 시기 발표된 남정현(南廷賢)의 소설

『분지(糞地)』는 반일·반미·반정부적이라 하여 작가가 반공법으로 구속되기도 했다.

4·19와 5·16을 겪으면서 사회의식·역사의식이 높아진 문학계에서는 다시 이른바 순수와 참여 논쟁이 일어났다. 4·19의 성취와 5·16의 좌절을 겪은 후 문학계의 일부는 다시 자연주의적·초현실주의적·모더니즘적 방법에 안존하면서 "예술은 그것 자체로서 이미 목적을 다하고 있다"는 순수주의를 내세워 문학의 현실참여를 반대했다.

반면 다른 일부에서는 문학이 민족의 현실문제 및 그 역사적 반성, 나아가 주체성의 확립에 이바지할 수 있을 때 그 진가를 나타내는 것이라 했다. "일제시대에 일본경찰의 압력을 피해서 무사히 명철보신(明哲保身)하던 유일한 문학이 순수였음을 보면 알 것이다. 민중이 처절한 신음소리를 내어도 귀를 막고 음풍영월만 즐기며 '창파에 좋이 씻은 몸' 행여나 더럽힐세라 처신해온 기피자의 문학이 곧 그 '순수'가 아니더냐"(김우종 金宇鐘) 하며 순수문학론을 비판하기도 했다.

이승만정권 시기의 순수론·반공론 중심의 문학계에 4·19를 계기로 참여론의 등장이 있었고, 5·16 후에는 그 참여론을 유지하려는 입장과 다시 순수론으로 돌아가 그것을 옹호하려는 입장으로 나누어진 것이다. 그러나 1960년대에 크게 대두되었던 문학에서의 참여론은 이후 그 이론적 진전을 보이면서 민족문학론으로 발전해 갔다.

민족문학론의 발전

1920년대의 이른바 국민문학운동이 식민치하의 민족적 현실문제와 맞부딪치지 못하고 일종의 복고주의로 나아갔다가 흐지부지된 후 8·15를 맞이했지만, 8·15 직후의 문학계에는 또 한번의 민족문학논쟁이 일어났다.

문학가동맹을 중심으로 하는 좌익계의 민족문학론은 한때 민족문학의 과제가 민족의 자주독립과 완전한 해방을 목표로 하는 민주주의정권 수립을 위해 이바지하는 데 있으며, "민족문학의 핵심은 민족적이냐 계급적이냐에 있는 것이 아니라 민족적이냐 반민족적이냐에 있는 것"이라 하여 계급문학보다 민족문학의 길을 제시했다.

그러나 우익계의 문학활동이 강화되어감에 따라 그 민족문학론과의 차이가 강조되고, 또 국제적으로도 냉전체제가 굳어지면서 "시민계급의 이념을 기초로 한 민족문학"이 아니라 "노동계급의 이념을 기초로 한 문학"이 민족문학이라는 논리로 바뀌어가게 되었다.

한편 우익계의 전조선문필가협회는 그 설립 취지에서 "인권이 존중되고 자유가 옹호되고 계급이 타파되고 빈부가 없는 가장 진정하고 가장 민주적인 국가관·세계관을 밝혀 (…) 민족국가 이념 위에 역사가 중단되었던 조국을 재건하려 함이니 (…) 생명에 부딪치고 다시 생활의 이념이 되어 정치로 향하여 가는 진정한 민주주의 문화를 건설하려 한다" 하여 초기 문학가동맹의 취지와 일맥상통하는, 민주주의 민족국가 건설에 봉사하는 민족문학론을 제시했다.

이같은 민족문학론은 분단국가의 성립과 민족상잔 과정에서 소멸되고 이후의 문학계는 민족문제나 정치·경제·사회적 현실문제와는 동떨어진 순수문학을 지향하거나, 현실문제에 관심을 가진 문학이라 해도 대체로 반공주의 문학에 한정되었다. 박정희정권은 취약한 정통성을 강조하는 방법의 하나로 민족 주체성을 내세우면서 전통문화의 복구·보전에 치중하는 복고주의적 문화정책을 펴나갔다.

그러나 4·19 후의 민주주의적·민족통일운동적 경험을 배경으로

한 민중의식의 성장과 7·4남북공동성명 등에 자극되어 1970년대로 들어와서 민족문학론이 다시 대두하였다. 이 시기의 민족문학론은 정치·경제·사회적 현실문제에 대한 비판과 민주화운동의 실천, 민족통일문제 및 제3세계론에 대한 이해와 연결되면서 전개되어갔다.

1966년에 창간된 계간지 『창작과비평』의 지면을 통해 주로 전개된 1970년대의 민족문학운동은 1960년대의 고발문학 내지 참여문학론의 단계를 넘어 민족문학론을 이론적으로 체계화하고 또 실천해갔다. 이 시기의 민족문학은 "봉건주의를 극복하는 과정에서 대두하여 민족해방운동의 주체로 성장함으로써, 우리 시대의 민족적·민주적 역량의 굳건한 터전이 된 민중의 절실한 경험을 형상화한" 문학이며, "민족사의 최고 가치인 반봉건적 근대의식과 반제국주의적 민족의식을 자기 속에 예술적으로 통일한 문학"으로 설명되었다(염무웅廉武雄).

『창작과비평』 창간호

반봉건주의·반제국주의를 줄기로 하는 우리 근대 민족운동사 및 민족해방운동사의 과제와 직결된, 그리고 이와같은 민족사적 과제를 수행하기 위한 주체세력으로 등장한 민중의 생활현실을 형상화한 문학이 곧 민족문학임을 확실히한 것이다.

이같은 민족문학론은 민족문화운동으로 확대되고, 분단시대의 민족사적 과제와 한층 더 밀착되면서 전개되어갔다. "인간해방과 민족통일을 지향하는 민중운동의 현황을 구체적으로 파악하여 그 올바른 진로를 제시하고 실천하는 일이야말로 우리의 민족문화운동에 맡겨진 사명이다. 이를 위해서는 기본적 민권의 회복과 근로대중의 생활조건 개선을 요구하는 투쟁에 실천적으로 참여하는 일에서부터 민족문학·민족예술운동, 매판문화의 분석·비판, 제도외적 언론·교육의 창출 등 여러 방면에 걸친 노력이 필요한 것"이라 했다.

나아가서 민족문화운동이 국수주의·국가지상주의·인종차별주의를 배제하기 위하여 민간해방운동과 연결되고, 분단시대 민족사의 최대 과제인 민주주의적 민족통일을 실현하기 위한 인권운동 및 통일운동의 실천과 연결되어야 하며, 또한 우리의 민족문학이 "현 단계 세계문학의 가장 선진적 흐름인 제3세계 민족문학의 일익"임이 분명하다 했다(백낙청 白樂晴).

1970년대 민족문학론의 이론적 정립은 한편으로 그것의 작품으로의 승화나 행동적 실천과도 병행되었다. 신동엽(申東曄, 1930~69)은 「껍데기는 가라」(1967)에서 통일지향세력만이 민족의 진정한 알맹이임을 노래했다.

"껍데기는 가라. / 사월도 알맹이만 남고 / 껍데기는 가라. // 껍데기는 가라. / 동학년(東學年) 곰나루의, 그 아우성만 살고 / 껍데기는 가라. // 그리하여, 다시 / 껍데기는 가라. / 이곳에선, 두 가슴과 그곳까지 내논 / 아사달 아사녀가 / 중립(中立)의 초례청 앞에 서서 / 부끄럼 빛내며 / 맞절할지니 // 껍데기는 가라. / 한라에서 백두까지 / 향그러운 흙가슴만 남고 / 그, 모오든 쇠붙이는 가라."

또한 김지하(金芝河)의 시 「오적(五賊)」, 황석영(黃晳暎)의 소설 「객지(客地)」, 신경림(申庚林)의 시 「농무(農舞)」 등은 부정부패를 고발하고 노동자의 의식성장을 작품화하며 농민생활의 애환을 읊었다. 그리고 박정희정권의 '유신'체제에 대한 문학인들의 반대는 곧 행동으로 나타났다.

동아일보 기자들의 「자유언론실천선언」(1974.10.24)이 전체 언론계로 퍼져나간 것을 계기로 1백여명의 문학인들이 '자유실천문인협의회'를 결성하고(1974.11.18) 긴급조치로 구속된 지식인·종교인·학생의 석방, 언론·출판·집회·결사 및 신앙·사상·표현의 자유, 노동관계법의 민주적 방향으로의 개정 등을 요구하면서 반독재투쟁을 계속하는 한편, 민주주의와 민족통일 문제를 작품으로 승화시켜나갔다.

"외진 데 들꽃 바라보며 물 보며 / 하루 내내 강원도 산길 걸으며 맘먹었어요 / 남북통일 안되면 아무것도 뜻없습니다 / 그리운 그리운 우리 민주주의도 뜻없습니다 / 어느 뜻도 뜻이라면 통일이어요 / 저문 산골 황소 앞세워 구시렁구시렁 돌아가는 이 / 오늘밤 횃대 밑 깊은 잠 꿈에서나마 우리네 온전한 나라 그 나라에 살기 바랍니다 / 아닙니다 우리네 살다가 갈 곳 두 동강 뚝딱 아니어요 / 이대로 먹고 자는 두 동강 아니어요 / 남북통일 되는 날 내일입니다 / 천만번 곱한 내일입니다 / 내일을랑 청봉 올라 하늘이 되어 / 내 목 잘라 금강산께 저기저기 바라보렵니다"(고은高銀)

1970년대의 민족문학운동은 대체로 세가지 방향으로 전개되었음을 지적할 수 있다. 첫째, 민족문학 자체에 대한 이론정립 작업이 활발히 전개되었고, 둘째, 민족적·역사적 당면과제를 어느 때보다 적극적으로 작품화해갔으며, 셋째, 민족문학론의 이론화·작품화와 함께 문학인들에 의해 그것이 행동화·실천화한 것이다.

민족문학론의 심화

1980년대의 민족문학계는 전두환정권 성립 과정에서 심한 탄압을 받았다. 1970년대를 통해 문학운동을 주도해오던 『창작과비평』 『문학과지성』 등의 계간지가 폐간되었다(1980.7.31). 이런 탄압 아래서도 계간지 『실천문학』이 간행되었고, 『오월 시』 『시와 경제』 『삶의 문학』 등 '무크'라 불린 부정기간행물의 발행이 활발하여 이른바 '무크지 시대'가 열렸다. 이 운동은 1970년대 문학운동을 뒤이어 민족 · 민중 지향적 문화운동으로 확산되면서 군사독재정권의 탄압을 이겨나갔다.

자유실천문인협의회는 1980년대로 들어오면서 전두환정권의 탄압으로 한동안 침체했으나 무크지 활동을 통해 등장한 젊은 문학인들과 연결되면서 활동이 되살아났다. '창작과 표현의 자유에 대한 문학인 401인 선언'(1985.8.1) '자유 실천 '87 문학인선언'(1987.2) 등을 발표하여 전두환정권의 '4·13 호헌선언'을 지지한 '예총' 및 한국문인협회의 활동과는 대조를 이루었다. 자유실천문인협의회는 이후 김정한(金廷漢, 1908~96)을 회장으로 하는 '민족문학작가회의'로 명칭을 바꾸고(1987.9.17) 조직을 확대 개편하여 이후 7백여명의 회원을 가지는 대규모 단체로 발전했다.

1980년대에는 문학부문 이외에서 민중예술활동이 크게 일어났다. 1970년대부터 탈춤부흥운동 등 전통적 민중예술을 창조적으로 계승하려 노력한 이른바 '문화패' 문화운동이 발전했다가 이들을 중심으로 최초의 문화운동협의체인 '민중문화협의회 한두레' 등이 결성되었다(1980.4). 이후 소극장 중심의 문화운동이 활성화되었고, 마침내 문학·미술·연극·음악 등 문화예술부문의 대표자들로 구성된 민중문화운동협의회(민문협)가 발족했다(1984.4.14).

'민문협' 중심의 문화활동은 이 시기에 활발히 논의된 사회변혁론 일반과 결합되어 민중성과 노동자계급 당파성을 한층 더 중요시했다. 그 결과 명칭을 '민중문화운동연합'으로 바꾸었다(1986). 이후 1980년대 후반의 민중운동 및 노동운동의 활성화에 따라 소장 문학예술연구자 조직인 문학예술연구소와 통합하여 노동자들의 현재적 의식과 노동문제의 당면과제에 얽매이지 않고 한층 더 근본적인 계급의식과 변혁운동에 기여할 수 있는 예술활동을 목표로 하는 '노동자문화예술운동연합'으로 발전했다(1989).

현장 지향적이고 활동가 중심의 문화운동조직으로는 이밖에도 구체적인 민중생활에 바탕을 두고 생활문화운동을 지향하며 현장에서의 대중문예사업에 중점을 두는 '전국노동자문화운동단체협의회'와 노동운동의 당면과제에 대한 선전물 창작을 지향하는 '서울노동자문화예술단체연합회' 등이 결성되었다.

미술 분야에서도 이미 1970년대부터 민족·민중적 현실과 미술활동을 결합시키려는 노력이 일부 계속되었다. 1980년대의 민족민주운동 발전과 함께 시각매체에 의한 선전·선동의 필요성이 대두함으로써 진보적 미술인들의 활동이 활발해졌다. 이들에 의해 '현실과 발언' '임술년' 등의 그룹 활동이 활성화되는 한편, '시대정신' '해방 40년 역사전' 등 리얼리즘 작품기획전이 개최되었다. 이런 토대 위에서 '민족미술협의회'가 창립되었다(1985.11.22).

뒤이어 연극부문의 전문가조직인 '전국민족극운동협의회'가 결성되었고, 문학·극·영화·굿·건축·미술·음악·춤·사진 등 예술 각 부문의 위원회를 하부조직으로 하는 문화예술인의 종합 대중조직인 한국민족예술인총연합(민예총)이 결성되었다(1988.12.23).

조성국(曺星國)·고은(高銀)·김윤수(金潤洙) 등을 공동의장으로 하여 발족한 '민예총'은 6·25전쟁 후 처음 발족한 진보적 문화예술인의 종합조직이었다. 민예총은 대정부 성명과 시국관련 문화예술인 선언활동을 주도하는 한편, 전체 민족·민중운동과의 연대사업, 대규모 공연 주최, 정부 문화정책의 분석·비판, 대중문예학교의 개설, 외국 민중문화운동과의 연대 등의 활동을 펼쳤다.

광주민중항쟁을 겪고 출발한 1980년대에는 문학의 민중성과 노동계급적·사회주의적 당파성이 강조되고, 기존의 민족문학론이 가진 민중적 성격의 불철저성이 비판되었다. 무크지 『문학예술운동』 창간호(전환기의 민족문학, 1987)에서는 백낙청 등으로 대표되는 1970년대의 민족문학론과 그 활동이 소시민적 한계를 벗어나지 못했으며, 앞으로의 문학운동은 민중운동과의 연계성을 긴밀히하고 나아가서 운동의 주체도 지식인으로부터 민중으로 무게중심이 바뀌어야 한다는 '민중적 민족문학론'이 주장되었다.

이에 대해 조정환(曺貞煥)은 1970년대의 민족문학론이 가진 이념적 총체성과 객관성을 인정하면서도, 그것이 민중성에 대한 추상적 이해와 계급적 시각의 결여로 말미암아 시민적 헤게모니 인정으로 이어질 수밖에 없는 한계성을 가졌다고 비판했다. 그는 가장 철저한 민주주의 계급인 노동자계급의 당파성과 이념적 지도성이 관철되는 '민주주의 민족문학'을 새로운 이념으로 제시했다.

1980년대 후반기 민중운동의 고양 및 사회변혁운동의 다양화 모색과 함께 민족문학론은 이론적 공방 단계를 넘어 새로운 문학운동 이념의 다양한 모색을 시도하기도 했다. 또한 민족문학론의 틀 자체가 부정되고 '노동해방문학'이 새로운 이념으로 제시되는가 하면, 북한 주체사상의 영향을 받은 '민족해방문학론', 노동해방문학의 당파성관이 주관적임을 비판하는 '노동해방문예론' 등이 나오기도 했다.

그러나 이런 논쟁에 의해 민족문학론이 가진 진보성과 과학성이 폐기될 단계까지 간 것은 아니었다. 오히려 이 논쟁과정을 통해 민족문학론 자체도 본래 가졌던 민중 지향성을 한층 더 과학적으로 정립하고 분단민족의 특수성에 대한 인식을 더 심화시키면서 당파성 개념을 한층 더 깊이 수용하는 등 그 과학성을 높여갔다. 1980년대를 통해 민족문학론은 민중문학론·사회주의문학론과의 교섭을 통해 더 높은 차원으로 발전해간 것이다.

1980년대의 계급적 인식에 의한 문학론의 새로운 모색은 민중현실, 특히 노동자계급의 삶과 운동에 대한 문학적 형상화를 진전시켰다. 이 시기에는 실제로 박노해·백무산 등 기층민중 출신 시인 및 정화진·방현석 등 소설가들이 배출되었다. 박노해는 노동자계급이 겪는 억압과 불평등을 바탕으로 계급대립의 현실을 극복하려는 치열한 의지를 가식 없고 소박한 가락으로 노래했다. 그의 시 「손 무덤」은 이렇게 절규했다.

"올 어린이날만은 / 안사람과 아들놈 손목 잡고 / 어린이대공원에라도 가야겠다며 / 은하수를 빨며 웃던 정형의 / 손목이 날아갔다 (…) 기계 사이에 끼여 아직 팔딱거리는 손을 / 기름먹은 장갑 속에서 꺼내어 / 36년 한많은 노동자의 손을 보며 말을 잇는다 (…) 내 품속의 정형 손은 / 싸늘히 식어 푸르뎅뎅하고 / 우리는 손을 소주에 씻어 들고 / 양지바른 공장 담벼락 밑에 묻는다 / 노동자의 피땀 위에서 / 번영의 조국을 향락하는 누런 착취의 손들을 / 일 안하고 놀고먹는 하얀 손들을 / 묻는다 / 프레스로 싹둑싹둑 짓짤라 / 원한의 눈물로 묻는다 / 일하는 손들이 / 기쁨의 손짓으로 살아날 때까지 / 묻고 또 묻는다."

그의 시는 계급대립의 현장에 대한 충격적인 형상화를 넘어서서 일상적 현실에 숨어 있는 모순을 '각성된 노동자의 눈'으로 날카롭게 포착해냄으로써 민족문학의 새로운 경지를 열었고, 정화진·방현석 등은 노동현장의 체험을 바탕으로 노동현실을 높은 수준으로 형상화했다는 평을 받았다.

이 시기에는 또 지식인 출신 소설가들도 노동현실에 주목하기 시작했다. 그러나 한편 기층민중 출신 시인·작가 들의 작품이 "노동자들의 자기해방의 노력이 여타 민중·민족적 요구까지를 포괄하는 경지의 인식과 실천"에 이르는 원숙한 수준으로 발전하지는 못했다는 지적이 있기도 했다.

1980년대에는 광주민중항쟁의 실패에 대한 반성으로 민중·민족운동 일반에 미국의 제국주의적 성격에 대한 인식을 심화시켜 반미인식 및 활동이 높아졌고 그것이 문학활동에서도 뚜렷이 나타났다. 많은 시인·소설가 들이 분단현실의 근원으로서 미국에 대한 문학적 인식을 새롭게 한 것이다. 박정희 '유신'정권 때 '남조선민족해방전선사건'으로 오랫동안 옥고를 치른 시인 김남주(金南柱, 1946~94)는「학살 1」에서 그것을 이렇게 형상화했다.

"몸매가 작아 내 누이 같고 / 허리가 길어 내 여인 같은 나라여 (…) 누가 너를 남과 북으로 갈라놓았느냐 / 누가 네 마을과 네 도시를 아비규환의 아수라로 만들어놓았느냐 / 누가 허리 꺾인 네 상처에 꽃잎 대신 철가시바늘을 꽂아놓았느냐 (…) 입으로는 자유와 평화를 사랑하고 / 뒷전에서는 원격조종의 끄나풀로 꼭두각시를 앞장세워 / 제 조국의 해방과 독립을 위해 싸우는 민중들을 / 계획적으로 학살하는 아메리카여 (…) 보아다오, 너희들이 팔아먹은 탄환으로 / 벌집투성이가 된 내 조국의 심장을 / 보아다오, 살해된 처녀의 피묻은 머리카락을 / 보아다오, 대검에 찔린 아이밴 어머니의 배를 / 보아다오, 학살된 아이들의 맑은 눈동자를."

1980년대에는 6·25전쟁을 통해 강화되었던 반공이데올로기가 느리게나마 극복되어갔다. 따라서 1970년대 이래 민족문학의 큰 줄기를 이루어온 분단소재 작품들이 한층 더 객관적인 입장에서 현대사를 형상화할 수 있었다. 조정래(趙廷來)의 『태백산맥』은 8·15 직후의 치열했던 계급투쟁·반제투쟁과 민족분단과정을 종래의 반공이데올로기로부터 한결 벗어나서 형상화하여 큰 반향을 얻었다.

한편 1970년대부터 활동해온 시인 고은·신경림 등의 활동은 1980년대에도 왕성하게 계속되었다. 특히 고은의 연작시 『만인보(萬人譜)』와 서사시 『백두산(白頭山)』, 시집 『조국의 별』 등은 민족문학의 새로운 경지를 열었다는 평을 받았다.

그러나 1980년대의 민족문학에서 이룩된 계급적 시각이 그 기초적 편협성을 극복하고 진정한 민족과 민중의 이념적 매개자로서 '각성된 노동자계급의 눈'으로 민족적 현실을 새롭게 비추어야 한다는 과제는 아직 남아 있다. 그 과제가 1990년대의 변화된 국내외 상황 속에서 달성될 때 1970년대부터 지향해온 민족문학이 참다운 결실을 보게 될 것이다.

| 참고문헌 |

제1부

제1장 제1절

姜德相「憲兵政治下の朝鮮」,『歴史學研究』321, 1967.

류영익(柳永益)「조선총독부 초기의 구조와 기능」,『3·1운동 50주년 기념논집』, 동아일보사 1969.

김용덕(金龍德)「헌병경찰제도의 성립」,『김재원 기념논총』, 1969.

鶴本幸子「所謂'寺內總督暗殺未遂事件'について」,『朝鮮史研究會論文集』10, 1973.

朴慶植「憲兵警察による'武斷政治'」,『日本帝國主義の朝鮮支配』上, 青木書店 1973.

윤경로(尹慶老)『105인사건연구』, 일지사 1990.

제1장 제2절

中塚明『日本帝國主義と朝鮮——三一運動と'文化政治'』, 『日本史硏究』83, 1966.

윤병석(尹炳奭)「3·1운동에 대한 일본정부의 정책」, 『3·1운동 50주년 기념논집』, 동아일보사 1969.

朴慶植『日本帝國主義の朝鮮支配』上, 靑木書店 1973.

강동진(姜東鎭)『일제의 한국침략정책사』, 한길사 1980.

_____「문화주의의 기본성격」, 『한국사회연구』2, 한길사 1984.

박찬승(朴贊勝)『한국근대정치사상사연구』, 역사비평사 1992.

제1장 제3절

朴慶植「太平洋戰爭時における朝鮮人强制連行」, 『歷史學硏究』297, 1965.

_____『日本帝國主義の朝鮮支配』下, 靑木書店 1973.

김대상(金大商)『일제하강제인력수탈사』, 정음사 1975.

君島和彦「朝鮮における戰爭動員體制の展開過程」, 『日本ファシズムと東アジア』, 靑木書店 1977.

宮田節子「朝鮮における志願兵制度の展開とその意義」, 『旗田紀念朝鮮歷史論集』下, 龍溪書舍 1979.

제2장 제1절

조지훈(趙芝薰)「한국민족운동사」, 『한국문화사대계』I, 고대 민족문화연구소 1964.

姜德相「日本の朝鮮支配と3·1獨立運動」, 『岩波講座 世界歷史』25(現代 2), 1970.

독립운동사편찬위원회『독립운동사』4, 1975.

안병직(安秉直) 『3·1운동』, 한국일보사 1975.

박경식(朴慶植) 『조선3·1독립운동』, 평범사 1976.

손세일(孫世一) 「대한민국 임시정부의 정치지도체제」, 『한국근대사론 II』, 지식산업사 1977.

강만길(姜萬吉) 「독립운동의 역사적 성격」, 『분단시대의 역사인식』, 창작과비평사 1978.

박영석(朴永錫) 『일제하 독립운동사연구』, 일조각 1984.

신용하(愼鏞廈) 『한국민족독립운동사연구』, 을유문화사 1985.

한국역사연구회 『3·1민족해방운동연구』, 청년사 1989.

강만길(姜萬吉) 「신채호의 영웅·국민·민중주의」, 『통일운동시대의 역사인식』, 청사 1990.

박환 『만주한인민족운동사연구』, 일조각 1991.

제2장 제2절

한국노총 『한국노동조합운동사』 일제시대편, 1979.

조동걸(趙東杰) 『일제하 한국농민운동사』, 한길사 1979.

천전교이(淺田喬二) 「1920~30년대 항일농민운동의 지역적 특징」, 『한국근대민족운동사』, 돌베개 1980.

강동진(姜東鎭) 「일제하의 한국사회운동사 연구」, 『한국근대민족운동사』, 돌베개 1980.

김윤환(金潤煥) 『한국노동운동사 I』, 청사 1980.

김경일 『일제하 노동운동사』, 창작과비평사 1992.

홍석률 「일제하 청년학생운동」, 『한국사』 15, 한길사 1994.

제2장 제3절

김준엽(金俊燁) · 김창순(金昌順) 『한국공산주의운동사』 1~5, 고대 아세아문제연구소 1967~75.

고준석(高峻石) 『조선혁명운동사』, 사회평론사 1983.

서대숙 『한국공산주의운동사연구』, 화다 1985.

스칼라피노 · 이정식 『한국공산주의운동사』 1, 돌베개 1986.

임경석 「고려공산당연구」, 성균관대 박사논문, 1993.

제2장 제4절

윤병석(尹炳奭) 「1928~9년의 정의 · 참의 · 신민부의 통합운동」, 『사학연구』 21, 1969.

정원옥(丁原鈺) 「재만 항일독립운동단체의 전민족유일당운동」, 『백산학보』 19, 1975.

송건호(宋建鎬) 「신간회운동」, 『한국근대사론 II』, 지식산업사 1977.

水野直樹 「新幹會運動に關する若干の問題」, 『朝鮮史硏究會論文集』 14, 1977.

강만길(姜萬吉) 「독립운동의 역사적 성격」, 『분단시대의 역사인식』, 창작과비평사 1978.

이균영(李均永) 『신간회연구』, 역사비평사 1990.

제2장 제5절

한홍구(韓洪九) 엮음 『항전별곡』, 거름 1986.

한홍구(韓洪九) 「화북조선독립동맹의 조직과 활동」, 서울대 석사논문, 1988.

이정식(李庭植) 면담, 김학준(金學俊) 편집 · 해설 『혁명가들의 항일회상』, 민음사 1988.

강만길(姜萬吉)『조선민족혁명당과 통일전선』, 화평사 1991.
한시준(韓時俊)「한국광복군 연구」, 인하대 박사논문, 1993.

제2장 제6절

김준엽(金俊燁)·김창순(金昌順)『한국공산주의운동사』5, 1976.
임은(林隱)『북조선왕조성립비사』, 자유사 1982.
中共黨史資料出版社『東北抗日聯軍史料』上·下, 1987.
이재화『한국근현대민족해방운동사—항일무장투쟁사편』, 백산서당 1988.
이종석(李鐘奭)「북한지도집단과 항일무장투쟁」,『해방전후사의 인식』5, 한길사 1989.
와다 하루끼(和田春樹)『김일성과 만주항일전쟁』, 창작과비평사 1992.
姜在彦『滿洲の朝鮮人パルチサン』, 青木書店 1993.
신주백「1930년대 '만주' 항일무장투쟁」,『한국사』15, 한길사 1994.

제2장 제7절

이만규(李萬珪)『여운형선생투쟁사』, 민주문화사 1946.
한국역사연구회『일제하 사회주의운동사』, 한길사 1991.
지수걸(池秀傑)『일제하 농민조합운동연구』, 역사비평사 1993.
한국근현대사회연구회『일제말 조선사회와 민족해방운동』, 일송정 1991.
정병준「조선건국동맹의 조직과 활동」,『한국사연구』80, 1993.
임경석「조선공산당 재건운동」,『한국사』15, 한길사 1994.

제3장 제1절

宮田節子「1930年代日帝下朝鮮における'農村振興運動'の展開」,『歷史學研究』297, 1965.

西條晃「1920年代朝鮮における水利組合反對運動」,『朝鮮史硏究會論文集』8, 1971.
김용섭(金容燮)『한국근대농업사연구』, 일조각 1975.
宮嶋博史「'土地調査事業'の歷史的前提條件の形成」,『朝鮮史硏究會論文集』12, 1975.
신용하(愼鏞廈)『한국토지조사사업연구』, 한국연구원 1979.
강만길(姜萬吉)『일제시대 빈민생활사연구』, 창작과비평사 1987.
최유리「일제말기 '조선증미계획'에 대한 연구」,『한국사연구』61·62합집, 1988.
전강수「전시체제하 조선에 있어서의 미곡정책에 관한 연구」,『경제사학』14, 1990.
지수걸「1932~35년간의 조선농촌진흥운동」,『한국사연구』46, 1984.
정연태「1930년대 조선농지령과 일제의 농촌통제」,『역사와 현실』4, 1990.
_____「1930년대 '자작농창정사업'에 관한 연구」,『한국사론』26, 1991.
정태헌「1930년대 식민지 농업정책의 성격전환에 관한 연구」,『일제말 조선사회와 민족해방운동』, 일송정 1991.
이송순「일제말기 전시체제하 조선에서의 미곡공출과 농촌경제의 변화」, 고려대 석사논문, 1992.

제3장 제2절

金斗宗「植民地朝鮮における1920年代の農業金融について」,『經濟學硏究』5, 東京大學 1965.
秋定嘉和「朝鮮金融組合の構造と機能」,『朝鮮史硏究會論文集』5, 1968.
羽島敬彦「戰時下(1937~1945)朝鮮における通貨とインフレーション」,『植民地朝鮮の社會と抵抗』, 未來社 1981.

堀和生「植民地産業金融と經濟構造──殖銀の分析を通して」,『朝鮮史研究會論文集』20, 1983.

______「朝鮮における普通銀行の成立と展開」,『社會經濟史學』49-1, 1984.

우명동(禹明東)「일제하 조선재정의 구조와 성격」, 고려대 박사논문, 1987.

정태헌(鄭泰憲)「식민지시대 조선의 자본제적 조세제도 성립에 관한 연구」,『경제사학』11, 1987.

배영목(裵永穆)「식민지조선의 통화금융에 관한 연구」, 서울대 박사논문, 1990.

정병욱(鄭秉旭)「1918~1937년 식산은행의 자본형성과 금융활동」, 고려대 석사논문, 1991.

정태헌(鄭泰憲)「식민지시대 제1종(법인)소득세의 도입과 시행과정」,『한국사연구』79, 1992.

김보영「일제하 전시국채와 조선경제」,『일제말 조선사회와 민족해방운동』, 일송정 1991.

제3장 제3절

小林英夫「1930年代朝鮮工業化政策の展開過程」,『朝鮮史研究會論文集』3, 1967.

안병직(安秉直)「1930년 이후 조선에 침입한 일본독점자본의 정체」,『서울상대 경제논집』10권 4호, 1971.

조기준(趙璣濬)『한국자본주의성립사론』, 고대출판부 1973.

小林英夫「1930年代植民地工業化の諸特徵」,『土地制度史學』71, 1976.

梶村秀樹『朝鮮における資本主義の形成と展開』, 龍溪書舍 1978.

橋谷弘「兩大戰期間の日本帝國主義と朝鮮經濟」,『朝鮮史研究會論文集』20, 1983.

허수열 「일제하 한국에 있어서의 식민지공업의 성격에 관한 연구」, 서울대 박사논문, 1983.

손정목(孫禎睦) 「회사령연구」, 『한국사연구』 45, 1984.

허수열 「1930년대 군수공업화정책과 일본 독점자본의 진출」, 『일제의 한국 식민통치』, 정음사 1985.

姜在彦 編 『朝鮮における日窒コンツエルン』, 不二出版 1985.

堀和生 「朝鮮民族資本論」, 『近代朝鮮の歴史像』, 日本評論社 1988.

이한구(李漢九) 『일제하 한국기업설립운동사』, 청사 1989.

김인호 「전시통제기(1937~45) 중소공장성장의 역사적 성격」, 『호원논집』, 1993.

제3장 제4절

문정창(文定昌) 『군국일본조선강점36년사』 중, 백문당 1966.

小林英夫 「朝鮮産金奬勵政策について」, 『歴史學硏究』 321, 1967.

朴慶植 『日本帝國主義の朝鮮支配』 上·下, 青木書店 1973.

조기준(趙璣濬) 『한국자본주의성립사론』, 고대출판부 1973.

金錫淡·崔潤奎 著, 梶村秀樹 譯 『朝鮮近代社會經濟史』, 龍溪書舍 1978.

박기주 「1930년대 조선산금정책에 관한 연구」, 『경제사학』 12, 1988.

제4장 제1절

오천석(吳天錫) 『한국신교육사』, 현대교육총서출판사 1964.

김용섭(金容燮) 「일제관학자들의 한국사관」, 『한국사의 반성』, 신구문화사 1969.

안계현(安啓賢) 「조선불교사 하」, 『한국문화사대계 6』 종교·철학사, 고대 민족문화연구소 1970.

김양선(金良善) 「한국기독교사(2)」, 『한국문화사대계 6』 종교·철학사, 고대 민족문화연구소 1970.
손인수(孫仁銖) 『한국근대교육사』, 연세대학교출판부 1971.
朴慶植 『日本帝國主義の朝鮮支配』 上·下, 青木書店 1973.
姜渭祚 『日本統治下朝鮮の宗教と政治』, 東京 聖文舍 1976.
이만열(李萬烈) 「일제관학자들의 식민사관」, 『한국의 역사인식』 하, 창작과비평사 1976.
정광호(鄭珖鎬) 「일제의 종교정책과 식민지불교」, 『한국근대민중불교의 이념과 전개』, 한길사 1980.
강동진(姜東鎭) 『일제의 한국침략정책사』, 한길사 1980.
韓晳曦 『日本の朝鮮支配と宗教政策』, 未來社 1988.

제4장 제2절

임종국(林鍾國) 『친일문학론』, 평화출판사 1966.
박병채(朴炳采) 「일제하의 국어운동연구」, 『일제하의 문화운동사』, 고대 아세아문제연구소 1970.
송민호(宋敏鎬) 「일제하의 한국저항문학」, 『일제하의 문화운동사』, 고대 아세아문제연구소 1970.
이기백(李基白) 『민족과 역사』, 일조각 1971.
김용직(金容稷)·염무웅(廉武雄) 『일제시대의 항일문학』, 신구문화사 1974.
김태영(金泰永) 「개화사상가 및 애국계몽사상가의 사관」, 『한국의 역사인식』 하, 창작과비평사 1976.
김용섭(金容燮) 「우리나라 근대역사학의 성립」, 『한국의 역사인식』 하, 창작과비평사 1976.
안병직(安秉直) 「단재 신채호의 민족주의」, 『한국의 역사인식』 하, 창작과비평사 1976.
김윤식(金允植)『한국근대문예비평사연구』, 일지사 1976.
임형택(林熒澤)·최원식(崔元植)『한국근대문학사론』, 한길사 1982.
강만길(姜萬吉)「일제시대의 반식민사학론」,『한국민족운동사론』, 한길사 1985.
역사문제연구소 문학사연구모임『카프문학운동연구』, 역사비평사 1989.

제2부

제1장 제1절

森田芳夫『朝鮮終戰の記錄』, 巖南堂書店 1964.
국사편찬위원회『자료대한민국사』1, 1970.
이호재(李昊宰)『한국외교정책의 이상과 현실』, 법문사 1972.
송남헌(宋南憲)『해방삼십년사』1, 한국사료연구소 1976.
조순승(趙淳昇)『한국분단사』, 형성사 1982.
이완범「한반도 신탁통치문제 1943~46」,『해방전후사의 인식』3, 한길사 1987.
한국역사연구회 현대사연구반『한국현대사』1, 풀빛 1991.

제1장 제2절

神谷不二『朝鮮戰爭』, 中央公論社 1966.
전사편찬위원회『한국전쟁사』, 1967.
브루스 커밍스『한국전쟁의 기원』, 청사 1986.
현대사연구회 엮음『해방후 무장투쟁연구』, 1988.

최장집 엮음 『한국전쟁연구』, 태암 1990.
한국정치연구회 정치사분과 『한국전쟁의 이해』, 역사비평사 1990.
한국역사연구회 현대사연구반 『한국현대사』 2, 풀빛 1991.

제1장 제3절

중앙일보사 『광복 30년 중요 자료집』, 1975.
동아일보사 『개항 100년 연표 · 자료집』, 1976.
진덕규(陳德奎) 외 『1950년대의 인식』, 한길사 1981.
한승주(韓昇洲) 『제2공화국과 한국의 민주주의』, 종로서적 1983.
한겨레사회연구소 정치분과 『연표 · 인물 · 자료로 본 남북한 45년사』, 월간 다리 1989.
한국역사연구회 현대사연구반 『한국현대사』 3 · 4, 풀빛 1991.

제2장 제1절

이만규(李萬珪) 『여운형선생투쟁사』, 민주문화사 1946.
여운홍(呂運弘) 『몽양 여운형』, 청하각 1967.
송남헌(宋南憲) 『해방삼십년사』 1, 한국사료연구소 1976.
송건호(宋建鎬) 「8 · 15후의 한국민족주의」, 『한국민족주의론』, 창작과비평사 1982.
박현채(朴玄埰) 외 『해방전후사의 인식』 3, 한길사 1987.
한국역사연구회 현대사연구반 『한국현대사』 1, 풀빛 1991.

제2장 제2절

송남헌(宋南憲) 『해방삼십년사』 1, 한국사료연구소 1976.
이동화(李東華) 「8 · 15를 전후한 여운형의 정치활동」, 『해방전후사의 인식』, 한길사 1979.
송건호(宋建鎬) 「8·15후의 한국민족주의」, 『한국민족주의론』, 창작과비평사 1982.
김정원(金正源) 「해방 이후 한국의 정치과정(1945~1948)」, 『한국현대사의 재조명』, 돌베개 1982.
강만길(姜萬吉) 「좌우합작운동의 경위와 그 성격」, 『한국민족주의론 II』, 창작과비평사 1983.
_____ 「김구·김규식의 남북협상」, 『현대사를 어떻게 볼 것인가』, 동아일보사 1987.
이완범 「해방 직후 민족통일운동에 관한 일 연구」, 『원우론집』 15-1, 1987.
서울대학교 인문대학 한국현대사연구회 『해방정국과 민족통일전선』, 세계 1987.
서중석 『한국현대민족운동사연구』, 역사비평사 1991.
한국역사연구회 현대사연구반 『한국현대사』 1, 풀빛 1991.

제2장 제3절

강만길(姜萬吉) 외 『4월혁명론』, 한길사 1983.
한완상(韓完相) 외 『4·19혁명론』, 일월서각 1983.
김학준(金學俊) 「제2공화국시대의 통일논의」, 『민족통일론의 전개』, 형성사 1983.
한승주(韓昇洲) 『제2공화국과 한국의 민주주의』, 종로서적 1983.
성유보 「4월 혁명과 통일논의」, 『한국민족주의론 II』, 창작과비평사 1983.
노중선(盧重善) 『민족과 통일(1) 자료편』, 사계절 1985.
김광식 「4·19 시기 혁신세력의 정치활동과 그 한계」, 『역사비평』 1988년 여름호.

유재일 「4월혁명 직후 민자통의 통일운동」, 『사회와 사상』 1989년 5월호.
한국역사연구회 현대사연구반 『한국현대사』 2, 풀빛 1991.

제2장 제4절

중앙일보사 『광복 30년 중요 자료집』, 1975.
김학준(金學俊) 『반외세의 통일논리』, 형성사 1979.
양호민(梁好民) · 이상우(李相禹) · 김학준(金學俊) 『민족통일론의 전개』, 형성사 1983.
송건호(宋建鎬) 「70년대의 통일논의」, 『한국민족주의론 II』, 창작과비평사 1983.
한국역사연구회 현대사연구반 『한국현대사』 3, 풀빛 1991.

제2장 제5절

한국기독교교회협의회 인권위원회 『1980년대 민주화운동』 6·7·8, 1987.
현대사연구회 『해방후 무장투쟁연구』, 1988.
한국현대사사료연구소 『광주오월민중항쟁사료전집』, 풀빛 1990.
정해구 외 『광주민중항쟁연구』, 사계절 1990.
조희연 편 『한국사회운동사』, 죽산 1990.
한국역사연구회 현대사연구반 『한국현대사』 4, 풀빛 1991.

제2장 제6절

국토통일원 『한민족공동체통일방안의 이론적 기초와 정책방향』, 1990.
동아일보사 『동아연감』 1989~1992.
조희연 편 『한국사회운동사』, 죽산 1990.

한겨레사회연구소 정치분과, 『연표·인물·자료로 본 남북한 45년사』, 월간 다리 1989.
한국역사연구회 현대사연구반 『한국현대사』 4, 풀빛 1991.

제3장 제1절

한국산업은행 『한국산업경제십년사』, 1955.
櫻井浩 『韓國農地改革の再檢討』, アジア經濟硏究所 1976.
이종훈(李鍾燻) 『한국경제론』, 법문사 1979.
유인호(兪仁浩) 「해방후 농지개혁의 전개과정과 성격」, 『해방전후사의 인식』, 한길사 1979.
김병태(金炳台) 「농지개혁의 평가와 반성」, 『한국경제의 전개과정』, 돌베개 1981.
이대근(李大根) 「미군정하 귀속재산 처리에 대한 평가」, 『한국사회연구』 1, 1983.
황한식 「미군정하 농업과 토지개혁정책」, 『해방전후사의 인식』 2, 한길사 1985.
장상환 「농지개혁과정에 관한 실증적 연구」, 『해방전후사의 인식』 2, 한길사 1985.
한국농촌경제연구원 『농지개혁사연구』, 1989.

제3장 제2절

한국산업은행 『한국산업경제십년사』, 1955.
박현채(朴玄埰) 『민족경제론』, 한길사 1978.
이종훈(李鍾燻) 『한국경제론』, 법문사 1979.
박현채(朴玄埰) 「미잉여농산물원조의 경제적 귀결」, 『1950년대의 인식』, 한길사 1981.
김대환(金大煥)「1950년대 한국경제의 연구」, 『1950년대의 인식』, 한길사 1981.
박찬일(朴贊一), 「미국의 경제원조의 성격과 그 경제적 귀결」, 『한국경제의 전개과정』, 돌베개 1981.

제3장 제3절

변형윤(邊衡尹) · 김윤환(金潤煥) 편저 『한국경제론』, 유풍출판사 1977.
안병직(安秉直) 외 『한국경제의 전개과정』, 돌베개 1981.
박현채(朴玄埰) 『한국농업의 구상』, 한길사 1981.
조용범(趙容範) 『한국경제의 논리』, 전예원 1981.

제3장 제4절

한국사회연구소 『한국경제론』, 백산서당 1991.
서울사회과학연구소 『한국에서 자본주의의 발전』, 새길 1991.
한국역사연구회 현대사연구반 『한국현대사』 4, 풀빛 1991.
박현채 엮음 『청년을 위한 한국현대사』, 소나무 1992.

제4장 제1절

한국교육십년사간행회 『한국교육십년사』, 풍문사 1960.
오천석(吳天錫) 『한국신교육사』, 현대교육총서출판사 1964.
국사편찬위원회 『자료대한민국사』, 1970.
한국교육문제연구소 『문교사』, 중앙대학교출판부 1974.
동아일보사 『개항 100년 연표 · 자료집』, 1976.
한국교육개발원 『한국교육정책의 이념』, 1987.

한국교육연구소 『한국교육의 성격과 교직원노조운동』, 푸른나무 1990.

제4장 제2절

김윤환(金潤煥) · 김낙중(金洛中) 『한국노동운동사』, 일조각 1975.
한국노동조합총연맹 『한국노동조합운동사』, 1979.
김낙중(金洛中) 『한국노동운동사—해방후편』, 청사 1982.
한국기독교교회협의회 『1970년대 노동현장과 증언』, 풀빛 1984.
김금수 · 박현채 외 『한국노동운동론』, 미래사 1985.
이영민 『현단계 한국노동운동의 과제』, 죽산 1988.
한국사회연구소 『노동조합조직연구』, 백산서당 1989.
한국역사연구회 현대사연구반 『한국현대사』 4, 풀빛 1991.

제4장 제3절

한국문인협회 『해방문학이십년』, 정음사 1971.
임헌영(任軒永) 『문학논쟁집』, 태극출판사 1976.
백낙청(白樂晴) 『민족문학과 세계문학』, 창작과비평사 1978.
_____ 『인간해방의 논리를 찾아서』, 시인사 1979.
염무웅(廉武雄) 『민중시대의 문학』, 창작과비평사 1979.
구중서(具仲書) 『분단시대의 문학』, 전예원 1982.
최원식(崔元植) 『민족문학의 논리』, 창작과비평사 1982.

| 찾아보기 |

ㄷ

ㅁ

ㅅ